U0852436

《蒯因著作集》·第③卷

Willard Van Orman Quine

中国人民大学出版社

蒯因著作集

第③卷

涂纪亮 陈波 主编

《蒯因著作集》

编委会

主编 涂纪亮 陈 波

编委 （按姓氏笔划排序）

李艳辉 宋文淦
陈 波 陈启伟
张家龙 张清宇
涂纪亮

编者前言

威拉德·范·奥曼·蒯因(Willard Van Orman Quine,1908—2000),美国著名哲学家、逻辑学家,美国分析哲学和新实用主义的主要代表人物,对逻辑哲学、语言哲学和科学哲学都很有研究,对20世纪50年代后美国分析哲学的转折和新实用主义的兴起发挥了关键性作用。

本书共6卷,大致按年代顺序编辑而成。但出于各卷篇幅方面的考虑,有时也打破了这种顺序。

第1卷收入两部论著:《威拉德·范·奥曼·蒯因自传》(*An Autobiography of Willard Van Orman Quine*,1986)和《数理逻辑》(*Mathematical Logic*,1940)。前者是蒯因为"在世哲学家文库"《蒯因哲学》卷所写的简明自传;后者是蒯因的一部重要的逻辑著作,在其中,他仍然坚持逻辑主义纲领,试图从逻辑中推导出数学,把先前在《数理逻辑的新基础》(1937)一文中提出的NF系统,修改为ML系统,这是一个把命题逻辑、量化理论和集合论集为一身的系统,结构简明,特性奇异。

第2卷收入两部论著:《逻辑方法》(*Method of Logic*,1950)和《本体论的相对性及其他论文》(*Ontological Relativity and Other Essays*,1969)。前者是一部逻辑教科书,旨在传达关于现代逻辑的形式概念的精确理解,并发展有关形式推理的方便技巧,还讨论了一些相关的逻辑哲学问题。后者是由6篇论文组成的一部论文集,着重讨论对象、存在、量化以及本体论的相对性等问题。

第3卷收入两部论著:《集合论及其逻辑》(*Set Theory and Its Logic*,1963)和《逻辑哲学》(*Philosophy of Logic*,1970)。前者是一部关于抽象集合论及其各种公理方法系统化的导引性著作。作者从一种对无穷类的存在无所示意的形式系统开始,在需要假定无穷类时,他容许这些假定只作为特别定理的明说的假设。在带有总结性的最后几章中,他描述了罗素的类型论,策梅洛系统、冯·诺伊曼系统和他本人的两个系统,以及当时的某些发展,还探索了这些系统之间的逻辑联系。在后者中,作者把逻辑说成是真与文法这两个因素的合成物,但是他反对把逻辑真视为因文法或语言而真。他提供了一种一般的文法理论,讨论了逻辑的疆界和可能的扩充,论证了逻辑并不仅仅是言辞的事情。

第4卷收入三部论著:《从逻辑的观点看》(*From a Logical Point of View*,1953),《语词和对象》(*Word and Object*,1960),以及《指称之根》(*The Roots of Reference*,1974)。第一部是蒯因最有影响的一本论文集,收入《论何物存在》、《经验论的两个教条》等9篇论文,主要探讨本体论承诺、分析性、意义、共相等问题,对分析命题和综合命题的区分以及还原论这两个传统观点做了有力批驳。第二部是蒯因哲学的代表作,对前一本书中提出的论点做了重大发展,在"彻底翻译"的语境中,阐述和论证了翻译的不确定性、指称的不可测知性、本体论的相对性等重要论题。第三部详细阐述了作者的指称发生理论,是对《语词和对象》等著作中的观点的进一步发展。

第5卷收入两部论著:《悖论的方式及其他论文》(*The Ways of Paradox and Other Essays*,1966)和《信念之网》(*The Web of Belief*,1970)。前者收入以《悖论的方式》为首的29篇论文,着重讨论与数学基础、必然真理、逻辑真理、本体论等相关的问题。后者是蒯因与其门生J.S.尤里安合著的,比较通俗地阐述了他关于科学哲学的观点,其核心是整体主义知识观。

第6卷收入四部著作:《理论和事物》(*Theories and Things*,1981),《一些离奇的想法——一部不连贯的哲学辞典》(*Quiddities: An Intermittently Philosophical Dictionary*,1987),《真之追求》(*Pursuit of Truth*,1990)和《从刺激到科学》(*From Stimulus to Science*,1995)。这都是蒯因的后期著作。第一部和第二部都是论文集,前者收入26篇论文,分别探讨本体论、认识论、语义学、逻辑学等方面的问题;后者收入83篇短文,涉及哲学、逻辑学、数学、语言学等诸多领域,按字母顺序排列,作者自称是一部不连贯的哲学辞典。第三部和第四部都是蒯因晚年带有总结性质的著作,涉及蒯因哲学的几乎所有重要主题和观点。

以上6卷收入了蒯因的绝大部分逻辑论著和哲学论著，只有少数论著未收入。其中，《一个逻辑斯蒂的系统》(*A System of Logistic*, 1934)和《逻辑论文选》(*Selected Logic Papers*, 1966)两书由于未能购得版权而无法收入；《初等逻辑》(*Elementary Logic*, 1941)一书属于普通教材，也未收入。本著作集没有收入他的书评、书信等等。

为了便于读者了解蒯因的生平和著作的全貌，我们在本书第1卷中收入蒯因为"在世哲学家文库"《蒯因哲学》卷所写的自传，此文简明扼要地阐述了他一生的绝大部分经历和论著。本书第6卷末尾还附有蒯因的全部论著目录。读者如想对他的生平做更加细致的了解，可参阅他于1985年出版的长篇传记——《我的生命历程：自传》(*The Time of My Life: An Autobiography*)。

为了便于读者核对原文，本著作集在每卷中均附有该卷所收入的原著的出版单位和出版年份，并在中译本页边注明原著中的对应页码。同时为了便于读者阅读，我们除了在书眉处标注每部著作的页码外，也在页脚标有《蒯因著作集》各卷的连续页码。

本著作集由多位译者译出，各人文风有所不同，对某些哲学术语的理解也不尽一致，编者除统一重要的人名、地名、书名的译名外，对学术名词的译名和文风未作统一。第6卷译者曾请张家龙、张清宇先生对该卷部分逻辑术语的翻译提出意见，在此表示谢意。

蒯因的著作一向以难于翻译著称，我们在翻译此书过程中对此深有体会。为了克服这一困难，我们特意邀请一些资深专家承担本书的译校工作，力求尽可能提高译文质量，避免差错。但由于我们的水平有限，蒯因的论著又是如此难于翻译，因此仍恐有译错或译得不妥之处，敬希读者指正。

目 录

集合论及其逻辑

（修订版）

宋文淦　译

献给贝特兰·罗素

他的诸多思想长期赫然耸现在
这一学科中而他的著作激励
我对它发生兴趣

悖论的样式是多么离奇古怪。

——W. S. 吉尔伯特

修订版序

修订是广泛的。多亏日本翻译者和出版者的耐心，它们大多数都 vii
收进日文版。我很欣慰，这些改进现在都公之于英文读者。

最新的大改变是在§23中采用了一个公理模式，它一般地设定，一个类如果其成员能映射于小于某序数的诸序数，那它就存在。一般地我在本书中的方针是尽量减少存在假定和推迟它们；而这么些折中办法被证明是有价值的。在继续延迟无穷类的假定的同时，它致力于扫除大多数先前搅扰§§23—27中的定理的存在假设，还简化了若干证明。该公理模式的一项显著的结果是不存在最后的序数(新的24.9)的一个证明。

论超穷递归的§§25—27则已经是属于由查尔斯·帕森斯唤起的另一个大改变；参看参考文献。他看到，我的某些关于这个主题的定理模式，所带有的存在前提会排除那些模式字母的某些显然可取的解释。他表明了可以如何来挽救这种情况，我已采用了他的中心思想。

帕森斯还指出了我对超穷递归的处理中的第二个也是较小的局限性，并表明如何克服它。不过它是仅当存在一个最后的序数时才起作用的局限性；而如上所述，这种偶发事情现已排除。因此我在这一点上没有追随帕森斯。

另一个值得注意的修订是伯尔顿·德里本所敦促的：重新组织论
无穷基数的§30。关系到基础公理和替换公理模式的扩充和改正，也 viii
是德里本与肯尼斯·布朗促使的。布朗与王浩的一些发现还导致我在§13中和别处插进关于公理的其他某些点。论类型论的诸变种的§37已经主要按照戴维·卡普南的发现加以改进；其中的一种情形是消去在一个阶段作为公理的‘$(\exists x)\mathrm{T}_0 x$’。

整本书都已做了许多小的改进。这里那里，缩短了一个证明，加强了一条定理，改正了一个理论错误或书写错误，插进一条节省篇幅的引理，澄清一处晦涩，改正一个历史错误或补充一项遗漏，注明一个新事件。在这些方面，我各别地受惠于伯尔顿·德里本，约翰·登顿，让·范·埃让诺尔，亨利·希斯，索尔·克里普克，戴维·K·刘易斯，唐纳德·马丁，尾道明，查尔斯·帕森斯，戴尔·R·桑姆森，托马斯·斯堪隆，莱斯利·塔普，约瑟夫·S·厄尔利安，吉田夏彦。

我心怀感激地领受了国家科学基金会的一项资助(GP-228)，它既支持了1963年第一版的校对和索引编制工作，又支持了我的这次修订工作。

W. V. O. 蒯因

1967年4月

第一版序

在我的书中，序不是引言。总是有已经熟悉该题材的读者，需要被 ix
简明地告知一本书都包含些什么和如何包含的。该书本身在解释概念和判正断言的同时就细水长流地给出这个信息。序则预设读者多少掌握些专门术语和概念，简短地给出它。

如同在引言中说明的，此书并不假定预备集合论的知识，倒是假定预备某些逻辑知识。题为"逻辑"的第一章就是建立在这个先决条件之上的。它主要建立的是我已在别处称为虚拟的类和关系的理论的东西：纯粹用逻辑造成的、集合论的一个部分的仿制品。这从两个方面服务于后来的章节。一方面，该虚拟理论提供了与后来的真实理论的一个有用的对照。该对照有助于弄清楚类的真正的假定到底是什么；真实的类能给予什么样的、那些仿制品所不能给予的威力。另一方面，该虚拟理论最终得以这样地与真实的理论合并，以至产生一个联合体，它虽说并不严格地比单独的那个真实的理论更强有力，却在其运行上更顺畅。

刚刚提到的这个变更是在理论家心目中有重大意义的几点之一。而在这同时本书打算提供抽象集合论的主要论题的一个一般的引论，并在末了提供关于此题材的最享盛名的一些公理化的、多少加以组织的图景。听起来有悖常理，处理方法上的那些新奇之处部分地正是旨在中和独特性的设计。

由于文献中的那些集合论的公理化系统大都彼此不相容，它们没 x
有一个清楚地理应被选为标准的，看来比较明智的是传授诸供选者的一幅全景画。这能鼓励人们探索，说不定有一天会得出一个显然是最好的集合论。不过，可能会实行这一宽松政策的作者也有他的问题。他不能很好地以提出那幅全景画开始，因为初学的读者将既不了解各种系统打算加以组织的素材,又不了解会在任一方面较之另一系统偏爱某一系统的考虑。比较好的开始是把读者引向关于此题材的一个预备性的非形式的概述。可是这里又有麻烦。如果这样一个概述要不至于不足道,它就必须依靠这样的认真和精细的推理,以至很快地转而陷于自相矛盾从而使它自己丧失信誉,要是不采取下述两办法之一避开它们的话:终归抛弃非形式的门径偏向公理化的门径,或者只是狡猾地转移读者的注意力远离危险的问题,直到完成那非形式的取向。后一举措要求科学教师所讨厌的一种技巧,而且对从别人那里听说那些自相矛盾的读者来说,它反正是无能为力的。一旦他们听说了它们,他们就不再能接受抽象集合论中的复杂的非形式论证的训导;因为他们不再能说哪些直观的论证算数。集合论学者们之依靠公理方法毕竟不是无所为的。直观在这里**是**不再起作用的,书已过半还让读者无知于这一事实,即使能够做到也是一件遗憾的事。

在本书中我对该问题的处理是从一开始就开辟一条形式的路线,不过保持我的公理是较弱的和合理的,故而差不多是中立的。我尽可能地推迟那些依赖于较强的公理的论题;而在必须面对这些论题时,我则仍然把必要的假定作为显明的假设插入需要它们的定理中,以推迟谈论较强的公理。我就是这样设法相当详细地向读者介绍集合论的内容,而不至严重违反中立性,还无须依靠故意的非形式性或人为地延长
xi 无知。在这样的十个章之后,我发现自己得以在结尾的四个章中显示和对比多种关于读者已经熟悉的素材的互不相容的公理化。

尤其特别的是,如此支配此著作主体的那些较弱的公理是那种只蕴涵有穷类的存在的。而且,它们甚至都不假设性地要求任何无穷类。为明了我这样说的意思,与我的公理相对比,请考虑设定空类 Λ 与对所有的 x 和 y 而言的 $x\cup\{y\}$ 的存在的一对公理。这些公理,像我的那样,只是蕴涵有穷类的存在。可是,与我的不同,它们还设定,**如果**一无穷类 x 存在,那么对任一 y,其他的无穷类 $x\cup\{y\}$ 也都存在。

我的公理的确设定所有无论有什么事物的有穷类。它们因而并不是对文献中的那些系统全都是中立的。它们与像冯·诺伊曼的那样的系统相冲突,那其中的某些类——我称它们为“终极”类——被认为根本不能作为类的成员。虽说有一个这样的系统曾是我自己的《数理逻

辑》中的系统,在眼下这本书中我规定了有穷类排斥终极类。

我的有穷类公理终于弄明白对自然数的算术是足够的。有一个熟知的、自然数的定义牵涉到无穷类。自然数是所有含有(作某种定义的)0并且相对于(作某种定义的)后继运算封闭的类的共同成员;而任何这样的类都是无穷的。建基于这个定义的数学归纳法定律,只有假定了无穷类才能得到证明。然而我用有穷类通过如下地反演自然数的定义做到了:x是一自然数,如果0是所有含有x并且相对于前趋封闭的类的共同成员。

传统上自然数的定义是弗雷格的祖先化(戴德金的链)的特例;一个自然数是对0具有后继关系的祖先化的东西。数学归纳法是祖先化归纳法的特例。现在,在自然数的特例中,通过上述反演以避免需要无穷类,全都很好;可是对于一般的情形又如何呢?我通过从特殊推论一般来回答这个问题:借助数论,对变元'n',定义一关系r的第n重迭代,然后把r的祖先化实际上定义为它的诸迭代的并集。通过这个渠道,祖先化归纳法的一般定律就能从通常被看成它的特例者即数学归纳法推导出来,而且仍然并不需要无穷类。碰巧,迭代的概念促进了算术和、积、幂的定义与处理。这些发展大体是戴德金思想的复兴。 xii

经过这些和随后的发展,造成一种幻觉,似乎有许多东西没有由那些公理说明。其机关在于虚拟理论与真实理论的合并。类抽象的'$\{x: Fx\}$'记法是这样用语境定义引进的,即使那个类不存在也能大量地使用它;只不过用它代换变元则要求存在,而就是这一约束,也多少可为并不要求存在的、模式字母的使用所缓和。我们发现我们可以享受一个类的许多好处而无须它作为集合或作为终极类存在。

继自然数之后来到的是比率和其他的实数。实数一如往常本质上是用戴德金分割诠释的,不过发展的细节经过调整,以至比率结果是等同于有理实数,不只是同构于它们,而且实数变成自然数的类,不是它们的关系的关系或类。实数的经典定律,特别是最小边界定律,当然被发现依赖于无穷类存在的假设。

然后来到序数,我取其冯·诺伊曼的意义。早先,我对自然数的处理与这一路线不一致,因为我是以策梅洛的办法把握它们。我的理由是我这样似乎就能暂时用较简单的公理完事。在一般的序数理论中我

xiii 们注定要面对正经的存在假定，可是我们**能够**把假定之得法使用保持在自然数理论的水平；因而我让自然数与序数各行其道。

我以这样的想法自慰：正好学生们也是同时熟悉策梅洛与冯·诺伊曼他们两种版本的自然数。我还本该很高兴地发现，我能从一开始就坚持冯·诺伊曼的版本而获得策梅洛版本的所有好处；我感谢我的学生肯尼斯·布朗在探索这一选择中给予的帮助。归依他的极好的结果，因而始终坚持冯·诺伊曼的数，将差不多像我所作的选择一样好。

超穷递归对于我，如同对于冯·诺伊曼和贝尔奈斯那样，在于列示一个超穷序列，办法是把该序列中的各个事物都列示为该序列中其前的那一节段的函数。这个问题是在第八章中形式化的，并在定义序数的算术运算时付诸使用。它还在定义一任意良序关系的**枚举**时付诸使用。从枚举的存在又推导出良序关系的可比性。这些发展依赖作为假设写进定理中的存在假定。随后两章中的发展同样如此，那两章专门致力于施罗德-伯恩斯坦定理、无穷基数以及选择公理的主要等价者。

结尾的那四章被让于各种公理集合论系统的描述和比较：罗素的类型论，策梅洛的系统，冯·诺伊曼的系统，我的两个系统，以及概述的、某些新近的发展。查寻了它们之间的逻辑联系；例如，通过把它翻译成一般变元并且把类型取为累积的，类型论就在本质上转变成策梅洛的系统。那些系统一般都被通过继续利用虚拟的类理论的形迹给予一种不熟悉的特色。结尾的这四章体现了本书的由来。1953—1954年我曾在牛津任乔治·伊斯特曼访问教授，我在那里的短期讲授科目
xiv 之一是“诸公理集合论的比较”；虽然我已在哈佛反复与这个题目打交道，却正是在牛津的塑述使我打算写一本小书。后来，离开牛津五年，该计划仍然搁置着，当时我在完成一本论述别的问题的书。1959年我返回这个题目，那年秋天我在东京的一些讲演中重温了此题材。这本书作为一本包括诸集合论的比较，外带旨在在该学科中定位的一些最低限度的预备章节的小书，有希望在一年内完成。可是在写作过程中我获得若干想法，导致那些预备章节占到本书的七分之五，而整本书也多花了两年时间。

自十月以来手稿得到了由王浩、伯尔顿·德里本和让·范·埃让诺尔教授审阅带来的无可估量的裨益。他们的明智的提示已经使我在

某些地方扩充了我的论述，在另外的地方加深了我的分析，清除了叙述上的某些费解之处，订正和补充了各种历史注释，而且特别多谢王浩，对某些文章给出了更可靠的解释。所有三位阅读者还都在查处笔误的渐近(asymptotic)劳动中帮助了我。

我还要为早先提出的有益的意见感激德里本和约翰·R·米歇尔教授，为将在脚注中注明的种种细节感激当时的学生。至于支付打字费用和其他资助，我要感谢哈佛基金会和国家科学基金会(批准号 GP-228)。

W. V. O. 蒯因

波士顿，1963 年 1 月

目　录

第二篇 较高形式的数

第三篇 公理系统

引　言

集合论是关于类的数学。集合就是类。类概念对思想是如此根本，以至我们不能指望用更根本的词来定义它。我们可以说，类是任何种类对象的任一集聚，任一聚合，任一组合；如果这有帮助，那也不错。但是连这也会不仅无益反而有害，除非我们心中始终清楚，这里的集聚或聚合或组合不是意指对象的实际移动，而且比方说给定的七双鞋的集聚或聚合或组合并不等同于那十四只鞋的集聚或聚合或组合，也不等同于那二十八只鞋底和鞋帮的集聚或聚合或组合。简言之，一个类可以被想成对象的一个集聚或聚合或组合，仅当‘集聚’或‘聚合’或‘组合’被严格理解为‘类’的意思。 1

我们可以把类概念的作用说得更明白些。想象一个关于某事物的句子。在指称该事物的地方，搁置一个空白或变元。于是你不再有一个关于那特殊事物的句子，而是有了一个所谓的开句子，它可以对不同的各个事物为真，对其他的事物为假。现在，类概念使得除了那句子对它们为真的那些不同的事物外，还假定存在另一事物，即以那些事物中的每一个、别无其他作为成员的**类**。它是由该开句子**决定**的那个类。

就是这同一刻画法可用来刻画属性概念；因为属性概念使得除了一给定开句子对它们为真的那些不同的事物外，还假定存在另一事物：那些事物中每一个都具有而其他事物都不具有的一个**属性**。借用麦克加菲（MacGuffey）的话，它是该开句子归**赋**（at*trib*utes）的那个**属性**（*at*tribute）。但是，一旦我们对类概念的上述刻画加上必要的补充：诸类当它们的成员等同时就等同，那么类与属性之间的区别，那仅有的不难了解的区别，就显现出来了。这里的**外延定律**没有被考虑延伸到属性。如果有人总是在诸属性是同一事物的属性时把它们看成等同的，他就会被认为其实是在谈类。部分地因为在其下由两个开句子归赋的 2

属性会被视为等同的那些环境很模糊，我怜惜属性概念。①

我对类概念的刻画不是确定性的。我描述了类概念的作用，没有定义类。该描述是不完全的，一个类并不意味着为其存在而要求有一个开句子来决定它。当然，我们倘能列示该类，就能写出一个决定它的开句子；开句子‘$x\in\alpha$’就行，‘$\in$’意指‘是……②的一成员’而 α 是该类。然而意料不到的麻烦是，在类概念中并没有假定每个类都是可列示的。事实上，如果我们接受自康托尔以来的理论的经典主体，那就存在一个隐含的相反的假定。因为那里证明了，不会有系统的办法给每个正整数类指派一个不同的正整数，虽说存在一种系统的办法（见§30）可以给任一给定语言的每个开句子或其他表达式指派一个不同的正整数。

于是，我把类刻画为由开句子决定，所宣布的只是类概念的直接效用和动因，不是它的全部指称范围。事实上情况更糟：不仅类的确在范
3 围上超过开句子，而且反之亦然。一个开句子能够对某些事物真而对其他事物假，可是末了还是没能决定任何类。看开句子‘$x\notin x$’，它对一对象 x 真当且仅当 x 不是一个为其自身成员的类。如果这个开句子竟然决定一个类 y，我们就会有，对所有 x，$x\in y$ 当且仅当 $x\notin x$；于是特别有 $y\in y$ 当且仅当 $y\notin y$，这是个矛盾。这就是罗素悖论。③ 这样，在发现并非所有的类都由开句子决定之后，接着我们现在又不得不承认并非所有的开句子都决定类。（顺便说说，这些毛病并不少落在属性身上。）于是，集合论中的一件大事就是来决定，把什么样的开句子看成能决定类；或者，如果我可以冒昧地用实在论的行话来说，何类存在。这是贯串本书我们从不离远的一个问题。

‘集合’一词在两个句子之前重新出现，这是自从我们在本引言第二句中与它告别以来第一次。现在是时候再稍进一步加以考虑。毕竟它印在封面上。

---

① 在我所谓的指称暧昧性上有着怜惜属性概念的别的原因。关于这两个抱怨，参见 *Word and Object*, pp. 209f。

② 指随‘$\in$’之后者。——译者注

③ 罗素是在1901年发现它的。他直到1903年才发表，但是其间他曾与弗雷格通信讨论。那些信见 van Heijenoort, pp. 124–128。

从根本上说，‘集合’不过是‘类’的一个同义语，碰巧在数学行文中比‘类’更流行。但是这个额外的术语还常用来标志一个专门的区别。赞同冯·诺伊曼或许还有康托尔的、并非所有的类都能作为类的成员这一观点，如同将要显示的，是有好处(和坏处)的。在赞同这一点的理论中，那个额外的语词很方便地被用来标志该区别；能够作为成员的类称为集合。其余的已经被笨拙地称为‘真(正的)类’，类似于‘真正的波士顿’或‘真部分’；我则宁愿称它们为**终极**类，暗指它们不能再作为进一步的类的成员。

我们可以知道‘集合’的这个专门意义而仍然几乎可互换地使用‘集合’和‘类’这两个词。因为，所说的区别只在容许终极类的系统中出现，而且即使在这样的系统中，我们必须与之打交道的类多半是集合 4
而不是终极类，直到我们走得相当远。再者，作为整个学科的名称，即使承认终极类，‘集合论’仍然和‘类论’一样站得住。因为对集合的任何真正一般的处理，怎么着也必定附带把它们关联到终极类，如果后者存在的话；故而仍然包括整个基础。我自己的倾向是，在‘类’和‘集合’都合用的地方，偏爱‘类’这个词，称该学科为集合论除外。这是对该学科的通常称呼，我不喜欢似乎认为我在处理别的什么东西。

在第一章中我们要来看看集合论能够怎样部分地为纯粹记法上的约定所模仿，以至可以在某种程度上享有谈论集合(或类)的外表和谈论它们的效用而不用真的谈论任何这类东西。我把这种技术称为‘类的虚拟理论’。当我们在后来的章节中越过它移到实在的东西时，我们将仍然保留这种模仿技术作为一种辅助者；因为在表面上它将继续提供某些方便，可利用比我们实际做出的还要强的存在假定。但是没有在这里面寻求类与集合之间的区别，因为所说的模仿不是用另外某种东西来模仿集合；它是那样一种情形，看起来是在谈论集合(或类)，而这时实在既没有谈论它们也没有谈论任何代替它们的东西。

我把集合论定义为关于类的数学理论，接着描述了类概念。可我这还没有让人稍许明白激励集合论的是什么。为此，最好还是援引策梅洛 1908 年的文章中开头的那句话：“集合论是数学的一个分支，它的任务是从数学上研究取其古朴简单形式的‘数’、‘次序’和‘函数’这些基本概念。”①

5 起因于罗素悖论和其他的自相矛盾，较之许多其他数学部门，正是集合论必须更自觉地去探索。对何类存在这个问题的自然的态度是任一开句子决定一个类。既然这不足信，我们就必须审慎地对待我们的类存在公理，对我们从它们出发的推理很清楚；在这里直觉一般地是不能相信的。还有，由于已知的这方面的公理系统提供出多样的有趣的供选者，而它们中没有一个是结论性的，我们今天还只埋头于一个系统以至重新调训我们对它的直觉，那就太轻率了。结果是，逻辑机制在数学的这个部门中比在大多数部门中更显著。

而在这方面，讨论集合论的文献明显地分成两部分。主要关注分析的基础的那一部分投合于与其他数学部门差不多相同程度的非形式性。这里关心的集合基本上是实数集或点集，以及这样的集合的集合等等。这里没有自相矛盾的威胁，因为像‘$x \in x$’这样的问题不会提出来。

我们不得不如此特别地把我们的探测称为弗兰克尔所谓的抽象集合论，与点集论相对立。这个分支中的一本书典型地依次采纳下面这些论题。首先有关于类的存在的那些一般的假定，以及关乎它们的其他的一般定律。然后是从这一根基推导出一个关系理论，更特别地还推导出一个函数理论。然后是定义出整数、比率和实数，推导出支配它们的数学定律。最后人们得知无穷数：无穷类的相对大小和无穷次序的相对长度的理论。末了这些问题是集合论最富特征性的业务。它们是康托尔的发现或创造，因而实际上是与集合论本身同年代的。

这是一本论述抽象集合论的书，它一般地也落入上述框架。因而它属于集合论文献的那个分支，关于它的逻辑必须更清楚。这个要求在本书中又因两个特殊的情况有所提高。一个是，在最后四章我将比
6 通常所做的更多地来比较和连通诸供选系统。另一个是，我坚持开发那个“虚拟理论”。

在如此强烈地依赖现代逻辑的概念和记法的书中，通常都力争自足而专门把开头的一章用于逻辑的一个简短教程。可是如今现代逻辑

① 此英译是鲍尔-门盖伯格的，引自 van Heijenoort，*Source Book*。

知识是如此广为传播，以至那些枯燥的甚至相当马虎的预备章节终于可以省去了，我想，甚至在像本书这样的集合论引论中也是如此。不错，今天仍有许多从事集合论的人没有读过逻辑；但是在今天，想借助一本强烈依靠逻辑的书来攻读集合论的读者多半在别处学过逻辑。要是他没有学过，有大量适宜的教科书可用来填补这个空缺。[①] 另一方面，至于逻辑以外的数学，我打算不预设一个新手不大会知道的东西。

够怪的，第一章叫做'逻辑'。但是它假定了一个逻辑底子，并且在它上面以特别关系到集合论的基础的方式建造出来。特别是它的主要担子是类的那个虚拟理论和关系的一个虚拟理论。

已经熟悉集合论的读者可以转到序中去很快地得知关于本书的目的的更多说法。同时，我想我已使此引言对每个可能阶层的读者都是好理解的。甚至对在此书中奋进所需要的逻辑理论只有适中知识的读者，都会已经领会我至此关于类所说的大部分内容；但是为那些没有准备好读此书的人起见，我写得低于他们的水平。因为他们也能知道使得他们不能前进的是什么。他们中有些人会决定读一点逻辑然后再回来。

① 我的《逻辑的方法》(*Methods of Logic*)所包括的材料足够有余。其他多种那样水平的教科书同样够用了，因为我的要求属于一般化的性质。

第一篇

基本原理

第一章　逻　　辑

§1　量化与等同

我们将需要初等逻辑的通常的记法装备：量词‘(x)’，‘$(\exists x)$’， 9
‘(y)’，‘$(\exists y)$’等等，他们的相伴变元‘x’，‘y’等等，以及真值函数记号‘$\sim$’，‘.’，‘$\vee$’，‘$\supset$’和‘$\equiv$’。这个初等逻辑语汇是一种一般的装备，用来在关于任一特殊种类的对象的特殊理论中从原子句出发构造复合句。所关注的特殊理论，无论它什么样，都提供它特有的谓词，供构成原子句之用，每个原子句都由这样一个谓词和充当该谓词的主词的一个或更多个变元组成。

注意，在我这样述说谓词时，说的只是一定种类的表达式：任何动词式的表达式，使得一旦补足一个或更多个变元或其他单独词项就生成句子。我如此把谓词理解为只是记号而不是性质或属性，并不是拥护唯名论性质的哲学，不过是保持术语的纯净。性质或属性，在讨论到时将称为属性。

模式谓词字母‘F’，‘G’，…与变元相伴构成虚子句‘Fxy’，‘Gx’，‘Gy’等等，在我们想谈论一复合句的外形而不列示其成分子句时作为解说援手。所想要的任一实际的并列句都会替代虚子句‘Fxy’，‘Gx’
等等而含有真正的成分句子，后者借助所考虑的特殊理论的特有语 10
汇——若该理论是算术，则是‘$x<y$’，‘$x<5$’，‘$y<5$’这样的成分子句——构成。一当我们固执虚子句而不引进特别的题材，我们处理的就不是句子而是句子**模式**。初等逻辑中所用的句子模式，被称作**量化的**模式，包括原子句模式‘p’，‘q’，‘Fx’，‘Gx’，‘Gy’，‘Fxy’，‘$Gxyz$’，诸如此类，以及可从它们通过真值函数和量化构造出来的所有复合。

所以，字母‘F’，‘G’，…绝不能看成变元，比如说取属性或类为值。

这些或别的抽象对象自然仍可以属于我们的论域，我们加以量化的真正变元‘x’，‘y’，…被允许从中取值。但是字母‘F’，‘G’，…不允许用于量词，事实上根本不允许用于句子，而只是在叙述未明示的句子的形式时用作幌子。

原子模式‘Fxy’，‘Gx’，‘Gy’等等可以代表任何复杂程度的句子；它们不只是代表以简单明了的谓词替代‘F’和‘G’的原子句。

特殊理论，与它们在使用量词和真值函数方面彼此相像的同时，平常都在论域和它们的特有谓词语汇上彼此不同。可是，无论这些细节如何，我们都能指望某些形式的句子每次都成为真的。描绘这样的形式的模式被称为**有效的**。其中典型的有：

$$(y)((x)Fx\supset Fy), \quad (y)(Fy\supset(\exists x)Fx), \quad (x)Fx\supset(\exists x)Fx,$$
$$(x)(Fx\supset Gx)\supset.\ (x)Fx\supset(x)Gx。$$

无论由一个给定的特殊理论指定作为变元‘x’和‘y’的值域的非空论域是什么，无论包含‘x’和‘y’的、用该理论的特有语汇调制出来作为‘Fx’，
11 ‘Fy’和‘Gx’的解释的特殊句子可能是什么，我们可以指望上述形式的句子（对它们可能含有的其他任何自由变元的所有的值）都一律成为真的。

任一特殊理论的定理中，都将作为开头包括所有的乃为有效的模式的实例的那些句子。此外还将有特别的定理，适合于该特殊理论的特有语汇所意图的解释。这些定理中有的可能被假设为公理。其他的将在逻辑上**可推出**，意思是：它们在具条件句形式‘$p\supset q$’的句子中充当‘q’，而‘p’的位置由公理占据，该整个条件句则是一有效模式的一个实例。

现代逻辑文献不乏证明模式的有效性的有力而完备的技术。我将假定读者熟悉这些技术中的一种或更多，从而不再特别提供。在有必要诉求某个并不显见的模式的有效性或者表明某特殊句子在逻辑上可从另外的句子推出的时候，我将只提供适当的直观的论证，可望使读者能按照他选择的逻辑技术填补出形式论证。

我假定读者还熟悉规定如何用句子代换‘p’，‘Fx’，‘Fy’等等之约定。① 举例说，如果一个代换‘Fx’的句子含有‘x’之外的自由变元，

---

① 例如，见我的 *Methods of Logic*，§§23，25。

那么那些自由变元就必须不会被在其中作该代换的那个模式中居外的量词所虏获。是以,在有效的模式①

$$(x)(y)(Fx\equiv Gy)\supset(x)(y)(Gx\equiv Gy)$$

中,用'$y=x-x$'代换'Fx'就是错误的,那会推出假句子:

$$(x)(y)(y=x-x\ .\equiv.\ y=0)\supset(x)(y)(x=0\ .\equiv.\ y=0)。$$

逻辑学生还熟悉关于量化模式的有效性的某些二阶的通则。其中 12
突出的有**双条件之可替代性**,它可以表示为:

$$(x_1)\cdots(x_n)(A\equiv B)\ .\ C_A\ .\supset C_B。$$

这里的'A','B','C_A'和'C_B'表示任何量化模式使得最后二者除了包含分别由'A'和'B'表示的模式作为相对应的部分外完全一样;而'x_1',…,'x_n'表示在'A'和'B'所表示的模式中自由、但被'C_A'和'C_B'所表示的模式中的量词虏获的所有变元。②

关于量化理论,亦即抽去特殊理论所有实际谓词的句子外形之逻辑,就说这些。下面让我们把注意力转到一个特殊的谓词上,这个谓词由于经常反复在所有各种理论中出现和关系到所有各种论域,素来也在逻辑标题下被考察。它就是二目的**等同**谓词'='。合适的等同公理是'$x=x$'和**等同(者)之可替代性**模式'$x=y\ .Fx\ .\supset Fy$'的所有实例。从这些出发,依据量化理论,可推出所有的等同定律。③ 例如,作为该模式的一个实例,我们有

$$x=y:x=x\ .\supset.\ x=x:\supset:x=y\ .\supset.\ y=x,$$

按照真值函数逻辑,它简约为'$x=y\ .\supset.\ y=x$'。④ 另一个例子:由'$y=y$'我们有 $Fy\supset.\ y=y\ .Fy$,因而

$$Fy\supset(\exists x)(x=y\ .Fx),$$

而从'$x=y\ .Fx\ .\supset Fy$'我们反过来有

---

① 对于像这一个这样只含一目谓词字母的模式,已知有一个有效性的机械检测办法。例如,见 *Methods of Logic*, pp. 107-117,192-195。

② 例如,见我的 *Mathematical Logic*, §18。

③ Gödel, 1930, Satz VIII.

④ 此证明没有使用公理'$x=x$',来自 Hilbert and Bernays, vol. 1, p. 376n。

$$(\exists x)(x=y\,.\,Fx)\supset Fy,$$

13 因此，合起来，

$$Fy\equiv(\exists x)(x=y\,.\,Fx)。$$

顺便说说，最后这个模式本身又足以反过来提交‘$x=y\,.\,Fx\ .\supset Fy$’和‘$y=y$’二者，从而提交所有的等同定律。① 因为，它提交‘$x=y\,.\,Fx\ .\supset Fy$’，而它又有代换实例：

$$y\neq y\ .\equiv(\exists x)(x=y\,.\,x\neq y),$$

倚仗它右边的那个矛盾，这就简约为‘$y=y$’。

每个特殊理论都有它基本的谓词语汇。这些称为**初始的**，以区别于可以通过定义引进、只提供复合句的简写的其他的谓词。通常初始谓词在数目上是有穷的。在它们是有穷的时，我们完全不必把‘$=$’算进它们中；我们总能用其余的谓词定义出它来。假设某个理论仅有的初始谓词是个二元谓词‘φ’。于是‘$=$’可以对那个理论合适地这样来定义，即把‘$x=y$’解释为：

(i) $$(z)(\varphi xz\equiv\varphi yz\,.\,\varphi zx\equiv\varphi zy)。$$

因为，按照这个定义来理解，‘$x=x$’显然变得不过是一有效的量化模式的一个实例。而且，对‘$x=y\,.\,Fx\ .\supset Fy$’的所有实例，就它们都是不含‘φ’以外的谓词的句子而言，也都如此。这可以看出如下。首先考虑任一实例，其中由‘Fx’和‘Fy’表示的句子只在一个地方不同。‘x’和‘y’的这些单个有区别的出现的那些直接语脉(context)必将分别要么是‘φxv’和‘φyv’，要么是‘φvx’和‘φvy’，其中的‘v’表示某一个变元(有可能又是‘x’或‘y’)。如果那两个直接语脉是‘φxv’和‘φyv’，据双条件之可替代性，我们有：

$$(z)(\varphi xz\equiv\varphi yz)\,.\,Fx\ .\supset Fy,$$

14 而在另一种情况下我们有：

$$(z)(\varphi zx\equiv\varphi zy)\,.\,Fx\ .\supset Fy;$$

所以在两种情况下我们都有‘$x=y\,.\,Fx\ .\supset Fy$’，其中‘$x=y$’定义如

---

① 这是王浩向我指出的。

(i)。于是,对‘Fx’和‘Fy’所表示的句子只在一个地方不同这种情况,证明了我们的模式。最后,可如下推广到 n 个地方的情况。对每一 $i \leqq n$,令‘$G_i y$’表示‘Fx’所表示的句子当我们把其中‘x’的 n 个出现中恰好前 i 个出现都换成‘y’时所变成的句子。于是,我们的对一个地方的情况成立的定理,对从 0 到 $n-1$ 的每一 i 都给出‘$x=y\,.\,G_i y\ .\supset G_{i+1} y$’,而它们共同蕴涵‘$x=y\,.\,G_0 y\ .\supset G_n y$’,或者说‘$x=y\,.\,Fx\ .\supset Fy$’。

这样我们看到,只要仅有的初始谓词是‘φ’,所有等同定律都是现成的,不用特地假定;因为,所有等同定律都出自‘$x=x$’和‘$x=y\,.\,Fx\ .\supset Fy$’,而我们刚才已经看到定义(i)足以给出后二者。

如果一个理论的初始谓词不只包括二目谓词 φ,而是还包括比方说一个一目谓词 ψ 和一个三目谓词 χ,那么为那个理论起见,我们将把‘$x=y$’不是定义为(i)而是定义为:

(ii) $\psi x \equiv \psi y\,.\,(z)(\varphi xz \equiv \varphi yz\,.\,\varphi zx \equiv \varphi zy)\,.$

$(w)(\chi xzw \equiv \chi yzw\,.\,\chi zxw \equiv \chi zyw\,.\,\chi zwx \equiv \chi zwy))$。

对其他理论也类似:我们通过像在(i)和(ii)中那样穷尽原子语脉来定义‘$x=y$’,然后通过本质上类似于我们已看到的推理确立‘$x=y$’和‘$x=y\,.\,Fx\ .\supset Fy$’。

通过在(i)和(ii)中表明的定义方案给出的、‘$x=y$’的意义可能或可能不真的是等同;这将依赖于为初始谓词和量化域采取的解释。如果量化域被认为是实数全域,而‘φ’被理解为‘$<$’,那么(i)就蕴涵 $(z)(z<x\ .\equiv.\ z<y)$,从而确实赋予‘$x=y$’真正等同的意义。相对于 15
这个良好的结果,不存在一个独特的可表达的条件来拣出每一实数个体,就并不重要了。但是如果量化域被取成人的全域,而那些谓词都用只因人们的收入而定的事项来解释,那么所提出的定义‘$x=y$’的办法就将把具有同等收入的人视为相等;所以这实在是一种不讨人喜欢的情形,‘$x=y$’没有显示真正等同的意义。对于这类情形,我们可以声称量化域和谓词的解释选择得有毛病,最好是加以修改,把量化域的成员理解为整个收入群体。但是,无论怎么不好,即使我们并不如此修改解释以支持我们定义‘$x=y$’的方法,仍然不会有它与真正等同之间的冲突被用该理论本身的语汇记录下来。甚至在别扭的情形下，该方法也为相关的理论定义出某种与等同一样的东西。①

显然，只要初始谓词的数目按照惯例是有穷的，用(i)和(ii)例解的计划就是可行的。即使在它们的数目是无穷的时，平常它们的解释也是使得'$x=y$'能够只用它们中的少数几个胜任地定义出。但是也会发生相反的情况。考虑一个理论，它的初始谓词是'φ_1'，'φ_2'，'φ_3'，…，它们每一个都是一目的并且使得对每一 i，

$$(\exists x)(\varphi_1 x\,.\,\varphi_2 x\,.\cdots.\,\varphi_{i-1} x\,.\sim\varphi_i x)。$$

在这里必须把'='加作初始谓词，如果要它可用的话。

§2 虚拟类

在随后的各章中我们要讨论的将不是一般的理论，而是特别关于类的理论；而这些理论将一律以这样的形式陈述：包含单独一个初始谓
16 词，关于类的成员关系(class membership)的二目谓词'$\in$'。然而，平常借助'$\in$'说到类的，差不多都能被表明只是一种说话方式，既不牵涉对类的实在指称又不牵涉对'$\in$'的任何不可归约的使用。我称之为**虚拟的**类理论的这部分类理论，以及一个类似的、关系的虚拟理论，将是本章下剩部分的课题。因此对本章的下剩部分，前些页上的观点将延续下去：我们继续一般地考虑关于任何主题、各带其特有初始谓词的理论，而不止是带初始的'$\in$'的理论。

让我们来看看，在任一这样的理论中，可以如何通过定义，作为纯粹记法上的附件，来引进一个说得过去和合用的、辅助性的关于名义上的类成员关系的'$\in$'。基本技巧在于连带类抽象的记法形式'$\{x: Fx\}$'来定义'$\in$'，前者意在指谓使得 Fx 的所有对象 x 的类。

在这里所注视的可消去的组合中，'$\in$'只出现在类抽象之前而类抽象只出现在'$\in$'之后。整个组合'$y\in\{x: Fx\}$'，根据我所称谓的**具象律**②，归约为'Fy'，以至没留下存在着类$\{x: Fx\}$这样的东西的暗示。

---

① 这个消去等词的办法为 Hilbert and Bernays(vol. 1, pp. 381f)所承认。关于它与不可分辨物之等同的关系，参见我的 *Word and Object*, p. 230。

② 1934, p. 48. 它曾为 Whitehead and Russell (*20.3)和 Frege (1893, p. 52)所陈述。

掉换角度，不说消去而说引进，我们可以把‘$\in$’和类抽象简单地看成如下整个定义的一个组合的片段：

2.1　　‘$y\in\{x\colon Fx\}$’定义为‘Fy’。

如果我们不明智地同意，比方说，把‘$x=1.(\exists y)Fy$’写成‘$*(Fx)$’，那么从‘$F0\equiv F1$’推出‘$*(F0)\equiv *(F1)$’就错了。现在，鉴于这类错误我们不能相信像2.1那样的定义，它在被定义者而不在定义者中出示‘Fx’。然而，我们可以这样来修改2.1：

2.1′　　‘$y\in\{x\colon Fx\}$’定义为‘$(\exists x)(x=y.Fx)$’。

2.1和2.1′中的定义者在第13页上被视为相等。

附带说说，2.1′表明抽象之变元——‘$\{x\colon Fx\}$’中的‘x’——的身 17
份乃是简单地作为量化式的约束变元，而2.1则引进那个变元充当一种前所未有的角色，在定义者‘Fy’中没有对应物。

当我用‘x’，‘y’，‘Fx’等等来陈述一个定义时，我的意思是，在‘x’，‘y’等等的位置上是变元的所有选择，而在‘Fx’的位置上是（我们可能正在从事的任何理论的）句子的所有选择。对于2.1，由‘Fx’和‘Fy’表示的句子二者意想的关系自然是，除了在前者有自由的‘x’的地方后者有自由的‘y’外它们彼此相同。如果‘Fx’所表示的句子碰巧含有能够约束‘Fy’中的‘y’的量词，那么进行规避性的、量化式的字母变易就是理所当然的了；例如，我们要把2.1理解为是把

$$y\in\{x\colon(\exists y)(x=y^2)\}$$

解释为‘$(\exists z)(y=z^2)$’，而不是‘$(\exists y)(y=y^2)$’。2.1′的第三个优点就是规避性的字母变易的这种需求消失了；2.1′中的定义者并不在乎有没有‘Fx’所表示的句子中的‘y’的量化。

然而，2.1′却引起一个新的麻烦：我们不再能用‘x’代换‘y’。在2.1中我们可以；‘$x\in\{x\colon Fx\}$’十分妥当地变成‘Fx’。但是在2.1′之下，‘$x\in\{x\colon Fx\}$’将很不妥当地变成‘$(\exists x)(x=x.Fx)$’，或者‘$(\exists x)Fx$’。现在，同样的药再来一剂也就能救治。我们可以写出：

2.1″　　‘$y\in\{x\colon Fx\}$’定义为‘$(\exists z)(z=y.(\exists x)(x=z.Fx))$’。

不用说,‘z’现在必须不是在‘Fx’所表示的句子中自由的。但是那正是标准的约定;在使用其定义者含有外在于被定义者的约束变元这样一个定义时,我们总是准备用一个对那语脉说是新的字母来表示该变元。

已经指明这些改进,为简明起见我将固守 2.1。①

18 通过下面的约定引进布尔类代数的熟知记法,就能推进我们名义上对类的谈论,这些约定中除‘ε’②外的希腊字母都是代表任一类抽象的模式字母。③

2.2 ‘$\alpha\subseteq\beta$’定义为‘$(x)(x\in\alpha\ .\supset.\ x\in\beta)$’, (包含)

2.3 ‘$\alpha\subset\beta$’定义为‘$\alpha\subseteq\beta\not\subseteq\alpha$’, (真包含)④

2.4 ‘$\alpha\cup\beta$’定义为‘$\{x: x\in\alpha\ .\vee.\ x\in\beta\}$’, (并集)

2.5 ‘$\alpha\cap\beta$’定义为‘$\{x: x\in\alpha\ .\ x\in\beta\}$’, (交集)

2.6 ‘$\overline{\alpha}$’或‘$^{-}\alpha$’定义为‘$\{x: x\notin\alpha\}$’。 (补集)④

全部这样的类记号,如所看到的,可以归约到在先的词项。可以把它看成在模式化的量化逻辑之上制作的记法精品,或者看成在拥有任何特殊的初始谓词语汇的任何特殊理论的记法之上制作的记法精品。

建基于这样一个语汇上的、记号‘$x=y$’的定义(见 §1 中的(i),(ii))并不伸展到‘$\alpha=\beta$’;因为,由模式字母‘α’和‘β’表示的类抽象只是通过 2.1 发生的,没有真正的变元‘x’和‘y’的身份。但是通过相似的推理可以得到‘$\alpha=\beta$’的一个独立的定义:

---

① 对 2.1″的进一步的注释见 §4。

② 原文用这个字母作为表示“成员关系”(亦译“属于”关系)的记号,故有此语。我们这里改用通用的专门符号。——译者注

③ 当你从 §4 往后回头援引这些定义时,那些希腊字母则既代表抽象又代表变元;参见 §4。

④ 某些明显的缩略应当无须正式给出编了号的定义而视为当然。按此精神,让我们把‘$\not\subseteq$’,‘$\notin$’和‘$\neq$’中的否定认做移了位的‘~’,把‘$x=y=z$’,‘$\alpha\subseteq\beta\not\subseteq\alpha$’,‘$x,y\in\alpha$’以及诸如此类认做缩略的合取。——很遗憾,‘$\subset$’是相当于‘$\subseteq$’的老指号,它在从怀特海和罗素到今天,包括我自己的许多出版物中都是在那个意义上使用的。但是如今它被那些把‘$\subseteq$’用于较广意义之人,在如同 2.3 中那样的较狭意义上使用。由于‘$\subseteq$’无论如何都不会招致混淆,我已决定顺应这个趋势。

2.7 ‘$\alpha=\beta$’定义为‘$(x)(x\in\alpha\ .\equiv.\ x\in\beta)$’，或者‘$\alpha\subseteq\beta\subseteq\alpha$’。

在先的‘$x=y$’本身可以利用来形成某些有用的类表达式如下。对于 x 的单元类，以及通过枚举给定的其他有穷类，我们可以规 19
定记号：

‘$\{x\}$’定义为‘$\{z: z=x\}$’， ‘$\{x,y\}$’定义为‘$\{x\}\cup\{y\}$’，

等等[①]，而对于空类，

2.8 ‘Λ’或‘$\{\ \}$’定义为‘$\{z: z\neq z\}$’。

我们还可以定义作为 Λ 的伴侣的全类[②]：

2.9 ‘$\mathcal{V}$’定义为‘$\{z: z=z\}$’，或者‘$\overline{\Lambda}$’。

虚拟的类和关系理论是在我的 1942 年巴西讲演中这样称呼的。[③]把这个概念与文献中某些别的概念弄混了，会妨碍对以后章节中东西的理解。因此让我们拣出这些概念。[④]

定义 2.1 让人想起罗素通过语境定义引进类的做法。[⑤] 但是存在一个本质的差别。2.1 中模式的‘F’之罗素的表面对应物，对罗素来说不是模式字母，而是取属性为值的可量化变元。这一点由于一个不确切的术语而对罗素和他的某些读者是不清楚的：他既用‘命题函数’指称属性又用它指称开句子或谓词。事实上他只是把类理论归约为一种未归约的属性理论。他要是照直假定类会更好些，因为属性并不更清楚或更经济；正好相反(参看引言)。

施于类和关系的各种运算被贝曼(1927)只是作为句子联结词的变相记法引进；例如，为引进‘$\alpha\cap\beta$’和‘$\alpha\cup\beta$’，把‘$x\in\alpha\cap\beta$’和‘$x\in\alpha\cup\beta$’说成是‘$x\in\alpha\ .\ x\in\beta$’和‘$x\in\alpha\ .\vee.\ x\in\beta$’的短缩。就这一点而言，实际上我在我的虚拟的类理论以及下面的关系理论中是追随贝曼的。但是这里的差 20

① 没有给这些定义编号的理由见 §7。

② 我之所以使用手写体，在 §6 末尾有说明。

③ *O Sentido da nova lógica*，§51. 还参看 Martin，他与我一道力倡此概念；还有我的“Theory of classes presupposing no canons of type”，p. 325。

④ 对本主题不熟的读者可以合理地安于不完全掌握本节下剩部分，先弄懂后面章节。

⑤ 1908. 还在 Whitehead and Russell 中。见下面 §35。

别同样是重大的:贝曼把类和关系假定为可量化变元的值。

集合与终极类之间的区别(参见引言)不能混同于真实的与虚拟的类之间的区别。终极类,对采纳它们的理论来说,是真实的:它们属于论域,它们是可量化变元的值。另一方面,虚拟的类理论并不请求类作为变元的值;它谈论起来蛮像存在着类,但是说明这种谈论无须假定那些类。

部分地在康托尔1899年的历史上有名的信(pp. 443f)中谋划的公理系统,可以循着两条脉络发展。他把集合(*Menge*)描述为可以"被想成合在一起"成为"一个东西","一个完成了的东西"的类或群体(*Klasse*,*Vielheit*)。他接着假定,一个类或群体将是一个集合,如果它与一个集合同样大小;同样的,如果它是一个集合的子类;同样的,如果它是一个集合的诸成员的所有成员的类。现在这样的公理可以循着两条脉络来形式化:允许不是集合的类具有终极类的身份,或者把它们打发成虚拟的。这一选择关系到关于别的什么东西可以说或不可以说的一种区别,因为这是一个关于量化是不是可以自由地施行于较广的域的问题。但是两种方针都将调整康托尔的路线。

贝尔奈斯在他1958年的系统中与集合相对、称之为类的东西正好是我所谓的虚拟类;它们不是真实的类,无论终极的还是别的。在那个系统(不像他早先的系统)中不存在终极类;他的变元的值只是集合。在这方面,我将在随后的第二章至第十章中发展的集合论将与他的相似。但是我将比他更紧密地把虚拟理论结合于真实理论:与他不同,我将把虚拟类视为等同于它对应的集合,只要这样的集合存在。

当我们在第十三章和第十四章以及少数中间插话中终于来考虑终极类时,我们将并排地有三个标题:集合、终极类和虚拟类。这种款式
21 差不多与哥德尔1940年的专题论文中的相同;因为,我的虚拟类正好是哥德尔的"概念",抛开风格上的两点不说。一点是,与哥德尔不同,我谈论起它们来就像谈论类一样,让它们服从类运算之类。另一点是,同样地我将终归把虚拟类视为等同于它对应的真实类,无论是集合还是终极类,只要这样的类存在。

在终极类的假定与虚拟类的假托之间,我曾强调,存在一个关于说其余东西的可行机制的区别。如果那额外机制不被使用,那么该区别

的意义就萎缩了。因此就康托尔的信说，我们不能在那两个观点之间作选择。就贝尔奈斯早先的系统(1937—1954)说，情况多少类似；在那里实际上他的终极类假定是明确的，但是如同他自那以后注记(1958，p. 43)的，他对终极类还是没有委以重任。在我的《数理逻辑》的系统中，它们已经更显要地露面。①

§3 虚拟关系

类似于这虚拟的类理论，而且与它相联系，存在一个虚拟的**关系**理论。平行于类抽象的记号，存在关系抽象的记号'$\{xy: Fxy\}$'，旨在指称任何事物 x 和任何事物 y 使得 Fxy 的那个关系。平行于用'α'，'β'，…作为类抽象的模式字母，我将用'P'，'Q'，'R'，…作为关系抽象的模式字母。最后，平行于类成员关系的记法'$x\in\alpha$'，存在一个**关系归属**(*relational attribution*)的记法：xRy 意指 x 至 y 具有关系 R。②正如类的具象律用于 2.1 提供成员关系和类抽象的一个联合定义，关系的具象律则提供关系归属和关系抽象的一个联合定义：

'$z\{xy: Fxy\}w$'定义为'Fzw'。

平行于 2.2—2.7，我们可以规定： 22

'$Q\subseteq R$'定义为'$(x)(y)(xQy\supset xRy)$'，

'$Q\subset R$'定义为'$Q\subseteq R\not\subseteq Q$'，

'$Q\cup R$'定义为'$\{xy: xQy\vee xRy\}$'，

'$Q\cap R$'定义为'$\{xy: xQy\,.\,xRy\}$'，

'$\overline{}R$'定义为'$\{xy: \sim xRy\}$'，

'$Q=R$'定义为'$(x)(y)(xQy\equiv xRy)$'。

平行于'Λ'和'$\mathcal{V}$'我们有'$\Lambda\times\Lambda$'和'$\mathcal{V}\times\mathcal{V}$'，它们作为两个类的**笛卡儿**

① 对这些事的更多的谈论，见下面的§§42—44。

② 这里说的是二元关系，"至"原文是"to"，这特别牵涉到下面对原文第 24 页最后一段的理解。其实，抛开这一层不谈，在汉语中，看来说"对"更自然。当然，人们似乎更习惯于说"与"(and)，问题是它不能凸显关系的次序性或方向性。下面除本节外，我们一般都译为"对"。——译者注

积的下面这个一般定义的特例是现成的：

‘$\alpha \times \beta$’定义为‘$\{xy: x \in \alpha \,.\, y \in \beta\}$’。

后面这个概念是只随关系出现的一连串有用的概念中典型的一个，它们在类代数中没有类似物。其他的如下：

‘$\breve{R}$’或‘$^{\smile}R$’定义为‘$\{xy: yRx\}$’，　　（逆）

‘$Q|R$’定义为‘$\{xz: (\exists y)(xQy \,.\, yRz)\}$’，　　（合成）

‘$R``\alpha$’定义为‘$\{x: (\exists y)(xRy \,.\, y \in \alpha)\}$’，　　（象）

‘I’定义为‘$\{xy: x = y\}$’。　　（作为关系的等同）

它们可以被增殖。然而，某些其他有用的概念可以简洁地用已经引进的符号来表达。例如，$\{x: (\exists y)\, xRy\}$ 可以称为 R 的**左域**，它就是 $R``\mathcal{V}$；**右域**是 $\breve{R}``\mathcal{V}$；而**域**是 $(R \cup \breve{R})``\mathcal{V}$。还有 $\{x: xRy\}$，一个随便怎么称呼的有用的概念，就是 $R``\{y\}$。

与用于特种关系的熟知而有用的术语相对应的公式立即到手：

R 是连通的：$(x)(y)(x, y \in (R \cup \breve{R})``\mathcal{V} \,.\, \supset x(R \cup \breve{R} \cup I)y)$，

自反的：$(x)(x \in (R \cup \breve{R})``\mathcal{V} \,.\, \supset xRx)$，

反自反的：$R \subseteq {}^{-}I$，

对称的：$R = \breve{R}$，

23 非对称的：$R \subseteq {}^{-}\breve{R}$，

反对称的：$R \cup \breve{R} \subseteq I$，

传递的：$R|R \subseteq R$，

反传递的：$R|R \subseteq {}^{-}R$。

到目前为止所讨论的关系都是二元的关系。类似地还可以考虑三元的关系，$\{xyz: Fxyz\}$，以及更多元的关系。

关系的一个重要效用是作为函数；因为一个函数可以解释成一种关系。例如，函数“之平方”可以解释成平方至根的关系 $\{xy: x = y^2\}$。并不是每个关系都算一个函数；函数的突出特点是，当 R 是函数时我们能够唯一地述说 x 的**那个**(*the*)R，如果有的话：n 的**那个**平方。一个

二元关系，如果没有两个事物都至同一事物具有它，那么它就是一个函数。于是我们可以把

‘Func R’定义为‘$R|\breve{R}\subseteq I$’，或者

$$‘(x)(y)(z)(xRz\,.\,yRz\,.\supset.\,x=y)’。$$

这意味着‘函数’是要用于‘单值函数’的意义。有时被说成多值函数的东西最好是叫做关系。在解析几何和微分中，出于对连续性的考虑，确实有必要区分所谓的多值函数与其他关系；但是这里不然。

一个典型的在该意想意义上的函数是

$$\{xy\colon(\exists z)(\exists w)(w\neq 0\,.\,x=z/w\,.\,y=2^z\cdot 3^w)\}。$$

注意，这个函数将同一比率 2/3 指派给 108（$=2^2\cdot 3^3$）和 11664（$=2^4\cdot 3^6$）；还存在不少数，例如 5，说起来还有 0，该函数什么也没有指派给它们。这些弱点没有一个能阻止它成为函数。使它成为函数的是它从不给同一事物指派超过一个的事物。

除了能写‘Func R’指没有两个事物都与同一事物有 R 外，让人感到方便的是，甚至能述说一个非函数 R 和一个事物 x 而正好有一个事物至 x 具有 R。这样的事物 x 将称为 R 的**主目**，而它们的类可如 24
此定义：

$$‘\arg R’定义为‘\{x\colon(\exists y)(R``\{x\}=\{y\})\}’。$$

例如，当 R 是儿子关系时，$\arg R$ 就是有一个而且只有一个儿子的人的类。显然

$$\text{(i)}\qquad \text{Func } R\equiv.\ \arg R=\breve{R}``\mathcal{V}。$$

把函数当作二元关系，我们只是提供了像父亲、平方、一半、双倍这样的函数，它们都是只有单个主目的函数。通过一种平行的阐述可以更一般地考虑有 n 个主目的函数——作为（$n+1$）元关系；例如幂与和函数，作为有两个主目的函数，可以解释成三元关系

$$\{xyz\colon x=y^z\},\qquad \{xyz\colon x=y+z\}。$$

像我这样理解函数，我是追随皮亚诺（1911）和赞同哥德尔（1940）。

但是近数十年在这个问题上兴起一种相背离的风格，逻辑上不连贯，实践上令人不悦。代替把值算入左域把主目算入右域，相反的方案依然经常被采用。例如，平方函数因此被看成根至平方的关系而不是平方至根的关系。

我的（皮亚诺的，哥德尔的）办法自然之处在于，既然我们想要把函数等同于关系，那么很自然的是把平方（或父亲）函数等同于平方（或父亲）关系；无疑，平方关系就是平方至根的关系，如同父亲关系是父亲至儿女的关系。这一办法自然之处还在于，当 Q 和 R 都是如此理解的函数时，Q of R of x①（x 的 R 的 Q）则将成为 $Q|R$ of x（x 的 $Q|R$）；而按另一版本它变成 $R|Q$ of x（x 的 $R|Q$）。

25 相反的办法在作这样一种考虑时可以说是更自然的：一函数把主目转变成值，因而从主目导**至**（*to*）值，因而很自然地被等同于主目**至**值的关系。可是这个理由对我来说不中用。

相反的办法碰巧为术语学上的一个附随的偶然事件所支持，说来如下。至少从 1903 年（罗素）起，$R``\mathcal{V}$ 曾被称为关系的 *domain*②（**前域**）；$\breve{R}``\mathcal{V}$ 称为 converse domain（后域）。另一方面，通常都说一函数的主目构成 domain（定义域），值构成 range（值域）。反我（和皮亚诺）之道看待函数使函数的 domain（定义域）成为关系的 domain（前域）。

看来在如此任意的一点上多数人的习惯用法起决定作用；我怕如今有一大半人喜爱该转变。但是别扭丛生。于此，当 R 是函数时我们拿 $R``\alpha$ 怎么办呢？如果我们维持上述像 $R``\alpha$ 的定义但改变函数的版本，那么 $R``\alpha$ 就变得**不是** $R$ 的相对于 $\alpha$ 中的主目的、值的类，而是 $R$ 的相对于 $\alpha$ 中的值的、主目的类。所以我们看到著作者们乃改变 $R``\alpha$ 的定义以求匹配；$R``\alpha$ 变成

$$\{y\colon (\exists x)(xRy \,.\, x\in\alpha)\}。$$

① 这段话牵涉到英语语法的特点，为便于读者明了其含义，特照录原文关键词语，后附汉译。下下自然段则牵涉到英语术语的使用，同此处理。——译者注

② “domain”的普通意义是“范围”或“域”，而下面的“converse domain”的字面意义是“逆域”。——译者注

这样，如所想望的，对函数——改变了的意义上的函数——R 而言，R“α 又是α 的象了。但是那时对于一般的关系 R，R“α 不再是至 α 的成员具有 R 的事物的类；于是用法又重新混乱起来。

就是后面这件憾事，以及 $R|Q$ 现象的显眼的别扭，使我决定与哥德尔一道坚持反潮流的、老的皮亚诺的约定。我的维护其自然性的第一点也有力量，但是我将乐于放弃那一点。至于关于'domain'的执拗的麻烦，我已快刀斩乱麻，在论及关系时放弃这个词。'左域'(left field)和'右域'(right field)没有给想象力留下什么东西；人们于是变得能自由地无所顾忌地述说一函数的主目构成它的 domain(定义域)，无论这是右域(如同对我而言那样)还是左域。

我给了逻辑上不足道的一项约定以许多篇幅，因为它在实践上是那样的讨厌。通过证明和定理进行思考的麻烦，至少有不少，一次次地由于需要考虑用哪种办法看待函数以及如何理解'R“α'和'$Q|R$'而加 26
重。出于任性或大意而改变一项看来细小的惯用法的数学家，不会想到他制造了怎样的一种负担。

现在我们面前有了关乎类和关系的丰富的记法；而且我们看到可以如何这样来规定它，除了把它当作定义出的说话方式，根本不承认类和关系这样的事物。如此表面地和可消去地谈论类和关系的一个动机是简缩表达。再看我们新近的观察结果(i)。如同虚拟的类和关系理论的任一有效模式，它等于量化和等同逻辑的一个有效模式。什么模式呢？取(i)中的'R'为'$\{xy: Fxy\}$'，按照我们的定义扩展整个(i)，我们就得出实在够长的模式：

$$(x)(y)(z)(Fxz\,.\,Fyz\,.\supset.\,x=y)\equiv$$
$$(x)((\exists y)(z)((\exists w)(Fzw\,.\,w=x)\equiv.\,z=y)\equiv(\exists y)(Fyx\,.\,y=y))。$$

(i)是通过从纯粹量化和等同的模式化翻译成虚拟的类和关系的模式化而在简明性和直观性上获益匪浅的无数定律中的一个。其他例子是布尔代数的熟知定律，例如：

$$\overline{(\alpha\cap\beta)}=\bar{\alpha}\cup\bar{\beta},\quad \alpha\cap\beta\subseteq\alpha\subseteq\alpha\cup\gamma,\quad \Lambda\subseteq\alpha\subseteq\mathcal{V},$$

以及关系代数的这些定律：

$$R``(\alpha\cup\beta)=R``\alpha\cup R``\beta,\quad \breve{\breve{R}}=R,$$

$$R``\alpha\subseteq\alpha \;.\equiv.\; \breve{R}``\bar{\alpha}\subseteq\bar{\alpha},\quad R\subseteq R``\mathcal{V}\times\breve{R}``\mathcal{V},$$

$$Q|(R|S)=(Q|R)|S,\quad R|I=I|R=R,$$

$$\breve{}(Q|R)=\breve{R}|\breve{Q},\quad (Q|R)``\alpha=Q``(R``\alpha),$$

R 是传递的和对称的 $\supset R$ 是自反的，

R 是非对称的 $\supset R$ 是反自反的。

若干世纪以来，假定关系和类或属性这样的对象的主要动机无疑是为
27 有这类方便，现在我们看到，这类方便同样能由末了终究不假定这样的对象的一种虚拟理论来提供。

可是还存在着假定这样的对象的别的目的，该虚拟理论不能适合的目的。现在我们就转向这些话题。

第二章　真实类

§4. 实在，外延性与个体

虚拟的类和关系理论不假定类和关系作为量化变元的值。被说明 28
置于'$\in$'右边或关系归属中间的表达式一定是类抽象和关系抽象（或者它们的简缩和模式表示）；它们绝不是变元。一旦我们容许类和关系不可归约地作为量化变元的值，而且只是在那时，我们就须得承认它们是真实对象。一理论的量化变元的值的范围是该理论的论域。

通过容许类真正进入一理论的论域作为变元的值，我们常能有意义地增加在该理论中关于那论域里其余对象所能说的东西。用父母来定义祖先，提供了这种效果的一个好例证。为简化此例证，让我们稍微扩展'祖先'这个词，把每个人都算作他自己的祖先。于是 y 的祖先，作为一个类，满足这样两个条件：**初始条件**：y 是该类的一个成员，**闭包条件**：诸成员的所有父母都是成员。此外，y 的祖先构成最小的这样的类，是所有这样的类的共同成员。所以我们可以把'x 是 y 的祖先'解释成是说 x 属于所有满足那初始条件和闭包条件的类；因此是说 29

$(z)(y\in z\,.\,(u)(w)(w\in z\,.\,u$ 是 w 的父或母$\,.\supset.\,u\in z)\,.\supset.\,x\in z)$。①

给出谓词'是……的父或母'和真值函数和量化的设置，但是不给出类成员关系的谓词'$\in$'和对类 z 施行量化的权利，我们就将被剥夺这种表达'x 是 y 的祖先'的手段。

对类施行量化的其他动机将关乎数而出现在第四章。同样存在着对关系施行量化的动机；不过让我们暂时忘掉关系。

当我们采取容许类是真实的这一步骤时，我们可以不再满足于

① 在§§11，15 中我们将进一步从事这种源于弗雷格的构造。

把‘$\in$’定义为只是复合式‘$y\in\{x: Fx\}$’的一个片段；因为我们还需要‘$y\in z$’，其中‘z’是可量化的。我们倒是必须承认‘$\in$’是一个初始的二元谓词。

一旦如此承认‘$\in$’是初始的，我们就还获得比在‘$\in$’后边使用可量化变元更多的权利；我们还获得权利在‘$\in$’左边提到类，肯定它们自己是别的类的成员。因为，如果类要算作变元的值，那么‘$y\in z$’中的‘y’可以特别地正像‘z’那样指称一个类。其实，我们可以放弃这个额外的好处，为类采用一种式样的可量化变元，为个体采用另一种，而且只允许前一种式样的置于‘$\in$’后边而另一种式样的置于前边。但是，如同在后来几章中将要大量举例说明的，承认类可以作为别的类的成员，很有意义地增加了关于数和其他数学对象所能说的东西；与起初承认可对个体的类施行量化相比，它差不多同样紧要。因此让我们继续采用我们的单独一种式样的变元‘x’，‘y’，‘z’，…和我们的初始谓词‘$\in$’，同时承认无论作为‘y’和‘z’的值的是个体还是类，‘$y\in z$’都同样是有意义的。

30 于是发生当 z 是个体时怎样解释‘$y\in z$’的问题。首先想到的和文献中通常采用的约定是，在这一情形下‘$y\in z$’简单地对所有的 y 都是假的；个体不能有成员。但是存在着一种不同的被判明方便得多的约定，如同我们将在两页以后看到的。

既然‘$\in$’作为初始谓词出现，我们必须考虑采用什么样的公理来支配它。我们确实想要的、具某种或其他形式的一条公理是**外延(性)**公理，还通称 *Bestimmtheit* 或确定性公理：其成员相同的类都是相同的。一种自然的描述是：

$$(x)(x\in y\ .\equiv.\ x\in z)\supset.\ y=z。$$

这里的‘$y=z$’可以想成是按照 §1 中的(i)的计划定义出的，以‘$\in$’作为仅有的初始谓词；因此是下式的短缩：

$$\text{(i)}\qquad (x)(x\in y\ .\equiv.\ x\in z : y\in x\ .\equiv.\ z\in x)。$$

三页以后我们将重新开始讨论定义问题。目前让我们仔细考虑棘手的这样一点：如果 y 和 z 都是无成员的，那么根据如同我们所具有的外延定律，$y=z$。这意味着只存在一个无成员的东西。如果它是空类，那么个体就不是无成员的；如果个体是无成员的，而且有的话，那么就只存在一个个体，不存在空类。

我们可以通过往外延定律中插入另外的条件‘$(\exists x)(x\in y)$’来避开这个后果，但是那时我们将失去那定律的需要保留的一种实情：因为我们的确仍然想要说只存在一个空类。显然，我们所想要的、作为支配外延定律的另外的条件的，不是存在着 y(和 z)的成员，而只是 y 和 z 都是类而不是个体。可是这该怎么写呢？

如果我们以不同式样的变元对个体和类施行量化，这会不成问题。为解决所说的问题我们可以选择这样做，甚至容许两种式样的变元都 31
可以出现在‘$\in$’前边(与一页之前那种一时冲动相反)。要不我们可以保持单一式样的变元但是除‘$\in$’外采用一元谓词‘是个体’(或‘是类’)作为初始谓词。采用外加谓词，理论上或许比容许两种式样的量化变元更可取，它让作为基础的逻辑不受侵犯。这总是一种有生命力的抉择：代替采用 n 种不同式样的变元，我们总是可以增加 $n-1$ 个一元谓词，它们对应于那些不同式样的变元所曾预定的、除去一个之外的各个定义域。省去的那一个可以用其余谓词的否定定义出来(进一步见§§33,37)。

然而，哪怕增加单独一个关于个体性或类性的初始谓词，都是对优雅的一种不受欢迎的牺牲，幸而这可以避免。因为没有必要把个体算作无成员的。我们对‘$x\in y$’感兴趣一开始只是为了类 y；这是‘$x\in y$’仅有的须经值得注意的预想的情形。如果为流畅地系统化起见我们极应赋予其他情形以意义，那就让我们赋以一种把该流畅性极大化的意义吧。如此赋以意义以至把所有其他情形都算作假的，这第一个方案已经证明是粗率的。取而代之，当 y 是个体时，让我们视 $x=y$ 还是 $x\neq y$ 来规定‘$x\in y$’是真还是假。于是把外延定律应用于个体 y 和 z 的问题就消失了；在 y 和 z 都是个体而个体前边的‘$\in$’被给予‘$=$’意义的场合，该定律结果是真的。

可是如果 y 是个体而 z 是 y 的单元类，那又如何呢？那时，根据我们对个体前边的‘$\in$’的新的解释，‘$x\in y$’成为真的当且仅当 x 是个体 y；同时还有，‘$x\in z$’是真的当且仅当 x 是个体 y；于是 $(x)(x\in y\ .\equiv.\ x\in z)$，因此

$y=z$。这个结果乍看起来是不可接受的,因为 y 是个体而 z 是类。实际上它是一个无害的结果;把个体、它的单元类、这个单元类的单元类以及诸如此类算作同一个事物,并不损害类理论的什么效用。不错,我
32 们如今经过深思熟虑调整我们的术语,不再把'个体'解说成'非类'(nonclass);让我们就此说,使它们构成个体的不是非类性,而是等同于它们的单元类(或者,说起来是一回事,等同于它们自己的单独的成员)。个体一直到我们决定赋予置于它们前边的'$\in$'以'$=$'的效力之前都是认做非类的;现在它们顶好地被算作类。到头来每个事物都算作一个类;不过,个体仍以其就是它们自己的单独的成员而区别于其他的类。

我当然绝不是在抹去当 y 不是个体时 y 与其单元类之间的区别。如果 y 是个有两个以上成员或者没有成员的类,那么 y 确实必定不同于它的单元类,后者有一个成员。如果 y 是有两个以上成员或没有成员的一个类的单元类,那么 y 仍然必定不同于它的单元类,因为根据前面的断言,y 的那一个成员不同于 y 的单元类的那一个成员。一般地说,类与它们的单元类之间的区别是紧要的,我继续尊重它。但是个体与它们的单元类之间的区别并没有什么可察觉的作用,而伴随外延定律而来的那种别扭正可以通过废弃那个区分加以消除。

没有必要断定,在'$x=\{x\}$'或别的意义上存在着个体。只是规定如果存在个体的话,'$x=\{x\}$'是刻画个体的,这在目前以及集合论的更高的领域中,对于我们的目的都是足够的。如同弗兰克尔在论及策梅洛的集合论时所说的,所有的形式要求都能在这样一个论域中得到满足,其中只有像他所称谓的**纯**类:只是 Λ,$\{\Lambda\}$,$\{\Lambda,\{\Lambda\}\}$,以及由这样的材料组成的其他的类,没有任何意义上的个体。[①] 不过,如果有人要在纯数学之外应用集合论,他可以要各式各样稀奇事物作为他的类的成员。我的版本的个体是想把任何这样的愿望与使每个事物都是某种意义上的一个类这一形式上的好处调和起来。

33 到目前为止,这些形式好处是消除了一个关于个体性的初始谓词

---

① Fraenkel, *Einteitung*, pp. 355f. 关于我的系统 NF(下面 §40),斯科特已经证明,如果它是协调的,它就在增加一个肯定或否定我的意义下的个体的公理——'$(\exists x)(x=\{x\})$'或'$(x)(x\neq\{x\})$'——时仍然如此。

和简化了外延公理。其他的好处将在§§5,7,8,38中分散的若干点上指出。而有必要现在指出的一个另外的好处是,我们得以简化我们的等同定义:代替把‘$y=z$’解释成(i),我们可以规定

‘$y=z$’定义为‘$(x)(x\in y\ .\equiv.\ x\in z)$’。

显然,既然我们把个体等同于它们的单元类,那么已经在2.7中正式用于‘$\alpha=\beta$’的这种定义范型就也对个体是恰当的。代替给这个定义以编码,我将采取一个约定,导致这个定义为2.7所包括。该约定是,所有的定义2.1—2.9仍然保留,而其中的和将来的‘α’和‘β’被理解为模式字母,它们不只是代表类抽象的出现,而是无差别地代表类抽象和普通自由变元的出现。当‘α’被认为代表一个类抽象时,在诸定义2.2—2.7中任何一个里的‘$x\in\alpha$’仍然算作在2.1中所定义出的东西;可是当‘α’被认为代表‘y’时,在那些同样的定义2.2—2.7中的‘$x\in\alpha$’却包含那个初始谓词‘$\in$’。这样我将无区别地以其两种大相径庭的身份使用记号‘$\in$’。如同我们将要看到的,这种做法会助长某种流畅的技术;任何歧义都将根据上下文看跟在‘$\in$’后面的是什么——是变元还是抽象——而得到解决。

2.8和2.9中的那个‘$=$’在当时被当作未明示起源的事先配备。在我们新的态度下,那‘$=$’要理解为来自2.7。

其实,2.1″中的那个‘$=$’也类似,如果作为纯洁主义者我们较之2.1更喜欢2.1″的话;但是既然2.7必定跟在2.1″后面,这里需要一些步骤以避免明显的循环。当然,一种解决办法是简单地从具有如下扩张了的形式的2.1″开始:

‘$y\in\{x\colon Fx\}$’定义为

‘$(\exists z)((w)(w\in z\ .\equiv.\ w\in y)\ .\ (\exists x)((w)(w\in x\ .\equiv.\ w\in y)\ .\ Fx))$’。

但是如果我们如同将要做的那样反而借助2.1来思考,这个细节就失效了。

既然‘$y=z$’被定义为‘$(x)(x\in y\ .\equiv.\ x\in z)$’而不是(i),迄今所塑 34
述的外延公理就失去其内容而必须重写。除去简缩,它实际所说的是

$$(x)(x\in y\ .\equiv.\ x\in z)\supset(x)(x\in y\ .\equiv.\ x\in z: y\in x\ .\equiv.\ z\in x),$$

或者逻辑上等值的是

$$(x)(x\in y\ .\equiv.\ x\in z)\supset(w)(y\in w\ .\equiv.\ z\in w)。$$

作为一个为此目的的公理,较简单的公式

$$(x)(x\in y\ .\equiv.\ x\in z)\ .\ y\in w\ .\supset.\ z\in w$$

显然就足够了,因为'$(x)(x\in y\ .\equiv.\ x\in z)$'在'$y$'和'$z$'上是对称的。于是,除去简缩,这就是所想要的那个**外延公理**。2.7 把它简缩成:

4.1 **公理.** $y=z\ .\ y\in w\ .\supset.\ z\in w$。

在这个公理中我们看到等同之可替代性(§1)的一个实例。此公理是必需的,因为'$(x)(x\in y\ .\equiv.\ x\in z)$'不像(i),它本身单靠逻辑不足以保证可替代性定律。

§5 虚在实中

原来 2.7 定义的只是类抽象之间的'='。如同已经说明的,现在让'α'和'β'既代表类抽象又代表自由变元,我们就使得 2.7 也定义出变元之间的'='。其实我们做得更多:我们使得 2.7 还定义了一变元与一抽象之间的'='。由 2.7 和 2.1,

5.1 $\alpha=\{x\colon Fx\}\ .\equiv(x)(x\in\alpha\ .\equiv Fx)$,

无论'α'代表变元还是抽象。

35 特别把'Fx'取作'$x\in\alpha$',我们由 5.1 有

5.2 $\alpha=\{x\colon x\in\alpha\}$。

注意,这包括所有具形式

$$\{z\colon Fz\}=\{x\colon x\in\{z\colon Fz\}\}$$

的句子作为定理,此外,'$y=\{x\colon x\in y\}$'。最后这个公式中的 y 可以是任何事物,甚至是个体;这里是在 §4 中通过把个体当作它们自己的成员而得到简化的又一个例解。

在 5.1 中打制了这样两者之间的连环:一方面是初始的'$\in$'以及随后的变元'y',另一方面是定义出的'$\in$'以及随后的、虚拟类理论的

抽象‘$\{x: Fx\}$’；我们现在让‘y’与‘$\{x: Fx\}$’相等来在我们想要时说 $(x)(x\in y \;.{\equiv} Fx)$。既然虚拟的理论与真实的理论已相融合，继续把我们的抽象记号‘$\{x: Fx\}$’说成虚拟的就或许是误导。

这种融合是对我的 *O Sentido* 以及对贝尔奈斯 1958 年的处置的背离。对于贝尔奈斯，$\{x: Fx\}$始终不变的是虚拟的和不真实的，甚至在存在一个具有相同成员的集合时（参看§2）。另一方面，对于我，如果存在这样的集合，$\{x: Fx\}$就是那个集合。因此对我们来说，看来今后完全可以不把抽象记号$\{x: Fx\}$说成虚拟的，而是说成**不带承诺的**：它的使用只是不带来对该类存在的一般假定（如果它存在，也没有对它的集合性（sethood）的一般假定）。

是不是要特别地说存在像$\{x: Fx\}$这样一个类，将依赖于我们解释‘Fx’代表什么句子，以及我们最后会决定采取什么存在公理。看起来后面这个课题可以很好地用这样单独一个公理模式来对付：

(i) $$(\exists y)(x)(x\in y \;.{\equiv} Fx),$$

它保证对每个可用公式表示的条件（模式化了的‘Fx’），都有一个类 y 其成员正好是那些满足那个条件的事物。这就是朴素形式的**抽象定律**或**概括定律**。多亏 5.1，更紧凑些，它可以写成： 36

$$(\exists y)(y=\{x: Fx\}),\quad \text{亦即},(\exists y)(y=\alpha)。$$

无论如何它都是难以成立的；存在着无数的反例，它们全都简单地据量化逻辑而有效。其中最简单的一个，在引论中作为**罗素悖论**注释过的，说来如下：

5.3 $$\sim(x)(x\in y \;.{\equiv}.\; x\notin x)。$$

证. 如果$(x)(x\in y \;.{\equiv}.\; x\notin x)$，那么 $y\in y \;.{\equiv}.\; y\notin y$。

另一个如下，其中的‘$x\in^2 x$’是‘$(\exists z)(x\in z\in x)$’的短缩。

5.4 $$\sim(x)(x\in y \;.{\equiv}\sim(x\in^2 x))。$$

证. 假定相反，

$$(x)(x\in y \;.{\equiv}\sim(x\in^2 x))。\qquad [i]$$

由于 $y\in y\in y \;.{\supset}.\; y\in^2 y$，而且据[i]，$y\notin y \;.{\supset}.\; y\in^2 y$，故而$y\in^2 y$。所以存

在某物 x 使得 $y\in x\in y$。但是那就有$x\in^2 x\in y$,与[i]冲突。

5.3 和 5.4 告诉我们的是$\{x: x\notin x\}$和$\{x:\sim(x\in^2 x)\}$都不存在。我们同样可以否证$\{x:\sim(x\in^3 x)\}$,$\{x:\sim(x\in^4 x)\}$,以及诸如此类之存在。①

从这些例子似乎可以认定循环范型'$x\in z_1\in z_2\in\cdots\in x$',或许外带否定,对排除(i)必不可少。不是的。一个反例是:

$$(\exists z)((w)(w\in z .\equiv. w\in x) . z\notin x)。$$

因为,它的原子成分'$w\in z$','$w\in x$','$z\in x$'不能联结起来拼出任何循环;可是整个公式据 2.7 归约为$(\exists z)(z=x . z\notin x)$,而这终于等于 5.3 的'$x\notin x$'。

37 脉络相同的另一个悖论是米里马诺夫悖论,它来自把(i)中的 y 取作所有**有根**类的类,而所谓有根类是指这样的类 x:不存在无穷的系列 $z_1, z_2, \cdots$使得$\cdots\in z_2\in z_1\in x$。因为,如果 y 本身是有根的,那么 $y\in y$ 从而$\cdots\in y\in y\in y$,与 y 的有根性相悖。另一方面,如果 y 不是有根的,那么就有 $z_1, z_2, \cdots$使得$\cdots\in z_2\in z_1\in y$;但是那时 z_1 也就不是有根的,与'$z_1\in y$'相悖。

或许我们能够满意地对(i)加以限制,简单地规定(i)的每个其否定并不逻辑有效的实例都算作公理?可以这样来反对这一方针:指出并不如同证明逻辑有效性那样存在着否证逻辑有效性的一般技术。这种反对是不重要的。但是还有一种毁灭性的反对意见:如此列示的、单个说来是协调的公理合到一起将是不协调的。

现在来考虑分离(Aussonderung)原理②:

(ii) $$(\exists y)(x)(x\in y .\equiv. x\in z . Gx),$$

或者更紧凑些:

$$(\exists y)(y=z\cap\{x: Gx\}), \quad 亦即,(\exists y)(y=z\cap\alpha)。$$

---

① *Mathematical Logic*,§24.缩略'$\in^2$'、'$\in^3$'等等,如同在§2第4个注(此注即本译本第16页第4个注——译者注)中提到过的那些,似乎并不要求正式给出编了号的定义。

② 来自 Cantor(1899)和 Zermelo(1908)。看下面的§37。

这是(i)的一个特殊化，正好包括(i)的那些特例，其中‘Fx’被解释为蕴涵‘$x \in z$’。现在所有这样的特例可以同时假定为对所有的 z 真，而不致酿成任何逻辑矛盾。(证：把‘$x \in y$’重新解释为不足道地对所有的 x 和 y 都假，而(ii)将不管‘G’而不足道地成为真的。)而且，(i)的独立特例：

(iii) $$(\exists y)(x)(x \in y \ .\equiv. \ x = x)$$

可以单个地被假定为真；其实，它乃归约为‘$(\exists y)(x)(x \in y)$’或‘$(\exists y)(y = \mathcal{V})$’。但是(ii)与(iii)的联合却导致矛盾。因为，如果我们把(ii)中的 z 取作(iii)中的 y，因而是 $\mathcal{V}$，那么‘$x \in z$’可以从(ii)中去掉， 38
而所剩下的具有(i)本身的全部效力。

策梅洛的理论完全地采纳(ii)，故而拒绝(iii)。我的《新基础》中的理论采纳(iii)，故而不得不对(ii)作特别处理(见下面的 §§38,40)。还有其他理论拒绝(iii)而又对(ii)作特别处理。由于(i)的各自站得住的特例之间的这种不相容性，已经提出许多根本不等价的集合论；不存在明显的最佳。

我对概括公理——(i)的众特例——的策略将是在迫切需求时零碎地和勉强地采用这样的公理。在 §7 中我将考虑所有少于三个成员的类。在 §13 中我将考虑一般的有穷类，不再更多。在后来的章节中将要掂量以各种方式考虑其他的类的结果。但是在本章中我将根本不考虑(i)的特例，不考虑概括公理。

让我们来比较一下这里的与第一章的本体论态度。在第一章中，并没有提出是不是真有类这个问题。就其在第一章中的情形而言，类的谈论都被作为只是一种说话方式而解释掉，这种说话方式通过定义被叠加在这个或那个特殊理论上，后者有它自己的、适合它自己的随便什么特殊题材的初始谓词。现在在本章中我们仍然避免假定类的存在，但有所不同的是现在该问题毫无疑义地发生了：我们现在有‘$\in$’作为初始谓词，除非存在着类而且是大量的类，否则它将是不足道的和不得要领的。有的定理由于它们为全称量词而不是存在量词所辖制，我们可以无须关于存在的公理或前提来证明它们；如果排除了类，那么甚至许多这样的定理都会失去所有潜在的内容和兴味。我们现在确实想要存在着类，但是我们还没有准备好来说正好存在哪些类。

可以议论说无论如何我们承诺了至少存在一个类。因为，我们假定了经典的量化逻辑，而如所周知，后者假定至少存在一个事物（因为'$(\exists x)(Fx \supset Fx)$'以及诸如此类都算作有效的）；依据我们的个体版本，任何事物都是一个类，个体是它们本身的类。

39 多亏我将继续利用的、我们关于类抽象的不带承诺的版本，对存在假定的超过那技术最低限度的需求，其持续的紧迫程度比可能预期的要小一点。因为，我们关于类抽象的语境定义2.1允许我们自由地谈说是不是$\{x: Fx\}$的成员，不时甚至是正确地谈说，无须假定任何像$\{x: Fx\}$这样的类的存在。如此进行并不存在使我们卷入逻辑矛盾的危险，因为该程序只依靠定义2.1，不依靠假定；所遇到的任何矛盾都将不得不独立于该定义出的记号而出现。我们甚至可以谈说作为罗素悖论基础的类$\{x: x \notin x\}$，限于肯定或否定是它的成员；其实，据2.1，

$$y \in \{x: x \notin x\} .\equiv. y \notin y。$$

如果我们这里允许用'$\{x: x \notin x\}$'代换'y'，那我们就将陷入矛盾；但是至今并没有准许用类抽象代换变元，而且至今不曾采用任何定义来说明一个置于'$\in$'左边的类抽象。

现在就要来填补后面这个空缺。由5.1可见，如何填补它是显然的。

5.5 '$\{x: Fx\} \in \beta$'定义为'$(\exists y)(y = \{x: Fx\} . y \in \beta)$'。

肯定某事物是$\{x: Fx\}$的成员并不暗示$\{x: Fx\}$存在。但是肯定$\{x: Fx\}$成为成员，则据5.5明确地蕴涵$\{x: Fx\}$存在，就是说：$(\exists y)(y = \{x: Fx\})$。

2.1和5.5共同说明类抽象在所有可能出现自由变元的地方之出现。因为，它们说明了置于'$\in$'两边的抽象，而'$\in$'是我们仅有的初始谓词。故而从此往后我们的模式可以如同对'Fy'那样自由地容纳'$F\alpha$'和'$F\{x: Gx\}$'。'Fy'代表由'$\in$'、变元、量词和真值函数（不谈定义）构成的任何句子；'$F\alpha$'或'$F\{x: Gx\}$'同样如此，不过是以'α'或'$\{x: Gx\}$'代替'y'。

但是让我们不要轻易断定，作为一条推论规则我们可以自由地用

抽象来代换变元。这样的代换改变了'$\in$'的身份,从如同在'$y\in z$'中的 40
初始谓词的身份,变成如同在'$y\in\{x: Fx\}$'或'$\{x: Fx\}\in\beta$'中的、用语境定义定义出的小品词的身份;而这两种'$\in$'乍看纯粹是偶然的同音异义词。我们对记号的有倾向性的选择,目标确实指向可能发生的用抽象代换变元的推论,至少是在一定范围内;但是任何用意如此的规则,都要求根据诸定义和先行的假定证明为正当的。这就是下一节的主题。

§6 等同与代换

等同可替代性定律'$x=y\,.Fx\ .\supset Fy$'可以在当前的系统中恢复如下。据 4.1,$x=y\ .x\in z\ .\supset.\ y\in z$ 且 $y=x\ .y\in z\ .\supset.\ x\in z$。但是,据 2.7,$x=y\ .\equiv.\ y=x$。所以

$$x=y\ .\supset: x\in z\ .\equiv.\ y\in z。$$

因此,据 2.7,

$$x=y\ .\equiv(x)(z\in x\ .\equiv.\ z\in y : x\in z\ .\equiv.\ y\in z)。$$

由此,按照与 §1 中的(i)有关的、先前已见到的论证,我们终于得到 $x=y\,.Fx\ .\supset Fy$。

而且,据 2.7,$y=y$。如同在 §1 中提到过的,由这两个结果可以得出所有的关于等同的定律。特别是现在我们可以登记下:

6.1 $$Fy\equiv(\exists x)(x=y\,.Fx),$$

因为在 §1 中已经明白地看到如何由'$x=y\,.Fx\ .\supset Fy$'和'$y=y$'推导出它。作为它的系,我们还有它的对偶:

6.2 $$Fy\equiv(x)(x=y\ .\supset Fx)。$$

因为,在 6.1 中作代换,

$$\begin{aligned}\sim Fy &\equiv(\exists x)(x=y\,.\sim Fx)\\ &\equiv\sim(x)(x=y\ .\supset Fx)。\end{aligned}$$

但是在我说所有的等同定律都是现成的时,我是假定它们都是如 41

同 6.1 和 6.2 那样，用真正的变元而不是希腊字母或抽象来叙述的。用后者我们立即遭到失败。例如，'$(\exists y)(y=z)$'是一有效的等同定律，得自'$z=z$'；可是'$(\exists y)(y=\alpha)$'不成立，因为据 5.3，当 α 是$\{x: x\notin x\}$时，对所有的 y，$y\neq\alpha$。说到这里，甚至 6.1 和 6.2，若是用'α'代换'y'也会失效；因为，如果$\sim(\exists x)(x=\alpha)$，那么断然有$\sim(\exists x)(x=\alpha\ .\ Fx)$和$(x)(x=\alpha\ .\supset Fx)$，可是无疑$\sim F\alpha$与 $F\alpha$ 不能并立。

用'α'代换'y'，我们的确得到 6.1 的这个特例。

6.3 $$\alpha\in\beta\ .\equiv(\exists x)(x=\alpha\ .\ x\in\beta)。$$

证，据 5.5 或 6.1，视'α'代表一抽象还是一变元而定。

从$(\exists y)(y=\alpha)$以及其中的'y'代换成'α'的 6.1 和 6.2 之失效中，我们得到充足的例证，表明用抽象（或希腊字母）代换变元不是可以一般地证明其正当性的推论形式。许多等同定律，不像 6.1 和 6.2，的确碰巧在这样的代换之下成立；但是它们之如此，需要比代换更多的东西来证明。举例说，我们无权径直从'$x=x$'和'$x=y\ .\equiv .\ y=x$'推得

6.4 $$\alpha=\alpha,$$

6.5 $$\alpha=\beta\ .\equiv .\ \beta=\alpha。$$

但是我们**能够**很快地证明这二者，只需注意到它们不过是下二公式在 2.7 之下的缩写：

$$(x)(x\in\alpha\ .\equiv .\ x\in\alpha),$$

$$(x)(x\in\alpha\ .\equiv .\ x\in\beta)\equiv(x)(x\in\beta\ .\equiv .\ x\in\alpha),$$

后二者据纯粹的量词和真值函数逻辑而为真。类似地我们可以证明'$\alpha=\beta\ .\ \beta=\gamma\ .\supset .\ \alpha=\gamma$'；然而它也为下面的 6.7 所包括。

42 再者，等同可替代性定律在将其一或两个变元代为抽象时也成立，是以：

6.6 $$\alpha=\beta\ .\ F\alpha\ .\supset F\beta,$$

但是我们必须重新证明如下。首先我们来考虑'$F\alpha$'和'$F\beta$'代表只在一个地方不同的句子这一情形。'α'的那个出现的直接语脉将或者是'$\gamma\in\alpha$'（子情形 1）或者是'$\alpha\in\gamma$'（子情形 2）；因为我们可以假定任何在

上面的、扩展了的定义。

子情形 1:令'$G\alpha$'代表在由'$F\alpha$'代表的句子中把'$\gamma\in\alpha$'的那个出现换成'$(\exists x)(x=\gamma\,.\,x\in\alpha)$'而形成的句子。于是,据 6.3 和双条件之可替代性,$F\alpha\equiv G\alpha$。

子情形 2:令'$G\alpha$'代表在由'$F\alpha$'代表的句子中把'$\alpha\in\gamma$'的那个出现换成

$$(\exists x)((x)(x\in z\ .\equiv.\ x\in\alpha)\ .\ z\in\gamma)$$

而形成的句子。于是,据 2.7 和 6.3 以及双条件之可替代性,$F\alpha\equiv G\alpha$。

两种子情形:$F\alpha\equiv G\alpha$。类似的,$F\beta\equiv G\beta$。但是,由'$G\alpha$'和'$G\beta$'代表的句子,除去在一个有'$x\in\alpha$'之处另一个有'$x\in\beta$'外,是相同的;于是,通过双条件之可替代性,

$$(x)(x\in\alpha\ .\equiv.\ x\in\beta)\ .\ G\alpha\ .\supset G\beta。$$

据 2.7,这就是 $\alpha=\beta\,.\,G\alpha\ .\supset G\beta$。亦即,$\alpha=\beta\,.\,F\alpha\ .\supset F\beta$。

这样就对'$F\alpha$'和'$F\beta$'所代表的句子只在一个地方不同这一情形证明了 6.6。推广到 n 个地方则如同 §1 里从(i)出发的论证中那样进行。

6.6 的一个更有用的变体是:

6.7 $\qquad \alpha=\beta\ .\supset.\ F\alpha\equiv F\beta$,

鉴于 6.5,这来自 6.6。

我们从 6.4 和 6.6 中看到,'$x=x$'和'$x=y\,.\,Fx\ .\supset Fy$'在用希腊字母代换自由变元时仍然成立。而等同理论的所有定律都可以借助量化理论从'$x=x$'和'$x=y\,.\,Fx\ .\supset Fy$'推出(参看 §1)。可我们还看到,等同理论的某些定律在用希腊字母代换自由变元时却失效。这怎么可能呢?答案是,量化理论的演绎步骤本身并没有转移到希腊字母。希腊字母不是一定能正当地作为量化变元的实例,这毕竟大体上就是我们曾经谈到过的。例如,6.1 的证明曾这样地用到量化理论: 43

$$y=y\,.\,Fy\ .\supset(\exists x)(x=y\,.\,Fx)。$$

用'α'代换'y',这一步就不是正当的。

一般地说，失效的是用类抽象代换了变元的模式‘$(x)Fx \supset F\alpha$’，连同它的对偶‘$F\alpha \supset (\exists x)Fx$’。这些模式只有受制于大意是 α 存在的辅助性的概括前提 $(\exists x)(x=\alpha)$，才一般地是正当的。于是显然，这样的前提我们将用得很多。

这样的前提，比‘$(\exists x)(x=\alpha)$’更方便的一种记法是‘$x \in \mathcal{V}$’。因为，据 6.4 我们有 $x=x$，于是据定义 2.1 和 2.9 有

6.8 $$x \in \mathcal{V},$$

由此，既然按照 6.3，

$$\alpha \in \mathcal{V} \ .\equiv (\exists x)(x=\alpha \ .\, x \in \mathcal{V}),$$

我们可以得出结论

6.9 $$\alpha \in \mathcal{V} \ .\equiv (\exists x)(x=\alpha)。$$

这和 5.1 给了我们三种说 $\{x\colon Fx\}$ 存在的方式：

$$\{x\colon Fx\} \in \mathcal{V}, \quad (\exists y)(y=\{x\colon Fx\}), \quad (\exists y)(x)(x \in y \ .\equiv Fx)。$$

于是我们现在可以特别地把 5.3 和 5.4 改写成：

6.10 $$\{x\colon x \notin x\}, \quad \{x\colon \sim(x \in^2 x)\} \notin \mathcal{V}。$$①

44 那个加以适当限制的、用类抽象代换了变元的模式，连同它的对偶，现在就容易证明了。

6.11 $\alpha \in \mathcal{V} \,.\, (x)Fx \ .\supset F\alpha, \quad \alpha \in \mathcal{V} \,.\, F\alpha \ .\supset (\exists x)Fx$。

证. 据假设和 6.9，存在某事物 y 使得 $y=\alpha$。于是据 6.7，$Fy \equiv F\alpha$。所以，$(x)Fx \supset F\alpha$ 且 $F\alpha \supset (\exists x)Fx$。

‘$\alpha \in \beta$’蕴涵 α 存在，这一点已经说明，而且将用得很多。

6.12 $\alpha \in \beta \ .\supset .\ \alpha \in \mathcal{V}$。 **证**，据 6.3，6.9。

更充分的，我们有

---

① 关于‘$\alpha, \beta \in \gamma$’，见 § 2 第 4 个注（此注即本译本第 16 页第 4 个注——译者注）。

6.13 $\alpha\in\{x:Fx\}.\equiv.\alpha\in\mathcal{V}.F\alpha$。

证. 据 2.1,$(y)(y\in\{x:Fx\}.\equiv Fy)$;因此,据 6.11,

$$\alpha\in\mathcal{V}.\supset:\alpha\in\{x:Fx\}.\equiv F\alpha。$$

而据 6.12,又有

$$\alpha\in\{x:Fx\}.\supset.\alpha\in\mathcal{V}。$$

于是借助真值函数逻辑得到 6.13。

当我们把 6.13 中的'α'换成'y'时,据 6.8 自然可以去掉那个存在子句。剩下的正好是 2.1。

我们可以在这里增加 6.8 的对偶。而它容许用一个模式字母。

6.14 $\alpha\notin\Lambda$。

证. 据 6.13 和 2.8,$\alpha\in\Lambda.\equiv.\alpha\in\mathcal{V}.\alpha\neq\alpha$。因此,据 6.4,$\alpha\notin\Lambda$。

6.8 和 6.14 二者都可以加强,是以:

6.15 $(x)(x\in\alpha)\equiv.\alpha=\mathcal{V}$, $(x)(x\notin\alpha)\equiv.\alpha=\Lambda$。

证. 分别据 6.8 和 6.14,

$$(x)(x\in\alpha)\equiv(x)(x\in\alpha.\equiv.x\in\mathcal{V}),$$
$$(x)(x\notin\alpha)\equiv(x)(x\in\alpha.\equiv.x\in\Lambda),$$

证毕(参看 2.7)。

要不,把 6.15 中的 α 取作$\{x:Fx\}$或$\{x:\sim Fx\}$并且依靠 2.1, 45

6.16 $(x)Fx\equiv.\{x:Fx\}=\mathcal{V}.\equiv.\{x:\sim Fx\}=\Lambda$。

既然现在'$\alpha\in\mathcal{V}$'已经作为我们说 α 存在的手段出现,§2 中给出的提防混淆了存在与集合性、虚拟类与终极类的警告,就必须重新提出并且加以强调。α 的存在就是成为 $\mathcal{V}$ 的成员,α 的集合性就是成为某事物的成员;其中的机关正在于 $\mathcal{V}$ 并不被以为是某事物。如果我们真要假设 $\mathcal{V}$ 的存在,亦即 $\mathcal{V}\in\mathcal{V}$,那么实际上所有的事物都成为集合;存在归约为集合性。如果毕竟存在终极类,那么 $\mathcal{V}$ 就是不真实的;$\mathcal{V}\notin\mathcal{V}$。

如果存在终极类,就是说,如果并非所有的类都是集合,那么,一般

地区别所有使得 Fu 的类 u(因而所有使得 Fu 的随便什么对象 u)的类 $\{u: Fu\}$ 与只是使得 Fu 的所有集合 u 的类 $\hat{u}Fu$,就是有用的。[①] 后者可以用前者来定义:

'$\hat{u}Fu$'定义为'$\{u: (\exists z)(u \in z).Fu\}$'。

在 $\hat{u}Fu$ 与 $\{u: Fu\}$ 不同时,那是因为存在一个使得 Fx 的终极类 x。这时候我们有 $x \notin \hat{u}Fu$,但仍有 $x \in \{u: Fu\}$,所以 $\{u: Fu\} \notin \mathcal{V}$(由于
46 $(y)(x \notin y)$),虽然十分可能 $\hat{u}Fu \in \mathcal{V}$。(其实'$\hat{u}Fu \in \mathcal{V}$'很讨人喜欢,可以直言地作为那些容许终极类的理论的公理模式。[②])现在,一旦 $\{u: Fu\}$ 与 $\hat{u}Fu$ 之间的这个区别出现,必须留意不要将 $\{x\}$, $\mathcal{V}$,等等(在我们自己的 $\{u: u=x\}$, $\{u: u=u\}$,等等的意义上的)与比如说 ιx, V,等等(在 $\hat{u}(u=x)$, $\hat{u}(u=u)$,等等的意义上的)相混淆。如果 x 是一终极类,那么

$$x \in \{u: u=x\} \notin \mathcal{V}, \quad x \notin \hat{u}(u=x) = \Lambda。$$

而且每一事物都属于在我们的 $\{u: u=u\}$ 意义下的 $\mathcal{V}$,而正是集合才属于 $\hat{u}(u=u)$ 意义下的 V;

$$(x)(x \in \{u: u=u\}), \quad (x)(x \in \hat{u}(u=u) . \equiv (\exists z)(x \in z))。$$

在我的《数理逻辑》中不存在不带承诺的抽象之思想,所以那本书中的 V 是 $\hat{u}(u=u)$,而不是 $\{u: u=u\}$,从而那本书中的'$x \in$ V'是表达 x 的集合性的正规方式;可是对我们来说,这里的'$x \in \mathcal{V}$'对所有的 x 成立,而'$\alpha \in \mathcal{V}$'是我们表达 α 存在却置集合性于未定的正规方式。熟悉《数

① 记号'$\hat{u}Fu$'与'$\{u: Fu\}$'的不同以前从来没有反映这种区别的意思。前一种记号追溯到怀特海和罗素,另一种较为新近,而且日益流行。很偶然地我在《数理逻辑》中使用了老的'$\hat{u}Fu$';而我之所以赋予它'所有使得 Fu 的类的类'这一意义,只是因为带承诺的抽象注定要有那种意义,而我又未曾想起不带承诺的抽象。意外地贝尔奈斯(1958)反而喜爱记号'$\{u: Fu\}$'(差不多足够了),而且没有什么相关的理由,这限制了他对抽象之于虚拟类的使用。现在,利用这意外的记号分歧来记录那意外的概念分歧,被证明是方便的。由于这种新的区别(像集合与类之间的区别那样)对于没有终极类的系统仍然是空的,它十分可能不与在其中已呈现'$\hat{u}Fu$'和'$\{u: Fu\}$'中随便哪一形式的文献相冲突。

② 冯·诺伊曼没有直言地采用它,但是我在《数理逻辑》中这样做了。我这样说对知道那本书的读者显得很奇怪,那只是由于在接下去的句子中加以说明的'V'的不一致的使用。

理逻辑》的读者应该特别注意这个对比中的差异。我一直把它贯彻到印刷字体中，使用如同在那本书中的罗马体的‘V’表示较牢靠的类，而用手写体的‘$\mathcal{V}$’表示较少可能存在的、绝对是所有事物的类。

在许多没有终极类的系统中，所说区别自然便消失；在那里所有的类都是集合，$\hat{u}Fu$ 就是$\{u: Fu\}$，特别是，V 就是 $\mathcal{V}$，它可能存在也可能不存在。属于这样的系统的有罗素、策梅洛、贝尔奈斯(1958)、我的“New foundations”和罗塞的系统。而在本书中，直到最后两章，集合与类之间的区别，除去在像这里这样的告诫性的段落里，都将与我们没有什么关系。当它终于真与我们有关系时，我们大可不必依靠‘V’与‘$\mathcal{V}$’之间的印刷字体上的区别；因为‘$\bigcup \mathcal{V}$’将很适宜地出现在 §8 中担当‘V’的任务。

第三章 类的类

§7 单元类

47 每个事物对我们来说都是一个类，因为任何像是不如此的事物，都为 §4 中关于令个体成为它们自己的成员的规定所迫而就范。由此，每个类都是类的类，从而每个事物都是类的类。

说每个事物都是类的一个好处是，在使得一自由变元有意义的任何所在，一个类抽象也有意义。那是直观意义；形式上那意义是通过 2.1 和 5.5、通过我们连续地在自由的位置上使用希腊字母而不是变元写出的所有其他的定义提供的。

希腊字母处在适用于变元的位置上对 §2 来说是不可能的，理由有二：在那里希腊字母只代表抽象并不还代表变元，直到 §4 中有了相反的追溯性的约定；而抽象只能进入禁止变元进去的位置，亦即艾普西隆之后的位置（以及这类情形的缩写）。从实质上说，§2 中原本的情况是，类只是虚拟的，只有它们的成员才是真实的，因此类的类领受着连虚拟的都不如的身份。

是以，特别地我们能在 §2 中定义'$\{x\}$'和'$\{x,y\}$'，但是不能定义'$\{\alpha\}$'或'$\{\alpha,\beta\}$'。这就是为什么在 §2 中对'$\{x\}$'和'$\{x,y\}$'的定义我没有给予援引号码的缘故。在那个阶段'$z=x$'和'$\gamma=\alpha$'都是可以的，但'$z=\alpha$'却不是；所以我们不能把'$\{\alpha\}$'定义为'$\{z: z=\alpha\}$'，而且必须满足于把'$\{x\}$'定义为'$\{z: z=x\}$'。相应的，与'$\{\alpha,\beta\}$'相对的'$\{x,y\}$'亦如此。在 §4 中，
48 那个关于希腊字母的修改了的约定终于导致 2.7 使'$z=\alpha$'有意义，如同在 5.1 中那样。因此让我们现在来定义'$\{\alpha\}$'和'$\{\alpha,\beta\}$'。

7.1 '$\{\alpha\}$'定义为'$\{z: z=\alpha\}$'，　'$\{\alpha,\beta\}$'定义为'$\{\alpha\}\cup\{\beta\}$'。

让希腊字母进入'$\{\alpha\}$'，其实并不完全是为了使谈论类的单元类有

意义。由于在§4 中采用'$\in$'作为一个初始谓词因而把类看作真实的，我们把'x'本身看作容许类作为值——所有的无论什么样的类(当然，要是存在的)；因此$\{x\}$可以已经是任何类的单元类。'$\{\alpha\}$'所完成的稍多于这样的形式任务：让类 x 在那个位置上还由抽象而不是变元来指称。那稍多的是，在定义'$\{\alpha\}$'时我们还在不存在像$\{x: Fx\}$这样的类的场合使特例'$\{\{x: Fx\}\}$'有意义；但是这里的好处是些微的，$\{\{x: Fx\}\}$在这个特例中是 Λ。其实，

7.2 $\alpha \notin \mathcal{V} .\equiv. \{\alpha\} = \Lambda$。

证. 据 6.9

$$\alpha \notin \mathcal{V} .\equiv (x)(x \neq \alpha)$$

(据 2.1,7.1) $\equiv (x)(x \notin \{\alpha\})$

(据 6.15) $\equiv . \{\alpha\} = \Lambda$。

因此在将来的定理模式中，与定义相对立，在'$\{\alpha\}$'中使用'α'通常是不得要领的；'x'完全包括该范围。因为，只要 $\alpha \in \mathcal{V}$，鉴于 6.11'α'无论如何总是依然可以自由地代换'x'，否则鉴于 7.2 对'α'的兴趣就消失了。

同样的，在将来的定理模式中，与定义相对立，在'$\in$'之前使用'α'通常是不得要领的；再一次我们可以用'x'来做。因为，只要 $\alpha \in \mathcal{V}$，'α'依然可以代换'x'，否则具有在'$\in$'之前的'α'的子句据 6.12 就简单地成为假的。简言之，据 6.12 和 6.11，

7.3 $\alpha \in \beta . (x) Fx . \supset F\alpha$。

回到单元类，这里是若干如所提议地在曲括号中使用普通变元来 49
塑述的定理和定理模式。

7.4 $\{x\} \subseteq \alpha .\equiv. x \in \alpha$。

证. 据定义，

$$\{x\} \subseteq \alpha . \equiv (y)(y = x . \supset . y \in \alpha)$$

(据 6.2) $\equiv . x \in \alpha$。

7.5 $\{x, y\} \subseteq \alpha . \equiv . x, y \in \alpha$。

证. $\{x\} \cup \{y\} \subseteq \alpha . \equiv . \{x\} \subseteq \alpha . \{y\} \subseteq \alpha$

（据 7.4） $\equiv . x, y \in \alpha$。

7.6 $x \in \{x\}$， $x, y \in \{x, y\}$。 **证**，据 7.4，7.5。

7.7 $\{x\} = \{y\} . \equiv . x = y$。

证. 据 7.4 和定义，$\{x\} \subseteq \{y\} . \equiv . x = y$。因此，据定义，

$$\{x\} = \{y\} . \equiv . \{x\} \subseteq \{y\} \subseteq \{x\}$$

$$\equiv . x = y = x。$$

7.8 $\{x, y\} = \{z\} . \equiv . x = y = z$。

证. 据定义，$\{x, x\} = \{x\}$。于是，据 6.7，

$$x = y = z . \supset \{x, y\} = \{z\}。$$

反之，据定义，

$$\{x, y\} = \{z\} . \supset . \{x, y\} \subseteq \{z\}$$

（据 7.5） $\supset . x, y \in \{z\}$

（据定义） $\supset . x = y = z$。

7.9 $\{x, y\} = \{x, w\} . \equiv . y = w$。

50 **证.** 如果$\{x, y\} = \{x, w\}$，那么，据定义，$\{x, y\} \subseteq \{x, w\}$，因而，据 7.5，$y \in \{x, w\}$，而根据定义这就是说，$y = x . \vee . y = w$。相似的，$\{x, w\} \subseteq \{x, y\}$，因而，$w = x . \vee . w = y$。合起来，$y = x = w . \vee . y = w$；所以 $y = w$。反之，如果 $y = w$，那么据 6.7 和 6.4，$\{x, y\} = \{x, w\}$。

我不准备记录下所有将在随后的推理中露面的初等定理和定理模式。例如‘$x \in \bar{\alpha} \equiv x \notin \alpha$’或‘$x \in \{\alpha\} \equiv x = \alpha$’，鉴于 2.1 和其他定义它们不过是‘$p \equiv p$’的特例，像这样的定理和定理模式将不予列出并在需要时拿来就用。类似地对布尔代数定律——‘$\alpha \subseteq \alpha$’，‘$\alpha \cap \beta = \beta \cap \alpha$’，以及诸如此类——也将如此；这些定律经查考定义，再次归约为基本上是真值函数的考虑。这样的布尔定律之一，即：

$$\beta \cap \gamma \subseteq \alpha . \equiv . \beta \subseteq \alpha . \gamma \subseteq \alpha,$$

刚才在 7.5 的证明中被视为当然；另一条，'$\alpha\cup\alpha=\alpha$'，在 7.8 的证明的第一步中亦如此。

我们至此一直没有假定任何特殊的类，实际上除去某一个外根本没有假定存在任何类(参看 §5)。我现在要来破坏一个好记录，暂时先假定存在某些适中的类，即所有少于三个成员的类。

7.10 **公理.** $\Lambda,\{x,y\}\in\mathcal{V}$。

这是**配对**公理和**空类**公理的联合。它假定 Λ 存在，假定对我们论域中的所有对象 x 和 y，$\{x,y\}$存在，还假定$\{x\}$存在(因为$\{x,x\}$就是$\{x\}$)。

这一公理，完全由于其适中性，累及我们反对终极类。因为，一终极类是一个使得$(y)(x\notin y)$的类 x；而据 7.6 和 7.10 我们却有 $x\in\{x\}\in\mathcal{V}$，因而据 6.11 有

7.11 $(\exists y)(x\in y)$。

就是说，只存在集合。

让我来大致说说处于这个决定背后的策略。只是由于罗素悖论之类的原因我们才没有固守朴素的和未加限制的概括模式，简单说 51
'$\alpha\in\mathcal{V}$'。在由于悖论而不得不加以剪裁时，我们深思熟虑地使所损伤的不多于完全可以看成应对悖论负责的东西。是以，我们没有损伤真值函数逻辑(比如说，否定排中律)，也没有损伤量化逻辑，而只损伤了集合论，'$\in$'的定律。但是在集合论中又存在着突出的、有穷类和无穷类之间的区别；那些生僻费解的类是无穷类，而只有无穷类才引起悖论。于是我们的最小损伤准则偏向容许所有我们容许的任何事物的有穷类；而我将在公理模式 13.1 中这样做。目前 7.10 是走向那个方面的一小步。

上面的论说在关键的一点上是含糊的，无意证明任何东西。但是它能有助于给予我正采取的办法以一定的合理的气势。

终极类公认是一种恩赐，如同我们将在终结的那几章中看到的。我将在那里鼓吹接受终极类和废除 7.10 和 13.1 的抉择。我还将在那里深入考虑折中方案，保留 7.10 和 13.1 从而所有的有穷类，同时仍提供某种很像终极类的东西：能够只成为小于它们本身的类的成员的类。

无论如何，当前，一直到本书最后两章，每个事物都是一个集合。于是，§6 末尾处指出的、$\hat{u}Fu$ 与 $\{u: Fu\}$ 之间的区别在这期间消失；从而那里指出的、V 与 $\mathcal{V}$，ιx 与 $\{x\}$ 之间的区别也如此。

让我们现在回到我们的公理并且推导两个适中的、将证明是方便的概括模式。

7.12 $\{\alpha\}\in\mathcal{V}$。

证. 据定义，$\{x\}=\{x\}\cup\{x\}=\{x,x\}$。因此，据 7.10，乃有 $(x)(\{x\}\in\mathcal{V})$。因此，据 6.11，$\alpha\in\mathcal{V}\ .\supset.\ \{\alpha\}\in\mathcal{V}$。但是据 7.2，还有

$$\alpha\notin\mathcal{V}\,.\supset.\,\{\alpha\}=\Lambda$$

(据 7.10，6.7) $\supset.\ \{\alpha\}\in\mathcal{V}$。

7.13 $\{\alpha,\beta\}\in\mathcal{V}$。

52 **证**. 情形 1：$\alpha,\beta\in\mathcal{V}$。而据 7.10，

$(x)(y)(\{x,y\}\in\mathcal{V})$。

因此，据 6.11，$(y)(\{\alpha,y\}\in\mathcal{V})$。因此，再次据 6.11，$\{\alpha,\beta\}\in\mathcal{V}$。

情形 2：$\beta\notin\mathcal{V}$。于是，据 7.2，$\{\beta\}=\Lambda$。于是，据定义，

$\{\alpha,\beta\}=\{\alpha\}\cup\Lambda=\{\alpha\}$，

因而据 7.12 和 6.7，$\{\alpha,\beta\}\in\mathcal{V}$。

情形 3：$\alpha\notin\mathcal{V}$。类似。

鉴于 7.10，7.12 和 7.13，可以采取这一受欢迎的约定：今后我们将自由地把变元代换为'Λ'和所有具'$\{\alpha\}$'和'$\{\alpha,\beta\}$'形式的表达式以及它们的缩写，无须求助于特别援引。这是暗中连同 6.11 使用 7.10 或 7.12 或 7.13 的问题。即使当变元是自由的时，6.11 也自然是适当的；因为我们设想了一个全称量词。

该约定被用在如下证明中的第一步。

7.14 $\alpha=z\ .\equiv(x)(z\in x\ .\supset.\ \alpha\in x)$。

证. $(x)(z\in x\ .\supset.\ \alpha\in x)\supset: z\in\{z\}\,.\supset.\ \alpha\in\{z\}$

(据 7.6) $\supset.\ \alpha\in\{z\}$

(据 6.13 和 7.1) $\supset.\ \alpha=z$。

既然$(x)(\alpha\in x\ .\supset.\ \alpha\in x)$，其逆据 6.6 成立。

我们的等同定义 2.7 把‘$y=z$’解释成‘$(x)(x\in y\ .\equiv.\ x\in z)$’。‘$y=z$’的先前的较繁复的版本是 §4 中的(i)。现在我们由于 7.14 而有了又一个版本‘$(x)(z\in x\ .\supset.\ y\in x)$’。由此我们容易看出，‘$(x)(y\in x\ .\supset.\ z\in x)$’和‘$(x)(y\in x\ .\equiv.\ z\in x)$’也将合用。可是有趣的是，后面这三个版本都依赖于存在公理 7.10，或者它的系 7.12。7.12在 7.14 的证明中的作用由于刚才那个约定而是不显眼的。

§8 并，交，摹状词

在我们能够谈论类的类之前，现在要定义的概念不是可行的。 53

8.1 ‘$\bigcup\alpha$’定义为‘$\{x: x\in^2\alpha\}$’。

子句‘$x\in^2 a$’是‘$(\exists y)(x\in y\in\alpha)$’的短缩，因而有一个处于‘$\in$’后边的变元，实际上使它超出第一章中虚拟的理论的范围，如同超出开启第二章的祖先构造的范围。

$\bigcup\alpha$ 是 α 的所有成员的成员的类，因而是 **α 的那些成员的并**。它又常称 α 的**和**。如果 α 具有有穷多个成员 $x_1,x_2,\cdots,x_n$，那么$\bigcup\alpha$ 就是熟知的布尔意义上的并 $x_1\cup x_2\cup\cdots\cup x_n$；参看下面的 8.4。但是$\bigcup\alpha$ 推广了布尔的并概念，在 α 有无穷多个成员时同样具有意义。它还有这个退化特例：

8.2 $\bigcup\{x\}=x$。

证. 据 6.1，对所有的 y，

$$y\in x\ .\equiv(\exists z)(y\in z=x)$$

(据 2.1，7.1) $\equiv.\ y\in^2\{x\}$，

据 5.1 和 8.1，这就是说，$x=\bigcup\{x\}$。

我们能够直言地肯定 8.2 而不是不得不设法规定 x 是一个类的类，这再次说明说每个事物都是一个类从而是一个类的类之方便。

8.3 $\bigcup(\alpha\cup\beta)=\bigcup\alpha\cup\bigcup\beta$。

证. 据 2.1 和 2.4，

$$x\in^2\alpha\cup\beta\ .\equiv(\exists y)(x\in y: y\in\alpha\ .\vee.\ y\in\beta)$$

$$\equiv.(\exists y)(x\in y\in\alpha)\vee(\exists y)(x\in y\in\beta)$$

$$\equiv : x \in^{2} \alpha \ .\vee.\ x \in^{2} \beta。$$

54 据 2.1 和 8.1，这就是说，对所有的 x，

$$x \in \bigcup(\alpha \cup \beta) \ .\equiv :\ x \in \bigcup\alpha \ .\vee.\ x \in \bigcup\beta,$$

据 5.1 和 2.4，亦即，$\bigcup(\alpha\cup\beta) = \bigcup\alpha \cup \bigcup\beta$。

它有此主题定理本身作为一条系：

8.4 $$\bigcup\{x, y\} = x \cup y。$$

证. 据 7.1，

$$\bigcup\{x, y\} = \bigcup(\{x\} \cup \{y\})$$

（据 8.3） $$= \bigcup\{x\} \cup \bigcup\{y\}$$

（据 8.2） $$= x \cup y。$$

关于并的一条主要定律是这个：

8.5 $$\bigcup\alpha \subseteq \beta \ .\equiv (x)(x \in \alpha \ .\supset.\ x \subseteq \beta)。$$

证. $$(y)(y \in^{2} \alpha \ .\supset.\ y \in \beta) \equiv (y)(x)(y \in x \in \alpha \ .\supset.\ y \in \beta)$$
$$\equiv (x)(x \in \alpha \ .\supset (y)(y \in x \ .\supset.\ y \in \beta))。$$

据 2.1 和其他定义，这就是 8.5。

当 α 的每个成员都是 β 的一个子类时，我们可以称 β 为 α 的一个相对于类包含而言的**上界**。于是 8.5 的主旨就是：$\bigcup\alpha$ 是 α 的最小上界。

作为一条系，把 β 取作 $\bigcup\alpha$，我们就有

8.6 $$x \in \alpha \ .\supset.\ x \subseteq \bigcup\alpha。$$

Λ 的所有成员的并，该当不出我们所料。

8.7 $$\bigcup\Lambda = \Lambda。$$

证. 据 6.14，$(x)\sim(x \in^{2} \Lambda)$；据 6.16 和 8.1，亦即，$\bigcup\Lambda = \Lambda$。

对称的，还有

8.8 $$\bigcup\mathcal{V} = \mathcal{V}。$$

55 **证**. 据 7.11 和 6.8，$(x)(x \in^{2} \mathcal{V})$。据 6.16 和 8.1，那就是，$\bigcup\mathcal{V} = \Lambda$。

可是 8.8 不像它看起来那样不足道。通过 7.11，它依赖于我们的存在公理 7.10（'$\{x\}\in\mathcal{V}$'）。如果我们在 7.10 那儿采取别的转向而容许终极类，那么 8.8 就会是假的。绝对的，据 8.1 和 6.8，$\cup\mathcal{V}$ 是 $\{x:(\exists y)(x\in y)\}$，因而是所有集合的类，先前在 §6 末尾处曾称之为 $\hat{u}(u=u)$。8.8 对我们成立只是因为，按照 7.11，每个事物都是一个集合。[1] 8.8 简单地重复了该意见，让所有集合的类 $\cup\mathcal{V}$ 等同于每个事物的类 $\mathcal{V}$。

α 的那些成员的并这一观念有 α 的那些成员的**交**——$\cap\alpha$——的观念作为它的对偶。

8.9 '$\cap\alpha$'定义为'$\{x:(y)(y\in\alpha\,.\supset.\,x\in y)\}$'。

它包括 α 的所有成员的那些共同成员。因此，如果 α 的那些成员仍是 $x_1,x_2,\cdots,x_n$，那么 $\cap\alpha$ 就是 $x_1\cap x_2\cap\cdots\cap x_n$。正如 $\cup\alpha$ 是 α 的相对于包含而言的最小上界，$\cap\alpha$ 是那个最大下界。对应于 8.2—8.7 我们有：

8.10 $\cap\{x\}=x$,

8.11 $\cap(\alpha\cap\beta)=\cap\alpha\cap\cap\beta$,

8.12 $\cap\{x,y\}=x\cap y$,

8.13 $\beta\subseteq\cap\alpha\ .\equiv(x)(x\in\alpha\,.\supset.\,\beta\subseteq x)$,

8.14 $x\in\alpha\,.\supset.\,\cap\alpha\subseteq x$,

8.15 $\cap\Lambda=\mathcal{V}$,

它们的证明留给读者。最后，对应于 8.8，我们有：

8.16 $\cap\mathcal{V}=\Lambda$。

证. 据 7.10，$\Lambda\in\mathcal{V}$。因此，据 8.14，$\cap\mathcal{V}\subseteq\Lambda$。 56

有趣的是，如果说'$\cup\mathcal{V}=\mathcal{V}$'的证明依赖于 7.10 的 7.11 方面，那么'$\cap\mathcal{V}=\Lambda$'的证明就只依赖于 7.10 的'$\Lambda\in\mathcal{V}$'部分。实际上'$\cap\mathcal{V}=\Lambda$'所需要的比'$\Lambda\in\mathcal{V}$'还少；即使 $\Lambda\notin\mathcal{V}$，只要存在着两个互相排斥的

① 因此 8.8 在《数理逻辑》中失效。对这一注释感到惊奇的那本书的读者应该回想一下前面 §6 末尾处指出的区别。在《数理逻辑》中称作'V'者，亦即 $\hat{u}(u=u)$，正好就是我们的 $\cup\mathcal{V}$。

类，我们就仍然得到'$\bigcap\mathcal{V}=\Lambda$'。没有某种概括公理我们就不能得到'$\bigcap\mathcal{V}=\Lambda$'，但是没有一种合理的集合论会没能包含一条适当的概括公理。因此'$\bigcap\mathcal{V}=\Lambda$'是诸集合论中的通用货币，不像它的对偶'$\bigcup\mathcal{V}=\mathcal{V}$'，后者只对没有终极类的集合论成立。

这种情形，由于作为更平衡的选择而偏向 7.11，影响到 §7 中 7.11 ('$(\exists y)(x\in y)$')与终极类之间的两难。我们注定要有'$\bigcap\mathcal{V}=\Lambda$'，而它的对偶'$\bigcup\mathcal{V}=\mathcal{V}$'就等于 7.11。

定理'$\bigcup\{x\}=x$'和'$\bigcap\{x\}=x$'的一个后果是，'$\bigcup\{x: Fx\}$'或者'$\bigcap\{x: Fx\}$'形式的记号，当实际上存在一个而且只是一个对象 x 使得 Fx 时，变得适于表示单独摹状词'$(\iota x)Fx$'，'使得 Fx 的那个对象 x'。就是说，

8.17 $(x)(Fx\equiv.\ x=y)\supset.\ \bigcup\{x: Fx\}=\bigcap\{x: Fx\}=y$。

证. 据假设和定义，$\{x: Fx\}=\{y\}$。因此 y 据 8.2 是$\bigcup\{x: Fx\}$，据 8.10是$\bigcap\{x: Fx\}$。

单独摹状词的基本定律和迫切要求是

$$(x)(Fx\equiv.\ x=y)\supset.\ (\iota x)Fx=y,$$

而 8.17 告诉我们，这将通过把'$(\iota x)Fx$'定义为'$\bigcup\{x: Fx\}$'或者'$\bigcap\{x: Fx\}$'得到满足。但是存在另一种被证明关乎概括前提更为方便的办法。如果我们这样来定义'$(\iota x)Fx$'，使它在$\sim(\exists y)(x)(Fx\equiv.\ x=y)$时任意地和不变地总成为 Λ，那么我们就能对所有的特例得到'$(\iota x)Fx\in\mathcal{V}$'。这是给出如下较复杂的定义的理由：

8.18 '$(\iota x)Fx$'定义为'$\bigcup\{y: (x)(Fx\equiv.\ x=y)\}$'。

57 于是我们得到基本定律：

8.19 $(x)(Fx\equiv.\ x=y)\supset.\ (\iota x)Fx=y$。

证. 据假设，

$$\begin{aligned}(x)(Fx\equiv.\ x=y)&\supset(x)(x=y\ .\equiv.\ x=z)\\&\supset:\ z=y\ .\equiv.\ z=z\\&\supset.\ z=y。\end{aligned}$$

反之，据假设和 6.7，

$$z=y\ .\supset(x)(Fx\equiv.\ x=z)。$$

合起来，

$$(z)((x)(Fx\equiv.\ x=z)\equiv.\ z=y)。$$

因此，据 8.17，

$$\bigcup\{z{:}\ (x)(Fx\equiv.\ x=z)\}=y。$$

因此，据 8.18，$(\iota x)Fx=y$。

由此进而可得

8.20 $(x)(Fx\equiv.\ x=y)\supset{:}\ Fz\equiv.\ z=(\iota x)Fx$。

证．据假设，$Fz\equiv.\ z=y$。而据假设和 8.19，$y=(\iota x)Fx$。

附带的，

8.21 $y=(\iota x)(x=y)$。

证，据 8.19，既然 $(x)(x=y\ .=.\ x=y)$。

最后是空的特例：

8.22 $\sim(\exists y)(x)(Fx\equiv.\ x=y)\supset.\ (\iota x)Fx=\Lambda$。

证．据假设和 6.16，

$$\{y{:}\ (x)(Fx\equiv.\ x=y)\}=\Lambda。$$

因此，据 8.18，$(\iota x)Fx=\bigcup\Lambda$。据 8.7，那就是，$(\iota x)Fx=\Lambda$。

摹状词是需要任一种类的对象的，可是像在 8.18 中的 $(\iota x)Fx$ 还 58
是一个类。这个定义之仍然充分——甚至‘$\bigcup\{x{:}\ Fx\}$’或‘$\bigcap\{x{:}\ Fx\}$’就合用——是我们已把个体同化于类的一个好处。最后让我们来收获采用 8.18 而不是较简单的‘$\bigcup\{x{:}\ Fx\}$’或者‘$\bigcap\{x{:}\ Fx\}$’的好处。

8.23 $(\iota x)Fx\in\mathcal{V}$。

证．据 8.22 和 8.19，

$$(\iota x)Fx=\Lambda\,.\vee(\exists y)((\iota x)Fx=y)。$$

因此，视情况而定，据 7.10 或 6.9，$(\iota x)Fx\in\mathcal{V}$。

靠近 §7 末尾所采用的那个节省时间的约定因而现在可以扩展到摹状词。这就是说，我们今后将自由地把变元代换为'Λ'和所有具形式'$\{\alpha\}$'，'$\{\alpha,\beta\}$'和'$(\iota x)Fx$'的表达式以及它们的缩写。

作为例解我们可以把 8.20 中的'z'代换为'$(\iota x)Fx$'，从而得到

8.24 $\qquad (x)(Fx\equiv.\,x=y)\supset F(\iota x)Fx$。

§9 作为对子之类的关系

由于允许谈论类的类而成为可利用的进一步的东西，是简单的和合用的**有序对**$\langle x,y\rangle$的概念。关于一个有序对概念所需要的是，该对子唯独地和在次序上决定着它的两个结对的对象。类$\{x,y\}$虽然决定着 x 和 y 却无以决定谁是谁；就是说，$\{x,y\}=\{y,x\}$。要求于有序对的基本定律是，不是在$\{x,y\}=\{z,w\}$时而只是在 $x=z$ 且 $y=w$ 时才有$\langle x,y\rangle=\langle z,w\rangle$。'$\langle x,y\rangle$'的任何定义，不管多么任意和人为，只要满足这条基本定律就是恰当的。维纳把$\langle x,y\rangle$解释为一定的类的类来解决这个问题。他的定义的一个归功于库拉托夫斯基的变体是

9.1 $\qquad$'$\langle\alpha,\beta\rangle$'定义为'$\{\{\alpha\},\{\alpha,\beta\}\}$'。

59 于是$\langle x,y\rangle$是其成员为$\{x\}$和$\{x,y\}$的类。多亏前一节末尾总结出的约定，很高兴任何有序对表达式都可以拿来自由地立即代换变元。因为，'$\langle\alpha,\beta\rangle$'被定义为具形式'$\{\gamma,\delta\}$'的表达式的一种缩写。

我们来着手建立有序对的基本定律。

9.2 $\qquad \langle x,y\rangle=\langle z,w\rangle\,.\supset.\,x=z\,.\,y=w$。

证①. 据 7.6 和 9.1，$\{x\}\in\langle x,y\rangle$。因此，据假设，$\{x\}\in\langle z,w\rangle$。据 2.1 和其他定义，那就是，

$$\{x\}=\{z\}\,.\vee.\,\{x\}=\{z,w\}。$$

① 由约翰·C·托莱缩短。

据 7.7 和 7.8,那就是,$x=z\ .\vee.\ x=z=w$。因此 $x=z$。因此,据假设,$\langle x,y\rangle=\langle x,w\rangle$。据 7.9 和 9.1,那就是,$\{x,y\}=\{x,w\}$。据 7.9,那就是,$y=w$。

9.2 的一个有用的变体是:

9.3 $\qquad \langle x,y\rangle=\langle z,w\rangle\ .\equiv.\ x=z\ .\ y=w$。

证. $\langle x,y\rangle=\langle x,y\rangle$;因此,两次据 6.6,

$$x=z\ .\ y=w\ .\supset.\ \langle x,y\rangle=\langle z,w\rangle。$$

其逆据 9.2。

有序对的主要功效是使得在类理论中模拟关系成为可能。模拟关系$\{xy\colon Fxy\}$的是所有使得 Fxy 的对子$\langle x,y\rangle$的类。

迄今我们一直只把关系看成虚拟的(§3)。'R'和类似的表示关系的字母只是立为具'$\{xy\colon Fxy\}$'形式的关系抽象的模式字母,被规定只处在关系归属的位置'zRw'中。但是我们将在随后的章节中看到,容许像关系那样的某些东西作为论域的真实成员,作为真正可量化变元'x','y'等等的值,使我们能塑述某些重要事情,而虚拟的关系理论本身对此是不充分的。正像在转向真实的类理论时我们越过 2.1 中用 60
语境定义定义出的'$\in$'而采用一个用于真正的变元之间的初始谓词'$\in$'那样,我们现在可以越过 §3 中用语境定义定义出的'xRy'而采用一个初始的关系归属记号,允许一个真正的变元'z'处于'xRy'中的'R'的位置。然而,多亏了有序对,并不需要这样的另外的初始记号;'$\langle x,y\rangle\in z$'就合用。

我们在 §5 中看到,对每个充当'Fx'的开句子都假定一个真实的类 $z=\{x\colon Fx\}$,那是不可能的,违则矛盾;例如,当'Fx'被取作'$x\notin x$'时,罗素悖论就不请自来。现在,如同罗素也注意到的,相应的情况对关系亦成立:对每个充当'Fxy'的开句子容许一个对子类 z 使得

(i) $\qquad (x)(y)(\langle x,y\rangle\in z\ .\equiv Fxy)$,

那是不可能的,违则矛盾。因为,把'Fxy'取作'$\langle x,y\rangle\notin x$';于是(i)就变成:

$$(x)(y)(\langle x,y\rangle\in z\ .\equiv\langle x,y\rangle\notin x),$$

而这蕴涵矛盾：

$$(y)(\langle z,y\rangle\in z\ .\equiv\langle z,y\rangle\notin z)。$$

因此接受(i)的哪些特例的问题，就像关于类的相应问题，是一个要由可能有的一种挑选性的存在公理来解决。其实这一问题，作为有序对的类的存在问题，为另外的问题所包含。多亏有序对概念和支持它的存在公理7.10，像§3中的虚拟的关系理论现在可以全部被放在一边，让位于有序对的虚拟的和真实的类。

作为预备步骤让我来引进一种一般的、将既在这一方面又在后来的一个方面有用的记号设置。多亏眼下有'$\cdots x_1\cdots x_2\cdots x_n\cdots$'作为某个
61 类抽象，其自由变元如所显示的。我规定

9.4 '$\{\cdots x_1\cdots x_2\cdots x_n\cdots: Fx_1x_2\cdots x_n\}$'定义为
'$\{z: (\exists x_1)(\exists x_2)\cdots(\exists x_n)(Fx_1x_2\cdots x_n\ .\ z=\cdots x_1\cdots x_2\cdots x_n\cdots)\}$'。

例如，把'$\cdots x_1\cdots x_2\cdots x_n\cdots$'取作'$\langle x,y\rangle$'(它是一个类抽象的一种缩写)，我们有：

'$\{\langle x,y\rangle: Fxy\}$'定义为'$\{z: (\exists x)(\exists y)(Fxy\ .\ z=\langle x,y\rangle)\}$'。

故而$\{\langle x,y\rangle: Fxy\}$是所有使得$Fxy$的有序对$\langle x,y\rangle$的类。相似的，$\{\{x\}: Fx\}$是所有使得$Fx$的事物$x$的单元类的类；$\{\bar{x}: Fx\}$还有$\{\langle x,\Lambda\rangle: Fx\}$亦类似。这最后一个是所有使得$Fx$的对子$\langle x,\Lambda\rangle$的类。注意这样一个限制：虽然

$$\{\langle x,\Lambda\rangle: Fx\}=\{z: (\exists x)(Fx\ .\ z=\langle x,\Lambda\rangle)\},$$

我们却一定不要把带变元'y'的$\{\langle x,y\rangle: Fx\}$理解为

$$\{z: (\exists x)(Fx\ .\ z=\langle x,y\rangle)\};$$

而要理解为

$$\{\langle x,y\rangle: Fx\}=\{z: (\exists x)(\exists y)(Fx\ .\ z=\langle x,y\rangle)\}。$$

其他表达式在有所意指时都必须列示出来。要点是冒号左边的所有变元都算作整个式子的约束变元。①

① 罗塞尔在 *Logic for Mathematicians*(pp. 221f)中的约定是有点不同的。

我们当下对 9.4 的兴趣在于它产生今后将适合所有目的的记号‘$\{\langle x,y\rangle: Fxy\}$’,尤其是产生‘$\{xy: Fxy\}$’。我们得到具象律:

9.5 $$\langle z,w\rangle \in \{\langle x,y\rangle: Fxy\} .\equiv Fzw。$$

证. 据 9.4 和 2.1, 62

$$\langle z,w\rangle \in \{\langle x,y\rangle: Fxy\} .\equiv (\exists x)(\exists y)(Fxy . \langle z,w\rangle = \langle x,y\rangle)$$

(据 9.3) $$\equiv (\exists x)(\exists y)(Fxy . z=x . w=y)$$

(据 6.1) $$\equiv Fzw。$$

这条定律,为了将来的目的,取代了 §3 中的语境定义,后者把‘$\{xy: Fxy\}$’和‘zRw’形式的记号引进虚拟的关系理论。在模式的关系字母‘Q’,‘R’,等等被我们一般的‘α’,‘β’,等等代替的同时,那些形式的记号今后将被丢弃,让位于‘$\{\langle x,y\rangle: Fxy\}$’和‘$\langle z,w\rangle \in \alpha$’。当然,在是不是 $\mathcal{V}$ 的成员这一意义上,$\{\langle x,y\rangle: Fxy\}$ 可以是也可以不是真实的。

关系的包含、并和交的布尔概念之定义现在可以丢弃而无须仰仗代用品;因为,关于类的那些对应的定义 2.2—2.5 现在涵盖整个领域。另一方面,§3 中的关系补的定义并没有被它的类的类似物 2.6 所包括,因为在 α 是对子类的场合,$\bar{\alpha}$ 的成员中包含所有的非对子。不过,这件事很容易与其他事一道加以调整——通过定义一个类 α 的**关系部分** $^{\cdot}\alpha$ 为 α 中所有有序对的类,即

9.6 ‘$^{\cdot}\alpha$’定义为‘$\{\langle x,y\rangle: \langle x,y\rangle \in \alpha\}$’。

于是对 α 施补的关系变成 $^{\cdot}\bar{\alpha}$,与类的补 $\bar{\alpha}$ 相对立。

所有有序对的类则成为 $^{\cdot}\mathcal{V}$。因此

9.7 $$^{\cdot}\alpha = \alpha \cap {}^{\cdot}\mathcal{V}。$$

证. 据 6.7,

$$\{z: (\exists x)(\exists y)(z=\langle x,y\rangle \in \alpha\} = \{z: z \in \alpha . (\exists x)(\exists y)(z=\langle x,y\rangle)\}。$$

据 2.1 和其他定义,那就是,$^{\cdot}\alpha = \alpha \cap {}^{\cdot}\mathcal{V}$(既然 $\langle x,y\rangle \in \mathcal{V}$)。

§3 中关系的包含之定义的一个类似物仍然值得作为定理模式给 63

予注意。

9.8 $\cdot\alpha\subseteq\beta\ .\equiv(x)(y)(\langle x,y\rangle\in\alpha\ .\supset.\ \langle x,y\rangle\in\beta)$。

证. 据定义，

$$\cdot\alpha\subseteq\beta.\equiv(z)((\exists x)(\exists y)(\langle x,y\rangle\in\alpha\ .\ z=\langle x,y\rangle)\supset.\ z\in\beta)$$

$$\equiv(x)(y)(z)(z=\langle x,y\rangle\ .\supset:\langle x,y\rangle\in\alpha\ .\supset.\ z\in\beta)$$

（据 6.2） $\equiv(x)(y)(\langle x,y\rangle\in\alpha\ .\supset.\ \langle x,y\rangle\in\beta)$。

§3 中关系之间等同之定义的境况与包含之定义相像。就定义成立而言，它让位于一般的 2.7，并为此而有定理模式：

9.9 $\cdot\alpha=\cdot\beta\ .\equiv(x)(y)(\langle x,y\rangle\in\alpha\ .\equiv.\ \langle x,y\rangle\in\beta)$。

证. 据布尔代数，

$$\alpha\cap\cdot\mathcal{V}\subseteq\beta\cap\cdot\mathcal{V}\ .\equiv.\ \alpha\cap\cdot\mathcal{V}\subseteq\beta。$$

据 9.7，那就是，$\cdot\alpha\subseteq\cdot\beta\ .\equiv.\ \cdot\alpha\subseteq\beta$。对 $\cdot\beta\subseteq\cdot\alpha$ 亦类似。因此，据 2.7，

$$\cdot\alpha=\cdot\beta.\equiv.\ \cdot\alpha\subseteq\beta.\ \cdot\beta\subseteq\alpha$$

（据 9.8） $\equiv(x)(y)(\langle x,y\rangle\in\alpha\ .\equiv.\ \langle x,y\rangle\in\beta)$。

据 9.5 和 9.6，

9.10 $\cdot\{\langle x,y\rangle: Fxy\}=\{\langle x,y\rangle: Fxy\}$，

$$\langle x,y\rangle\in\cdot\alpha\ .\equiv.\ \langle x,y\rangle\in\alpha。$$

因此当该圆点出现在一个对子类抽象（或其任何缩写）之前或者在其前有一有序对表达式的艾普西隆之后，我们就可以忽略它。今后将无须说明即实施这项权利。

64 §3 中的其他定义则必须明白地、加以必要的变动地重新采用。增加了右域和左域的局限指号。

9.11 '$\alpha\times\beta$'定义为'$\{\langle x,y\rangle: x\in\alpha\ .\ y\in\beta\}$'，

9.12 'α'或'$\breve{\alpha}$'定义为'$\{\langle x,y\rangle:\langle y,x\rangle\in\alpha\}$'，

9.13 '$\alpha|\beta$'定义为'$\{\langle x,z\rangle:(\exists y)(\langle x,y\rangle\in\alpha\ .\ \langle y,z\rangle\in\beta)\}$'，

9.14 '$\alpha``\beta$'定义为'$\{x:(\exists y)(\langle x,y\rangle\in\alpha\ .\ y\in\beta)\}$'，

9.15　'I'定义为'$\{\langle x,y\rangle: x=y\}$'，

9.16　'$\alpha\upharpoonright\beta$'定义为'$\alpha\cap(\mathcal{V}\times\beta)$'，

9.17　'$\beta\upharpoonleft\alpha$'定义为'$\alpha\cap(\beta\times\mathcal{V})$'。

'连通的'，'自反的'，等等词项亦相似。§3 中后来陈述的、关系代数中的各种样本定律经过翻译也继续成立，只是现在它们中少数几个需要表示关系部分的小圆点，例如：

$$\dot{\alpha}\subseteq\alpha``\mathcal{V}\times\breve{\alpha}``\mathcal{V},\qquad \breve{\breve{\alpha}}=\dot{\alpha},\qquad \alpha|I=I|\alpha=\dot{\alpha}。$$

看来没有必要来展开这一层面定理模式的一幅明显的背景，因为那些证明都如出一辙。那无非是举出定义，应用具象律 9.5 或许是 9.10，然后看出所关心的那个定理模式乃是量化和真值函数逻辑或许是等同逻辑的一个熟知的或显然的定理模式（关于等同逻辑，常为 6.1 或 6.2）。因此在证明中，我将像我使用类的布尔代数定律那样非形式地使用关系代数的那些典型的定律。我将假定读者熟悉 §3 中列示的和那个层面上其他的那些等值式和蕴涵式，熟悉定义 9.11—9.17。应该不用思考就清楚，任一事物 x 都是 $\alpha``\{y\}$ 或 $\breve{\alpha}``\{y\}$ 或 $\alpha``\mathcal{V}$ 或 $\breve{\alpha}``\mathcal{V}$ 的一个成员，视 $\langle x,y\rangle\in\alpha$ 抑 $\langle y,x\rangle\in\alpha$ 抑 $(\exists y)(\langle x,y\rangle\in\alpha)$ 抑 $(\exists y)(\langle y,x\rangle\in\alpha)$ 而定；还有，$\alpha\cap(\beta\times\beta)$ 是其域局限于 β 的 α；还有，$\alpha``\beta$ 是 $\alpha\upharpoonright\beta$ 的左域而 $\alpha``(\breve{\alpha}``\mathcal{V})$ 是 $\alpha``\mathcal{V}$。

§10　函数

关于函数需要说的部分已经在 §3 中说了。更多的、不大容易在虚拟的理论中处理的东西，则与某些在两处都适合的细节一道保留到这里来说。 65

表示是一函数的记号，以及表示定义域或主目的类的记号，现在都要通过改动它们在 §3 中的定义来定义。为了便于援引，我既给这些定义以它们的简洁的形式，又给以它们的比较纷繁的形式。就函数而言，结果证明最好增加子句'$\alpha=\dot{\alpha}$'，从而剪除那些多余的成员，那些非对子，要求函数都是纯粹的关系。这是在 §3 的层面上无法提出的一种选择。

10.1 'Func α'定义为'$\alpha|\breve{\alpha}\subseteq I\,.\,\alpha={}^{\cdot}\alpha$'，或者

$$`(x)(y)(z)(\langle x,z\rangle,\langle y,z\rangle\in\alpha\,.\supset.\,x=y)\,.\,\alpha={}^{\cdot}\alpha'。$$

10.2 'arg α'定义为'$\{x\colon(\exists y)(\alpha``\{x\}=\{y\})\}$'，或者

$$`\{x\colon(\exists y)(z)(\langle z,x\rangle\in\alpha\,.\equiv.\,z=y)\}'。$$

一些明显的函数是 Λ，I 和 $\{\langle x,y\rangle\}$。

10.3 $$\text{Func }\Lambda。$$

证. $\Lambda|\breve{\Lambda}=\Lambda\subseteq I$。而且据 9.7，$\Lambda={}^{\cdot}\Lambda$。

10.4 Func I， arg $I=\mathcal{V}$。 **证**由定义显然。

10.5 $$\text{Func }\{\langle x,y\rangle\}。$$

证. 据 2.1 和 7.1，

$$\langle v,z\rangle,\langle w,z\rangle\in\{\langle x,y\rangle\}\,.\supset.\,\langle v,z\rangle=\langle x,y\rangle=\langle w,z\rangle$$

（据 9.2） $\supset.\ v=w$。

66 据定义，

$${}^{\cdot}\{\langle x,y\rangle\}=\{\langle z,w\rangle\colon\langle z,w\rangle=\langle x,y\rangle\}$$

（据 9.3） $=\{\langle z,w\rangle\colon z=x\,.\,w=y\}$

（据 9.4） $=\{v\colon(\exists z)(\exists w)(v=\langle z,w\rangle\,.\,z=x\,.\,w=y)\}$

（据 6.1，7.1） $=\{\langle x,y\rangle\}$。

现在是六个定理模式。

10.6 $$\text{Func }\alpha\,.\,\text{Func }\beta\,.\supset\text{Func }\alpha|\beta。$$

证. 考虑使得

$$\langle x,z\rangle,\langle y,z\rangle\in\alpha|\beta \qquad [i]$$

的任何的 x,y,z。于是据定义，存在 u 和 v 使得

$$\langle x,u\rangle,\langle y,v\rangle\in\alpha, \qquad [ii]$$

$$\langle u,z\rangle,\langle v,z\rangle\in\beta, \qquad [iii]$$

据假设和 10.1，我们可以从[iii]推得 $u=v$。因此，据[ii]，$\langle x,v\rangle$，$\langle y,v\rangle\in\alpha$。因此，据假设和 10.1，$x=y$。然而 x,y,z 是满足[i]的任何

事物。因此，据 10.1，$\mathrm{Func}\ \alpha|\beta$。

10.7 $\qquad \mathrm{Func}\ \alpha\,.\,y\notin\breve{\alpha}``\mathcal{V}\,.\supset\mathrm{Func}\ \alpha\cup\{\langle x,y\rangle\}$。

证. 考虑使得$\langle u,w\rangle,\langle v,w\rangle\in\alpha\cup\{\langle x,y\rangle\}$的任何的 u,v,w。如果 $w\neq y$，那么$\langle u,w\rangle$和$\langle v,w\rangle$都在 α 中；于是，既然 $\mathrm{Func}\ \alpha$，则$u=v$。如果 $w=y$，那么既然 $y\notin\breve{\alpha}``\mathcal{V}$，则$\langle u,w\rangle$和$\langle v,w\rangle$就都在$\{\langle x,y\rangle\}$中；于是 $u=x$且 $v=x$，因而也有 $u=v$。关于圆点的那一小点留给读者。

10.8 $\qquad \mathrm{Func}\ \alpha\supset\mathrm{Func}\ \alpha\cap\beta$。 **证** 由 10.1 显然。

10.9 $\qquad \arg\ \alpha\subseteq\breve{\alpha}``\mathcal{V}$。

证. 据定义， 67

$$x\in\arg\ \alpha\,.\supset(\exists y)(\{y\}\subseteq\breve{\alpha}``\{x\})$$

(据 7.4) $$\supset(\exists y)(y\in\breve{\alpha}``\{x\})$$

$$\supset(\exists y)(\langle y,x\rangle\in\alpha)。$$

10.10 $$\mathrm{Func}\ \breve{\alpha}\equiv.\,\breve{\alpha}``\mathcal{V}\subseteq\arg\ \alpha$$

$$\equiv.\,\breve{\alpha}``\mathcal{V}=\arg\ \alpha。$$

证. 假定 $\mathrm{Func}\ \breve{\alpha}$ 且 $x\in\breve{\alpha}``\mathcal{V}$。于是存在某事物 y 使得$\langle y,x\rangle\in\alpha$。据 10.1，对任一 z，$\langle z,x\rangle\in\alpha\,.\supset.\,y=z$；而据 6.7，反之亦然。因此

$$(z)(\langle z,x\rangle\in\alpha\ .\equiv.\ z=y),$$

故而，据 10.2，$x\in\arg\ \alpha$。因此

$$\mathrm{Func}\ \breve{\alpha}\supset.\,\breve{\alpha}``\mathcal{V}\subseteq\arg\ \alpha。\qquad (1)$$

现在反过来假定 $\breve{\alpha}``\mathcal{V}\subseteq\arg\ \alpha$，并且考虑使得$\langle x,z\rangle,\langle y,z\rangle\in\alpha$ 的任何的 $x,y,z$。于是 $z\in\breve{\alpha}``\mathcal{V}$，因而 $z\in\arg\ \alpha$，因而，据 10.2，存在某事物 w 使得

$$(u)(\langle u,z\rangle\in\alpha\ .\equiv.\ u=w)。$$

于是，既然$\langle x,z\rangle,\langle y,z\rangle\in\alpha$，我们就有 $x=w$ 和 $y=w$，因而有 $x=y$。因此，据 10.1，$\mathrm{Func}\ \breve{\alpha}$。(1)之逆于是得证。合起来，

$$\text{Func}\ \breve{}\alpha \equiv .\ \breve{\alpha}``\mathcal{V} \subseteq \arg \alpha$$

(据 10.9) $\equiv .\ \breve{\alpha}``\mathcal{V} = \arg\alpha$。

10.10a $\text{Func}\ \alpha\ .\ \breve{\alpha}``\mathcal{V} \subseteq \breve{\beta}``\mathcal{V}\ .\ \beta \subseteq \alpha\ .\supset.\ \alpha = \beta$。

证. 如果$\langle x,z\rangle \in \alpha$,那么,据第二个假设,对某个 y,$\langle y,z\rangle \in \beta$。于是由于 $\beta \subseteq \alpha$,$\langle y,z\rangle \in \alpha$。于是由于 Func α,$x=y$。于是$\langle x,z\rangle \in \beta$。因而,据 9.8,$\breve{}\alpha \subseteq \beta$;据 10.1,亦即,$\alpha \subseteq \beta$。

68 当 $x \in \arg \alpha$ 时,存在一个而且只是一个对象 y 使得$\langle y,x\rangle \in \alpha$;而它将被简短地叫做 $\alpha`x$。这就是**函数应用**记号,可定义如下:

10.11 '$\alpha`\beta$'定义为'$(\iota y)(\langle y,\beta\rangle \in \alpha)$'。

记号'$\alpha`x$'可以方便地读做'$x$ 的那个 $\alpha$',因为这是在 $x \in \arg \alpha$ 这一有意思的情况下它所达到的结果。鉴于数学上惯于使用熟知的'$f(x)$',人们总想不如写成'$\alpha(x)$';但是通过怀特海和罗素从皮亚诺传下来的形式'$\alpha`x$',在没有像'f'这样的特定的函数字母来提醒我们计划中的是什么时,它是两者中比较生动的。

由于'$\alpha`\beta$'据定义具有'$(\iota x)Fx$'形式,我们已经建立的、直接用摹状词代换变元的做法特别适用于'$\alpha`\beta$'形式的表达式。

现在来看一串定理模式。10.13 和 10.14 的证明以例说明了上述约定。

10.12 $w \in \arg \alpha\ .\supset:\ \langle z,w\rangle \in \alpha\ .\equiv.\ z = \alpha`w$。

证. 据假设和 10.2,存在某事物 y 使得

$$(x)(\langle x,w\rangle \in \alpha\ .\equiv.\ x = y)。$$

因此,据 8.20,

$$\langle z,w\rangle \in \alpha\ .\equiv.\ z = (\iota x)(\langle x,w\rangle \in \alpha),$$

证毕(参看 10.11)。

10.13 $w \in \arg \alpha\ .\equiv.\ \alpha``\{w\} = \{\alpha`w\}$。

证. 据 10.12,

$$w \in \arg\alpha\ .\supset (z)(z \in \alpha“\{w\} .\equiv. z=\alpha‘w)$$

$$\supset. \alpha“\{w\}=\{\alpha‘w\}。$$

其逆据 10.2。 69

10.14 $\qquad w \in \arg\alpha\ .\supset. \langle \alpha‘w, w\rangle \in \alpha。$

证:把 10.12 中的 z 取作 $\alpha‘w$。

10.15 $\qquad w \notin \arg\alpha\ .\supset. \alpha‘w=\Lambda。$

证. 据假设和 10.2,

$$\sim(\exists y)(x)(\langle x, w\rangle \in \alpha\ .\equiv. x=y)。$$

因此,据 8.22 和 10.11,$\alpha‘w=\Lambda$。

10.16 $\qquad \text{Func}\ \alpha\ .\langle z, w\rangle \in \alpha\ .\supset. z=\alpha‘w。$

证. 据第二个假设,$w \in \alpha“\mathcal{V}$。因此,据第一个假设和 10.10,$w \in \arg\alpha$。因此,据第二个假设和 10.12,$z=\alpha‘w$。

在 10.13 中我们看到 $\arg\alpha$ 的一个简明的版本。这里是某种与它并行的东西。①

10.17 $\qquad \text{Func}\ ‘\alpha \equiv (x)(\alpha“\{x\} \subseteq \{\alpha‘x\})。$

证. 假设 Func ‘α。对任一 $x \in \alpha“\mathcal{V}$,据 10.10,$x \in \arg\alpha$,因而,据 10.13,$\alpha“\{x\}=\{\alpha‘x\}$;而对任一 $x \notin \alpha“\mathcal{V}$,$\alpha“\{x\}=\Lambda$。在两种情形下都有 $\alpha“\{x\} \subseteq \{\alpha‘x\}$。反过来,如果

$$(x)(\alpha“\{x\} \subseteq \{\alpha‘x\}),$$

那么

① 出自威廉·C·瓦特浩斯。

$$(x)(y)(z)(\langle y,x\rangle,\langle z,x\rangle\in\alpha\,.\supset.\,y,z\in\{\alpha‘x\})$$

$$\supset.\,y=\alpha‘x=z)$$

$$\supset.\,y=z),$$

因此,据 10.1,Func $‘\alpha$。

下面是一些一般性递减的情形。

10.18 $x\in\arg\beta\,.\supset.\,(\alpha|\beta)‘x=\alpha‘(\beta‘x)$。

70 **证**. 据 10.11,

$$(\alpha|\beta)‘x=(\iota y)(\langle y,x\rangle\in\alpha|\beta)$$

(据 9.13,9.5) $=(\iota y)(\exists z)(\langle y,z\rangle\in\alpha\,.\,\langle z,x\rangle\in\beta)$

(据假设和 10.12) $=(\iota y)(\exists z)(\langle y,z\rangle\in\alpha\,.\,z=\beta‘x)$

(据 6.1) $=(\iota y)(\langle y,\beta‘x\rangle\in\alpha)$

(据 10.11) $=\alpha‘(\beta‘x)$。

10.19 $I‘x=x$。

证. 据 9.15 和 9.5,$\langle x,x\rangle\in I$。因此,据 10.4 和 10.16,$x=I‘x$。

10.20 $\Lambda‘\alpha=\Lambda$。

证. 据 6.14,$\langle y,\alpha\rangle\notin\Lambda$。因此$\sim(x)(\langle x,\alpha\rangle\in\Lambda\,.\equiv.\,x=y)$。因此,据 10.11 和 8.22,$\Lambda‘\alpha=\Lambda$。

函数的设置所依赖的单独摹状词的设置并不是虚拟的类和关系理论达不到的。我的确用了虚拟理论达不到的一个概念,即一个类的类的诸成员的并的概念来定义它。但是它也能采取语境定义来定义,只需使用任何能自由处置量化、真值函数和等同的理论中的词项。如何做到这一点已由罗素在 1905 年陈述了,而且为多数逻辑学生所熟悉。我则坚持 §8 中的那种较奢华的方法,因为它实行起来较简单,而花费却是注定的。只是因为这一点,函数应用才没有在 §3 中得以预先通告。

我们现在转向的概念由于一个更坚实的理由而没有在 §3 中加以

考虑:它的几乎所有特例(如同我们即将看到的)对于虚拟的理论都原本会是无意义的。那就是或许是弗雷格首先弄清楚的**函数抽象**概念。如同量化、摹状词和类抽象那样,函数抽象使用一个对变元加以约束的前缀;我将追随丘奇令此前缀为'λ_x'。可是,如果说量化的前缀加于句 71
子产生句子,摹状词和类抽象的前缀加于句子产生词项,那么函数抽象的前缀就是加于词项产生词项。① 在'$\cdots x\cdots$'代表某个含有'x'作为一自由变元的词项的场合,$\lambda_x(\cdots x\cdots)$是那个对各个主目 x 的值是$\cdots x\cdots$的那个函数。因而 $\lambda_x(x^2)$是函数'之平方'。一般的,

10.21 '$\lambda_x(\cdots x\cdots)$'定义为'$\{\langle y,x\rangle: y=\cdots x\cdots\}$'。

过去的定义所解释的'$y=$',随后的只能是一个可量化的变元或者是一个类抽象。因此 10.21 基本上包括三种情形:

$$\lambda_x x=\{\langle y,x\rangle: y=x\}=I,\quad \lambda_x z=\{\langle y,x\rangle: y=z\}=\{z\}\times\mathcal{V},$$

以及一般情形:

$$\lambda_x\{z: Fxz\}=\{\langle y,x\rangle: y=\{z: Fxz\}\}。$$

最后一个自然包括该记号的大多数应用,我们由它可见为什么该记号只是到现在才引进而不是在 §3 中引进。在 §3 那个阶段,处于变元'y'与一个类抽象之间的'$=$'还没有被赋予意义。

在传达一般的约定 10.21 时笨拙地借助圆点,其理由是,如果我们竟然写成:

'$\lambda_x\alpha$'定义为'$\{\langle y,x\rangle: y=\alpha\}$',

那么我们就会没有权利把其中的'α'看成一个含有'x'作为一自由变元的词项(参看 §1)。而像 10.21 那样,我们就能把'$\cdots x\cdots$'看成一个含有'x'(但是还不是'y')作为一自由变元的词项。

随后是一些定理模式。 72

10.22 Func $\lambda_x(\cdots x\cdots)$。

① 对于弗雷格和丘奇,它也加于句子,因而代演类抽象的角色;但是之所以如此只是因为这些作者对逻辑和集合论采取一种特殊的观点,句子被同化于词项而类被同化于函数。

证. 据 6.7,

$$(y)(z)(w)(y=\cdots w\cdots\ .\ z=\cdots w\cdots\ .\supset.\ y=z)。$$

据 10.21 和 9.5,那就是,

$$(y)(z)(w)(\langle y,w\rangle,\langle z,w\rangle\in\lambda_x(\cdots x\cdots)\ .\supset.\ y=z),$$

证毕(参看 10.1)。

10.23 $\cdots y\cdots\in\mathcal{V}\ .\equiv.\ y\in\arg\lambda_x(\cdots x\cdots)$。

证①. 据 6.9,

$$\cdots y\cdots\in\mathcal{V}\ .\equiv(\exists z)(z=\cdots y\cdots)$$

(据 10.21,9.5) $\equiv(\exists z)(\langle z,y\rangle\in\lambda_x(\cdots x\cdots))$

$\equiv.\ y\in\breve{}\lambda_x(\cdots x\cdots)\text{“}\mathcal{V}$

(据 10.22,10.10) $\equiv.\ y\in\arg\lambda_x(\cdots x\cdots)$。

如果我们记住下面这条简单的规则就能避免烦人的成串的括号:一个一元的算子,例如否定或补的指号,逆的指号,关系部分的圆点,函数抽象的'λ_x',通常都要理解为辖制随后文本中文法上所能辖制的那个最小的片段。故而,上面的证明里倒数第二行中的那个长词项要理解为指的是函数 $\lambda_x(\cdots x\cdots)$ 的右域。所有这三个词项的意义各不相同:

$$\breve{}\lambda_x(\cdots x\cdots)\text{“}\mathcal{V},\quad \breve{}\lambda_x((\cdots x\cdots)\text{“}\mathcal{V}),\quad \breve{}(\lambda_x(\cdots x\cdots)\text{“}\mathcal{V})。$$

73 这同一规则支配着对下面的定理模式的领会,该模式关系到 $\lambda_x(\cdots x\cdots)$对$y$ 的应用。

10.24 $\cdots y\cdots\in\mathcal{V}\ .\supset.\ \lambda_x(\cdots x\cdots)\text{‘}y=\cdots y\cdots$。

证. 据假设和 10.23,

$$y\in\arg\lambda_x(\cdots x\cdots)。$$

① 由查尔士·L·盖切尔缩短。

因此，据 10.14，

$$\langle \lambda_x(\cdots x\cdots)`y, y\rangle \in \lambda_x(\cdots x\cdots)。$$

据 10.21 和 9.5，那就是，

$$\lambda_x(\cdots x\cdots)`y = \cdots y\cdots。$$

函数抽象的一个有用的实例，或许是继 $\lambda_x x(=I)$ 和 $\lambda_x z$ $(=\{z\}\times\mathcal{V})$ 之后最简单的实例，是单元类函数：

10.25 'ι'定义为'$\lambda_x\{x\}$'。

这里是关于它的某些情形。

10.26 $\iota`x=\{x\}\neq\Lambda$。 **证**，据 10.24，7.12，7.6。

10.27 $x\in \arg\iota$。 **证**，据 10.23 和 7.12。

10.28 $\langle\{x\},y\rangle\in\iota\,.\equiv.\,x=y$。

证. 据 9.5 和定义 10.21 和 10.25，

$$\langle\{x\},y\rangle\in\iota\,.\equiv.\,\{x\}=\{y\}$$

(据 7.7) $\equiv.\,x=y$。

10.29 $\iota`\{x\}=x$。

证. 据定义，

$$\iota`\{x\}=(\text{℩}y)(\langle\{x\},y\rangle\in\iota)$$

(据 10.28) $=(\text{℩}y)(x=y)$

(据 8.21) $=x$。

第四章　自然数

§11　未诠释的数

74 在我们转而处理数时，对类——包括对子类——施行量化的好处就越来越频繁和有力地得到例解。数对类的要求是如此强烈，以至集合论的现代史多半是一部数的忧患史。我们现在就来看看类是如何被利用来处理数的。

在本章中所谓数我将仅指自然数：0 和正整数。让我们暂时承认它们是一种未详示的东西。让我们假定我们被给予名叫 0 的数，同时我们被给予后继函数 S 使得对每个数 x，S‘x 是 $x+1$。让我们进一步假定所有的数都容许作为我们的量化变元的值，但是不假定我们的变元的值都限于数。课题：定义自然数的类 N。

弗雷格(1879，1884)借助真实的类理论，遵从我们早在 §4 中指出的、他塑述‘x 是 y 的一个祖先’的方式，解决了这个课题。y 的祖先是所有的类 z 的共同成员：z 满足初始条件‘$y\in z$’和一个相当于‘α“$z\subseteq z$’——其中的 α 是父(或)母关系——的闭包条件。现在类似的，数可以描述为所有的类 z 的共同成员而 z 满足初始条件‘$0\in z$’和闭包条件‘S“$z\subseteq z$’。N 是

(i)　$\{x\colon (z)(0\in z\,.\,\mathrm{S}“z\subseteq z\ .\supset.\ x\in z)\}$，

75 或者更简明的是

$\bigcap\{z\colon 0\in z\,.\,\mathrm{S}“z\subseteq z\}$。

我们并没有说数都是类，除非是在这样的意义上：每个事物都可以说是一个类(个体被算做它们自己的单元类)。我们也没有说 N 是个

真实的类;它在(i)之下只能是虚拟的。但是要注意之点是,我们已经通过诉求类作为约束变元'z'的值而讲述'$x \in \mathrm{N}$'。如同在祖先的例子和有序对以及其他许多问题中那样,现在真实的类理论又一次帮我们渡过难关。

但是这里对类的要求严厉。如果塑述(i)要达到它的目的,就需要无穷类。如果不存在无穷类,那么就不存在任何 z 能使得 $0 \in z$ 且 $\mathrm{S}``z \subseteq z$(因为任一这样的类都将是无穷的),因此,每个事物 x 就都会空泛地属于所有这样的、并不存在的类 z。(i)中所描述的类将是 $\mathcal{V}(=\bigcap\Lambda$;参看 8.15),在 N 上的一项可怜的尝试。大体上承认有穷类的存在,在祖先的例子中就不会发生类似的难题,因为人的祖先的类是有穷的。

我们将在 §12 中看到,各别的自然数本身可以被诠释为有穷类。麻烦正在于,如果我们不另外采纳无穷类,版本(i)的'N'就使得 N 含有自然数以及别的每个事物。也不能声称那时 N 本身是一无穷类;因为它是虚拟的。自然,如果不存在无穷类,那么 $\mathrm{N} \notin \mathcal{V}$。

幸而,对无穷类的这种需求可以设法克服。(将存在其他的无法克服的对它们的需求。)我们只需反演(i)如下:

(ii) $\{x: (z)(x \in z \,.\, \breve{\mathrm{S}}``z \subseteq z \,.\supset .\, 0 \in z)\}$。

为了诸类 z 在这里是适切的,它们不需要是无穷的。任一如同(i)中那样的类 z,既然含有 0 并且是相对于 S 封闭的,那就不得不永远接续下去。但是对任何一个自然数 x,一个如同(ii)中那样的类 z 用不着含有超出 x 个正数和 0 因而是 $x+1$ 个成员。如果要每个自然数 x 都进入由(ii)定义的 N,确实那就必须存在越来越大、没有尽头的类来作为'z'的值;但是它们可以全都是有穷的。① 76

① 已知有各种方法无须无穷类来得到数论。马丁和迈希尔所进行的数论构造或许是边缘情况,因为他们采取受制于通常是建基于无穷类的定律的那个祖先化(§15)概念。但是哥德尔(1940, pp. 31f)所指出的方法很清楚是合格的。如同格雷林(pp. 12ff)所阐明的,策梅洛(1909)的方法也如此。如同王浩(1958, p. 491)所说明的,达米特的方法亦如此。关于我现在的反演设计,我只想说它似乎比这些不同的选择都较简单。顺便说说,我(1961)关于它的注记需要作一点更正:在其中我不留神把原本总是公理模式的式子,亦即下面的 13.1,作为公理提出来了。

在证明算术定理的过程中，遇到有穷或无穷类存在问题的地方是在判正**数学归纳法**定律之中。如果某事对0成立，而且只要它对一个数成立它就对下一个数成立，那么，它就对所有的数成立：这就是该定律，它是自然数理论中最重要的证明技术。用模式表示：

$$F0\,.$$
$$(y)(Fy \supset F(\mathrm{S}`y))\,.$$
$$x \in \mathrm{N}\,.$$
$$\supset Fx。$$

当照例N是像在(i)中那样定义的时候，该定律的判正说来如下。据第三个前提，$x \in \mathrm{N}$。因此，据定义(i)，x是每个类z的一个成员而z含有0(据第一个前提，像$\{y\colon Fy\}$就如此)并且是相对于S封闭的(据第二个前提，像$\{y\colon Fy\}$就如此)。因此$x \in \{y\colon Fy\}$，证毕。但是此论证依赖于$\{y\colon Fy\}$的存在，而在那些前提下$\{y\colon Fy\}$注定是无穷的。

现在对照地来看当N是据(ii)定义的时这同一数学归纳法模式是如何被判正的。据第三个前提('$x \in \mathrm{N}$')和(ii)，0属于每个使得$x \in z$和$\breve{\mathrm{S}}``z \subseteq z$的类$z$。于是把$z$取作从0到$x$、使得$\sim Fy$的那些数$y$所组

77 成的那个**有穷**类。该归纳模式的第二个前提蕴涵

$$(y)(\sim F(\mathrm{S}`y) \supset \sim Fy),$$

因而关于我们新选的z，则蕴涵

$$(y)(\mathrm{S}`y \in z\,.\supset.\,y \in z),$$

亦即$\breve{\mathrm{S}}``z \subseteq z$。因此，如果$x \in z$，我们必定有$0 \in z$。但是据第一个前提('$F0$')，$0 \notin z$；因此$x \notin z$，那就是说，$Fx$，证毕。可见有有穷类就够了。

我还没有定义S；我只说过它应用于任一自然数都给出下一个。它的最后的定义可以给它以超出自然数的追加的解释，使得0或其他自然数对自然数之外的某些事物具有S。在这种情况下，上一段的结论就会不保险。但是这里的箴言是简单的：不要如此定义S以至使任一自然数成为任何不是自然数的事物的后继。事实上那三种极有名

的、诠释S的方式全都符合这一箴言，甚至在把S解释为应用于所有种类的事物，数的或其他的事物时。我们将在§12中来看这些版本。

用(ii)来定义N在一个方面无须特设。如果我们在用'y'取代'0'，(ii)中的那个量化公式就可以用来定义自然数的'≦'：

(iii) $y \leqq x \;.\!\equiv(z)(x \in z \,.\, \breve{S}``z \subseteq z \,.\!\supset.\; y \in z)$。

于是特别有

(iv) $N=\{x: 0 \leqq x\}$。

附带地我们可以把'$y<x$'定义为'$S`y \leqq x$'，然后把'$x \geqq y$'定义为'$y \leqq x$'并且把'$x>y$'定义为'$y<x$'。

自然数的首要用途是度量多少。一个数x的这种用途被浓缩在'α有x个成员'这一熟语中。现在，出自弗雷格的方案： 78

α有0个成员$\equiv.\ \alpha=\Lambda$,

α有$S`x$个成员$\equiv(\exists y)(y \in \alpha \,.\, \alpha \cap {}^{-}\{y\}$有$x$个成员),

使我们能一步步地翻译'α有$S`0$个成员'，'$\alpha$有$S`(S`0)$个成员'，等等乃至各个特定的自然数；但是它不能使我们消去带有可量化变元'x'的'α有x个成员'。如弗雷格已知道的，那也能消去，但是只能沿着别的路线。有一条捷径说来如下。

追随康托尔，我们可以把'$\alpha \leq \beta$'或'α有不超过β的成员'解释为意指α的那些成员可以穷尽地指派给β的那些成员，没有两个同时指派给同一个。就是说：

11.1 '$\alpha \leq \beta$'定义为'$(\exists x)(\mathrm{Func}\ x \,.\, \alpha \subseteq x``\beta)$'。

于是要说α和β大小相同，就说$\alpha \leq \beta$而且反之亦然。

11.2 '$\alpha \simeq \beta$'定义为'$\alpha \leq \beta \leq \alpha$'。

现在用数来度量类的大小的下剩一步如计数所暗示：一个类有x个成员，如果它正好与所有小于x的数组成的那个类一般大。（在这一应用中，数到x的传统样式在一个次要方面被扭曲，现在是从0开始因而

停止于 x 紧接之前。)这样我们就有'$\alpha \simeq \{y: y<x\}$'作为我们的'α 有 x 个成员'的翻译。① 注意,在这一凝练的翻译中我再一次依赖了那个假定,即最终要考虑的、S 的任一定义将绝不会导致一自然数对任何不是自然数的事物具有 S;否则我们将需要在'$\{y: y<x\}$'中加一子句'$y \in \mathrm{N}$',即使 x 本身是个自然数。

在得到'α 有 x 个成员'的塑述'$\alpha \simeq \{y: y<x\}$'时我们曾不得不以
79 两种方式利用真实的类理论。α 本身的真实性并非必需,定义'<'时用到的 S 其真实性亦非必需。但是'<'的定义还用到'≦',后者的定义的确以见于(iii)的方式包含施于类的量化;而'≃'的定义则用到'≤',后者的定义依赖于施于有序对的类的量化。这些如此必需的类仍然只是有穷类。这联系到(ii)就可看出,至于'≤',也可以很快看出;因为,为了 $\alpha \simeq \{y: y<x\}$,根据 11.1 和 11.2,只需要存在一个函数它包含 x 个对子 $\langle a_1, 0\rangle, \langle a_2, 1\rangle, \cdots, \langle a_x, x-1\rangle$ 使得 $a_1, \cdots, a_x \in \alpha$,以及一个包含 x 个相反的对子的函数。

那么,和、积与幂又如何呢?存在着熟知的所谓递归定义或**递归式**:

$$x+0=x, \qquad x+\mathrm{S}`y=\mathrm{S}`(x+y);$$

$$x\cdot 0=0, \qquad x\cdot \mathrm{S}`y)=x+x\cdot y;$$

$$x^0=\mathrm{S}`0(=1), \qquad x^{\mathrm{S}`y}=x\cdot x^y。$$

顶上的一对方程使我们能够从'$x+3$'也就是说'$x+\mathrm{S}`(\mathrm{S}`(\mathrm{S}`0))$'中完全消去'+',只需四步;整个式子减缩成'$\mathrm{S}`(\mathrm{S}`(\mathrm{S}`x))$'。对随之以任一特定的数字的'$x+$'都可以作相应的处理。但是它并没有使我们能从带有可量化变元'y'的'$x+y$'中消去'+'。第二对方程用来经过四步从'$x\cdot 3$'中完全消去'·',产生'$x+(x+(x+0))$',而它又归约成'$x+(x+x)$';但是现在无法再消去'+'。第二对甚至也不能用来从'$x\cdot y$'中消去'·'。就其中字母被当成代表数字的模式字母而言,但不是在它们被当成可量化变元时,这些递归式是真正的消去性定义。

① 戴德金(1888, §14)即如此。

然而，一旦我们定义**迭代**或**关系的幂**，就能提供后一路数的真正的定义。我所谓的迭代，意思是，内外曾祖父母关系是父母关系的第三重迭代。任一关系 z 的零重迭代 $z^{|0}$ 都是 I；第一重迭代 $z^{|1}$ 是 z 本身；第二重迭代 $z^{|2}$ 是 $z|z$；第三重 $z^{|3}$ 是 $z|z|z$；如此等等。一旦手边有这个概念，我们就能把上述递归式归约成直接的定义如下： 80

(v) $x+y=\mathrm{S}^{|y}`x,\quad x\cdot y=\lambda_z(x+z))^{|y}`0,\quad x^y=(\lambda_z(x\cdot z))^{|y}`1$。

可是怎样来定义迭代呢？实际上我刚才就已通过依次递归来这样做了：

(vi) $z^{|0}=I,\qquad z^{|\mathrm{S}`y}=z|z^{|y}$。

迭代概念已经使我们能把算术和、积与幂的递归式转变成直接的定义，可是，是什么使我们能把迭代的递归式转变成直接的定义的呢？答案：**有穷序列**(sequence)的概念。

对一有穷序列重要的是它有一个第一个(或者说第零个)东西，以及一个下一个，以及一个下一个，如此等等直到最后一个，不排除重复。因此我们可以把该序列想象为一个函数 w，它的主目是"叙列(serial)数"，从 0 直到某个 n，它的值——$w`0, w`1, \cdots, w`n$——都是该序列"之中"的东西。故而

(vii) $\mathrm{Seq}=\{w\colon \mathrm{Func}\ w\ .\ (\exists y)(\breve{w}``\mathcal{V}=\{z\colon z\leqq y\})\}$。

序列变成有序对的有穷类。现在我们马上就能定义一般的第 y 重迭代的概念 $z^{|y}$。它是 h 对 k 的关系，其中，对某个序列 w，h 是 $w`y$，$k$ 是 $w`0$，而序列 w"之中"每个继后的东西都对它之前的东西具有 z。简洁地说，那就是

(viii) $z^{|y}=\{\langle h,k\rangle\colon (\exists w)(w\in\mathrm{Seq}\ .$
$\langle h,y\rangle,\langle k,0\rangle\in w\ .\ w|\mathrm{S}|\breve{w}\subseteq z)\}$。①

① 全部构造(v)—(viii)出现在戴德金著作中(1888，§§9,11—13)，只是他的步骤分法不同，他没有沿途完全拣出概念 $z^{|y}$ 和 Seq。这一版本的序列出自怀特海(1903，pp. 158f)。

(iii)—(v),(vii)和(viii)中所勾勒的定义将在12.1,12.3,16.1—3,14.1—2中得到它们最后的塑述。

§12 经诠释的数

81 我们加以确定的编号的定义已经引进若干记号记法作为某些表达式的缩写,而它们终归是用只包括量词、真值函数和谓词'$\in$'的初始记法记述的。§11中的临时用罗马数字指示的诸定义都曾依靠'0'和'S'作为未经定义的补充记号;而且我们已经发现它们对于算术运算、数('N')的观念和类的大小的观念都是足够的。下面我们将要看到的是,这些基本记法可以归约到摆脱'0'和'S'的程度。

我们曾经容许那些数进入我们的量化变元的值域,但是我们还不曾考虑数要成为哪种东西。我们确实看到给定'0'和'S'如何来定义'N';现在,为了确定数的观念,所需要的是再来诠释'0'和'S'。

任何对象,只要对它们算术运算得到定义,而且算术定律得以保存,就都适合作为数。某些时候曾有人极力主张所需要的还更多:我们说明了纯算术这还不够,我们还必须说明数在度量大小中的应用。但是这一立场,就它被当作与别的立场相反对而言,是错误的。我们已经看到,可以怎样在还不曾决定什么是数的时候,不仅定义出算术运算而且还定义出那个*Anzahlbegriff*(数概念),'α有x个成员'。

我们可以自由地把0取为我们所想要的任何东西,把S诠释为我们所想要的任何函数,只要该函数在应用于对0的迭代时,每一次进一步的应用都产生某个不同的东西。例如,我们可以与策梅洛(1908)一起,任意地把0取为Λ,然后对每个x把$\mathrm{S}`x$取为$\{x\}$。于是那些数变成$\Lambda,\{\Lambda\},\{\{\Lambda\}\}$,以及诸如此类。另行选择,我们可以,与冯·诺伊曼(1923)一起,把各个自然数取为所有先前的数的类;于是0再一次变成$\Lambda$,但是$\mathrm{S}`x$不再变成$\{x\}$而是变成$x\cup\{x\}$。特别是,于是1与策梅洛的相同再次是$\{\Lambda\}$,但是2变成$\{0,1\}$,或者$\{\Lambda,\{\Lambda\}\}$;3变成$\{0,1,2\}$,或者$\{\Lambda,\{\Lambda\},\{\Lambda,\{\Lambda\}\}\}$;如此等等。一般的,对冯·诺伊曼来说,对所有自然数x,$x=\{y\colon y<x\}$,或者$y<x\ .\!\equiv.\ y\in x$。

82 冯·诺伊曼版本的数由于它与计数有较密切的关系,看起来比策梅洛的要更自然些。在计数 α 的那 x 个成员时，我们把它们一一与前 x 个数相联系；而对冯·诺伊曼来说，这些就简单的是 x 的那些成员。对冯·诺伊曼，说 α 有 x 个成员就等于说 $\alpha \simeq x$。注意，这实际上正好又是§11 的'$\alpha \simeq \{y: y < x\}$'，既然对冯·诺伊曼来说 $x = \{y: y < x\}$。

1884 年弗雷格全神贯注于作为大小度量的数，实际上把各个数诠释为所有含有那个数目的成员的类所组成的类。① 因此，对他来说，0 是 $\{\Lambda\}$ 而不是 Λ，S'x 则是

$$\{z: (\exists y)(y \in z \,.\, z \cap {}^{-}\{y\} \in x)\}。$$

对弗雷格，就像对任何人，'α 有 x 个成员'很适合用'$\alpha \simeq \{y: y < x\}$'来表达，但是对弗雷格，它还可以更简明地表达为'$\alpha \in x$'，只要 $\alpha \in \mathcal{V}$（参看 6.12）。

对数的这三个版本，我们只需借助适当的限定词来避免它们之间的混淆。我们看到，三者中的任何一个都能充当普通所谓的数；而对无穷多个供选版本中的任何一个同样可以这样说。

在§11 中我们发现，在给定'0'和'S'来塑述'N'时，需要对类，哪怕是有穷类，施行量化。在定义迭代或关系幂——在定义'$x+y$'，'$x \cdot y$'和'x^y'时要用到它——的时候，再次引起相同的需要。在塑述'α 有 x 个成员'时，由于这依赖于 11.1，我们还对有穷的对子类施行量化。但是现在我们发现，真实的类，其实是有穷类，并不只是数的理论的一种必要的辅助者；它们对整个理论是足够的（除非按弗雷格的方式看待数，那使它们成为无穷类）。

这样我们的指号清单现在又归约到量词和变元，真值函数指号，以及'$\in$'。这些是类理论的初始记号，我们现已看到它们如何还适合算 83
术的基本目的。

让我们开始编制供援引的定义。我将使用策梅洛版本的 0 和 S，即 Λ 和 ι。于是，采用(iii)，(iv)以及它们的随从（§11），我们就有：

① 只是经过罗素简化，弗雷格的版本才完全达到这一点。然而，弗雷格的版本中的额外的复杂性只系于他的逻辑系统的一般特征，而且十分自然地减退了；因此，我想我们仍然可以公正地把这一版本说成是弗雷格的。罗素就如此(1819，p. 11)。

12.1 ‘$\beta \leqq \alpha$’或‘$\alpha \geqq \beta$’定义为‘$(z)(\alpha \in z \,.\, \breve{\iota}``z \subseteq z \,.\supset.\, \beta \in z)$’,

12.2 ‘$\beta < \alpha$’或‘$\alpha > \beta$’定义为‘$\{\beta\} \leqq \alpha$’,

12.3 ‘N’定义为‘$\{x: \Lambda \leqq x\}$’。

下面我们看到,由‘≦’表达的关系是自反的和传递的。

12.4 $x \leqq x$。 证,据12.1。

12.5 $x \leqq y \leqq z \,.\supset.\, x \leqq z$。

证. 据假设和12.1,

$$(w)(y \in w \,.\, \breve{\iota}``w \subseteq w \,.\supset.\, x \in w : z \in w \,.\, \breve{\iota}``w \subseteq w \,.\supset.\, y \in w)。$$

因此

$$(w)(\breve{\iota}``w \subseteq w \,.\supset: z \in w \,.\supset.\, y \in w : y \in w \,.\supset.\, x \in w)$$
$$\supset: z \in w \,.\supset.\, x \in w)。$$

据12.1,那就是说,$x \leqq z$。

下面说的是 x 不大于 $\mathrm{S}`x$——对我们来说就是$\{x\}$。

12.6 $x \leqq \{x\}$。

证. 据定义,$\langle x, \{x\}\rangle \in \breve{\iota}$。因此

$$\{x\} \in z \,.\supset.\, x \in \breve{\iota}``z$$
$$\supset: \breve{\iota}``z \subseteq z \,.\supset.\, x \in z,$$

证毕(参看12.1)。

事实上它较小。

12.7 $x < \{x\}$。 证:在12.4中用‘$\{x\}$’代换‘x’;参看12.2。

84 其他容易的推论:

12.8 $x < y \leqq z \,.\supset.\, x < z$。 证,类似于12.5。

12.9 $x < y \,.\supset.\, x \leqq y$。

证. 据12.6和12.5,$\{x\} \leqq y \,.\supset.\, x \leqq y$,证毕(参看12.2)。

12.10 $x<y<z\ .\supset.\ x<z$。 **证**,据 12.8,12.9。

一个更为重要的定理是,如果 $x\leqq y$ 则 $x=y$,除非 y 是一后继(即一单元类)。

12.11 $x\leqq y\ .\supset:x=y\ .\vee(\exists z)(y=\{z\})$。

证. 假定 $x\leqq y$ 而且 $(z)(y\neq\{z\})$;要证明 $x=y$。据 12.1,既然$x\leqq y$,

$$(w)(y\in w\ .\ \iota``w\subseteq w\ .\supset.\ x\in w)。\qquad [i]$$

既然 $(z)(y\neq\{z\})$,y 不具有 ι。因此 $\iota``\{y\}=\Lambda$。因此 $\iota``\{y\}\subseteq\{y\}$。但是还有 $y\in\{y\}$。因此,据[i],$x\in\{y\}$。那就是,$x=y$。

在谈关于 N 的定理之前,比较方便的是首先较充分地正式写出'$w\leqq x$'和'$x\in\mathrm{N}$':

12.12 $w\leqq x\ .\equiv(z)(x\in z\ .(y)(\{y\}\in z\ .\supset.\ y\in z)\ .\supset.\ w\in z)$。

证. 据定义,

$$w\leqq x\ .\equiv(z)(x\in z\ .(u)(y)(u=\{y\}\ .u\in z\ .\supset.\ y\in z)\ .\supset.\ w\in z)。$$

据 6.2 这归约到 12.12。

12.13 $x\in\mathrm{N}\ .\equiv(z)(x\in z\ .(y)(\{y\}\in z\ .\supset.\ y\in z)\ .\supset.\ \Lambda\in z)$。

证,据 12.12,12.3。

于是得来一些定理,大意是,0 是一个数,数的后继都是数,以及除 0 外每个数都是一个后继。 85

12.14 $\Lambda\in\mathrm{N}$。 **证**. 据 12.4,$\Lambda\leqq\Lambda$,证毕(参看 12.3)。

12.15 $x\in\mathrm{N}\ .\supset.\ \{x\}\in\mathrm{N}$ (即 $\iota``\mathrm{N}\subseteq\mathrm{N}$)。

证[①]. 据 12.5 和 12.6,$\Lambda\leqq x\ .\supset.\ \Lambda\leqq\{x\}$,证毕(参看 12.3)。

12.16 $x\in\mathrm{N}\ .\supset:x=\Lambda\ .\vee(\exists y)(x=\{y\})$。

① 由乔伊斯·弗里德曼小姐缩短。

证，据 12.11，12.3。

其余关于 0 的：

12.17 $x \leqq \Lambda . \equiv . x = \Lambda$。

证. 据 10.26，$\sim(\exists z)(\Lambda = \{z\})$。因此，据 12.11，$x \leqq \Lambda . \supset . x = \Lambda$。其逆据 12.4。

12.18 $\sim(x < \Lambda)$。

证. 据 12.17 和 12.2，$x < \Lambda . \equiv . \{x\} = \Lambda$。因此，据 10.26，$\sim(x < \Lambda)$。

能有一个代表 $\{x: x \leqq y\}$ 的简洁记号将是方便的。无论 y 是不是数，据 12.1 这样的类包括 y，y 的那个单独的成员（如果存在的话），以及它的单独的成员（如果存在的话），等等，如此下去。当 y 是一个数时——这是对我们至关重要的情形——$\{x: x \leqq y\}$ 是向上直到 y 的所有的数的类。因此我将写'$\{,,,y\}$'来代表它；这是想让人追忆起模式记号'$\{\cdots,y\}$'而并不是模式的。

12.19 '$\{,,,\alpha\}$'定义为'$\{x: x \leqq \alpha\}$'。

我们立即可以把 12.4 和 12.17 改写如下：

12.20 $x \in \{,,,x\}$，

12.21 $\{,,,\Lambda\} = \{\Lambda\}$。

§13 归纳法

86 通过反演 N 的定义我们曾经能一时地省去无穷类（§11）。其道理是，如果说一个类含有 0 并且含有它自己所有成员的后继就必定是无穷的，那么一个类含有 x 并且含有它自己所有成员的前驱则需要有不多于 $x+1$ 个成员。但是那将必须有那么多。因此如果存在任何限定一个类能够有多大的**有穷**，那么连我们的反演了的定义也达不到它的目的，正像通常的定义在缺乏无穷类时达不到它的目的那样。我们的贫弱的公理 7.10，只保证最多有两个成员的类的存在，现在必须加以增补以保证不断更大的有穷类的存在。

这种需要首先在判正数学归纳法时明确地感觉到。在转变 N 的

定义之后，这种判正依赖于从 0 到 x 使得 $\sim Fy$ 的那些数 y 的类的存在（参看 §11），简言之，$\{,,,x\}\cap\{y:\sim Fy\}$ 的存在。这个类确实是有穷的。但是它将必须对每个数 x 并且对每个充当'Fy'的公式存在，如果对归纳法的判正须是一般性的的话。因此我们所需要的是：

$$x\in \mathrm{N} \;.\supset.\; \{,,,x\}\cap\alpha\in \mathcal{V}$$

作为公理模式，或者是我们能从它推导出这一条的一个公理模式。

为优雅起见我将去掉假设'$x\in\mathrm{N}$'。因为，无论 $x\in\mathrm{N}$ 与否，$\{,,,x\}$ 都可以预期保持为有穷的。它所具有的成员只是 x，x 的那个单独的成员（如果有的话），后者的那个单独的成员（如果有的话），如此等等，直到我们碰到 Λ 或者一个有许多成员的类；可是有可能无以有这样的结局吗？是的，如果 x 是一个体，即 $x=\{x\}$（参看 §4）的话；不过这时 $\{,,,x\}$ 是 x 因而仍然是有穷的，只有一个成员。

要不，设想你能不是用单独一步的 ι，而是还用有穷数目的这样的步骤从 x 绕到 x；x 是它本身的单元类的……的单元类。所有这些难以置信的循环的情形，连同个体 $x=\{x\}$ 的情形，都可用公式'$x<x$'来刻画（参看 12.2，12.1）。而在所有这样的情况下，$\{,,,x\}$ 很清楚仍然是有穷的。$\{,,,x\}$ 之为无穷的毋宁是离奇的情况，在其中 87

$$x=\{y\},\quad y=\{z\},\quad z=\{w\},\ \cdots$$

以至无穷，而 $x,y,z,w,\cdots$ 全都不同。简洁地说，那是 $\{,,,x\}\subseteq\iota``\mathcal{V}$ 而又 $\sim(x<x)$ 的情形。

人们可以增加一条公理，否定存在这样一个 x。不过这不合我的心意。我不希望有断言不存在无穷类的定理；相反，我们将在第六章之中和以后看到，无穷类对诸多有益的目的是必需的。我只关心在断然假定存在着无穷类之前搞定数论的基础。如果我们一劳永逸地满足于不存在任何怪异的 x 使得 $\{,,,x\}\subseteq\iota``\mathcal{V}$ 而且 $\sim(x<x)$，那么采取'$\{,,,x\}\cap\alpha\in\mathcal{V}$'作为一个概括公理模式在这一点上是令人满意的；而我们的确是那样。能够证明存在这样一个 x 并没有什么危险，而一条断言它不存在的公理并没有什么效用。

迄今受到卫护的模式'$\{,,,x\}\cap\alpha\in\mathcal{V}$'在另一方面是不充分的。只

要 x 是数，它就只给出数的类。即使 x 不是数，$\{,,,x\}$ 和 $\{,,,x\}\cap\alpha$ 都是一种很特别的类，至多有一个并非单元类的、奇怪地向内生长的类。我们将需要其他种类的虽则仍是有穷的类，用来担当 §11 末尾处的序列和 11.1 中的某些函数。因而当下我将采取的概括公理模式不是'$\{,,,x\}\cap\alpha\in\mathcal{V}$'，而是：

13.1 公理模式. $\mathrm{Func}\,\alpha\supset.\,\alpha``\{,,,x\}\in\mathcal{V}$。

这一扩充了的版本仍然假定没有大于 $\{,,,x\}$ 的类；因为 α 作为函数对 $\{,,,x\}$ 的各个成员都至多指派一个东西。事实上这让我们想起，'$\beta\leq\gamma$'的我们那个定义(11.1)本身，遵循康托尔，乃是对某个函数 z，$\beta\subseteq z``\gamma$。当然，13.1 中并没有要求，若有任何事物 z 是 α，那 $\alpha\in\mathcal{V}$。

88 公理模式 13.1 为一熟知的**替换**公理模式所暗示，后者实际上是说 $\mathrm{Func}\,\alpha\supset.\,\alpha``y\in\mathcal{V}$。① 从给定任一类 y 开始，后面这个模式假定你从 y 通过把各个成员都换成一个任意的相同或不同的事物而得到的类；故而有'替换'之名。我们可以通过采取替换公理模式和用来启动的公理'$\{,,,x\}\in\mathcal{V}$'。但是从 13.1 本身我们得不到像替换公理模式那么强的东西。后者更多的是有条件的关于无穷类的断定：如果存在一个无穷类 y，那么就还存在无止境的、那种大小的其他的类。在这一点上 13.1 甚至比'$x\cup\{y\}\in\mathcal{V}$'还要有节制些。②

7.10 中的'$\Lambda\in\mathcal{V}$'部分可以从 13.1 得到证明；只需把 α 取为 Λ。

---

① 它由弗兰克尔(1922)以及独立地由斯柯伦(1923，发表于 1922)提出。其名称(Ersetzung)来自弗兰克尔。其思想部分地为米里马诺夫(1917)在一条非形式的公理中预见到了，该公理大意是，一个类如果与一个存在着的类同样大小则是存在的。类似米里马诺夫那条公理的一条公理还出现在康托尔 1899 年的、直到 1932(p. 444)才公布的一封信中。可是，为了从它论证替换公理模式，人们不仅需要 Aussonderung(分离)原理(这在康托尔的信中是一样的)，而且还需要选择公理(这不一样)。附带说说，只有弗兰克尔和斯柯伦，特别是斯柯伦，把他们的原理的微妙地位规定为公理**模式**——如果没有将存在性归于我称之为 α 的东西，这是要紧的一点。他们的版本较之'$\mathrm{Func}\,\alpha\supset.\,\alpha``y\in\mathcal{V}$'不够简明，因为缺少虚拟类的方法；不过它们都与它等价。

② 参看第 xi 页。'$\{,,,x\}\in\mathcal{V}$'仍然不是不足道的。布朗曾经表明，即使当替换公理模式为如同 §38 中的全部策梅洛公理所补充时它也不能被证明；它必须等待 Fundierung(基础)公理模式(下面第 286 页)，布朗表明，从而它招之即来。

在 13.1 之前假定'$\Lambda \in \mathcal{V}$'只是为了叙述上的方便。第 58 页上那个奢华的规定,允许用'Λ','$\{\alpha\}$','$\{\alpha,\beta\}$'和'$(\imath x)Fx$'自由地代换变元,强烈地依赖于'$\Lambda \in \mathcal{V}$';其理由请注意 Λ 在 8.22 中及在证明 7.12 和 7.13 中的作用。

如果代替 13.1 我们采用它的变体

(i) $$\text{Func } R \supset . R``\{,,,x\} \in \mathcal{V},$$

那么全部 7.10,即除'$\Lambda \in \mathcal{V}$'外还有'$\{x,y\} \in \mathcal{V}$',就都是多余的。这是布朗还有王浩向我指出的。在(i)中代替'α'我们有 §3 中的'R';因此 89
我们现在要像在第 22 页往后那样而不是 64 页往后那样来理解'Func'和'$R``\cdots$',而且我们通过把 12.1 中的'$\iota``z$'重新理解为'$\{w: \{w\} \in z\}$'来使'$\{,,,x\}$'断绝与对子的关系。

为了从(i)证明'$\Lambda \in \mathcal{V}$',把 R 取为 §3 中的 $\Lambda \times \Lambda$,或者$\{zw: z \neq z\}$。下一步证明'$\{\Lambda\} \in \mathcal{V}$',为此把(i)中的 x 和 R 分别取为 Λ 和 §3 中的 I,或者是$\{zw: z=w\}$。最后证明'$\{x,y\} \in \mathcal{V}$',为此把(i)中的 x 取为$\{\Lambda\}$,把 R 取为

$$\{zw: z=x \,.\, w=\Lambda \,.\vee.\, z=y \,.\, w=\{\Lambda\}\}。$$

当我们从 13.1 本身出发来做时,相平行的推理则不成立,因为那时我们依赖 9.5,而 9.5 依赖 7.13 因而依赖 7.10。在采用于第 52 页中间部分的那个约定之下,7.13 与 2.1 一起暗中进入 9.5 的证明中。

因此,从公理理论的观点看,我们眼下的、集合论的初步基础最好看成正好包括外延公理 4.1 和模式(i)。另一方面,在实践上和教育学上,既然有序对横竖总会出现,我们很有理由早早把关系设定为有序对的类,而且不停歇地推进到如同 §3 中那样的虚拟关系。故而有实地施行的版本 4.1,7.10,13.1。

表面上,依照 11.1,'$\beta \leq \gamma$'的定义较之对某个函数 z,β 是 $z``\gamma$ 要宽泛些;它是对某个函数 $z$,$\beta \subseteq z``\gamma$。对 13.1 作相应的放宽有其方便之处,可以建立如下。

13.2 $$\text{Func } \alpha \,.\, \beta \subseteq \alpha``\{,,,x\} \,.\supset.\, \beta \in \mathcal{V}。$$

证. 据 10.8, 9.17 和假设, 有 Func $\beta\upharpoonright\alpha$。因此, 据 13.1, $(\beta\upharpoonright\alpha)``\{,,,x\}\in\mathcal{V}$。但是$(\beta\upharpoonright\alpha)``\{,,,x\}$是 $\beta\cap\alpha``\{,,,x\}$,故而据假设就是 β。

13.1 之前所考虑的那个模式也容易推导出:

13.3 $\{,,,x\}\cap\alpha\in\mathcal{V}$。

证. $\{,,,x\}\cap\alpha\subseteq\{,,,x\}$。因此

$$\{,,,x\}\cap\alpha\subseteq I``\{,,,x\}。$$

90 因此,据 10.4 和 13.2,$\{,,,x\}\cap\alpha\in\mathcal{V}$。

还有关于函数存在的这一结果。

13.4 Func $\alpha\,.\,\alpha``\mathcal{V}\subseteq\{,,,x\}\,.\supset.\,\alpha\in\mathcal{V}$。

证. 据第二个假设,

$$(y)(z)(\langle y,z\rangle\in\alpha\,.\supset.\,z\in\{,,,x\})。\quad(1)$$

据第一个假设,对各个 z 至多存在一个 y,因而至多存在一个$\langle y,z\rangle$,使得$\langle y,z\rangle\in\alpha$。因此 Func β,其中

$$\beta=\{\langle\langle y,z\rangle,z\rangle:\langle y,z\rangle\in\alpha\}。$$

因此,据 13.1,$\beta``\{,,,x\}\in\mathcal{V}$。然而

$$\beta``\{,,,x\}=\{\langle y,z\rangle: z\in\{,,,x\}\,.\,\langle y,z\rangle\in\alpha\}$$

(据(1)) $$=\{\langle y,z\rangle:\langle y,z\rangle\in\alpha\}$$

(据 9.6) $$={}^{\centerdot}\alpha。$$

因此${}^{\centerdot}\alpha\in\mathcal{V}$。而据假设和 10.1,${}^{\centerdot}\alpha=\alpha$。

下面是最直接地由 13.1 提供的数学归纳法定律的形式。

13.5 $x\in\alpha\,.\,(y)(\{y\}\in\alpha\,.\supset.\,y\in\alpha)\,.\supset.\,\{,,,x\}\subseteq\alpha$。

证. 据第一个假设和 12.20,

$$x\in\{,,,x\}\cap\alpha。\quad(1)$$

据 12.9 和定义，

$$\{y\}\in\{,,,x\}\,.\supset.\,y\in\{,,,x\};$$

因此，据第二个假设，

$$(y)(\{y\}\in\{,,,x\}\cap\alpha\,.\supset.\,y\in\{,,,x\}\cap\alpha)。\qquad(2)$$

对任一 $w\in\{,,,x\}$，据 12.19，$w\leqq x$，因而据 12.12，

$$(z)(x\in z\,.\,(y)(\{y\}\in z\,.\supset.\,y\in z)\,.\supset.\,w\in z)。$$

于是，依靠 13.3 和 6.11 把这里的 z 取为 $\{,,,x\}\cap\alpha$，我们就能从(1)和 91
(2)推断 $w\in\{,,,x\}\cap\alpha$，因而 $w\in\alpha$。

从模式的类抽象字母'α'转换到模式的谓词字母'F'，我们可以将所说的论题表述如下

13.6 $\quad Fx\,.\,(y)(F\{y\}\supset Fy)\,.\,w\leqq x\,.\supset Fw$。

证. 把 13.5 中的'α'都换成'$\{z\colon Fz\}$'并且据 2.1 加以归约，我们就能从我们的前两个假设推断 $\{,,,x\}\subseteq\{z\colon Fz\}$。而据最后一个假设和 12.19，$w\in\{,,,x\}$。因此 Fw。

通常或向上方向的归纳法定律随之而来如下：

13.7 $\quad Fw\,.\,(y)(Fy\supset F\{y\})\,.\,w\leqq x\,.\supset Fx$。

证. 在 13.6 中作代换，

$$\sim Fx\,.\,(y)(\sim F\{y\}\supset\sim Fy)\,.\,w\leqq x\,.\supset\sim Fw。$$

这等值于 13.7。

我们可以加长但却减弱 13.7 的第二个前提，得到较强形式的归纳法：

13.8 $\quad Fw\,.\,(y)(w\leqq y\,.\,Fy\,.\supset F\{y\})\,.\,w\leqq x\,.\supset Fx$。

证. 据 12.4—12.6，$w\leqq w$ 且 $w\leqq y\,.\supset.\,w\leqq\{y\}$。因此，据前两个假设，

$$w\leqq w\,.\,Fw,\qquad (y)(w\leqq y\,.\,Fy\,.\supset.\,w\leqq\{y\}\,.\,F\{y\})。$$

从这两个公式和最后那个假设'$w\leqq x$'，根据依照 13.7 的归纳法可以推

出 $w \leqq x . Fx$。

从 13.7 和 13.8，通过把 w 取为 Λ 并且指望 12.3，我们得到明快的数字形式的数学归纳法：

13.9 $F\Lambda . (y)(Fy \supset F\{y\}) . x \in \mathrm{N} . \supset Fx$，

13.10 $F\Lambda . (y)(y \in \mathrm{N} . Fy . \supset F\{y\}) . x \in \mathrm{N} . \supset Fx$。

92 皮亚诺关于 S 和 N 的著名的五个公理，作为定理和一个定理模式，唾手可得。① 他的前两个公理是说每个数都有一个而且只有一个后继；而在 S 是 ι 的情况下，我们曾在 10.27($x \in \arg \iota$)中被告知这些事。他的第三个公理是说对所有的数 x 和 y，如果 $\mathrm{S}`x = \mathrm{S}`y$，则 $x = y$；而我们已在 7.7 中被告知这一点。他的第四个公理是说存在一个不是后继的数；这一点我们在 10.26 和 12.14($\{x\} \neq \Lambda \in \mathrm{N}$)中已经有了。他的第五个公理就是归纳法 13.10。因此我们无须无穷类就已得到所有这一切。

在 §12 中开始的、关于'≦'的经典算术定律的编纂，现在将借助数学归纳法继续下去。

13.11 $x \leqq y . \equiv : x = y . \vee . x < y$。

证. 据 12.7，$z < \{z\}$。因此 $x = z . \supset . x < \{z\}$，而据 12.10，还有 $x < z . \supset . x < \{z\}$。合起来，

$$(z)(x = z . \vee . x < z : \supset . x < \{z\}) \supset : x = \{z\} . \vee . x < \{z\})。 \quad (1)$$

既然 $x = x$，则又有 $x = x . \vee . x < x$。由此和(1)通过依据 13.7 的归纳法可得

$$x \leqq y . \supset : x = y . \vee . x < y。$$

其逆据 12.4 和 12.9。

① Peano，1889. 它们还见于 Dedekind，1888，§6，皮亚诺在他的前言中援引的一部著作；不过现在皮亚诺的名字已经与它们不可分了。进一步请看 Wang，1957。

13.12 $x<\{y\}.\equiv.x\leqq y$。

证[①]. 据 12.9 和 12.2,

$$\{x\}\leqq z.\supset.x\leqq z。$$

因此不用说 93

$$(z)(\{x\}\leqq z.x\leqq i`z.\supset.x\leqq z)$$

(据 10.29) $\supset.x\leqq i`\{z\})$。

而据 10.29 和 12.4,还有 $x\leqq i`\{x\}$。由这两个结果通过依据 13.8 的归纳法(把 13.8 中的 $w$ 和 $x$ 取为$\{x\}$和$\{y\}$,把'$Fz$'取为'$x\leqq i`z$')即得

$$\{x\}\leqq\{y\}.\supset.x\leqq i`\{y\}。$$

据 12.2 和 10.29,那就是 $x<\{y\}.\supset.x\leqq y$。反之,据 12.7 和 12.10,

$$(u)(x<\{u\}.\supset.x<\{\{u\}\}),$$

由此和 12.7 我们可以通过依据 13.7 的归纳法推出 $x\leqq y.\supset.x<\{y\}$。

13.13 $x\leqq\{y\}.\equiv:x=\{y\}.\vee.x\leqq y$

(亦即,$\{,,,\{y\}\}=\{,,,y\}\cup\{\{y\}\}$)。

证. 据 13.11,

$$x\leqq\{y\}.\equiv:x=\{y\}.\vee.x<\{y\}$$

(据 13.12) $\equiv:x=\{y\}.\vee.x\leqq y$。

13.14 $z\leqq x.z\leqq y.\supset:x\leqq y.\vee.y\leqq x$。

证. 据 13.11 和 12.2,

$$w\leqq x.\supset:w=x.\vee.\{w\}\leqq x$$

(据 12.6) $\supset:x\leqq\{w\}.\vee.\{w\}\leqq x$。

据 12.5 和 12.6,又有 $x\leqq w.\supset.x\leqq\{w\}$。合起来,

---

① 由格拉汉·罗帕斯缩短。

$$(w)(x\leqq w\ .\vee.\ w\leqq x:\supset:x\leqq\{w\}\ .\vee.\ \{w\}\leqq x)。$$

94 据第一个假设，$x\leqq z\ .\vee.\ z\leqq x$。由这两个结果和第二个假设（'$z\leqq y$'）我们可以通过依据 13.7 的归纳法推出 $x\leqq y\ .\vee.\ y\leqq x$。

尽管我们使用归纳法，定理 13.11—13.14 不仅对数成立，而且像 12.4—12.12 那样，对任何对象成立。它们都是在迭代的ι的意义上的、在定义于 12.1 中的意义上的'≦'的一般定律。它们之被证明不是借助于特别的数目归纳法定律 13.9 和 13.10，而是借助于一般地辖制'≦'或迭代的ι的归纳法定律 13.7 和 13.8。我们是由于在 13.14 中需要那个假设而忽然想起这种一般性的。对一般意义上的'≦'不存在连通性；我们不能通过迭代 ι 或ι从每个类到每个类。当我们执著于数时，13.14 中所需要的那个假设被挪开，因为那时零或 Λ 扮演 z 的角色，故而：

13.15 $x,y\in\mathrm{N}\ .\supset:x\leqq y\ .\vee.\ y\leqq x$。

证，据 13.14，12.3。

特别限于数的几个其他的定理说来如下。

13.16 $x\in\mathrm{N}\ .\equiv:x=\Lambda\ .\vee.\ \Lambda<x$。

证，据 13.11，12.3。

13.17 $x\in\mathrm{N}\ .\supset:\Lambda<x\ .\equiv.\ x\neq\Lambda$。

证. 据假设和 13.16，$x\neq\Lambda\ .\supset.\ \Lambda<x$。反之，据 12.18，$\sim(\Lambda<\Lambda)$，因而$\Lambda<x\ .\supset.\ x\neq\Lambda$。

13.18 $x\leqq y\in\mathrm{N}\ .\supset.\ x\in\mathrm{N}$。

证①. 据 13.16，

$$(z)(\{z\}\in\mathrm{N}\ .\supset:\{z\}=\Lambda\ .\vee.\ \Lambda<\{z\})$$

（据 10.26） $\supset.\ \Lambda<\{z\})$

（据 13.12，12.3） $\supset.\ z\in\mathrm{N})$。

① 由大卫·亨曼丁格缩短。

由此和那些假设通过依据 13.6 的数学归纳法即得 $x\in \mathrm{N}$。 95

13.19 $x\in \mathrm{N}\ .\equiv.\ \{x\}\in \mathrm{N}$。

证. 据 12.6 和 13.18，$\{x\}\in \mathrm{N}\ .\supset.\ x\in \mathrm{N}$。其逆据 12.15。

在本节中早先我们曾反思'$x<x$'。如果存在这样的个体的话，个体满足它；或许其他事物也行，反正我们无法证明。不过我们现在用归纳法来证明，数是不行的。

13.20 $x\in \mathrm{N}\ .\supset\sim(x<x)$。

证. 据 13.12 和 12.2，$\{y\}<\{y\}\ .\supset.\ y<y$。就是说，

$(y)(\sim(y<y)\supset\sim(\{y\}<\{y\}))$。

据 12.18，还有$\sim(\Lambda<\Lambda)$。因此通过依据 13.9 的归纳法即得 13.20。

本章结束于 13.20 的两个推论。

13.21 $x\in \mathrm{N}\ .\supset:x\leqq y\leqq x\ .\equiv.\ x=y$。

证. 据 12.8，$x<y\leqq x\ .\supset.\ x<x$。因此，据假设和 13.20，$\sim(x<y\leqq x)$。而据 13.11，

$x\leqq y\leqq x\ .\supset:x=y\ .\vee.\ x<y\leqq x$。

因此 $x\leqq y\leqq x\ .\supset.\ x=y$。其逆据 12.4。

13.22 $x,y\in \mathrm{N}\ .\supset:x\leqq y\ .\equiv\sim(y<x)$。

证. 据 13.11 和 12.4，

$y\leqq x\ .\supset:x\leqq y\ .\vee.\ y<x$。

据假设和 13.15，$x\leqq y\ .\vee.\ y\leqq x$。如同在前一证明中那样，$\sim(y<x\leqq y)$。这三个结果据真值函数逻辑蕴涵 $x\leqq y\ .\equiv\sim(y<x)$。

第五章　迭代与算术

96　## §14　序列与迭代

我们现在来激活 §11 的(vii)和(viii)中所预期的 Seq 和 $z^{|w}$ 的定义,以便推向那一节的(v)中所预期的和、积与幂的定义。

14.1　'Seq'定义为'$\{x\colon \mathrm{Func}\ x\,.\,(\exists y)(\breve{x}``\mathcal{V}=\{,,,y\})\}$',

14.2　'$\alpha^{|\beta}$'定义为'$\{\langle x,y\rangle\colon (\exists z)(z\in \mathrm{Seq}\,.$

$\langle x,\beta\rangle,\langle y,\Lambda\rangle\in z\,.\,z|\iota|\breve{z}\subseteq\alpha)\}$'。

迭代的两个基本定律曾见于 §11 的递归式(vi)中。

14.3　$$\alpha^{|\Lambda}=I。$$

证. 考虑使得 $\langle x,y\rangle\in\alpha^{|\Lambda}$ 的任何 x,y。据 14.2,存在一个序列 z 使得 $\langle x,\Lambda\rangle,\langle y,\Lambda\rangle\in z$。据 14.1,Func z。因此 $x=y$。故而 $\alpha^{|\Lambda}\subseteq I$。反之,令 $z=\{\langle x,\Lambda\rangle\}$。于是据 10.5,Func z,又据 12.21,$\breve{z}``\mathcal{V}=\{\Lambda\}=\{,,,\Lambda\}$,因而据 14.1,$z\in$ Seq。由于据 10.26,我们有 $(x)(\Lambda\neq\iota`x)$,进而有 $z|\iota=\Lambda$;因此 $z|\iota|\breve{z}=\Lambda$;所以 $z|\iota|\breve{z}\subseteq\alpha$。而且,$\langle x,\Lambda\rangle,\langle x,\Lambda\rangle\in z$。这些事加在一起就等于说 $\langle x,x\rangle\in\alpha^{|\Lambda}$;参看 14.2。因此 $I\subseteq\alpha^{|\Lambda}$。

另一定律将分两半来证明。

14.4　$$\alpha^{|\{x\}}\subseteq\alpha|\alpha^{|x}。$$

97　**证**. 考虑使得 $\langle y,z\rangle\in\alpha^{|\{x\}}$ 的任何 y,z。据 14.2,存在一个序列 w 使得

$$\langle y,\{x\}\rangle,\langle z,\Lambda\rangle\in w, \qquad [i]$$

$$w|\iota|\breve{w}\subseteq\alpha。 \qquad [ii]$$

据 14.1，

$$\text{Func } w \qquad [\text{iii}]$$

而且存在某事物 v 使得

$$\breve{w}``\mathcal{V}=\{,,,v\}。\qquad [\text{iv}]$$

据[i]，$\{x\}\in\breve{w}``\mathcal{V}$。因此，据[iv]和定义，$x<v$。因此，据 12.9 和定义，$x\in\{,,,v\}$。因此，据[iv]，存在某事物 u 使得

$$\langle u,x\rangle\in w。\qquad [\text{v}]$$

因此，再次鉴于[i]，我们的序列 w 符合条件'$\langle u,x\rangle,\langle z,\Lambda\rangle\in w$'，后者连同[ii]遵照 14.2 使 $\langle u,z\rangle$ 构成 $\alpha^{|x}$ 的一个成员。而且，据[i]和[v]，$\langle y,u\rangle\in w|\iota|\breve{w}$，因而据[ii]，$\langle y,u\rangle\in\alpha$。因此，合起来，$\langle y,z\rangle\in\alpha|\alpha^{|x}$。可 $\langle y,z\rangle$ 已是 $\alpha^{|\{x\}}$ 的任一成员。

现在来看 14.4 的逆定理，我把它与 14.4 本身合在一起。其证明很长，而且它所证明的模式涉及可观的范围。从它出发用一两步我们就得到如下每个熟知的递归定律：对所有 $y\in\text{N}$，

$$x+\text{S}`y=\text{S}`(x+y), \quad x\cdot(\text{S}`y)=x+x\cdot y, \quad x^{\text{S}`y}=x\cdot x^{y};$$

见 107 页①往后的 16.6，16.8 和 16.10。

14.6②　　$\alpha^{|\{x\}}=\alpha|\alpha^{|x}$。

证. 考虑任何使得 $\langle y,z\rangle\in\alpha|\alpha^{|x}$ 的 y,z。就是说，存在某事物 u 使得

$$\langle y,u\rangle\in\alpha \qquad [\text{i}]$$

而且 $\langle u,z\rangle\in\alpha^{|x}$，亦即存在一个序列 w 使得 98

$$\langle u,x\rangle,\langle z,\Lambda\rangle\in w, \qquad [\text{ii}]$$

$$w|\iota|\breve{w}\subseteq\alpha。\qquad [\text{iii}]$$

① 原文有误，应为 108 页。——译者注

② 原文修订版对上一段做了修改，去掉编号为 14.5 的一个定义，看来为了避免牵涉过多，没有改动这里和本节中以后的编号。——译者注

据 14.1，

$$\text{Func } w \qquad [\text{iv}]$$

而且存在某事物 v 使得

$$\breve{w}``\mathcal{V}=\{,,,v\}。 \qquad [\text{v}]$$

据[v]和[ii]，$x,\Lambda\in\{,,,v\}$。据定义，就是说

$$x\leqq v\in \text{N}。 \qquad [\text{vi}]$$

因此，据 13.18，

$$x\in \text{N}。 \qquad [\text{vii}]$$

据定义，就是说

$$\Lambda\in\{,,,x\}。 \qquad [\text{viii}]$$

据[vi]，12.5 和定义，$\{,,,x\}\subseteq\{,,,v\}$。据[v]，就是说

$$\{,,,x\}\subseteq\breve{w}``\mathcal{V}。 \qquad [\text{ix}]$$

据[iv]和 10.8，Func $w\upharpoonright\{,,,x\}$。进而，据[vii]和 13.20，

$$\sim(x<x), \qquad [\text{x}]$$

据定义，亦即$\{x\}\notin\{,,,x\}$。因此，据 10.7，

$$\text{Func } w\upharpoonright\{,,,x\}\cup\{\langle y,\{x\}\rangle\}。$$

而且，据[ix]，这个函数的右域是$\{,,,x\}\cup\{\{x\}\}$，据 13.13，亦即$\{,,,\{x\}\}$。因此，据 13.14，该函数是某事物 t。因此

$$t=w\upharpoonright\{,,,x\}\cup\{\langle y,\{x\}\rangle\}。 \qquad [\text{xi}]$$

99 如所看到的，Func t 并且 $\breve{t}``\mathcal{V}=\{,,,\{x\}\}$。因此，据 14.1，

$$t\in \text{Seq}。 \qquad [\text{xii}]$$

据[ii]和[viii]，$\langle z,\Lambda\rangle\in w\upharpoonright\{,,,x\}$。因此，据[xi]，

$$\langle y,\{x\}\rangle,\langle y,\Lambda\rangle\in t。 \qquad [\text{xiii}]$$

最后考虑任何使得$\langle q,s\rangle \in t|\iota|\breve{t}$的$q$和$s$。据[xi],存在四种可能性需要考虑:

情形 1:　　$\langle q,s\rangle \in w\upharpoonright\{,,,x\}|\iota|\breve{}(w\upharpoonright\{,,,x\})$。

于是$\langle q,s\rangle \in w|\iota|\breve{w}$。于是,据[iii],$\langle q,s\rangle \in \alpha$。

情形 2:　　$\langle q,s\rangle \in w\upharpoonright\{,,,x\}|\iota|\{\langle\{x\},y\rangle\}$。

于是q对$\{\{x\}\}$具有$w\upharpoonright\{,,,x\}$。于是$\{\{x\}\}\in\{,,,x\}$。据定义,那就是$\{x\}<x$。于是,据 12.9 和定义,$x<x$,与[x]矛盾。因此情形 2 被排除。

情形 3:　　$\langle q,s\rangle \in \{\langle y,\{x\}\rangle\}|\iota|\breve{}(w\upharpoonright\{,,,x\})$。

于是$q=y$并且$\langle s,x\rangle \in w$。于是,据[ii]和[iv],$s=u$。因此,据[i],$\langle q,s\rangle \in \alpha$。

情形 4:　　$\langle q,s\rangle \in \{\langle y,\{x\}\rangle\}|\iota|\{\langle\{x\},y\rangle\}$。

于是$\langle\{x\},\{x\}\rangle \in \iota$。于是,据 10.28,$x=\{x\}$,因而,据 12.7,$x<x$,与[x]矛盾。因此情形 4 被排除。

因此,在$\langle q,s\rangle \in t|\iota|\breve{t}$的两种可能的情形下都有$\langle q,s\rangle \in \alpha$。因此$t|\iota|\breve{t}\subseteq\alpha$。鉴于 14.2,这一点与[xii]和[xiii]加在一起就等于说$\langle y,z\rangle \in \alpha^{|\{x\}}$。可$\langle y,z\rangle$已经是$\alpha|\alpha^{|x}$的任一成员。因此$\alpha|\alpha^{|x}\subseteq\alpha^{|\{x\}}$。因此,据 14.4,$\alpha^{|\{x\}}=\alpha|\alpha^{|x}$。

由 14.6 和 14.3 我们特别有$\alpha^{|\{\Lambda\}}=\alpha|I$。因此

14.7　　$\alpha^{|\{\Lambda\}}={}^{\cdot}\alpha$。

由此据 14.6 我们又有

14.8　　$\alpha^{|\{\{\Lambda\}\}}=\alpha|\alpha$,

以及诸如此类。

下面让我们来处理空的情形。 100

14.9　　$x\notin \mathrm{N} .\supset. \alpha^{|x}=\Lambda$。

证. 假设$\langle y,z\rangle \in \alpha^{|x}$。于是,据定义,存在使得$\langle y,x\rangle$,$\langle z,\Lambda\rangle \in w$并

且 $\breve{w}``\mathcal{V}=\{,,,v\}$ 的 v 和 w。于是 $x,\Lambda\in\{,,,,v\}$。据定义，就是说 $x\leqq v\in\mathrm{N}$。可是那样一来，据 13.18，$x\in\mathrm{N}$，与假设矛盾。

由于把两关系组成一个合成 $\alpha|\beta$ 是一种结合运算，$\alpha^{|y}$ 应该是 $\alpha|\alpha|\cdots|\alpha$，共有 y 个出现，与它们的任何的特殊分组无关。因此 $\alpha^{|\{x\}}$ 应该既是 $\alpha|\alpha^{|x}$ 又是 $\alpha^{|x}|\alpha$。现在就来证明这一点。

14.10 $\qquad\alpha^{|\{x\}}=\alpha^{|x}|\alpha$。

证. 据 14.6，$\alpha^{|\{\{y\}\}}=\alpha|\alpha^{|\{y\}}$。因此

$$(y)(\alpha^{|\{y\}}=\alpha^{|y}|\alpha\ .\supset.\ \alpha^{|\{\{y\}\}}=\alpha|\alpha^{|y}|\alpha)$$

（据 14.6）
$$=\alpha^{|\{y\}}|\alpha)。$$

据 14.7，

$$\alpha^{|\{\Lambda\}}=\text{`}\alpha=I|\alpha$$

（据 14.3）
$$=\alpha^{|\Lambda}|\alpha。$$

由这两个结果通过依据 13.9 的归纳法可以得到：如果 $x\in\mathrm{N}$，那么 $\alpha^{|\{x\}}=\alpha^{|x}|\alpha$。如果 $x\notin\mathrm{N}$，那么据 14.9，$\alpha^{|x}=\Lambda$，因而 $\alpha^{|x}|\alpha=\Lambda$；据 13.19，又有 $\{x\}\notin\mathrm{N}$，因而据 14.9，$\alpha^{|\{x\}}=\Lambda$。

我们以关于函数的迭代的一些定律来结束本节。

14.11 $\qquad x\in\mathrm{N}\ .\ \arg\alpha=\mathcal{V}\ .\supset.\ \arg\alpha^{|x}=\mathcal{V}$。

证. 如果 $\arg\alpha^{|w}=\mathcal{V}$，那么对任何事物 z 恰好有一个事物 y 具有 $\alpha^{|w}$。可是据假设，对 y 又恰好有一个事物具有 α；因此这个事物将独自对 z 具有 $\alpha|\alpha^{|w}$。因此

$$(w)(\arg\alpha^{|w}=\mathcal{V}\ .\supset.\ \arg(\alpha|\alpha^{|w})=\mathcal{V})$$

（据 14.6）
$$\supset.\ \arg\alpha^{|\{w\}}=\mathcal{V})。$$

101 可是据 14.3 和 10.4，又有 $\arg\alpha^{|\Lambda}=\mathcal{V}$。因此，既然 $x\in\mathrm{N}$，我们就可以通过依据 13.9 的归纳法推得 $\arg\alpha^{|x}=\mathcal{V}$。

14.12 $\qquad\mathrm{Func}\ \alpha\supset\mathrm{Func}\ \alpha^{|x}$。

证，对于 $x\in\mathrm{N}$，只需把前面那个证明中的'恰好'改成'至多'，把

'arg …= $\mathcal{V}$'改成'Func …'。对于 $x\notin N$,其证明据 14.9 和 10.3。

14.13 $$I^{|x}{}^{\text{‘}}\Lambda=\Lambda。$$

证. 据 14.6,$I^{|\{y\}}=I\,|\,I^{|y}=I^{|y}$。因此 $I^{|y}=I\ .\supset.\ I^{|\{y\}}=I$。又据 14.3,$I^{|\Lambda}=I$。因此,据 13.9,对 $x\in N$,$I^{|x}=I$。对于 $x\notin N$,据 14.9,$I^{|x}=\Lambda$。两者都给出 14.13。

§15 祖先化

我们现在可以来处理自然数的和、积与幂了。不过我将暂停一下,作为插曲先谈谈一关系的**祖先化**。这不是一个对自然数,甚至是实数的随后处理中哪里会用到的概念。但是它是一个重要的概念。我们将在后面一些地方(§§22,24,29)用到它,而它通常被用于自然数理论的建基工作。我把其展示插在这个地方是因为它直接依靠迭代。此概念已经以它的两个实例与我们碰过面:§4 之初用父母定义祖先,以及用 S 定义'≧'(或者用 S 和 0 定义∈N')。一般地说,一关系 w 的祖先化是指这样的关系 $^*w$:任一事物 x 对任一事物 y 具有它当且仅当 x 是 y,或者对 y 具有 w,或者对某个对 y 具有 w 的事物具有 w 或者诸如此类。是以,遇到 w 是父母关系,则 $^*w$ 是祖先关系。遇到 w 是后继函数,则 $^*w$ 是 $\{\langle x,y\rangle: x\geqq y\}$ 而 N 是 $^*w$“$\{0\}$。我们已经在那两个例解中看到源于弗雷格的、定义 $^*w$ 的那个经典方法①;一般的, 102

(i) $$^*\alpha=\{\langle x,y\rangle:(z)(y\in z\ .\ \alpha“z\subseteq z\ .\supset.\ x\in z)\}。$$

可是我们还看到(§11),当 α 是后继函数时,这个办法要想成功,依赖于存在着无穷类。而我们看到,在后继这个例子中,可以如何通过一种反演来避免那种依赖性。

① 该方法持久地被归功于戴德金(1888),以"链"为名;可是弗雷格更早(1879, §§26,29)就显示了它。他在那里既定义了普通的祖先化又定义了在几页之后我所称呼的真祖先化。后来(1884,p. 94)他再次定义了普通的祖先化。戴德金在 1890 年的一封信中承认弗雷格的领先权,该信经翻译出现在王浩 1957 年的文章中。

这种反演得以成功全靠后继的一种特别的性质：引出一个虽然没有结尾却有一个开头的叙列这一性质。相对于后继封闭的类只要不是不足道的，都是无穷的；而相对于前趋封闭的类不是这样。如果我们对待的乃是一般地在包括负数在内的整数中的后继函数，那么这个关节点就毫无用处。一个包含整数的类，如果是相对于此域中的后继或者前趋封闭的，就必定是无穷的。

不过手边就有一个一般的解。毕竟，$^*\alpha$ 简单的是 x 对 y 的关系使得 x 对 y 具有 α 的一个迭代。祖先化就是所有迭代的并。

15.1 ‘$^*\alpha$’定义为‘$\{w: (\exists z)(w \in \alpha^{|z})\}$’。①

按照平常的展现次序，一般的祖先化理论展开于先，随后通过把祖先化的一般概念特别应用于 S 而得到 N。按照这种平常的路数，祖先化的一般定义是(i)，而支配它的定理多半依赖于存在着适当种类的无穷类。我们发现，为 N 所需要的、祖先化的特例，如何多亏后继函数的特性，可以无须假定无穷类来处理。现在通过定义 14.1，14.2 和 15.1，我们已经从祖先化的那个受宠的特例导出一种版本的该一般概念，它等价于那个假定无穷类的经典版本，而其本身不需要无穷类。取代像平常那样
103 作为算术的一个绪论，祖先化理论对我们而言是算术的一种应用。

现在让我们导出祖先化的各种经典定律。

15.2 $\langle x,x\rangle \in {}^*\alpha$（亦即，$I \subseteq {}^*\alpha$）。②

证. 据 14.3，$\langle x,x\rangle \in \alpha^{|\Lambda}$。因此 $(\exists z)(\langle x,x\rangle \in \alpha^{|z})$，证毕。

15.3 $\langle x,y\rangle \in \alpha \;.\supset.\; \langle x,y\rangle \in {}^*\alpha$（亦即，$\dot{}\alpha \subseteq {}^*\alpha$）。

证，类似，从 14.7 出发。

15.4 $\langle x,y\rangle \in {}^*\alpha \,.\, \langle y,z\rangle \in \alpha \;.\supset.\; \langle x,z\rangle \in {}^*\alpha$（亦即 $^*\alpha | \alpha \subseteq {}^*\alpha$）。

---

① 由康斯坦丝·刘尔小姐对我的‘$\{\langle x,y\rangle: (\exists z)(\langle x,y\rangle \in \alpha^{|z})\}$’所做的一种改进。

② 在这一点上我的版本的祖先化与弗雷格的一致，而是偏离怀特海和罗素的，对他们来说 $\langle x,x\rangle$ 不加入 α 的祖先化，除非 x 在 α 的域中。他们通过在(i)中插进一个子句来落实这个限制。他们还限制他们的版本的 $\alpha^{|0}$ 来相匹配。

证. 据第一个假设和 15.1,存在某事物 w 使得 $\langle x,y\rangle\in\alpha^{|w}$。因此,据第二个假设,$\langle x,z\rangle\in\alpha^{|w}|\alpha$。因此,据14.10,$\langle x,z\rangle\in\alpha^{|\{w\}}$。因此,据 15.1,$\langle x,z\rangle\in{}^{*}\alpha$。

15.5 $\quad\langle x,y\rangle\in\alpha\,.\,\langle y,z\rangle\in{}^{*}\alpha\,.\supset.\,\langle x,z\rangle\in{}^{*}\alpha$ (亦即 $\alpha|{}^{*}\alpha\subseteq{}^{*}\alpha$)。

证,类似,从 14.6 出发。

15.6

$$\alpha|{}^{*}\alpha={}^{*}\alpha|\alpha。$$

证. 据 14.6 和 14.10,$\alpha|\alpha^{|w}=\alpha^{|w}|\alpha$。就是说,

$$(\exists y)(\langle x,y\rangle\in\alpha\,.\,\langle y,z\rangle\in\alpha^{|w})\equiv(\exists y)(\langle x,y\rangle\in\alpha^{|w}\,.\,\langle y,z\rangle\in\alpha)。$$

由定义,其余显然。

15.7

$$\alpha``\beta\subseteq\beta\,.\equiv.\,{}^{*}\alpha``\beta=\beta。$$

证. 从右到左的条件句可直接由 15.3(${}^{\cdot}\alpha\subseteq{}^{*}\alpha$)得到。因此,反过来假定 $\alpha``\beta\subseteq\beta$;要来证明 ${}^{*}\alpha``\beta=\beta$。既然 $\alpha``\beta\subseteq\beta$,我们就能证明 104
$\gamma``(\alpha``\beta)\subseteq\gamma``\beta$,因而特别有

$$\alpha^{|x}``(\alpha``\beta)\subset\alpha^{|x}``\beta。$$

据 14.10,就是说 $\alpha^{|\{x\}}``\beta\subseteq\alpha^{|x}``\beta$。因此

$$(x)(\alpha^{|x}``\beta\subseteq\beta\,.\supset.\,\alpha^{|\{x\}}``\beta\subseteq\beta)。$$

而据 14.3,又有 $\alpha^{|\Lambda}``\beta\subseteq\beta$。因此,通过依据 13.9 的归纳法,我们对任一 $z\in\mathrm{N}$ 有 $\alpha^{|z}``\beta\subseteq\beta$。而据 14.9,对任一 $z\notin\mathrm{N}$ 也有 $\alpha^{|z}``\beta\subseteq\beta$。因此 $(z)(\alpha^{|z}``\beta\subseteq\beta)$,亦即

$$(z)(x)(y)(\langle x,y\rangle\in\alpha^{|z}\,.\,y\in\beta\,.\supset.\,x\in\beta),$$

据 15.1,亦即${}^{*}\alpha``\beta\subseteq\beta$。反之,据 15.2,$\beta=I``\beta\subseteq{}^{*}\alpha``\beta$。

作为 15.7 的一个伴侣,我们进而有

15.8

$$\alpha|\beta\subseteq\beta\,.\equiv.\,{}^{*}\alpha|\beta={}^{\cdot}\beta。$$

证. 在 15.7 中做替换，

$$\alpha``(\beta``\{y\})\subseteq\beta``\{y\} .\equiv. {}^*\alpha``(\beta``\{y\})=\beta``\{y\}。$$

就是说，

$$(\alpha|\beta)``\{y\}\subseteq\beta``\{y\} .\equiv. ({}^*\alpha|\beta)``\{y\}=\beta``\{y\}。$$

因此

$$(x)(y)(\langle x,y\rangle\in\alpha|\beta .\supset. \langle x,y\rangle\in\beta)\equiv$$
$$(x)(y)(\langle x,y\rangle\in{}^*\alpha|\beta .\equiv. \langle x,y\rangle\in\beta)。$$

据 9.8 和 9.9 这归约为 15.8。

很快可得 $^*\alpha$ 的传递性。

15.9 $\langle x,y\rangle,\langle y,z\rangle\in{}^*\alpha .\supset. \langle x,z\rangle\in{}^*\alpha$ （实即 $^*\alpha|{}^*\alpha={}^*\alpha$）。

证. 据 15.5，$\alpha|{}^*\alpha\subseteq{}^*\alpha$。据 15.8，就是说 $^*\alpha|{}^*\alpha={}^*\alpha$。

105 15.7 的硬核是'$\alpha``\beta\subseteq\beta .\supset. {}^*\alpha``\beta\subseteq\beta$'。它包容着**祖先化归纳法**的一般定律：

15.10 Fz .
$(x)(y)(\langle y,x\rangle\in\alpha .Fx .\supset Fy)$.
$\langle w,z\rangle\in{}^*\alpha$.
$\supset Fw$。

证. 据第二个前提，

$$\alpha``\{x: Fx\}\subseteq\{x: Fx\}。$$

因此，据 15.7，

$$^*\alpha``\{x: Fx\}=\{x: Fx\}。\qquad(1)$$

据第一个前提，$z\in\{x: Fx\}$。因此，据第三个前提，

$w \in {}^{*}\alpha``\{x\colon Fx\}$。

因此,据(1),Fw。

具有其熟知形式 13.9 的数学归纳法是这一定律的特殊化,把 α 取为后继。可是我们违反常规,从特殊导出一般;注意在证明15.7中 13.9 的使用。

曾经指出,§4 中使用'父母'的那个定义赋予'祖先'以较广的意义:每个事物成为其本身的祖先。相应地我们有 15.2: $I\subseteq {}^{*}\alpha$。不过,容易导出相当于真正意义上的祖先的东西,在其一般塑述下它被称为 α 的**真**祖先化。它是 x 对 y 的关系,x 对 y 具有 α 的某个**正**迭代,并非只是 $\alpha^{|\Lambda}(=I)$。它简单的是 $\alpha|{}^{*}\alpha$,或者${}^{*}\alpha|\alpha$,据 15.6 这是一回事。本来不足为怪,${}^{*}\alpha$ 是 I 与该真祖先化的并。现在就来证明这一点。

15.11 $${}^{*}\alpha=I\cup(\alpha|{}^{*}\alpha)。$$

证[①]. 令

$$\beta=I\cup(\alpha|{}^{*}\alpha)。\qquad(1)$$

干是,据 15.2 和 15.5, 106

$$\beta\subseteq{}^{*}\alpha。\qquad(2)$$

因此 $\alpha|\beta\subseteq\alpha|{}^{*}\alpha$。因此,据(1),$\alpha|\beta\subseteq\beta$。据 15.8,那就是

$${}^{*}\alpha|\beta=\beta。\qquad(3)$$

据(1),$I\subseteq\beta$。因此 ${}^{*}\alpha\,|\,I\subseteq {}^{*}\alpha\,|\,\beta$。就是说,${}^{*}\alpha\subseteq{}^{*}\alpha\,|\,\beta$。据(3),就是说 ${}^{*}\alpha\subseteq\beta$。因此,据(2),${}^{*}\alpha=\beta$。

值得加上的另一定律是

15.12 $${}^{*}\breve{\alpha}=\breve{\ }{}^{*}\alpha。$$

---

① 由威廉·C·瓦特浩斯缩短。

证. 据 15.4，

$$(z)(y)(\langle y,z\rangle\in\breve{\alpha}\,.\,\langle x,z\rangle\in{}^*\alpha\,.\supset.\,\langle x,y\rangle\in{}^*\alpha)。$$

由此和 15.2 我们可以通过依据 15.10 的祖先化归纳法推出，对任何使得$\langle w,x\rangle\in{}^*\breve{\alpha}$ 的 w，$\langle x,w\rangle\in{}^*\alpha$；所以$\langle w,x\rangle\in{}^{\smile *}\alpha$。然而 x 是任一事物。因此

$$^*\breve{\alpha}\subseteq{}^{\smile *}\alpha。\qquad(1)$$

就是说，$^{\smile *}\breve{\alpha}\subseteq{}^*\alpha$。类似的，以'$\breve{\alpha}$'代'$\alpha$'，有$^{\smile *}\alpha\subseteq{}^*\breve{\alpha}$。因此，据(1)，$^*\breve{\alpha}={}^{\smile *}\alpha$。

最后让我们通过表明$\{\langle x,y\rangle: x\geqq y\}$终归成为后继函数或者 ι 的祖先化以及 N 是$^*S``\{0\}$或者$^*\iota``\{\Lambda\}$来结束此番巡游。

15.13 $\qquad x\geqq y\,.\equiv.\,\langle x,y\rangle\in{}^*\iota$。

证. $\langle\{z\},z\rangle\in\iota$。因此，据 15.5，

$$(z)(\langle z,y\rangle\in{}^*\iota\,.\supset.\,\langle\{z\},y\rangle\in{}^*\iota)。$$

据 15.2，还有$\langle y,y\rangle\in{}^*\iota$。因此，通过依据 13.7 的归纳法，

$$y\leqq x\,.\supset.\,\langle x,y\rangle\in{}^*\iota。\qquad(1)$$

107 反之，

$$(z)(w)(\langle z,w\rangle\in\iota\,.\supset.\,z=\{w\})$$

(据 12.6) $\qquad\supset.\,z\geqq w)$

(据 12.5) $\qquad\supset: w\geqq y\,.\supset.\,z\geqq y)$。

据 12.4，还有 $y\geqq y$。因此，通过依据 15.10 的归纳法，

$$\langle x,y\rangle\in{}^*\iota\,.\supset.\,x\geqq y。$$

这与(1)加在一起就得到 15.13。

15.14 $\qquad \mathrm{N}={}^*\iota``\{\Lambda\}$。

证. 据 12.13 和 15.13，N 是 $\{x: \langle x, \Lambda\rangle \in {}^{*}\iota\}$，证毕。

更特别的，事实上，

15.15 $\quad x \in \mathrm{N} \,.\supset.\, \langle x, \Lambda\rangle \in \iota^{|x}$。

证. $\langle\{y\}, y\rangle \in \iota$。因此

$$(y)(\langle y, \Lambda\rangle \in \iota^{|y} \,.\supset.\, \langle\{y\}, \Lambda\rangle \in \iota|\iota^{|y}$$

（据 14.6） $\qquad \supset.\, \langle\{y\}, \Lambda\rangle \in \iota^{|\{y\}}$。

据 14.3，还有 $\langle\Lambda, \Lambda\rangle \in \iota^{|\Lambda}$。因此，通过依据 13.9 的归纳法，我们就有15.15。

关于祖先化的插曲到此为止，我们返回自然数理论，其中将不会用到祖先化概念。

§16 和，积，幂

现在来定义 §11 中所预期的和、积与幂。

16.1 $\quad$ ‘$\alpha + \beta$’定义为‘$\iota^{|\beta}$‘α’。

16.2 $\quad$ ‘$\alpha \cdot \beta$’定义为‘$(\lambda_x(\alpha + x))^{|\beta}$‘$\Lambda$’。

16.3 $\quad$ ‘α^β’定义为‘$(\lambda_x(\alpha \cdot x))^{|\beta}$‘$\{\Lambda\}$’。

既然这些表达式全都最终定义为单独摹状词，它们就受已经对摹状词 108
成立的、方便的惯例支配：可以自由地替代变元。

现在来处理空的情形。

16.4 $\quad x \notin \mathrm{N} \,.\supset.\, \alpha + x = \alpha \cdot x = \alpha^x = \Lambda$。

证. 据假设和 14.9，这三个表达式如同在 16.1—16.3 中所定义的，分别归结为：

$$\Lambda‘\alpha, \quad \Lambda‘\Lambda, \quad \Lambda‘\{\Lambda\}。$$

据 10.20，它们全都是 Λ。

下面我们来证明那些熟知的递归式。

16.5 $x+\Lambda=x$。

证. 据 14.3 和 16.1,$x+\Lambda=I‘x=x$。

16.6 $y\in \mathrm{N} \,.\supset.\, x+\{y\}=\{x+y\}$。

证. 由假设和 10.27,我们据 14.11 有 $\arg \iota^{|y}=\mathcal{V}$。因此,据 10.18 和 10.26,

$$(\iota|\iota^{|y})‘x=\{\iota^{|y}‘x\}。$$

据 14.6,那就是 $\iota^{|\{y\}}‘x=\{\iota^{|y}‘x\}$。据 16.1,就是说 $x+\{y\}=\{x+y\}$。

16.7 $x\cdot\Lambda=\Lambda$。

证. 据 14.3 和 16.2,$x\cdot\Lambda=I‘\Lambda=\Lambda$。

16.8 $y\in \mathrm{N} \,.\supset.\, x\cdot\{y\}=x+x\cdot y$。

证. 令 $\alpha=\lambda_z(x+z)$。于是,据 10.23,既然$(z)(x+z\in\mathcal{V})$,则有 $\arg \alpha=\mathcal{V}$。因此,据 14.11,$\arg \alpha^{|y}=\mathcal{V}$。因此 $\Lambda\in\arg \alpha^{|y}$。因此,据 10.18,

$$(\alpha|\alpha^{|y}‘\Lambda=\alpha‘(\alpha^{|y}‘\Lambda)。$$

109 因此,据 14.6,$\alpha^{|\{y\}}‘\Lambda=\alpha‘(\alpha^{|y}‘\Lambda)$。据 16.2,那就是 $x\cdot\{y\}=\alpha‘(x\cdot y)$。据10.24,就是说 $x\cdot\{y\}=x+x\cdot y$。

16.9 $x^{\Lambda}=\{\Lambda\}$。

16.10 $y\in \mathrm{N} \,.\supset.\, x^{\{y\}}=x\cdot x^{y}$。

证,皆类似。

下面我们看到,自然数的和、积与幂都是自然数。

16.11 $x\in \mathrm{N} \,.\supset.\, x+y\in \mathrm{N}$。

证. 据 12.15,

$$(z)(x+z\in \mathrm{N} \,.\supset.\, \{x+z\}\in \mathrm{N})。$$

因此,据 16.6,

$$(z)(z, x+z \in \mathrm{N} \mathbin{.}\supset\mathbin{.} x+\{z\} \in \mathrm{N})。$$

据假设和 16.5,还有 $x+\Lambda \in \mathrm{N}$。因此我们通过具强形式 13.10 的归纳法推得,如果 $y \in \mathrm{N}$,则 $x+y \in \mathrm{N}$。而如果 $y \notin \mathrm{N}$,那么据 16.4,$x+y=\Lambda$,因此还是有 $x+y \in \mathrm{N}$。

16.12 $\qquad x \in \mathrm{N} \mathbin{.}\supset\mathbin{.} x \cdot y \in \mathrm{N}$。

证. 情形 1:$y \notin \mathrm{N}$ 或者 $y=\Lambda$。据 16.4 或者 16.7,$xy=\Lambda$。因此$x \cdot y \in \mathrm{N}$。

情形 2:$\Lambda \neq y \in \mathrm{N}$。据 12.16,对某个 z,$y=\{z\}$。据 13.19,$z \in \mathrm{N}$。因此,据 16.8,$x \cdot y=x+x \cdot z$。而据 16.11 和假设,$x+x \cdot z \in \mathrm{N}$。因此$x \cdot y \in \mathrm{N}$。

16.13 $\qquad x \in \mathrm{N} \mathbin{.}\supset\mathbin{.} x^{y} \in \mathrm{N}$。 **证**,类似。

下两定理把‘$\leqq$’与‘$+$’联系起来。

16.14 $\qquad y \in \mathrm{N} \mathbin{.}\supset\mathbin{.} x \leqq x+y$。

证. 据 16.6, 110

$$z \in \mathrm{N} \mathbin{.}\supset\mathbin{.} \{x+z\}=x+\{z\}$$

(据 12.6) $\qquad \supset\mathbin{.} x+z \leqq x+\{z\}$

(据 12.5) $\qquad \supset: x \leqq x+z \mathbin{.}\supset\mathbin{.} x \leqq x+\{z\}$。 (1)

据 16.5 和 12.4,$x \leqq x+\Lambda$。由这两个结果和假设,我们通过依据 13.1 的归纳法推得 $x \leqq x+y$。

16.15 $\qquad x \leqq y \mathbin{.}\equiv(\exists z)(z \in \mathrm{N} \mathbin{.} x+z=y)$。

证. 据 16.6,

$$z \in \mathrm{N} \mathbin{.}\supset\mathbin{.} x+\{z\}=\{x+z\}$$

$$\supset: x+z=w \mathbin{.}\supset\mathbin{.} x+\{z\}=\{w\}。$$

因此,据 12.15,

$$z \in \mathrm{N} \mathbin{.} x+z=w \mathbin{.}\supset\mathbin{.} \{z\} \in \mathrm{N} \mathbin{.} x+\{z\}=\{w\}。$$

因此

$$(w)((\exists z)(z\in \mathrm{N}\,.\,x+z=w)\supset(\exists z)(z\in \mathrm{N}\,.\,x+z=\{w\}))。$$

据 16.5 和 12.14,还有,

$$(\exists z)(z\in \mathrm{N}\,.\,x+z=x)。$$

由这两个结果通过依据 13.7 的归纳法可得

$$x\leqq y\ .\supset(\exists z)(z\in \mathrm{N}\,.\,x+z=y)。$$

反之,据 16.14,对任何 z,$z\in \mathrm{N}\ .\supset.\ x\leqq x+z$,因此有

$$(\exists z)(z\in \mathrm{N}\,.\,x+z=y)\supset.\ x\leqq y。$$

所谓的**初等数论**,包括了可以只用零、后继、和、积、幂、等同、真值
111 函数以及施于自然数的量化之记号来表达的理论。一些再短些的名单也会是足够的;人们可以省去刚才所列的前四项,或者前两项和第五项,并且表明如何用其余的词来解释它们的意义。不过那个稍嫌冗长的名单较为自然,皮亚诺公理加上和、积与幂的递归式这一经典的公理系统相当直接地适合它。它们不是一种完全的公理化;哥德尔 1931 年的著名发现是,初等数论不容许这样的公理化。但是它们非常有效。从这一标准的基底推导出初等数论的诸经典定律是一项模范的工作,本章的下剩部分将主要是举例说明它,既然那些皮亚诺公理和递归式都现成地在我们的定理中。

我们自己的量化变元的值域自然超出数的范围,而初等数论的变元限制于数。可是我们有'$x\in \mathrm{N}$'形式的子句可以在必要时用来限制我们的变元。既然在本节中我们感兴趣的、变元的值只是自然数,我将简化本节中下剩的证明,省去'$x\in \mathrm{N}$','$\{x\}\in \mathrm{N}$','$x+y\in \mathrm{N}$','$x\cdot y\in \mathrm{N}$'这种类型的子句,把它们保持在定理中但是在证明中忽略它们。我将在这里省去对陈述这样的子句的定律 12.14,12.15,16.11 和 16.12 的援引。甚至在证明过程中引进新变元时,我也将让'$\in \mathrm{N}$'条件是默认的。读者不难填补这些省略的细节,不妨作为练习试试,很有好处。

重新计算初等数论的词汇,我省去了'$\leqq$'(以及它的派生词'$<$','$\geqq$','$>$')。它是多余的,因为'$(\exists z)(x+z=y)$'就管用;参看 16.15。在它进入随后的、标准程序的样本之处,它的性质由'+'的性质通过16.15 得到。

16.16 $x\in \mathrm{N} .\supset. \Lambda+x=x$。

证. 据 16.6,$\Lambda+\{y\}=\{\Lambda+y\}$。因此

$$\Lambda+y=y .\supset. \Lambda+\{y\}=\{y\}。$$

而据 16.5,还有 $\Lambda+\Lambda=\Lambda$。因此,通过归纳法,$\Lambda+x=x$。 112

16.17 $x,y\in \mathrm{N} .\supset. \{x\}+y=\{x+y\}$。

证. 据 16.5,$x+\Lambda=x$ 并且$\{x\}+\Lambda=\{x\}$。因此

$$\{x\}+\Lambda=\{x=\Lambda\}。\tag{1}$$

据 16.6,$x+\{z\}=\{x+z\}$。因此

$$(z)(\{x\}+z=\{x+z\} .\supset. x+\{z\}=\{x\}+z)$$

$$\supset. \{x+\{z\}\}=\{\{x\}+z\})$$

(据 16.6) $$=\{x\}+\{z\})$$

$$\supset. \{x\}+\{z\}=\{x+\{z\}\})。$$

由此与(1),我们通过归纳法有$\{x\}+y=\{x+y\}$。

16.18 $x,y\in \mathrm{N} .\supset. x\mid y=y\mid x$。

证. 据 16.6 和 16.17,$x+\{z\}=\{x+z\}$并且$\{z\}+x=\{z+x\}$。因此

$$x+z=z+x .\supset. x+\{z\}=\{z\}+x。$$

据 16.16 和 16.5,还有 $x+\Lambda=\Lambda+x$。因此,通过归纳法,$x+y=y+x$。

16.19 $x,y,z\in \mathrm{N} .\supset. (x+y)+z=x+(y+z)$。

证. 据 16.6,

$$(x+y)+\{w\}=\{(x+y)+w\}。$$

因此

$$(x+y)+w=x+(y+w) .\supset. (x+y)+\{w\}=\{x+(y+w)\}$$

(据 16.6) $$=x+\{y+w\}$$

(据 16.6) $$=x+(y+\{w\})。$$

113 据 16.5，$(x+y)+\Lambda=x+y$ 并且 $y+\Lambda=y$。因此

$$(x+y)+\Lambda=x+(y+\Lambda)。$$

由这两个结果我们通过归纳法有

$$(x+y)+z=x+(y+z)。$$

16.20 $x,y,z\in\mathrm{N}\,.\,x+z=y+z\,.\supset.\,x=y$。

证. 据 7.7，

$$x+w=y+w\,.\equiv.\,\{x+w\}=\{y+w\}$$

（据 16.6） $$\equiv.\,x+\{w\}=y+\{w\}。$$

因此

$$(w)(x+w\neq y+w\,.\supset.\,x+\{w\}\neq y+\{w\})。$$

由此与‘$x+\Lambda\neq y+\Lambda$’，通过归纳法可得 $x+z\neq y+z$，与假设矛盾；因此$x+\Lambda=y+\Lambda$，据 16.5，亦即 $x=y$。

16.21 $x,y\in\mathrm{N}\,.\,x+y=x\,.\supset.\,y=\Lambda$。

证. 据假设和 16.18，$y+x=x$。因此，据 16.16，$y+x=\Lambda+x$。因此，据 16.20，$y=\Lambda$。

16.22 $x,y\in\mathrm{N}.\,x+y=\Lambda\,.\supset.\,x=\Lambda$。

证. 据假设和 16.14，$x\leqq\Lambda$。因此，据 12.17，$x=\Lambda$。

16.23 $\Lambda\cdot x=\Lambda$。

证. 据 16.2 和 16.16，有 $\Lambda\cdot x=(\lambda_y y)^{|x}$‘$\Lambda$。据定义，那也就是 $\Lambda\cdot x=I^{|x}$‘Λ。据 14.13，就是说 $\Lambda\cdot x=\Lambda$。

16.24 $x,y\in\mathrm{N}\,.\supset.\,\{x\}\cdot y=x\cdot y+y$。

114 **证.** 据 16.17，

$$\{x\}+(x\cdot z+z)=\{x+(x\cdot z+z)\}$$

（据 16.19） $$=\{(x+x\cdot z)+z\}$$

（据 16.6） $$=(x+x\cdot z)+\{z\}。$$

因此

$$\{x\}\cdot z=x\cdot z+z\ .\supset.\ \{x\}+\{x\}\cdot z=(x+x\cdot z)+\{z\}$$

(据 16.8) $\supset.\ \{x\}\cdot\{z\}=x\cdot\{z\}+\{z\}$。 (1)

据 16.7,$\{x\}\cdot\Lambda=x\cdot\Lambda$。因此,据 16.5,$\{x\}\cdot\Lambda=x\cdot\Lambda+\Lambda$。由此与(1),我们通过归纳法推得$\{x\}\cdot y=x\cdot y+y$。

16.25 $x\in\mathrm{N}\ .\supset.\ \{\Lambda\}\cdot x=x$。

证. 据 16.24,$\{\Lambda\}\cdot x$ 是 $\Lambda\cdot x+x$,而据 16.23 和 16.16,后者是 x。

16.26 $x,y\in\mathrm{N}\ .\supset.\ x\cdot y=y\cdot x$。

证. 据 16.8 和 16.18,$x\cdot\{z\}=x\cdot z+x$。据 16.24,$\{z\}\cdot x=z\cdot x+x$。因此

$$x\cdot z=z\cdot x\ .\supset.\ x\cdot\{z\}=\{z\}\cdot x。$$

据 16.7 和 16.23,$x\cdot\Lambda=\Lambda\cdot x$。因此,通过归纳法,$x\cdot y=y\cdot x$。

16.27 $x,y,z\in\mathrm{N}\ .\supset.\ x\cdot(y+z)=x\cdot y+x\cdot z$。

证.

$$w\cdot(y+z)=w\cdot y+w\cdot z\ .\supset.\ w\cdot(y+z)+(y+z)$$

$$=(w\cdot y+w\cdot z)+(y+z)$$

(据 16.19,16.18) $=(w\cdot y+y)+(w\cdot z+z)$

(据 16.24) $\supset.\ \{w\}\cdot(y+z)$

$=\{w\}\cdot y+\{w\}\cdot z$。 (1)

据 16.5,$\Lambda=\Lambda+\Lambda$。因此,据 16.23, 115

$$\Lambda\cdot(y+z)=\Lambda\cdot y+\Lambda\cdot z。$$

由此与(1),通过归纳法可得

$$x\cdot(y+z)=x\cdot y+x\cdot z。$$

16.28 $x,y,z\in\mathrm{N}\ .\supset.\ (x\cdot y)\cdot z=x\cdot(y\cdot z)$。

证. 据 16.27 和 16.26,

$$(w\cdot y+y)\cdot z=(w\cdot y)\cdot z+y\cdot z。$$

因此

$$(w\cdot y)\cdot z=w\cdot(y\cdot z)\,.\supset.\,(w\cdot y+y)\cdot z=w\cdot(y\cdot z)+y\cdot z$$

(据 16.24) $\supset.\,(\{w\}\cdot y)\cdot z=\{w\}\cdot(y\cdot z)$。

据 16.23,还有

$$(\Lambda\cdot y)\cdot z=\Lambda\cdot(y\cdot z)。$$

因此,通过归纳法,

$$(x\cdot y)\cdot z=x\cdot(y\cdot z)。$$

16.29 $x,y\in\mathrm{N}\,.\supset:.\,x\cdot y=\Lambda\,.\equiv:x=\Lambda\,.\vee.\,y=\Lambda$。

证. 如果对某个 z,$y=\{z\}$,那么

$$x\cdot y=\Lambda\,.\supset.\,x\cdot\{z\}=\Lambda$$

(据 16.8) $\supset.\,x+x\cdot z=\Lambda$

(据 16.22) $\supset.\,x=\Lambda$。

另一方面,如果没有 z 使得 $y=\{z\}$,那么,据 12.16,$y=\Lambda$。反之,据 16.23,$x=\Lambda\,.\supset.\,x\cdot y=\Lambda$,而据 16.7,$y=\Lambda\,.\supset.\,x\cdot y=\Lambda$。

16.30 $x,y\in\mathrm{N}\,.\,y\neq\Lambda\,.\supset.\,x<x+y$。

116 **证.** 据假设和 16.21,$x+y\neq x$。而据 16.14,$x\leqq x+y$。因此,据 13.11,$x<x+y$。

16.31 $x,y,z\in\mathrm{N}\,.\,x\leqq y\,.\supset.\,x\cdot z\leqq y\cdot z$。

证. 据 16.26 和 16.27,

$$(x+w)\cdot z=x\cdot z+w\cdot z。$$

因此

$$(\exists w)(x+w=y)\supset(\exists w)(x\cdot z+w\cdot z=y\cdot z)$$

$$\supset(\exists u)(x\cdot z+u=y\cdot z)。$$

因此,据 16.15,

$x \leqq y . \supset . x \cdot z \leqq y \cdot z$。

16.32 $x, y, z \in \mathrm{N} . x \cdot z < y \cdot z . \supset . x < y$。

证. 据 16.31 和 13.22,

$\sim(x < y) \supset \sim(x \cdot z < y \cdot z)$。

16.33 $x, y, z \in \mathrm{N} . z \neq \Lambda . x < y . \supset . x \cdot z < y \cdot z$。

证. 据最后一个假设和定义,$\{x\} \leqq y$。因此,据 16.31,有 $\{x\} \cdot z \leqq y \cdot z$。而据假设和 16.30,还有 $x \cdot z < x \cdot z + z$,据 16.24,亦即 $x \cdot z < \{x\} \cdot z$。因此,据 12.8,$x \cdot z < y \cdot z$。

16.34 $x, y \in \mathrm{N} . x \cdot x < y \cdot y . \supset . x < y$。

证. 据 16.31 和 16.26,

$y \leqq x . \supset . y \cdot y \leqq x \cdot y \leqq x \cdot x$。

因此,据 13.22,

$\sim(x < y) \supset \sim(x \cdot x < y \cdot y)$。

作为练习,读者不妨在下面幂的定律上试试身手:

$x^{y+z} = x^y \cdot x^z$, $x^{y \cdot z} = (x^y)^z$。

第二篇

较高形式的数

第六章　实　数

§17　大纲；数字对

我们已经看到类理论的记号记法如何对自然数的算术是足够的。 119
它对其他种类的数也是足够的。让我们转而来考虑比率（为了眼下的方便，不包括负的比率）。

使用比率来表达自然数之间的比例，根本不需要我们把比率当作新加的对象。要说 x 是 y 的 u/v，或者 $x/y=u/v$，就简单的是这样来说可以在自然数理论中说的话：$x\cdot v=y\cdot u$。要说 $x/y<u/v$，又只需说 $x\cdot v<y\cdot u$。其实我们甚至能在自然数理论中表达比率**之间的**比例；因为，要说 x/z 是 y/w 的 u/v，只需说 $x\cdot v\cdot w=y\cdot u\cdot z$。在把加法和乘法扩展到比率时事情也没有什么改变；因为，'$(x/z)\cdot(y/w)$'和'$(x/z)+(y/w)$'不过就是'$(x\cdot y)/(z\cdot w)$'和'$(x\cdot w+z\cdot y)/(z\cdot w)$'的变相写法。这样，只要有一种归约为一个自然数真实理论的关于比率的虚拟理论就足够了。

比率的幂则是一件很不相同的事。不存在 $(u/v)^{z/w}$ 的简易的消解法。不过这里的困难在于我们（对 u,v,z,w 的大多数选择而言）被带出有理数域，进入无理数。

只要我们只是从自然数推移到比率，我们的推移就是一种可以作为真是文体上的变更来解释掉的推移。正是在我们着手一般地考虑实数因而使比率中搀杂进无理数时，才引起一个严重的问题：所有这些数 120
须是何种事物。让我们首先来考虑，这样掺杂进无理数是想达到什么样的叙列（serial）结构。

一个数是数的类 α 的一个（上）**边界**，如果没有 α 的成员超过它的话。它可以是也可以不是 α 的成员；如果是，它自然是那个最高的。一个实数类可以同时是有界的和无穷的；例子是 1/3 与 2/3 之间的那些比率的类，因为它有无穷多个比率而又是有界的，比如说以 3/4 为界。而且，存在一个作为边界限制它的、最小的比率：2/3。下一个再考虑其平方都小于 2 的那些比率的类；这个类也有边界，例如 3/2，但是它没有比率作为它的最小边界。不存在最小的比率 x/y 其平方 $(x\cdot x)/(y\cdot y)$ 超过 2，也不存在任何最大的比率其平方不超过 2。于是整个实数域区别于只是比率域之处在于，比率域所缺失的种种最小边界——所谓的无理数——都被投进来。例如，如果说其平方小于 2 的那些比率的类被看成没有有理数最小边界，那么它有一个无理数最小边界：$\sqrt{2}$。一般的，

(i) 对每个终究有比率为界的比率类，都存在一个实数作为它的最小边界。

如所指明的，将比率对象化，除了作为通向诠释一般的实数的一个步骤外，没有多少用处。那么就让我们来寻求一种版本的、招致如同(i)所需要的那样插入无理数的比率。

把一个一般的比率 x/y 简单地诠释为 $\langle x,y\rangle$ 是不能令人满意的，因为我们想要 $2/3=4/6$，而 $\langle 2,3\rangle\neq\langle 4,6\rangle$。为排解这一点，我们可以总是把比率当成那个相应的"最低调的"有序对，故而，

$$2/3=4/6=\langle 2,3\rangle\neq\langle 4,6\rangle。$$

另一种办法就是把 2/3 当作 $\langle 2,3\rangle$，$\langle 4,6\rangle$，$\langle 6,9\rangle$ 等所有这些对子的类；这意味着把一般的 x/y 定义为

$$\{\langle z,w\rangle: z,w\in \mathrm{N}\,.\,x\cdot w=z\cdot y\}。$$

121 这是皮亚诺的版本(1901)。可是这些版本都没能为任何很自然地内插无理数铺设道路。

这些版本的一个另外的明显的缺点是它们区别 $x/1$ 与 x。不过，在基础研究中默许这种不雅致，从而接受对自然数与相应的整比率的人为区分，这是方便和习以为常的。

为内插无理数铺设道路这一迫切要求，倒确实有利于 x/y 的一个第三种版本，那就是：

$$\{\langle z,w\rangle: z,w\in \mathrm{N}\,.\,z\cdot y<x\cdot w\}。$$

在这一版本下——兜着圈子直观地说——x/y 是那些使得 $z/w<x/y$ 的自然数 z 和 w 的对子的类。特别是，比率 0/1 变成 Λ，因而实际上是 0；而比率一或 1/1 竟然成为自然数之间小者对大者的关系。

这一版本的比率之适于内插无理数，可以理解如下。正如 x/y 由使得 $z/w<x/y$ 的对子 $\langle z,w\rangle$ 组成，我们可以依样让 $\sqrt{2}$ 由使得 $z/w<\sqrt{2}$ 的对子 $\langle z,w\rangle$ 组成。这一刻画不兜圈子地说就是：

$$\sqrt{2}=\{\langle z,w\rangle: z,w\in N . z^2<2w^2\}。$$

那些自然数对可以画成覆盖平面上一个象限的网格中的诸交点。对子 $\langle x,y\rangle$ 是 x 在上而 y 在下。于是 x/y 在我们目前对它的诠释之下，就是所有落在从原点 $\langle 0,0\rangle$ 出发通过 $\langle x,y\rangle$ 的那条射线下方（“西南方”）的诸交点的类。例如⅔就是所有落在附图中所显示的射线下方的诸交点的类。无理数同样用射线来标示，不过用的是除原点外没抓住任何交点的射线。

如此理解的比率（除去 0）和无理数都是自然数的有序对的无穷类。因此我们可以指望须得在叙述的某处加上某个适当的存在公理； 122
因为迄今我们的公理只给出有穷类。确实存在一种办法来调整我们所想望的定义，使得表面上将少许简化这些进一步的存在要求，虽然不是使它们成为有穷的。那就是，我们可以重新把比率和无理数诠释为简单地只是自然数的类，而不是自然数的对子的类。因为，自然数的有序对都能无歧义地用单个自然数来表示，$x+(x+y)^2$ 表示 $\langle x,y\rangle$。

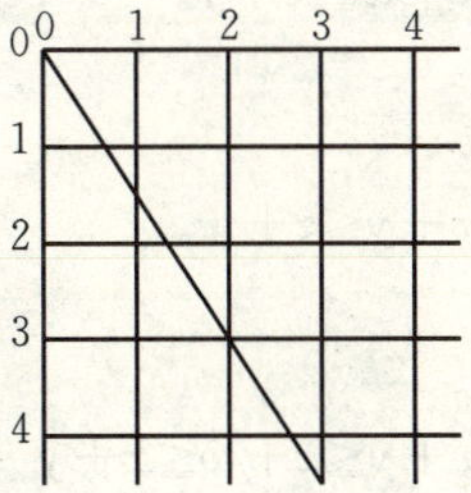

此乃表示自然数对的适宜办法，这一点可以通过这样的考虑看出：当 z 是自然数时，我们能够唯一地分别恢复自然数 x 和 y（如果存在着这样的数的话）使得 $z=x+(x+y)^2$。因为，$(x+y)^2$ 是 $\leqq z$

的那个最大的平方；x 是 z 减去那个平方；而 y 是那个平方的根减去 x。

让我们利用 19 世纪有序对的记号'$x;y$'，来指示相对应的那个数 $x+(x+y)^2$。是以：

17.1 '$\alpha;\beta$'定义为'$\alpha+(\alpha+\beta)\cdot(\alpha+\beta)$'。

123 这一算术函数之适于当作有序对，就所关涉的是自然数而言，乃是下面两个定理的内容。

17.2 $x,y,z,w,\in \mathrm{N}\,.\,x;y=z;w\,.\supset.\,x=z\,.\,y=w$。

证. 据 10.26，$\Lambda\neq\{x+y\}$。因此，据 16.30，

$x;y<x;y+\{x+y\}$

(据 16.14) $\leqq(x;y+\{x+y\})+y$

(据 17.1) $=((x+(x+y)\cdot(x+y))+\{x+y\})+y$

(据 16.18，16.19) $=\{x+y\}+((x+y)+(x+y)\cdot(x+y))$

(据 16.8) $=\{x+y\}+(x+y)\cdot\{x+y\}$

(据 16.26，16.8) $=\{x+y\}\cdot\{x+y\}$。 (1)

据 16.14 和 17.1，$(z+w)\cdot(z+w)\leqq z;w$。因此

$x;y=z;w\,.\supset.\,(z+w)\cdot(z+w)\leqq x;y$

(据(1)) $<\{x+y\}\cdot\{x+y\}$

(据 16.34) $\supset.\,z+w<\{x+y\}$

(据 13.12) $\supset.\,z+w\leqq x+y$。

相似的，

$$z;w=x;y\,.\supset.\,x+y\leqq z+w。$$

因此，合起来，

$x;y=z;w\,.\supset.\,x+y\leqq z+w\leqq x+y$

(据 13.21) $\supset.\,x+y=z+w$ (2)

(据 17.1) $\supset.\,z;w=z+(x+y)\cdot(x+y)$。

可那时，

$x;y=z;w\ .\supset.\ x;y=z+(x+y)\cdot(x+y)$

(据 17.1) $\supset.\ x+(x+y)\cdot(x+y)=z+(x+y)\cdot(x+y)$

(据 16.20) $\supset.\ x=z$。

可那时，据(2)， 124

$$x;y=z;w\ .\supset.\ x+y=x+w$$

(据 16.18，16.20) $\supset.\ y=w$。

17.3 $x,y,z,w\in\mathrm{N}\ .\supset:x;y=z;w\ .\equiv.\ x=z\ .\ y=w$。

证，由 17.2 显然。

对应于关系的具象律，9.5，我们现在有：

17.4 $z,w\in\mathrm{N}\ .\supset:z;w\in\{x;y\colon x,y\in\mathrm{N}\ .\ Fxy\}\ .\equiv Fzw$。

证．据 9.4，

$z;w\in\{x;y\colon x,y\in\mathrm{N}\ .\ Fxy\}$

$.\equiv(\exists x)(\exists y)(x,y\in\mathrm{N}\ .\ Fxy\ .\ z;w=x;y)$

(据假设和 17.3) $\equiv(\exists x)(\exists y)(x,y\in\mathrm{N}\ .\ Fxy\ .\ z=x\ .\ w=y)$

(据 6.1) $\equiv.\ z,w\in\mathrm{N}\ .\ Fzw$

(据假设) $\equiv Fzw$。

§18 经诠释的比率与实数

如此武装之后，让我们回到 x/y。我们现在可以把它定义为直接就是自然数的类：

18.1 'α/β'定义为'$\{z;w\colon z,w\in\mathrm{N}\ .\ z\cdot\beta<\alpha\cdot w\}$'。

由这个定义和 17.4 我们有

18.2 $z,w\in\mathrm{N}\ .\supset:z;w\in x/y\ .\equiv.\ z\cdot y<x\cdot w$。

由它可得

18.3 $x,y\in\mathrm{N}\ .\supset.\ x;y\notin x/y$。

证．据假设、16.12 和 13.20，$\sim(x\cdot y<x\cdot y)$。因此，据假设和18.2，$x;y\notin x/y$。

我们关于比率与无理数的图表表示法屹立不变，只是我们现在不

125 再把那些交点看成有序对$\langle x,y\rangle$，而弄得把它们看成相应的自然数 $x;y$。现在是把自然数指派给网格的垂直线和水平线**以及**它们的交点；见附图。例如⅔现在就是其成员为 1,4,9,10,16,17,25,26,36,37,38,49 等等的类。

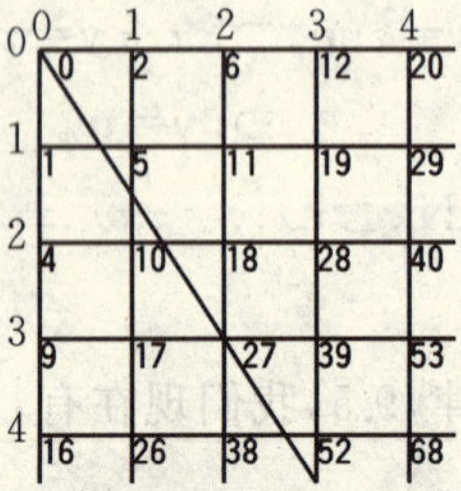

比率，而其实是一般地如同我们正在给予的诠释之下的实数，显然是些**嵌套的**类：每一个都是往后每一个的子类。联结词'⊆'本身适于用作我们的实数之间的那个经典的'≦'。我们想必记得，我们已经加以定义的记号'≦'，给自然数而不是实数（或者比率）排出次序。其实我们当时定义它不只是为了自然数，而是相当一般的，实际上是作为 $*\iota$；不过只是在自然数而不是实数之间，$*\iota$才起经典的'≦'的作用。同时正是在实数而不是自然数之间，'⊆'起着经典的'≦'的作用。

因而经典的定律：

$$x,y,z,w\in \mathrm{N}\,.\,w\neq 0\,.\supset :x/y\leqq z/w\,.\equiv .\,x\cdot w\leqq z\cdot y$$

反映在下面的定理中，这些定理用来把实数的排序与自然数的排序协调起来。

18.4 $x,y,z,w\in \mathrm{N}\,.\,x/y\subseteq z/w\,.\supset .\,x\cdot w\leqq z\cdot y$。

证. 据 18.3，$z;w\notin z/w$。可是，据假设，$x/y\subseteq z/w$。因此，$z;w\notin x/y$。
126 因此，据 18.2，$\sim(z\cdot y<x\cdot w)$。因此，据 13.22，$x\cdot w\leqq z\cdot y$。

18.5 $x,y,z,w\in \mathrm{N}\,.\,w\neq\Lambda\,.\,x\cdot w\leqq z\cdot y\,.\supset .\,x/y\subseteq z/w$。

证. 据假设和 16.31，对任一 $v\in \mathrm{N}$，

$$(x\cdot w)\cdot v\leqq (z\cdot y)\cdot v。\tag{1}$$

据假设和 16.33，对任何 $u,v\in \mathrm{N}$，

$u\cdot y < x\cdot v \,.\supset.\, (u\cdot y)\cdot w < (x\cdot v)\cdot w$

(据 16.28,16.26) $\supset.\, (u\cdot w)\cdot y < (x\cdot w)\cdot v$

(据(1),12.8) $\supset.\, (u\cdot w)\cdot y < (z\cdot y)\cdot v$

(据 16.28,16.26) $\supset.\, (u\cdot w)\cdot y < (z\cdot v)\cdot y$

(据 16.32) $\supset.\, u\cdot w < z\cdot v$。

因此,据 18.2,

$u;v\in x/y \,.\supset.\, u;v\in z/w$。

可是,据 18.1,x/y 的任一成员都是对某 $u,v\in \mathrm{N}$ 而言的 $u;v$。因此$x/y\subseteq z/w$。

我们可以在 18.5 中用'$z\neq\Lambda$'替代'$w\neq\Lambda$'。亦即

18.6 $x,y,z,w\in \mathrm{N} \,.\, z\neq\Lambda \,.\, x\cdot w\leqq z\cdot y \,.\supset.\, x/y\subseteq z/w$。

证. 如果 $w\neq\Lambda$,18.5 就足资证明;因此假定 $w=\Lambda$。据 12.18,

$u\cdot y < x\cdot v \,.\supset.\, x\cdot v\neq\Lambda$

(据 16.7) $\supset.\, v\neq\Lambda$

(据假设,16.29) $\supset.\, z\cdot v\neq\Lambda$

(据 13.16) $\supset.\, \Lambda < z\cdot v$

(据 16.7) $\supset.\, u\cdot\Lambda < z\cdot v$

(既然 $w=\Lambda$) $\supset.\, u\cdot w < z\cdot v$。

此证明像 18.5 的证明那样结束。

将 18.4—18.6 合在一起,

18.7 $x,y,z,w\in \mathrm{N} \,.\, \sim(z=w=\Lambda) \,.\supset:\, x/y\subseteq z/w$ 127

$.\equiv.\, x\cdot w\leqq z\cdot y$。

这样我们又有其系。

18.8 $x,y,z,w\in \mathrm{N} \,.\, \sim(z=w=\Lambda) \,.\supset:\, x/y\subseteq z/w \,.\equiv.\, z;w\notin x/y$。

证. 据假设和 18.7,

$x/y\subseteq z/w \,.\equiv.\, x\cdot w\leqq z\cdot y$

(据 13.22) $\equiv \sim(z\cdot y < x\cdot w)$

(据 18.2) $\equiv.\, z;w\notin x/y$。

如所指明的，整比率一般都不同于相应的自然数。当自然数是 x 时，整比率是 $x/1$ 或者 $x/\{\Lambda\}$。重合只出现在 0 处；我们很容易由 18.1 看出，$0/1$ 或者 $\Lambda/\{\Lambda\}$ 简单的是 Λ 或者 0。其实，由 18.1 很清楚的是，对每个自然数 x，甚至 Λ，都有 $\Lambda/x=\Lambda$，而只有对自然数 $x\neq\Lambda$，才有 $x/\Lambda=\{\Lambda\}/\Lambda$。因而按照我们的构造，传统上谜似的 $0/0$ 碰巧成为 0。用该网格来说，$0/1$ 或 Λ 由那垂直射线左边的交点组成，因而什么也没有，而在另一端，$1/0$ 或 $\{\Lambda\}/\Lambda$ 由那水平射线下边的所有交点、因而是除去顶边上的那些之外所有的交点组成。最后这一说明是下一定理的主旨。

18.9 $$\{\Lambda\}/\Lambda=\{x;y\colon x,y\in \mathrm{N}\,.\,y\neq\Lambda\}。$$

证. 据 16.7 和 16.25，

$$x\cdot\Lambda<\{\Lambda\}\cdot y\ .\equiv.\ \Lambda<y。$$

因此，据 13.17，

$$y\in\mathrm{N}\,.\supset\colon x\cdot\Lambda<\{\Lambda\}\cdot y\ .\equiv.\ y\neq\Lambda。$$

因此据 18.1，得到我们的定理。

128 可是在我们定义比率的类时，我们按统一标准排除了 $1/0$，是以：

18.10 ‘Rat’定义为‘$\{x/y\colon x,y\in\mathrm{N}\,.\,y\neq\Lambda\}$’。

$1/0$ 之从而被排除仍然须要稍加证明，是以：

18.11 $$\{\Lambda\}/\Lambda\notin\mathrm{Rat}。$$

证. 假定 $\{\Lambda\}/\Lambda\in\mathrm{Rat}$。于是，根据 18.10，存在 $x,y\in\mathrm{N}$ 使得 $y\neq\Lambda$ 并且 $x/y=\{\Lambda\}/\Lambda$。但是那就有 $\{\Lambda\}/\Lambda\subseteq x/y$，因而，据 18.7，$\{\Lambda\}\cdot y\leqq x\cdot\Lambda$，据 16.7 和 16.25，亦即 $y\leqq\Lambda$，据 12.17，亦即 $y=\Lambda$，矛盾。

往下，实数则由比率外加比率的有界类的最小边界组成（参看§17）。不过这样措辞是冗赘的；任一比率 w 本身就是比率的一有界类即 $\{w\}$ 的最小边界。因此我们可以简单地说实数都须是比率的有界类的最小边界。对此的明白塑述就在手边。既然对实数来说‘$\subseteq$’起着经典的‘$\leqq$’的作用，一比率类 z 的边界可以简单地描述为任一 y

使得

$$(x)(x \in z\ .\supset .\ x \subseteq y),$$

或者简言之,使得$\bigcup z \subseteq y$(参看 8.5)。因此特别有 z 本身是 z 的一边界,而且由于$\subseteq$每一边界,它是那个最小的。所以一个实数须是对以某个比率为界的某个 $z \subseteq \text{Rat}$ 而言是$\bigcup z$ 的任何东西。现在,为使 z 以某个比率为界,就是须存在某个比率 x/y 使得

$$(v)(v \in z\ .\supset .\ v \subseteq x/y),$$

据 18.8,亦即使得

$$(v)(v \in z\ .\supset .\ x;y \notin v),$$

也就是使得 $x;y \notin \bigcup z$。它只排除$\bigcup z$ 对**所有的**比率 x/y 而言含有 $x;y$ 这种情形——简言之,$\bigcup z$ 是$\{\Lambda\}/\Lambda$ 的情形(参看 18.9)。因此 129

18.12 'Real'定义为'$\{\bigcup z: z \subseteq \text{Rat}\} \cap {}^{-}\{\{\Lambda\}/\Lambda\}$'。

刚才把我们带到 18.12 的推理中的一步,是认识到比率无须特别约定而算作实数。让我们来制作一条关于这一点的定理。

18.13 $\text{Rat} \subseteq \text{Real}$

证. 考虑任一 $u \in \text{Rat}$。于是$\{u\} \subseteq \text{Rat}$;又据 8.2,$u = \bigcup\{u\}$;因此 $u \in \{\bigcup z: z \subseteq \text{Rat}\}$。再者,据 18.11,$u \neq \{\Lambda\}/\Lambda$。因此,据 18.12,$u \in \text{Real}$。

我的版本的实数建立于其上的基本观念追溯到戴德金,他在 1872 年指出每个实数如何对应于比率叙列中的某个一定的**切割**:一个把小于该实数的比率与不小于该实数的比率分割开的切割。只注意分别切割之下各自的比率类,不注意那些切割本身,我们使每个实数与这样的某个一定的比率类相关联:在含有小于该数的所有比率这一意义上是**实心**的,在没有最高的数这一意义上是**开的**,而且**不穷尽**所有比率的一个类。

怀特海和罗素(∗310,∗314)曾系统地研制了两种版本的实数。在一个版本中,实数等同于刚刚提到的那些比率类。直观地说,每个实数 x 变成所有$<x$ 的比率的类 z。在另一版本中,x 则变成$\bigcup z$:直观地说,所有$<x$ 的比率的并。因此我的版本的实数在一个重要的特点上

追随怀特海和罗素的第二个版本：实数与比率是同等的，它们不是比率的类而是比率的并，它们是诸比率皆为其类的那些东西的类。我的版本还在另一个重要的特点上甚至不同于怀特海-罗素的第二个版本：对我来说，比率本身都是实数，而对怀特海和罗素则不然。其理由不在于怀特海和罗素的比率，如同皮亚诺的那样，还是互斥的（参看 §17），
130 而在于他们的实数是嵌套的。

对我来说，如同一般地对论述这些问题的作者来说，自然数不是整比率；它们只是为整比率所模仿。相似的，对怀特海和罗素来说，在他们的两个版本中，比率不是有理实数；它们只是为有理实数所模仿。另一方面，对我来说，比率都是实数。其根本原因，依据上述历史概要，正在于我设法构造出怀特海和罗素第二个版本的实数而没有使用比率的名称和记法，因而能够保留那个名称和记法给予有理实数本身。

在致力于阐明这种历史关系时，我曾忽略一些区别。一个是，怀特海和罗素的比率，如同皮亚诺的那样，不是数之间的关系，而是关系之间的关系。另一个是，我使用数 $x;y$ 代替对子 $\langle x, y\rangle$，以至使实数落入自然数的类的范畴。① 这一举措所勾画的理论的两个要点都是由康托尔传下来的：实数可以与自然数的类相关联，而自然数对可以与自然数相关联。

§19　存在的需求；运算与扩张

在 §17 中我们注意到关于最小边界的一条定律(i)，它的实现是制定实数概念的一个首要目的。我们的最终的实数定义 18.12 似乎可以成就那个目的，因为我们看到，18.12 使得每个或者是一比率，或者是以某个比率为界的某个比率类 z 的最小边界 $\bigcup z$ 这样的东西都成为一个实数。实际上这不足以确保 §17 的(i)，因为我们没有对每个这样的 z 都存在着 $\bigcup z$ 的保证。这个存在假定是 §17 的(i)的下剩的内容，我们将重新如此给它编号：

(i)　　$z \subseteq \text{Rat} \,.\, \bigcup z \neq \{\Lambda\}/\Lambda \,.\supset.\, \bigcup z \in \mathcal{V}$。

① 我的出现在“Element and number”，§4，脚注中的、比率和实数的版本没有这一特色。

如果想要在我们的定义的基础上得到经典的实数理论,就必须增加它 131
作为一条概括公理或者有更广阔的概括公理包括它。已经知道其他的供选的定义,可是我知道,没有一个能使我们从易见较弱的存在假定得到该经典理论。

实际上(i)本身,与不存在超过我们已经在公理 7.10 和公理模式 13.1 中设定的有穷类的东西这一点,是相容的。因为,任一比率 x/y 都是一个无穷的自然数类,除非 x 是 Λ,那时 x/y 是 Λ。因此,如果只存在有穷类,则 $\text{Rat}=\{\Lambda\}$。可是那时,对所有的 $z\subseteq\text{Rat}$,都有 $\bigcup z=\Lambda$,因而 $\bigcup z\in\mathcal{V}$,满足(i)。

可是这项考虑与其说是再行保证,不如说是给予提醒:为了达到一个满意的实数理论,我们需要(i)之外的另一个存在假定。我们还需要准备每个比率 x/y 的存在,是以:

(ii) $$x,y\in\text{N}\,.\,y\neq\Lambda\,.\supset.\,x/y\in\mathcal{V}。$$

这确实是断定无穷类的存在;而(i),在得到(ii)的支持之下,则是断定更进一步的无穷类的存在。(ii)断定了所有在 18.1 意义下的比率的存在,因而使得如同在 18.10 意义下的 Rat 成为所有这样的比率的类,否则不会如此。于是(i)进而断定还存在所有的无理数,因而使得如同在 18.12 意义下的 Real 成为确实是所有实数的类。那条最小边界定律,在(ii)的支持下,简单的就是所有无理数存在定律。当然,即使承认了(ii)和(i),也并没有假定 $\text{Rat}\in\mathcal{V}$ 或者 $\text{Real}\in\mathcal{V}$。

我还没有宣布(i)和(ii)是公理。我列示它们,只是作为我们终归要置备的定律。经典的实数理论包含一条比(i)还更一般的最小边界定律。它不仅说到比率的类,而且说到一般的实数的类,是以:

> 对每个终究有比率为界的实数类,都存在一个实数作为它的最小边界。

于是代替(i)我们该有: 132

(iii) $$z\subseteq\text{Real}\,.\,\bigcup z\neq\{\Lambda\}/\Lambda\,.\supset.\,\bigcup z\in\mathcal{V}。$$

通常都说这一版本的最小边界定律与其他的相比没有增加什么东西。所给出的理由是,任一实数类的最小边界同时就是纯比率类的最小边

界。事实上我们能够不依赖(i)或(ii)或其他特别的假定来证明

19.1 $\alpha\subseteq \mathrm{Real}\ .\supset.\ \bigcup\alpha=\bigcup(\mathrm{Rat}\cap\{w: w\subseteq\bigcup\alpha\})$。

证. 据$\bigcup\alpha$的定义,

$$x\in\bigcup\alpha\ .\supset(\exists u)(x\in u\in\alpha)$$

(据假设) $\supset(\exists u)(x\in u\in\alpha\ .\ u\in \mathrm{Real})$

(据 18.12) $\supset(\exists z)(x\in\bigcup z\in\alpha\ .\ z\subseteq \mathrm{Rat})$

(据$\bigcup z$的定义) $\supset(\exists z)(\exists w)(x\in w\in z\subseteq \mathrm{Rat}\ .\ \bigcup z\in\alpha)$

(据 8.6) $\supset(\exists z)(\exists w)(x\in w\subseteq\bigcup z\subseteq\bigcup\alpha\ .\ w\in \mathrm{Rat})$

$\supset(\exists w)(x\in w\subseteq\bigcup\alpha\ .\ w\in \mathrm{Rat})$

(据'$\bigcup$'的定义) $\supset.\ x\in\bigcup(\mathrm{Rat}\cap\{w: w\subseteq\bigcup\alpha\})$。

反之,据'$\bigcup$'的定义,

$$x\in\bigcup(\mathrm{Rat}\cap\{w: w\subseteq\bigcup\alpha\})\ .\supset(\exists w)(x\in w\subseteq\bigcup\alpha)$$
$$\supset.\ x\in\bigcup\alpha。$$

简言之,其经典性的要点是,实数类决定不了未曾由比率类决定了的极限或者最小边界。可是实际上还不知道,哪怕有 19.1,(i)是不是蕴涵(iii)。我们该怎样从(i)和 19.1 推出(iii)呢?我们将从用'$\mathrm{Rat}\cap\{w: w\subseteq\bigcup z\}$'代换(i)中的'$z$'开始。可是这种代换预设了

(iv) $\mathrm{Rat}\cap\{w: w\subseteq\bigcup z\}\in\mathcal{V}$,

至少是对所有满足(iii)的前件的z如此。

133 不去用(iv)补充(i)来保证(iii),更中肯的是首先决定采用(iii)以代替(i)。鉴于 18.13,(iii)显然蕴涵(i)。

保证(iii)的另一个办法是代替(i)而采用相应的模式:

(v) $\alpha\subseteq \mathrm{Rat}\ .\ \bigcup\alpha\neq\{\Lambda\}/\Lambda\ .\supset.\ \bigcup\alpha\in\mathcal{V}$。

因为我们可以实施我们想要的对这里的'α'的代换而无须顾虑存在问题,故而无须仰仗(iv)就推导出(iii)。

这样,适合于我们所定义的实数的理论的一组概括公理临了必须或者是包含(ii)和(iii),或者是蕴涵它们作为定理;而前者能够提供后

者作为定理的一条途径就是提供(ii)作为定理，同时提供(v)作为定理模式。

将模式(v)与句子(i)相对照，通过类比，就使人联想到另一模式：

(vi) $\alpha\subseteq \mathrm{Real}\ .\ \bigcup\alpha\neq\{\Lambda\}/\Lambda\ .\supset .\ \bigcup\alpha\in\mathcal{V}$，

它与句子(iii)的关系正如(v)与(i)的关系。可是，这个模式并没有对(v)增添什么东西。在(v)中作代换可给出：

$$\bigcup(\mathrm{Rat}\cap\{w\colon w\subseteq\bigcup\alpha\})\neq\{\Lambda\}/\Lambda\ .\supset .\ \bigcup(\mathrm{Rat}\cap\{w\colon w\subseteq\bigcup\alpha\})\in\mathcal{V},$$

从而据 19.1，我们就有(vi)。

于是，只出现两种类型的对实数理论的最终配置：强配置，提供(ii)和(v)乃至隐含的(vi)，以及弱配置，提供(ii)和(iii)。

所有这些——(ii)，(iii)，(v)以及它们的后承——都只肯定 N 的子类的存在。因此，简单地假定 $\alpha\subseteq\mathrm{N}\ .\supset .\ \alpha\in\mathcal{V}$，其实只要是

(vii) $\alpha\subset\mathrm{N}\ .\supset .\ \alpha\in\mathcal{V}$，

就能满足这些需求。不过，这比(ii)和(v)，不用说(iii)，所必需的要强。

往比率叙列中掺杂最小边界所达到的是所谓的**连续性**。原来的较弱的性质被称为**稠密性**：只是在任何两个数之间总存在另外的数这一 134
性质。一般的，一关系 x，例如比率或实数之间小者对大者的关系，称为稠密的，如果 $x\subseteq x|x$。它称为连续的，如果进一步每个(相对于该次序关系 x)有一边界的类都有一个(相对于 x)最小的边界。因此实数之间小者对大者的关系是连续的，而限制于比率时则不然。实数被说成构成一个**连续统**。

接着该对和与积说几句。它们以及幂曾在 16.1—16.3 中为用于自然数被定义过。那些定义当应用于并非自然数的事物时也有意义，不过，是不足道的意义；它们给出 Λ(参看 16.4)。为用于实数，这三个运算自然需要重新定义，而且，如果不是在实践上那也在原则上，应该用不同于那些表达相应的、施于自然数的运算的指号来表现。那么暂时让我们把适用于实数的意义上的、x 与 y 的和与积写作‘$x\oplus y$’与‘$x\odot y$’。往下我将只谈到足以表明如何来定义它们为止。

在实数 x 和 y 碰巧都是比率如 h/k 和 m/n 时,不存在什么困难;我们知道,在所想要的意义上的 $x\oplus y$ 与 $x\odot y$ 是 $(h\cdot n+m\cdot k)/(k\cdot n)$ 与 $(h\cdot m)/(k\cdot n)$。现在来考虑 x 或 y 可能是无理数的一般的情形。让我们首先来谈 $x\odot y$ 的问题。我们要 $x\odot y$ 成为,直观地说,使得 z/w 小于 $x\odot y$ 的所有自然数 $z;w$ 的类(参看 18.8)。可是在经典算术中,z/w 只是在如下情形下才能那样:z/w 本身能够表达成分别小于 x 与 y 的比率 h/k 与 m/n 的积。而 h/k 只是在 $h;k\in x$ 的情形下才小于 x;m/n 也类似;我们已看到,它们的积是 $(h\cdot m)/(k\cdot n)$。因此我们可以把 $x\odot y$ 定义为

$$\{(h\cdot m);(k\cdot n): h,k,m,n\in \mathrm{N}\,.\,h;k\in x\,.\,m;n\in y\}。$$

相对应的推理让我们把 $x\oplus y$ 定义为

$$\{(h\cdot n+m\cdot k);(k\cdot n): h,k,m,n\in \mathrm{N}\,.\,h;k\in x\,.\,m;n\in y\},$$

135 只是在 x 或 y 是 0/1 或 Λ 之处这一版本就不行了。因为,当 x 或 y 是 Λ 时,这一版本显然无可挽回地化为 Λ,而我们所想要的是 $x\oplus\Lambda=x$ 和 $\Lambda\oplus y=y$。不过,这些情形可以通过给上面的塑述添补'$\cup x\cup y$'加以排解;这一修订拯救了那两种执拗的情形而对其他情形没有影响。

在我们提供了一种办法,如此用集合论的言辞重新解释算术记号,以至把算术真理转移成集合论真理的时候,我们就是提供了算术在集合论中的一个**模型**。那么,在实际把数**归约**至集合论时除了这样的形式模拟外还要求些什么呢?看来还存在一个它们的应用的问题;例如,就自然数说,类的计量问题。可是我们在 §12 开头就曾指出,对自然数这没有提出额外的要求;任何版本的自然数,只要满足那些形式定律,就适合于计量类。现在同样可以就实数来这么说:在它们被应用时,比如说用于派定物理世界种种连续的量,任何模型同样能被应用。建立模型再次证明等于归约,因为与应用相关的所有特性都转入该模型中。

在下面三章中会变得显而易见的是,对无穷序数和无穷基数也同样如此:任何模型都是站得住的版本,适合于所有的应用。而且——谈些较为密切关心的——对于对我们的实数系统的熟知的增补,亦即负数和虚数,也同样如此。我将把下面几段用来瞄准它们。

我们可以得到关于带正负号的实数的，或者说关于正负实数的算术的一个模型，办法是对每个实数 x，把正实数 $+x$ 与负实数 $-x$ 任意地诠释为有序对 $\langle x,0\rangle$ 与 $\langle 0,x\rangle$。如所希望的，当且仅当 x 是 0 时，这给出 $+x=-x$。于是可以在这个观念上建造一个适合于带正负号的实数的‘$<$’的新定义：

$$\langle x,y\rangle<\langle z,w\rangle\ .\equiv:\ x\subset z\ .\vee.\ x=0\ .\ w\subset y,$$

右边的‘$\subset$’就是不带正负号的实数的‘$<$’。合适意义的和、积与幂可 136
以按同样的精神修饰出来。

另一种办法，皮亚诺的办法①，是把带正负号的实数当作不带正负号的实数的差关系，从而 $+x$ 当作在 $y=z\oplus x$ 的情况下 y 对 z 的关系，而 $-x$ 当作在 $y=z\oplus x$ 的情况下 z 对 y 的关系。简洁地说，$+x=\lambda_z(z\oplus x)$ 而 $-x=\breve{}+x$。对这个意义上的带正负号的实数 u 和 v，‘$<$’与‘$+$’变成可灵巧地定义的；

$$u<v\ .\equiv(\exists z)(u‘z<v‘z),\qquad u+v=(u|v)\cup(v|u)。$$

积与幂则是更精巧的。

如同原本就会希望的，两个版本都没有使正实数等同于不带正负号的实数。人们勉强同意它们的区别，就像人们默认整比率与自然数的区别以及有理实数与比率的区别那样。实际上我们不像其他人，并不接受最后那项区别；我们让有理实数就是比率。而且我们也可以为正实数另作安排。代替采用带正负号的实数的上述两个版本，我们可以省去记号‘$+x$’而引进负实数 $-x$ 作为对至今所谓的实数的直接补充。为了能对其方法看得很清楚，让我们暂时再一次如同在 §17 中那样，把实数看成确实是自然数对 $\langle y,z\rangle$ 的类，而不是看成那对应的自然数 $y;z$ 的类。当 x 是那个意义上的实数，因而是自然数的一种关系的时候，我们可以简单地把 $-x$ 取为 $\breve{x}$。例如，既然实数一或者 1/1 是自然数之间小者对大者的关系（参看 §17），$-(1/1)$ 变成大者对小者的关系。如所希望的，我们得到 $x=-x$ 当且仅当 $x=0$；$\breve{\Lambda}=\Lambda$。更一般的结果可以通过注视 2/3 看出，

① 1901，pp. 48f. 他援引了马克娄林和柯西。

它由使得 $y/z<2/3$ 的自然数对 $\langle y,z\rangle$ 组成；它的负数 $-(2/3)$ 或 $\breve{(2/3)}$ 可以看成由使得 $3/2<y/z$ 的对子 $\langle y,z\rangle$ 组成。

137 改而依旧让实际版本的实数是数 $y;z$ 的类而不是对子 $\langle y,z\rangle$ 的类，我们的 $-x$ 的定义自然不再是 $\breve{x}$ 而变成 $\{y;z\colon z;y\in x\}$。

这样让正实数等同于普通实数，以及让 $-x$ 等同于所说的逆 $\breve{x}$ 或模拟的逆 $\{y;z\colon z;y\in x\}$，关于优雅性可指望的余地不大。相伴随的'<'，'+'等等的适当定义其余地要大些，将留请读者给出，这样，我们就可以最后转向虚数了。

虚数构成一叙列，恰似实数，只是代替实数 1 的单位称做 i 并视为 $\sqrt{-1}$。采纳虚数就把实数域扩展为**复数** $x+yi$ 域；这里的 x 和 y 都是在一种已经扩展了的意义上的实数，允许是负的。把 $x+yi$ 当作 $\langle x,y\rangle$ 来充分地模拟复数，这长时间是常事。诸算术运算再次要求重新定义，而其中两个之关键在于：

$$\langle x,y\rangle+\langle z,w\rangle=\langle x+z,y+w\rangle,$$

$$\langle x,y\rangle\cdot\langle z,w\rangle=\langle x\cdot z-y\cdot w,x\cdot w+y\cdot z\rangle,$$

这是人们执著地把 $\langle x,y\rangle$ 看成 $x+yi$ 并把 $i\cdot i$ 看成 -1 就能看出来的。

$x+yi$ 被当作 $\langle x,y\rangle$ 这一版本并不像本来可能希望的，让复实数 $x+0\cdot i$ 或 $\langle x,0\rangle$ 等同于实数 x。不过我们又一次能够提供一个供选的定义来达到所希望的等同。我们只需选取一项任意的对应关系 α，将不是自然数的诸事物与所有自然数相关联；于是可以把 $x+yi$ 解释为 $x\cup\alpha``y$。如所希望的，当 $y$ 是 0（亦即 $\Lambda$）时，这归结为 $x$。还有，如所需要的，实数 $x$ 和 $y$ 各自都能唯一地从 $x\cup\alpha``y$ 恢复回来。因为，就一实数（即使是负的时）在我们最终的版本中是一自然数类而言，

$$x=\mathrm{N}\cap(x\cup\alpha``y),\qquad y=\breve{\alpha}``(x\cup\alpha``y)。$$

138 既然决定采用策梅洛版本的自然数，则符合对 α 的要求的一种对应关系是 $\lambda_z\{z,\{z\}\}$。因此我们可以设定

$$x+yi=x\cup\{\{z,\{z\}\}\colon z\in y\},$$

再次将诸形式定义的细节留给读者。

第七章　次序与序数

§20　超穷归纳法

我们曾在§13 和§15 中通过若干个小变种追索数学归纳法这个题目。可是还存在它的一个大变种，叫做**串值归纳法**①，我延迟至今才来谈。当应用于自然数时，串值归纳法说的是，任何事情，如果在它对直到任何一个为止的所有自然数成立时它总是对那下一个成立，那么，它就对全部自然数成立。因此其模式是： 139

20.1　　$(y)((x)(x<y\:.\supset Fx)\supset Fy)\:.\:z\in\mathrm{N}\:.\supset Fz$。

证．据假设，

$$(x)(x<y\:.\supset Fx)\supset.\:(x)(x<y\:.\supset Fx)\:.\:Fy$$

$$\supset(x)(x<y\:.\supset Fx:x=y\:.\supset Fx)$$

$$\supset(x)(x<y\:.\vee.\:x=y:\supset Fx)$$

（据 13.11）　$$\supset(x)(x\leqq y\:.\supset Fx)$$

（据 13.12）　$$\supset(x)(x<\{y\}\:.\supset Fx)。$$

据 12.18，空泛地有$(x)(x<\Lambda\:.\supset Fx)$。由这两个结果以及假设'$z\in\mathrm{N}$'通过依据 13.9 的归纳法可得$(x)(x<z\:.\supset Fx)$。因此据那个长的假设，$Fz$。

弄清串值归纳法的另一途径是把它看成一条**第一个例外定律**：对每个 $z\in\mathrm{N}$，Fz 必定成立，除非存在一个使得$\sim Fy$ 的第一个$y\in\mathrm{N}$。这一版本真不过是 20.1 的重述。因为，20.1 中那个较长的第一个假设简单地说到每个 y 都不是第一个使得$\sim Fy$ 者，而反过来，如果$\sim Fy$ 那么也 140

---

① Kleene，p. 22.

就对某个 $x<y$ 有 $\sim Fx$。

先前注视的归纳法的那些变种，在它们应用于自然数时，都是祖先化归纳法定律的特殊化，后者在以笼统的'α'代替'ι'时同样成立（参看 15.10，15.13，15.14）。至于 20.1，事情就不一样了。20.1 依赖于通过 13.12 引发的、ι的一个特点，而且不能有效地扩展到一般的关系。让我们来看看以'α'代替'ι'，20.1 会是什么样。既然子句'$x<y$'（对数而言）等于'$\langle x,y\rangle\in\iota|{}^*\iota$'以及'$\langle x,y\rangle\in{}^*\iota\cap{}^-I$'，那就存在一个如何推广那一部分的问题。让我们来试行两种办法。

(i) $(y)((x)(\langle x,y\rangle\in\alpha|{}^*\alpha\ .\supset Fx)\supset Fy)\,.\,\langle\Lambda,z\rangle\in{}^*\alpha\ .\supset Fz$，

(ii) $(y)((x)(\langle x,y\rangle\in{}^*\alpha\cap{}^-I\,.\supset Fx)\supset Fy)\,.\,\langle\Lambda,z\rangle\in{}^*\alpha\ .\supset Fz$。

为看出(i)和(ii)怎么会不行，把 α 取为子类关系 $\{\langle s,t\rangle: s\subseteq t\}$。在这一解释下，据子类关系的自反性和传递性，$\alpha={}^*\alpha=\alpha|{}^*\alpha$；而且'$\Lambda\subseteq z$'可以去掉。因此(i)和(ii)变成：

(iii) $(y)((x)(x\subseteq y\ .\supset Fx)\supset Fy)\supset Fz$，

(iv) $(y)((x)(x\subset y\ .\supset Fx)\supset Fy)\supset Fz$。

现在既然

$$(y)((x)(x\subseteq y\ .\supset Fx\supset :y\subseteq y\ .\supset Fy)\supset Fy)$$，

(iii)立即归约为'Fx'，而它可以是任何事情。要表明(iv)不可取则不那么不足道了；我们必须进一步来解释'F'——比如说解释为有穷大小：具有有穷多个成员。很清楚，如果一个类是有穷的，去掉一个成员它还是有穷的；因此反过来说如果一个类 y 的每个真子类都是有穷的，那么 y 就是有穷的；亦即

$$(y)((x)(x\subset y.\supset Fx)\supset Fy)$$。

141 因此(iv)归约为'Fz'，意思是'z 是有穷的'，而 z 完全可以是任何类。

如果我们再次把串值归纳法看成第一个例外定律，那么我们就能很好地理解为什么串值归纳法对一般的祖先化理论不成立。这里的麻

烦简单地在于，在那些例外者中，在使得$\sim Fz$ 的诸对象 z 中，可能不存在相对于 $^*\alpha\cap{}^-I$ 的**极小者**；或者，可能存在一个无穷下降，其中每一个例外者都有另外一个例外者对它具有 $^*\alpha\cap{}^-I$。这就是为什么(iv)对作为有穷大小的'F'不成立的缘故：没有无穷类是相对于'$\subset$'极小的，每个无穷类都有一真子类又是无穷的。

这样就变得很清楚了，如果说我们用不着以为串值归纳法仅适用于自然数的、由'$<$'排序的次序关系，那么我们可以预期它一般地只对如下的关系起作用：像那个关系那样，保证一个含有任何有该关系的对象的类总含有极小者。

这样一种关系被说成是**有基的**(founded)。因此，α 是有基的，如果不存在那样的类(除了 Λ)：对它的每个成员都又有该类的一个成员与之具有 α。更简明地说，α 是有基的，如果不存在类 $x\neq\Lambda$ 而其每个成员都在 α“x 中；没有类 $x\neq\Lambda$ 使得 $x\subseteq\alpha$“x。因此

20.2 'Fnd α'定义为'$(x)(x\subseteq\alpha“x\ .\supset.\ x=\Lambda)$'。

像自然数之间小者对大者的关系那样的关系，简而言之，$\{\langle x,y\rangle:\Lambda\leqq x<y\}$，决定了其对象之间的一种次序，并被称为**次序关系**。实数之间小者对大者的关系

$$\{\langle x,y\rangle: x,y\in\text{Real}\ .\ x\subset y\}$$

同样是一种次序关系。更一般的真子类关系$\{\langle x,y\rangle: x\subset y\}$则不是次序关系，因为，存在着 x 和 y 使得既非 $x\subset y$ 又非 $y\subset x$ 也非 $x=y$；不具有**连通性**(§3)。类之间小者对大者的关系$\{\langle x,y\rangle: x<y\}$也如此，其中，

20.3 '$\alpha<\beta$'或'$\beta>\alpha$'定义为'$\sim(\beta\leq\alpha)$'

(参看 11.1)；因为，存在着 x 和 y 使得既非 $x<y$ 又非 $y>x$ 也非$x=y$。 142
在这个时候，值得指出的一点是，是有基的与是次序关系二者没有关系。次序关系$\{\langle x,y\rangle:\Lambda\leqq x<y\}$是有基的：除了 Λ 每个自然数类都拥有一个相对于那个关系而言是极小的成员。另一方面，比率或实数之间小者对大者的关系，虽然是次序关系，却不是有基的；例如，1/1 以上

的比率，或者是 1/1 以上的实数，都没有相对于那个关系而言是极小的成员。还有$\{\langle x,y\rangle: x<y\}$，虽然不是次序关系，却是有基的；每个类$z\neq\Lambda$都有相对于$\{\langle x,y\rangle: x<y\}$而言是极小的成员，那就是$z$的那些成员：比它们小的类都不属于$z$。它们将大小相似，而且那样的东西会不在少数。最后是$\{\langle x,y\rangle: x\subset y\}$，它既不是次序关系，也不是有基的；例如，所有无穷类的类，假定它存在而且不是空的，则没有相对于$\{\langle x,y\rangle: x\subset y\}$而言是极小的成员。

在一有基的关系是次序关系时，称之为**良序关系**。[①] 一良序关系甚至可以有意义地离开我们最初的例子$\{\langle x,y\rangle: \Lambda\leqq x<y\}$的结构。例如，在

$$0;0,\ 0;1,\ 0;2,\ \cdots,\ 1;0,\ 1;1,\ 1;2,\ \cdots,2;0,\ 2;1,\ 2;2,\ \cdots,\ 3;0,\ \cdots$$

中在先者对在后者之间的关系，依据 17.1，那就说的是

(v) $0,1,4,\cdots,2,5,10,\cdots,6,11,18,\cdots,12,\cdots$。

虽然现在在无穷多个地方的每一处都尾随着无穷后继，这一排列在结构上不同于$\{\langle x,y\rangle: \Lambda\leqq x<y\}$所给出的；可它也还是良序关系。

关于有基关系可以断然说的一件小事是它们都是反自反的。

20.4 $\mathrm{Fnd}\ \alpha\supset.\ \langle x,x\rangle\notin\alpha$。

143 **证**. 据 10.26，$\{x\}\neq\Lambda$。因此，据假设和 20.2，$\sim(\{x\}\subseteq\alpha``\{x\})$。据 7.4，那就是$x\notin\alpha``\{x\}$。也就是说，$\langle x,x\rangle\notin\alpha$。

现在来看用于一般的有基关系的串值归纳法定律。20.1 已向我们显示合适的范型。我们只需把其中的'$x<y$'改成'$\langle x,y\rangle\in\alpha$'并假定$\mathrm{Fnd}\ \alpha$。够怪的，子句'$z\in\mathrm{N}$'可以干脆去掉，无须替换。不过需要一个关于概括性的前提。

① 良序关系概念追溯到康托尔。在分开定义有基性和次序关系时，除了术语之外我都是追随怀特海和罗素(vol. 2, p. 529; vol. 3, p. 6)。在他们的术语中，有基关系、次序关系与良序关系分别是良序的关系、叙列与良序的叙列。——次序关系和良序关系的形式定义被延迟到 21.2 和 21.4。

20.5 $\{x{:}\sim Fx\}\in\mathcal{V}\,.\,\mathrm{Fnd}\,\alpha\,.$

$$(y)((x)(\langle x,y\rangle\in\alpha\,.\supset Fx)\supset Fy)\,.\supset Fz。$$

证. 将最后那个较长的假设换质位，

$$(y)(\sim Fy\supset(\exists x)(\sim Fx\,.\,\langle x,y\rangle\in\alpha))$$
$$\supset.\,y\in\breve{\alpha}``\{x{:}\sim Fx\})。$$

那就是，

$$\{x{:}\sim Fx\}\subseteq\breve{\alpha}``\{x{:}\sim Fx\}。$$

可是据 20.2，仅当 $w=\Lambda$ 才有 $w\subseteq\breve{\alpha}``w$。因此，靠着概括前提把 w 取为 $\{x{:}\sim Fx\}$，我们就推得 $\{x{:}\sim Fx\}=\Lambda$。因此 Fz。

人们可能奇怪为什么在 20.1 中需要'$z\in\mathrm{N}$'，而在 20.5 中却看不到它的类似物。答案是，一般的 $\{\langle x,y\rangle{:}\ x<y\}$，与它的数的特殊化 $\{\langle x,y\rangle{:}\ \Lambda\leqq x<y\}$ 相反，并不被认为是有基的。它甚至可能不是反自反的；参看 §13。

20.5 令人惊讶之处在于对 z 不存在什么条件。其解释是，最后那个较长的假设很强，它本身蕴涵：对 $\alpha``\mathcal{V}$ 之外的所有 y，Fy。有时 20.5 通过它的如下更杂乱的系来派用场：

20.6 $\{x{:}\ x\in(\alpha\cup\breve{\alpha})``\mathcal{V}\,.\sim Fx\}\in\mathcal{V}\,.\,\mathrm{Fnd}\,\alpha\,.$

$$(y)((x)(\langle x,y\rangle\in\alpha\,.\supset Fx)\,.\,y\in(\alpha\cup\breve{\alpha})``\mathcal{V}\,.\supset Fx)\,.$$
$$z\in(\alpha\cup\breve{\alpha})``\mathcal{V}\,.\supset Fz。$$

证. 据第一个假设， 144

$$\{x{:}\sim(x\in(\alpha\cup\breve{\alpha})``\mathcal{V}\,.\supset Fx)\}\in\mathcal{V}。$$

据较长的第三个假设，既然'$\langle x,y\rangle\in\alpha$'蕴涵'$x\in(\alpha\cup\breve{\alpha})``\mathcal{V}$'，则

$$(y)((x)(\langle x,y\rangle\in\alpha\,.\supset{:}\ x\in(\alpha\cup\breve{\alpha})``\mathcal{V}\,.\supset Fx)$$
$$\supset{:}\ y\in(\alpha\cup\breve{\alpha})``\mathcal{V}\,.\supset Fy)。$$

由这两个结果以及假设'Fnd α'依据20.5就得到 $z\in(\alpha\cup\breve{\alpha})$"$\mathcal{V}.\supset Fz$。

我们看到，在祖先化归纳法有效的场合，串值归纳法并不总有效。其逆同样能说。看(v)中所描绘的数的次序关系，并假定由'Fz'表示的某个条件。我们可能知道有 $F0$，我们又可能知道，只要 x 是次序(v)中的一个数而 y 是那下一个，则 $Fx\supset Fy$；可是我们不能推得对每个这样的数 z，Fz。祖先化归纳法对这样一种情况是不适当的，因为，在 β 是次序(v)中每个数对其前趋的关系的场合，并不是所有那些数都对0具有 $^*\beta$；连2都不是。另一方面，如果 α 是次序(v)中每个数对那个次序中每个较后的数的关系，而且如果我们知道

$$(y)((x)(\langle x,y\rangle\in\alpha\ .\supset Fx)\supset Fy),$$

那么据20.5或20.6，我们就能立即推得对(v)中的**每个**数 z，Fz(假定了那个概括前提)。(v)中除了2存在无穷多个数这一点不再是障碍。

具一般形式20.5或20.6的串值归纳法可以与普通的或祖先化的归纳法相对比，看成不仅带我们贯穿一无穷序列，而且此外还进入其前存在着无穷多个插入物的诸连续物。正因为如此，像20.5或20.6那样的串值归纳法被称为**超穷的**归纳法。

145 这里关心的超穷的性质不是量的问题而是个排列的问题。(v)中的数可以重新排序如下：

$$0,1,2,4,5,6,9,10,11,12,16,\cdots$$

而这一次序其实是普通的祖先化归纳法所能接近的。在 γ 是此次序中每个数对其前趋的关系的场合，这些数中的每一个都的确对0具有 $^*\gamma$——不像前两段中的那个 $^*\beta$。关系 $^*\gamma$，就像那一段中的 α 而不像 $^*\beta$，在出现于(v)中每两个数之间向前或向后成立。可 $^*\gamma$ 与 α 仍然是断然不同的关系，祖先化归纳法适宜于其一，而超穷归纳法适宜于另一。

还存在无穷类有不同的大小这样的事，而超穷归纳法的确在涉及祖先化归纳法在任何排列下都无法适用的全体时有它的用处。不过这些都是第九章和第十章的内容。

在我们从当下的论题往前进之前，为供援引，应该制定关于有基关

系的如下定律。

20.7 $\alpha\subseteq\beta\,.\,\mathrm{Fnd}\;\beta\,.\supset\mathrm{Fnd}\;\alpha$。

证. 既然 $\alpha\subseteq\beta$,那么 $\breve{\alpha}``x\subseteq\breve{\beta}``x$。因此 $x\subseteq\breve{\alpha}``x\,.\supset.\,x\subseteq\breve{\beta}``x$。因此,据 20.2,$\mathrm{Fnd}\;\beta\supset\mathrm{Fnd}\;\alpha$。

§21 次序

有基关系无论对于超穷归纳法还是作为良序关系都是值得注意的。如已指出的,这些都是有基的次序关系。良序关系则因其关系到同构的、代表性的行为而值得注意,这将在本节的末尾予以说明。一次序关系是这样一个关系,它使它的域中的所有对象排成线性次序,每一个都先于或后于其他各个对象。§20 中的主要例子是$\{\langle x,y\rangle\colon \Lambda\leqq x<y\}$。一般地说,使 α 成为次序关系的是,它使得它域中每两个对象都有该关系,其一对另一,但反之不然,而且如果它使得 x 对 y 以及 y 对 z 有关系,那么它就使得 x 对 z 但不是在相反方向上有该关系。因此次序关系是 146
连通的,

21.1 '$\mathrm{Connex}\;\alpha$'定义为

$$`(x)(y)(x,y\in(\alpha\cup\breve{\alpha})``\mathcal{V}\,.\supset.\,\langle x,y\rangle\in\alpha\cup\breve{\alpha}\cup I)',$$

传递的$(\alpha|\alpha\subseteq\alpha)$和**反对称的**$(\alpha\subseteq{}^{-}\breve{\alpha})$。它还是反自反的$(\alpha\subseteq{}^{-}I)$,而那可由反对称性推出。要不,更好的是,假定反自反性而推出反对称性,是以:

21.2 '$\mathrm{Ordg}\;\alpha$'定义为'$\alpha|\alpha\subseteq\alpha\subseteq{}^{-}I\,.\,\mathrm{Connex}\;\alpha$',

21.3 $\mathrm{Ordg}\;\alpha\supset.\,\alpha\subseteq{}^{-}\breve{\alpha}$。

证. 如果$\langle x,y\rangle\in\alpha\cap\breve{\alpha}$,那么$\langle x,y\rangle$,$\langle y,x\rangle\in\alpha$,因而,既然$\alpha|\alpha\subseteq\alpha$,则$\langle x,x\rangle\in\alpha$;可是这与'$\alpha\subseteq{}^{-}I$'冲突。

次序关系是相当多种多样的。§20 的(v)中的先后关系是合格的,尽管已知它在结构上与$\{\langle x,y\rangle\colon \Lambda\leqq x<y\}$相偏离。比率或实数中小者对大者的关系也合格,尽管不存在直接的后继或前趋。还有负数中小者对大者的关系也合格,尽管没有头。最后两个次序关系自然都

不是有基的，因而都不是**良序关系**；因为，

21.4 'Wellord α'定义为'Fnd α . Ordg α'。

最后，$\{\langle x,y\rangle: x\subset y\}$和$\{\langle x,y\rangle: x<y\}$都根本不是次序关系，因为它们都没有连通性。但是它们被称为**半序关系**，原因是满足传递性和反自反性条件'$\alpha|\alpha\subseteq\alpha\subseteq{}^{-}I$'。半序关系也都是反对称的；因为21.3的证明没有用到连通性。

我本来已经任意地把次序关系等同于每个有序的对象对每个较后对象的关系。我们还可以改而把它等同于每个有序的对象对它自己**以及**每个较后对象的关系，因为两种关系都足以固定那些对象的次序。其实两关系中每一个都可以借助另一个来表达；这只是一个最好如何来把握的问题。

147 第二个供选者具有某些好处。在第一个或'强的'版本下，次序关系的域不能是单元类；而在第二个或'弱的'版本下就没有这样的例外，其结果是某些定理和证明变得简单些了。如果我们选择弱的版本，我们关于次序关系的最初的例子将不会是$\{\langle x,y\rangle: \Lambda\leqq x<y\}$，而是$\{\langle x,y\rangle: \Lambda\leqq x\leqq y\}$；而我们关于半序关系的例子就会是$\{\langle x,y\rangle: x\subseteq y\}$和$\{\langle x,y\rangle: x\leq y\}$。21.2中就会要求有不同于连通性和反自反性的其他的性质。传递性将被保留，可是代替反自反性将会有反对称性(参看§3)，而且代替21.1意义下的连通性将会有一强的连通性，仍用21.1来定义，但不要'$\cup I$'。

还有其他供选者，各有其好处。例如我们根本不把次序排列等同于一关系，而是把它等同于一整套一个个嵌套起来的类，其中每个类对应于各个排了次序的对象而且由它和所有先前的对象组成。① 各个这样的供选者将要求一个不同的定义以取代21.2。

不过目前我坚持第一个供选者，因为它较直观而且还有它自己的某些形式方面的好处，例如在塑述超穷归纳法方面。

让我们现在来证明关于次序关系的一些事情。

① 此思想来自黑森伯格(1906)，接连由库拉托夫斯基(1920)和西尔平斯基(1921)加以改进。

21.5 Ordg α . $x,y\in(\alpha\cup\breve{\alpha})$“$\mathcal{V}$. α“$\{x\}=\alpha$“$\{y\}$.⊃. $x=y$。

证. 据 21.2,既然 Ordg α,那么 $\alpha\subseteq{}^{-}I$。因此 $x\notin\alpha$“$\{x\}$。因此,据最后那个假设,$x\notin\alpha$“$\{y\}$。那就是说$\langle x,y\rangle\notin\alpha$。类似地有$\langle y,x\rangle\notin\alpha$。可是据 21.2,Connex α,因而据第二个假设,$\langle x,y\rangle\in\alpha\cup\breve{\alpha}\cup I$。因此$\langle x,y\rangle\in I$。

如果 Ordg α 并且 $\gamma\subseteq\alpha$ 则 Ordg γ,这一般地并不成立。γ 可能会有连通性。举例说,如果从我们的老生常谈的次序关系$\{\langle x,y\rangle\colon\Lambda\leqq x<y\}$哪怕只去掉单个对子$\langle 5,6\rangle$,剩下的对子类就不是次序关系。一个习惯于谈论“有序集”这一广为流传的数学熟语中的次序 148
的人,会正确地但看似相反地说,一有序集的任何子集都是有序集;不过这一说法并不真的说反了,而倒是有它如下的本来的分析:

21.6 Ordg $\alpha\supset$Ordg $\alpha\cap(\beta\times\beta)$。

证. 据假设和定义,

$$\alpha|\alpha\subseteq\alpha\subseteq{}^{-}I,\quad(1)\qquad\text{Connex}\ \alpha。\quad(2)$$

只要

$$\langle x,y\rangle,\langle y,z\rangle\in\alpha\cap(\beta\times\beta)$$

我们就有 $x,z\in\beta$ 以及$\langle x,y\rangle$,$\langle y,z\rangle\in\alpha$,于是据(1),$\langle x,z\rangle\in\alpha$,因而$\langle x,z\rangle\in\alpha\cap(\beta\times\beta)$。因此

$$\alpha\cap(\beta\times\beta)\text{是传递的。}\qquad(3)$$

而且,据(1),

$$\alpha\cap(\beta\times\beta)\subseteq{}^{-}I。\qquad(4)$$

$\alpha\cap(\beta\times\beta)$的域中的任何 x 和 y 都在α 的域和β 的域中。因此据(2),

$$\langle x,y\rangle\in\alpha\cup\breve{\alpha}\cup I,\qquad x,y\in\beta。$$

就是说,$x=y$ 或者是 x 对 y 或 y 对 x 具有$\alpha\cap(\beta\times\beta)$。因此

Connex $\alpha\cap(\beta\times\beta)$。

因此,据(3),(4)和定义,Ordg $\alpha\cap(\beta\times\beta)$。

让我们写'$x1\alpha$'来指 x 在次序关系 α 之下排在第一个。

21.7 '$\beta 1\alpha$'定义为'$\beta\in\alpha``\mathcal{V}\,.\,\beta\notin\breve{\alpha}``\mathcal{V}$'。

我们来证明一项次序至多有一个开头。

21.8 Ordg $\alpha\,.\,x1\alpha\,.\,y1\alpha\,.\supset.\,x=y$。

149 **证.** 据假设和21.7,

$$x,y\notin\breve{\alpha}``\mathcal{V},\quad(1)\qquad x,y\in\alpha``\mathcal{V}。\quad(2)$$

据(1),$\alpha``\{x\}=\Lambda=\alpha``\{y\}$。由此以及(2)和第一个假设,依据21.5可得 $x=y$。

最后是一条关于良序关系的定律。

21.9 Wellord $\alpha\supset$Wellord $\alpha\cap(\beta\times\beta)$。

证,据21.4,20.7,21.6。

两个有穷的次序关系可以着眼于长度加以比较,办法是让一次序关系的第一个东西与另一的第一个配对,下一个与下一个配对,如此等等,直到一个次序关系被穷尽了;于是另一个是较长的。类似的对位方法还常被用于无穷次序关系。一般地说,长度相同事关在两次序关系之间存在着一个**同构**,就是说,一个次序关系的域对另一个的域的一个保序的对应。所谓'保序的'我是指,在一个次序关系中任一事物 x 将先于任一事物 y 当且仅当在另一个次序关系中 x 的对应者先于 y 的对应者。例如,应用于奇数的后继函数构成奇数的与偶数的标准的次序关系之间的一个同构;因为,只要 x 和 y 是奇数使得 $x<y$,而且只是在那时,对相关联的那两偶数我们有 $S`x<S`y$。这一同构的存在可以说成使得奇数的次序关系与偶数的次序关系长度相等,虽然两次序关系都是无穷的。

另一方面,当一个次序关系 z 在这个意义上长度只等于另一个有穷或无穷的次序关系 w 的前节时,我们则说 w 比 x 长。

在有穷的情形下,较长的次序关系自然简单的是排列更多事物的那个。可是在无穷的情形下，我们可以宣判一个次序关系较长于另一个，而那较短的次序关系竟排列了较长者所排列的所有事物而且还更多。例如，比较自然数的标准次序关系$\{\langle x,y\rangle: \Lambda\leqq x<y\}$与在§20的 150
(v)中描绘的次序关系α。在次序关系α之下的第一个事物可以与0配对，下一个与1配对，第三个与2配对，如此等等。这一配对原则到达由$\{\langle x,y\rangle: \Lambda\leqq x<y\}$排序的每一事物——每个自然数——却没有达到次序关系α中的2那么远。因此按照所说的准则，次序关系α比$\{\langle x,y\rangle: \Lambda\leqq x<y\}$长，尽管由$\alpha$排序的所有的而且还更多的事物被$\{\langle x,y\rangle: \Lambda\leqq x<y\}$排序。

有些无穷次序关系是不能用这种手段比较的。看自然数的算术次序关系与比率的算术次序关系，亦即

$$\{\langle x,y\rangle: \Lambda\leqq x<y\},\qquad \{\langle x,y\rangle: x,y\in \mathrm{Rat}\,.\,x\subset y\}。$$

对它们加以比较，我们一开始让第一个自然数与第一个比率配对；两者都是Λ。可是我们该拿哪个比率与下一个自然数即1配对呢？不存在下一个比率，因而递进配对的计划失败了，无法潜在地穷尽自然数或者比率。

不过良序关系总是可比较的。（无论如何总是，除非在关键之处产生可能会有的、关于类存在的技术失误。）我已经指出的良序关系的这一代表性的行为，将出现在§27中的**枚举定理**中。

§22 序数

由于良序关系具有一般的可比性，我们可以为它们选用度量——一种称为**序数**的数。不限于有穷情形，这些长度度量将构成自然数叙列的一个超穷扩张。对有穷良序关系，它们就简单的是自然数，或者可以也是自然数；因为，如所说明的，有穷次序关系的长度可以比作排了次序的事物的量。可是我们看到，即使在排了次序的事物并无不同时，无穷良序关系的长度也可能不同。故而超穷序数不能看成把自然数的、类的大小的事扩展到无穷类。类的大小是一回事（第九章中再谈），而良序关系的长度是另一回事。

我们看到（§11），可以借助任何版本的自然数来达到计量有穷类的 151
目的，只要它们的次序没有问题。它们的次序本身使它们能够计量类的

大小,因为一个类之有 n 个成员,总能被解释成在大小上与 $<n$ 的数的类相像。现在,一种平行的说法证明也适用于序数:对它们怎样诠释都行,经过适当排序,而且它们能用来计量良序关系的长度。因为,一良序关系之有长度 p,总能被解释成在长度上与 $<p$ 的序数叙列相像。

这样我们首先将需要某个有穷序数递增叙列 0,1,2,…。(我暂时让这些数字与它们在§12中得到的、策梅洛的解释脱离开。)每一有穷序数 p 定为 $<p$ 的序数叙列的长度。然后我们还将需要第一个超穷序数来定为整个递增叙列 0,1,2,…的长度。遵循康托尔,这个序数被称为 ω。它又必定有某种后继,称之为 S‘ω,定为超穷次序关系 0,1,2,…,ω 的长度。下一个是 S‘(S‘ω),定为次序关系 0,1,2,…,ω,S‘ω的长度。如此等等。在整个双重无穷次序关系 0,1,2,…,ω,S‘ω,S‘(S‘ω),…之后,我们将需要一个序数来定为它们全部的长度;按照我们即将探察的、康托尔对‘+’和‘·’的超穷推广,它被称为 ω+ω,或者 ω·2。然后是 S‘(ω·2),S‘(S‘(ω·2)),如此等等,而超过所有这些的是 ω·3;然后是 S‘(ω·3),如此等等。为了作为全部这些具有形式 S‘(…(S‘(ω·n))…)的数的长度,我们又还需要另一个数 ω^2;然后是 S‘ω^2,S‘(S‘ω^2),…,ω^2·2,…,ω^2·3,…,ω^ω,…,ω^{ω^ω},如此等等。这能走多远——说起来,它是不是缺少 ω 就停止——那是一个最终的定义和概括公理的问题。无论如何,不管它们延续到哪里,每一序数都是所有先前的序数的叙列的长度。

序数明显地分为两类:**后继**,或者说具有形式 S‘x 的序数,以及**极限序数**,亦即 0,ω,ω·2,ω·3,ω^2,等等,它们都没有直接前趋。一个由后继作为其长度的次序关系可以是无穷的,不过它将仍然有个最后的位置;一个由极限序数作为其长度的次序关系则没有最后的位置。

152 既然只要能保证所要求的次序我们怎样诠释序数都行,那么最好的建议就是方便地来诠释它们;而为了方便,没有什么东西能与冯·诺伊曼的生成自然数的办法的超穷扩展相比。对冯·诺伊曼,每个自然数都是所有先前的自然数的类;这一思想美就美在超出有穷它仍然有意义。于是,把有穷序数看成冯·诺伊曼的自然数。因此对超出自然

数叙列的数 ω 的仅有的希望，给它带来这样的定义：这个新的数可以遵照对自然数本身的做法，诠释为它的所有前趋的类，因而简单的就是 N（而 N 现在是在冯·诺伊曼意义下的）。然后下一个数就会自荐为**它**的所有前趋的类——因而是 $\omega\cup\{\omega\}$。依据对冯·诺伊曼而言的、S 的一般定义，这就是 S‘ω（参看 §12）。类似地我们得到 S（S‘ω），S‘（S‘（S‘ω）），如此等等。类似地我们得到作为所有 0，1，2，…，ω，S‘ω，S‘（S‘ω），…的类的 $\omega\cdot 2$。对其余的亦如此；每个序数，意在定为所有先前的序数的叙列的长度，现在就是所有先前的序数的类。

这一看待序数乃至超穷序数的方式是冯·诺伊曼自己的。① 它之充分适用，自然基于它满足下述要求而这需要某种证明：任何良序关系都在长度上与对某序数 p 而言 $<p$ 的序数的叙列相同。这一**枚举定理**将在 §27 中基于某些存在假定加以证明。

存在过序数的一种较早的版本，倒是类似于弗雷格版本的自然数。正如在弗雷格的版本之下各个自然数都是所有具有那么多成员的类的类，各个序数都是所有具有那个长度的良序关系的类。更清晰地说，该定义分为两层：首先，一良序关系 x 的序数被定义为所有与 x 同构的良序关系（亦即使得在它们与 x 之间存在同构；参看 §21）的类，然后，一序数被定义为成为一良序关系的那个序数的任何东西。这是怀特海 153
和罗素采取的路线并为康托尔所提示。它有一个好处是把序数包摄于康托尔所谓的**序型**的那个更广阔的范畴之下。彼此同构的次序关系被说成具有相同的序型。因此，x 的序型可以定义为所有同构于 x 的次序关系的类。序数则是良序关系的序型。

良序关系的逆不必是良序关系，而次序关系的逆都是次序关系；而且，如若 y 是 x 的序型，则 $\breve{x}$ 的序型弄得被称为 y^*（康托尔称之为 $^*y$）。于是，ω 是自然数之间小者对大者的关系的序数或序型，ω^* 是负整数之间小者对大者的关系的序型。比率之间小者对大者的关系的序型被称为 η，只要我们或是排除 0 或是包含 0 和负数。对实数而言的相应的序型被称为 λ。ω^*，η 和 λ 这些序型都不是序数。

① 1923. 依据贝尔奈斯（1941，pp. 6，10），它为策梅洛在未发表的 1915 年的论著中所预见。

马上可作进一步的概括：无论 x 是不是次序关系，我们可以接纳所有同构于 x 的关系的类。这就是怀特海和罗素关于 x 的**关系数**的概念。序型是次序关系的关系数，而对于怀特海和罗素，序数是良序关系的关系数。只有序数把它们自己安排成按大小排列的自然次序。

冯·诺伊曼的序数比怀特海和罗素的更好用更优雅，多半是由于那里的'$<$'简单地由'$\in$'给出而'$\leq$'由'$\subseteq$'给出这一不平凡的事实。因此我将采取冯·诺伊曼意义下的序数而不把序数看成良序关系的关系数。一般地说，序型或关系数，如果需要的话，可以独立地依旧如上定义。我是不需要它们。

既然让序数不同于自然数是无的放矢，人们可能会后悔在第四章中没有按冯·诺伊曼的方式看待自然数来为现阶段的发展作准备。然
154 而，在那里存在一个理由宁可采取策梅洛的方式：我还没有看出如何适切地处理其他的东西。布朗发现，其实我们的公理中所需要的仅有的改变，将是通过调整一个作为基础的定义、写在 13.1 中的隐蔽的改变：冯·诺伊曼的后继函数将取代 12.1 中的 ι，而 12.1 是 12.19 因而是 13.1的基础。不过 ι 较为简单，而其差别显示在诸证明中。因此，在我建议作为练习的资料探索其他的路向的同时，在这本书中自然数仍为策梅洛的而序数为冯·诺伊曼的。无论如何，这个方案在让读者熟悉双方的门径上是有利的。

取自策梅洛的意义下的自然数与我们现正取自冯·诺伊曼的意义下的有穷序数，二者的相互关系很容易塑述。

22.1 'Ś'定义为'$\lambda_x(x \cup \{x\})$'，

22.2 'C'定义为'$\lambda_x(\dot{S}^{|x}{}^{\backprime}\Lambda)$'。

Ś 是对序数而言的后继函数，而 C 是有穷序数对自然数的相互关系。(C 还指派 Λ 给非数。)对任一 $x \in \mathrm{N}$，C‘x 是相对应的序数。

下面是五个关于 Ś 和 C 的基本要点。

22.3 $\dot{S}{}^{\backprime}\Lambda = \{\Lambda\}$。

证. 既然 $\Lambda \cup \{\Lambda\} = \{\Lambda\}$，我们有 $\Lambda \cup \{\Lambda\} \in \mathcal{V}$，因而据 10.24，$\dot{S}{}^{\backprime}\Lambda = \Lambda \cup \{\Lambda\}$。

22.4 $\mathrm{C}`x=\acute{\mathrm{S}}^{|x}`\Lambda$。

22.5 $\arg \mathrm{C}=\mathcal{V}$。

证，据 10.24 和 10.23，既然 $\acute{\mathrm{S}}^{|x}`\Lambda\in\mathcal{V}$。

22.6 $\mathrm{C}`\Lambda=\Lambda$。 **证**：22.4，14.3。

22.7 $\mathrm{C}`\{\Lambda\}=\{\Lambda\}$。

证. 据 22.4， $\mathrm{C}`\{\Lambda\}=\acute{\mathrm{S}}^{|\{\Lambda\}}`\Lambda$

（据 14.7） $=\acute{\mathrm{S}}`\Lambda$

（据 22.3） $=\{\Lambda\}$。

既然一序数是所有先前的序数的类，那么所有有穷序数的类，如果 155
存在的话，将是第一个无穷序数。因此我们可以有：

22.8 'ω'定义为'$^{*}\acute{\mathrm{S}}``\{\Lambda\}$'。

依此，据 15.2 和 15.5，

22.9 $\Lambda\in\omega$，

22.10 $\acute{\mathrm{S}}``\omega\subseteq\omega$。

最后这条说的是有穷序数的后继，要是存在的话，都是有穷序数。下一条定理进一步保证每个有穷序数都有一个后继。

22.11 $x\in\omega\ .\supset.\ x\cup\{x\}\in\mathcal{V}$。

证. 据假设和定义，存在 y 使得 $\langle x,\Lambda\rangle\in\acute{\mathrm{S}}^{|y}$。于是据 14.9，

$y\in\mathrm{N}$。 (1)

据 22.1 和 10.22，Func $\acute{\mathrm{S}}$。因此，据 14.12，Func $\acute{\mathrm{S}}^{|y}$。因此

$x=\acute{\mathrm{S}}^{|y}`\Lambda$。 (2)

据 12.21，

$$\mathrm{C}``\{,,,\Lambda\}=\mathrm{C}``\{\Lambda\}$$

（据 22.5） $=\{C‘\Lambda\}$

（据 22.6） $=\Lambda\cup\{\Lambda\}$

（据 14.3） $=\acute{S}^{|\Lambda}‘\Lambda\cup\{\acute{S}^{|\Lambda}‘\Lambda\}$。 (3)

假定 $z\in N$ 使得

$$C“\{,,,z\}=\acute{S}^{|z}‘\Lambda\cup\{\acute{S}^{|z}‘\Lambda\}。 \qquad [i]$$

于是据 13.1 和 22.5，$\acute{S}^{|z}‘\Lambda\cup\{\acute{S}^{|z}‘\Lambda\}\in\mathcal{V}$。因此，据 10.24 和 22.1，

$$\acute{S}^{|z}‘\Lambda\cup\{\acute{S}^{|z}‘\Lambda\}=\acute{S}‘(\acute{S}^{|z}‘\Lambda)。 \qquad [ii]$$

情形 1：$z\neq\Lambda$。于是据 13.17，既然 $z\in N$，就有 $\Lambda<z$。据定义，亦即
156 $\{\Lambda\}\in\{,,,z\}$。于是据 22.5，$C‘\{\Lambda\}\in C“\{,,,z\}$。可是，据 22.7，$C‘\{\Lambda\}\neq\Lambda$。因此 $C“\{,,,z\}\neq\{\Lambda\}$。因此，据[i]，$\acute{S}^{|z}‘\Lambda\neq\Lambda$。因此，据 10.15，$\Lambda\in\arg\acute{S}^{|z}$。

情形 2：$z=\Lambda$。于是据 14.3 和 10.4，也有 $\Lambda\in\arg\acute{S}^{|z}$。

两种情形：$\Lambda\in\arg\acute{S}^{|z}$。因此，据 10.18 和 14.6，

$$\acute{S}‘(\acute{S}^{|z}‘\Lambda)=\acute{S}^{|\{z\}}‘\Lambda。 \qquad [iii]$$

据 13.13，

$$C“\{,,,\{z\}\}=C“\{,,,z\}\cup C“\{\{z\}\}$$

（据 22.5） $=C“\{,,,z\}\cup\{C‘\{z\}\}$

（据 22.4） $=C“\{,,,z\}\cup\{\acute{S}^{|\{z\}}‘\Lambda\}$

（据[i]—[iii]） $=\acute{S}^{|\{z\}}‘\Lambda\cup\{\acute{S}^{|\{z\}}‘\Lambda\}$。

由于这得自‘$z\in N$’和[i]，我们由(1)和(3)通过依据 13.10 的数学归纳法乃有

$$C“\{,,,y\}=\acute{S}^{|y}‘\Lambda\cup\{\acute{S}^{|y}‘\Lambda\}。$$

因此，据(2)，$C“\{,,,y\}=x\cup\{x\}$。因此，据 22.5 和 13.1，$x\cup\{x\}\in\mathcal{V}$。

现在我们可以在存在这一点上加强 22.10。

22.12 $x\in\omega\ .\supset.\ x\cup\{x\}\in\omega$。

证. 据假设和 22.11，

$$x\cup\{x\}\in\mathcal{V}。\qquad(1)$$

因此，据定义，$\langle x\cup\{x\},x\rangle\in\dot{S}$。因此，据假设和(1)，$x\cup\{x\}\in\dot{S}``\omega$。因此，据 22.10，$x\cup\{x\}\in\omega$。

我们下一个任务是在一个形式定义中包容所采取的有穷和无穷的序数观念。有什么样的判别性的特征呢？一个是，每个序数 x 都是先前的那些序数的类。由于先前的每个序数又都是在它之前的那些序数的类，我们看到，x 的所有成员的成员必定都是 x 的成员，亦即 $\bigcup x\subseteq x$。另一个是，x 的成员都由成员关系排成次序；因为它们都是序数，而每个较小者都是每个较大者的成员。第三个、不太明显的特征是，x 没有暗藏任何相对于成员关系而言的无止境的下降。从根本上说其理由是，虽然在一个极限序数与下一个极限序数之间存在无穷多个序数，可是在一个极限序数与往后不到下一个极限序数的任何序数 157
之间只存在有穷多个序数。往上数，总存在下一个序数，因而存在相对于成员关系而言的无止境的上升。往下数，每次往下经过一个极限序数，我们必定都飞越无穷多个序数，而无论多么别扭我们会在有穷多步内到达尽头。

在鲜明的塑述中，表示成员关系这一关系（the membership relation）的符号‘E’会是有用的。

22.13 ‘E’定义为‘$\{\langle y,z\rangle: y\in z\}$’。

特别有，只要 $\bigcup\beta\subseteq\beta$，$E\restriction\beta$ 就是其整个的**域**限制于 β 的 E。

22.14 $\bigcup\beta\subseteq\beta\ .\supset.\ E\restriction\beta=E\cap(\beta\times\beta)$。

证. 据假设，$x\in y\in\beta\ .\supset.\ x\in\beta$。就是说，

$$x\in y\in\beta\ .\equiv.\ x\in y\ .\ x,y\in\beta。$$

因此，据定义，$E\restriction\beta=E\cap(\beta\times\beta)$。

现在让我们回到序数 x 的三个特征。第一个是 $\bigcup x\subseteq x$。第二个是，x 的成员由 E 排成次序，亦即 Ordg $E\cap(x\times x)$，或者鉴于 22.14，Ordg $E\restriction x$。第三个是 Fnd $E\restriction x$。合在一起，

22.15 'NO'定义为'$\{x: \bigcup x \subseteq x \,.\, \mathrm{Wellord}\ E \upharpoonright x\}$'。①

158 几页前曾以一种说明的方式把算术运算应用于序数。现在让我们来探察这一推广。序数和 $x+y$ 意在计量一良序关系 z 的长度，而 z 具有一长度为 x 的节（意指前节；这是说长度为 x 的用法）和一长度为 y 的剩余。例如，$\omega+2$（指序数 2）是

$$0,1,2,\cdots,a,b$$

的长度。在超穷的情形下加法失去交换性；是以，$2+\omega$，不像 $\omega+2$，乃是

$$a,b,0,1,2,\cdots$$

的长度，而该良序关系显然同构于：

$$0,1,2,3,4,\cdots,$$

因而具有长度 ω。

序数积 $x \cdot y$ 意在计量一良序关系 z 的长度，z 是由一长度为 y 的良序关系通过把其中每一单个的有序事物都换成长度为 x 的一整串事物得到的。例如，$\omega \cdot 2$ 是

$$0,1,2,\cdots,a,b,c,\cdots$$

的长度，而 $2 \cdot \omega$ 则是

$$0,a,1,b,2,c,\cdots$$

---

① 冯·诺伊曼的塑述较为迂回。策梅洛 1915 年未发表的塑述，如同贝尔奈斯（1941，pp. 6,10）所报告的，则等于是说（如果我们去掉贝尔奈斯的、显然为他的第三个子句所蕴涵的第一个子句的话）：NO 是

$$\{x: (y)(y \in x \ .\supset.\ y \cup \{y\} \in x \cup \{x\} : y \subseteq x \ .\supset.\ \bigcup y \in x \cup \{x\})\}。$$

22.15 中的塑述来自经过一项明显的简化的、哥德尔的塑述（1940，foot p. 22）。还参看 Suppes，p. 131。最早的类似于 22.15 的塑述为 Robinson(1937)所提供；其区别只在于他是依靠基础公理使用'Connex'而不是'Wellord'得到的（参看下面的 §39）。其实，如果我们采纳那条公理——而我并没有，那么我们就可以把 NO 塑述为 $\{x: (y)(y \in x \ .\supset.\ \bigcup y \subseteq y \subseteq x)\}$。这可以从贝尔奈斯归因于哥德尔 1937 年的讲演的一项塑述通过初等变换得到。其实，布朗曾经证明，无须基础公理，$\{x: (y)(x \in y \ .\supset (\exists z)(z \in y \,.\, \bigcup z \subseteq z \subseteq \bar{y}))\}$ 也适用。还请参看 Quine and Wang，其中有一个相关的版本与我们在第 75 页(ii)中看到的那种反演的把戏有联系。

的长度。是以,交换性再次缺失;$\omega=2\cdot\omega\neq\omega\cdot 2=\omega+\omega$。

这些和与积的概念像对序数那样也适用于一般的序型。是以,$\omega^*+\omega$是整数包括负数之间小者对大者的关系的序型。然而,我将无视这一额外的报道,在进一步的努力下让和与积的概念方便地远离它。

施于序数的算术运算,如果不是在实践上那也在理论上,应该在记法上有别于§16中为自然数定义的那些。其实,不然的话,一旦严格地定义序数的运算,它们的定义可以做得能替代老的;自然数理论中运 159
算的定义的内容,可以在支配所关心的序数是有穷的这一特别情形的定理中得到恢复。不过这个提议忽略了本书的计划附带来的一种复杂情形:像§§12—16中的自然数并不是像22.15中的有穷序数这一事实。怎么说,或许还是让自然数理论在这种超穷序数推广与在§30中等待我们的、一种不同的在基数中的超穷推广二者之间保持中立为好。

致力于序数和的形式定义,可以预期我们将从节的形式定义开始。一节 $\mathrm{seg}_w z$,从次序关系z切出只是在某个w之前的那些有序的对象,显然就是次序关系

$$\{\langle u,v\rangle:\langle u,v\rangle,\langle v,w\rangle\in z\}。$$

更一般地说,我们可以把一次序关系说成z的一节,如果它或者是z或者对某w而言是$\mathrm{seg}_w z$。至于也被用于上面对序数和的简明刻画中的剩余的概念,其定义同样是明显的:若s是z的一节而t是s的域,则z的剩余是$\bar{t}\upharpoonright z$。最后,$x+y$就成为z的长度,而z具有一长度为x的节和一长度为y的剩余。

可是,与其用对此的形式化进行下去,我们可能注意到,利用冯·诺伊曼序数特有的性质,事情可以弄得更简单些。排成次序的、x的那些成员本身是一长度为x的次序关系;而$x+y$其余的成员排成次序则是一长度为y的次序关系。因此我们可以把$x+y$简单地描述为次序关系v使得$v\cap\bar{x}$的那个次序关系具有长度y。$v\cap\bar{x}$的"**那个**次序关系"自然是作为成员属于$v\cap\bar{x}$的序数之间小者对大者的关系。由于序数间小者对大者是E,$v\cap\bar{x}$的那个次序关系是$\mathrm{E}\cap(\bar{x}\times v)$。因此我们的序数和$x+y$现在可描述为序数$v$使得$\mathrm{E}\cap(\bar{x}\times v)$具有长度$y$,亦即同构于$\mathrm{E}\upharpoonright y$。如何形式化这一说法,可以从§21中所说的事情很

快地觉察到，或者在§27的进程中的冗长的实践中看出。（附带说说，
160 次序关系的域不能是单元类这一事实要求对 $x+1$ 的定义做些调整；参看§21。对 $x+0$ 的唯一性还必须做出约定。）

不过我面临序数和的最后定义止步不前了，因为在使用超穷递归的另一门径中有些好处（§25）。序数积的定义，较之试图把我上面给出的对 $x\cdot y$ 的概略说明形式化，用超穷递归更容易；我不曾想在这里概述的序数幂同样能用超穷递归极好地定义；因此，用那个办法定义所有这三个运算，我们可以获得统一和系统上贯通。然后，这些运算与它们的像用迭代（§16）或递归定义定义的、自然数的对应物之间的对比就变得明显了。

§23 序数的定律

在导至NO的定义22.15的推理中，不太清楚的是，如此定义的NO是否包括所想要的意义上的所有序数——亦即 Λ 以及作为单个新序数，从 Λ 往上累加（防止跳漏）的各个序数。我将要建立这一条。$\Lambda\in\mathrm{NO}$ 这一点在下面23.1中证明。其他的需做某种塑述。说序数类 x 没有跳过什么，就是说每个小于 x 的一成员的序数都在 x 中，既然‘$<$’对序数而言就是‘$\in$’，那就是说，x 的每个成员的成员都在 x 中，亦即 $\bigcup x\subseteq x$。因此所想要的保证是 $\bigcup x\subseteq x\subseteq\mathrm{NO}\ .\supset.\ x\in\mathrm{NO}$。这将在24.5中证明。

反之，对于22.15中的NO除了所想要的序数外不再包括别的什么这一点，我们有什么保证呢？我们将在24.3中看到，NO为成员关系所良序。因此，如果存在任何不受欢迎的成员，那么必定存在相对于这个次序而言的第一个。（须知，这样的从良序关系出发的推理需要一个概括前提。）而NO的那第一个不受欢迎的成员 x 于是就是一个纯粹由所想要的序数构成的类。而且，x 沿路没有跳过它们中任何一个；这一点我们再次由NO为成员关系所排序这个事实，连同所有所想要的序数都在NO中这个事实得到保证。不过，于是 x 本身就符合对所想要的序数的要求。

161 只有直观的理解视我们怎样表明22.15适合我们的直观意图而定。任何版本的序数中的切要的东西是那枚举定理，它表明序数起到

它们计量良序关系的作用;对 22.1 来说,这在 §27 中是现成的。

让我们接着来看冯·诺伊曼序数的基本定律。

23.1 $\Lambda, \{\Lambda\} \in \mathrm{NO}$。

证. 据定义,Wellord Λ。可是 $\mathrm{E} \restriction \Lambda = \mathrm{E} \restriction \{\Lambda\} = \Lambda$。进而,$\bigcup \Lambda = \Lambda$ 并且 $\bigcup \{\Lambda\} = \Lambda \subseteq \{\Lambda\}$。因此,据 22.15,$\Lambda, \{\Lambda\} \in \mathrm{NO}$。

23.2 $\Lambda \neq x \in \mathrm{NO} \,.\supset.\, \Lambda \in x$。

证. 据假设和定义,Fnd $\mathrm{E} \restriction x$。因此

$$x \subseteq \breve{}(\mathrm{E} \restriction x)``x \,.\supset.\, x = \Lambda。$$

因此,据假设,$x \not\subseteq \breve{}(\mathrm{E} \restriction x)``x$,亦即存在某事物 $z \in x$ 不在$\breve{}(\mathrm{E} \restriction x)``x$中。于是

$$(w)(w \in x \,.\supset.\, \langle w, z \rangle \notin \mathrm{E} \restriction x)$$

(既然 $z \in x$) $\supset.\, w \notin z$。 (1)

据假设和定义,$\bigcup x \subseteq x$。因此,据 8.5,既然 $z \in x$,则 $z \subseteq x$。因此,据(1),$z = \Lambda$。因此 $\Lambda \in x$。

在一序数 x 的后继是 $x \cup \{x\}$ 的同时,其前趋,如果有的话,是$\bigcup x$。因为,

23.3 $x \in \mathrm{NO} \,.\supset.\, x = \bigcup(x \cup \{x\})$。

证. 据 8.2,$\bigcup \{x\} = x$。因此,据 8.3,$\bigcup(x \cup \{x\} = \bigcup x \cup x$。而据假设和 22.15,既然$\bigcup x \subseteq x$,则$\bigcup x \cup x = x$。

既然给序数排次序的是 E,下面两条定理就在预料之中。

23.4 $x \in \mathrm{NO} \,.\supset.\, x \notin x$。

证. 据假设和定义,$\mathrm{E} \restriction x \subseteq {}^{-}I$。因此,据定义,$x \notin x$。 162

23.5 $x \in \mathrm{NO} \,.\supset \sim (x \in^2 x)$。

证. 据假设和定义,$\bigcup x \subseteq x$。因此,据 23.4,$x \notin \bigcup x$。

下一条定理开始把说一序数小于另一序数的两种说法即'$\in$'与'$\subset$'等同起来。

23.6 $x \in y \in \mathrm{NO} \,.\supset.\, x \subset y$。

证. 据 22.15,既然 $y \in \mathrm{NO}$,则 $\bigcup y \subseteq y$。因此,据 8.5,既然 $x \in y$,则 $x \subseteq y$。可是,据假设和 23.4,$x \neq y$。

一条对各个序数成立的定律会跟着一条到头来同样对所有序数的类 NO 成立的定律。看 23.2,它说的是对各个非空序数 x,$\Lambda \in x$;如同在 23.1 中看到的,我们还有 $\Lambda \in \mathrm{NO}$。下面三条定理类似地对应于 23.4,23.6以及 22.15 中的'$\bigcup x \subseteq x$'。

23.7 $\mathrm{NO} \notin \mathrm{NO}$。

证. 如果 $\mathrm{NO} \in \mathrm{NO}$,那么 $\mathrm{NO} \in \mathcal{V}$,从而我们可以把 23.4 中的 x 取为 NO,这就得到 $\mathrm{NO} \notin \mathrm{NO}$。

23.8 $x \in \mathrm{NO} \,.\supset.\, x \subset \mathrm{NO}$。

证. 据假设和定义,

$$\mathrm{Wellord}\ \mathrm{E} \upharpoonright x。 \tag{1}$$

因此,据定义,

$$\mathrm{E} \upharpoonright x \,|\, \mathrm{E} \upharpoonright x \subseteq \mathrm{E}。 \tag{2}$$

考虑任一 $w \in x$。据假设和 23.6,

$$w \subset x。 \quad [\mathrm{i}]$$

再考虑任一 $y \in \bigcup w$。于是存在某事物 z 使得 $y \in z \in w$。既然 $z \in w$,我们
163 据[i]有 $z \in x$。聚集这些结果,我们就有 $y \in z \in w$ 以及 $z, w \in x$;亦即

$$\langle y, z \rangle, \langle z, w \rangle \in \mathrm{E} \upharpoonright x。$$

因此,据(2),$y \in w$。而 y 是 $\bigcup w$ 的任一成员。因此

$$\bigcup w \subseteq w。 \quad [\mathrm{ii}]$$

据(1)和 21.9,

$$\mathrm{Wellord}\ \mathrm{E} \upharpoonright x \cap (w \times w),$$

据[i]和 9.16,也就是,Wellord $\mathrm{E} \cap (w \times w)$,据 22.14 和[ii],也就

是,Wellord $E\upharpoonright w$。因此,据[ii]和 22.15,$w\in NO$。而 w 是 x 的任一成员。因此 $x\subseteq NO$。可是,据假设和 23.7,$x\neq NO$。因此 $x\subset NO$。

23.9 $\bigcup NO\subseteq NO$。 **证**,据 23.8,8.5。

当 $z\in NO$ 时,我们从我们的定义得知 $E\upharpoonright z$ 或 $E\cap(z\times z)$ 是连通的。这并不完全等于说 E 连接 z 的每两个成员。不过这一点也能得到证明。

23.10 $x,y\in z\in NO\ .\supset:x\in y\ .\vee.\ y\in x\ .\vee.\ x=y$。

证. 据假设和定义,

$$\bigcup z\subseteq z,\quad (1)\qquad \text{Connex } E\upharpoonright z。\quad (2)$$

据假设,$x,y\in z$;因此,据 9.16,

$$(u)(v)(u\in x\ .\ v\in y\ .\supset.\ \langle u,x\rangle,\langle v,y\rangle\in E\upharpoonright z)$$

(据(2)) $\supset:x\in y\ .\vee.\ y\in x\ .\vee.\ x=y)$。

就是说,

$$x\neq\Lambda\neq y\ .\supset:x\in y\ .\vee.\ y\in x\ .\vee.\ x=y。\qquad(3)$$

据假设和 23.8,$x\in z\subset NO$。因此 $x\in NO$。因此,据 23.2,$\Lambda\neq x\ .\supset.$ $\Lambda\in x$。因此$x\neq\Lambda=y\ .\supset.\ y\in x$。类似的,$x=\Lambda\neq y\ .\supset.\ x\in y$。最后, 164
$x=\Lambda=y\ .\supset.\ x=y$。这三个结论与(3)合在一起表明,在每一情形下都有,

$$x\in y\ .\vee.\ y\in x\ .\vee.\ x=y。$$

如果 α 有成员而它们全都是序数,那么它们的交 $\bigcap\alpha$ 就是它们中最小者。$\bigcap\alpha\in\alpha$ 将只在 23.25 中证明,可是我们现在就能证明在 α 中不存在更小的序数。既然'$\in$'表达'小于',这一点可以这样来说:

23.11 $\alpha\subseteq NO\ .\supset.\ \alpha\cap\bigcap\alpha=\Lambda$。

证. 如果 $x\in\alpha$,那么据假设,$x\in NO$,因而据 23.4,$x\notin x\in\alpha$,因而对某个 y,$x\notin y\in\alpha$;据 8.9,亦即 $x\notin\bigcap\alpha$。

其他的序数定律将递增地依赖于我们的贫弱的假定 7.10 和 13.1 力所不及的那些存在规定。将带我们走得远些的一条新增的公理模式

是 13.1 在序数上的类似物。13.1 是说，对所有的 $x\in$N，如果 Func α 则存在 α 对$\leq x$ 的主目的所有的值的类。（13.1 还在 $x\notin$N 的场合露头角，不过那是附带的。）现在我们新的公理模式则经过调整就所有的 $x\in$NO 说同样的事。它说的是对所有的$x\in$NO，如果 Func α 则存在 α 对小于 x 的主目的所有的值的类。可是'小于'现在意指'$\in$'。因此

23.12 **公理模式.** Func α . $x\in$NO .⊃. α"$x\in\mathcal{V}$。

它如同 13.1，而且更直接地以身为例说明了替换原理。13.1 向我们保证所有达至任何有穷大小的类都存在。23.12 则向我们保证所有达至任何序数的大小的类都存在。

以前曾指出，13.1 关于无穷类什么也没有告诉我们，哪怕是条件式的。23.12 则不同。它仍然并不蕴涵存在无穷类；然而，如果我们被给予一定的无穷类，那么 23.12 就告诉我们必定伴随它们而有其他的无穷类。

既然 N 的成员能与有穷序数相关联，我们就会期望 23.12 能替代 13.1 而且蕴涵它。可是实际上不存在明确的办法由 23.12 推导出 13.1。其障碍不仅在于 13.1 包括 $x\notin$N 这种多余的情形；我们应该乐
165 于放弃那些东西。障碍也不在于与 NO 中的冯·诺伊曼数相对，在 N 中使用策梅洛数。如果通过修改 §12 我们把 N 转换到冯·诺伊曼路线上，也并不清楚怎样从 23.12 推演出如此重新诠释的 13.1。因为，N 的定义大概将像 §11 中那样进行，所使用的'S'取冯·诺伊曼意义的；于是其麻烦将来自 N⊆NO 的证明中。归纳法会是很自然的手段，可它依靠 13.1。

在一个最终的较强的系统中我们将要把 13.1 与 23.12 组合在某单个更广阔的替换模式之下。不过现阶段存在着对较弱性的奖励。在赞扬这一特色时我们可以指出，直到差不多是本章的末尾(24.8)，从 23.12 得出的结果将只依赖于下面三条系中的第二条，分离原理的一个实例。

23.13 Func α . $x\in$NO . $\beta\subseteq\alpha$"x .⊃. $\beta\in\mathcal{V}$,

23.14 $x\in$NO .⊃. $x\cap\alpha\in\mathcal{V}$,

23.15 Func α . α“$\mathcal{V}\subseteq x\in$ NO .⊃. $\alpha\in\mathcal{V}$。

证,从 23.12 出发,正如 13.2,13.3 和 13.4 的证明都从 13.1 出发。

正如 13.3 支持施于自然数的数学归纳法定律 13.5,23.14 也支持下面的施于序数的超穷归纳法定律。

23.16 $(y)((x)(x\in y\ .\supset Fx)\ .\ y\in$ NO $.\supset Fy)\ .\ z\in$ NO $.\supset Fz$。

证[①]. 据 23.14,既然 $z\in$ NO,则 $z\cap\{x:\sim Fx\}\in\mathcal{V}$。亦即

$\{x:\sim(x\in z\ .\supset Fx)\}\in\mathcal{V}$。 (1)

据 23.8 我们对所有的 $y\in z$ 都有 $y\in$ NO。因此那个长的假设给出:

$(y)((x)(x\in y\ .\supset Fx)\supset:y\in z\ .\supset Fy)$。

我们可以多余地再合取上'$y\in z$',得到:

$(y)((x)(x\in y\in z\ .\supset Fx)\supset:y\in z\ .\supset Fy)$。

既然 $z\in$ NO,我们据 23.6 有,只要 $x\in y\in z$,则 $x\in z$。因此我们可以多余 166
地插入'$x\in z$'如下:

$(y)((x)(x\in y\in z\ .\supset:x\in z\ .\supset Fx)\supset:y\in z\ .\supset Fy)$,

亦即

$(y)((x)(\langle x,y\rangle\in E\upharpoonright z\ .\supset:x\in z\ .\supset Fx)\supset:y\in z\ .\supset Fy)$。 (2)

既然 $z\in$ NO,则 Fnd E↾z。由此以及(1)和(2)我们据 20.5 有,对任一 u,$u\in z\ .\supset Fu$。因此$(x)(x\in z\ .\supset Fx)$。因此,据假设(以 y 作为 z),Fz。

随后是两条系。第一条不过是带有一个加强的前提的 23.16。

23.17 $(y)((x)(x\in y\ .\supset Fx)\supset Fy)\ .\ z\in$ NO $.\supset Fz$。

23.18[②] $\alpha\subseteq\breve{E}$“α .⊃. $\alpha\cap$ NO $=\Lambda$。

证. 据假设,

① 这里我受惠于吉田夏彦。

② 这里我受惠于尾道明。

$$(y)(y\in\alpha\ .\supset(\exists x)(x\in\alpha\ .\ x\in y))。$$

亦即

$$(y)((x)(x\in y\ .\supset .\ x\notin\alpha)\supset .\ y\notin\alpha)。$$

于是据 23.17，对任一 $z\in\mathrm{NO}$，$z\notin\alpha$。因此 $\alpha\cap\mathrm{NO}=\Lambda$。

下一个定理模式是 23.6 的逆定理，这就圆满了应用于序数的‘$\in$’与‘$\subset$’的可互易性的想望。不像 23.6，此逆定理要求，α 与 z 同是序数——至少是共享序数的特点‘$\bigcup\alpha\subseteq\alpha$’。①

23.19 $\bigcup\alpha\subseteq\alpha\subset z\in\mathrm{NO}\ .\supset .\ \alpha\in z$。

167 **证**．据假设，$z\cap\bar{\alpha}\neq\Lambda$。而据假设和 23.8，有 $z\subset\mathrm{NO}$。因此 $z\cap\bar{\alpha}\cap\mathrm{NO}\neq\Lambda$。因此，据 23.18，

$$z\cap\bar{\alpha}\nsubseteq\breve{\mathrm{E}}``(z\cap\bar{\alpha})。$$

因此存在 w 使得

$$w\in z,\quad (1)\qquad w\notin\alpha,\quad (2)$$

并且 $(v)(v\in z\ .\ v\notin\alpha\ .\supset .\ v\notin w)$，就是说，$w\cap z\subseteq\alpha$。而既然 $z\in\mathrm{NO}$，据(1)和 23.6，$w\subset z$。因此

$$w\subseteq\alpha。\qquad (3)$$

考虑任一 $x\in\alpha$。于是 $x\subseteq\bigcup\alpha$。于是据第一个假设，$x\subseteq\alpha$。因此，据(2)，

$$w\notin x\ .\ w\neq x。\qquad [\mathrm{i}]$$

据假设，既然 $x\in\alpha$，则 $x\in z\in\mathrm{NO}$。因此，据(1)和 23.10，

$$w\in x\ .\vee .\ x\in w\ .\vee .\ w=x。$$

因此，据[i]，$x\in w$。可是 x 是 α 的任一成员。因此 $\alpha\subseteq w$。因此，据(3)，$\alpha=w$。因此，据(1)，$\alpha\in z$。

上面这个定理模式加上它的逆定理就给出：

---

① 我这里使用‘α’而不是‘x’，受惠于约瑟夫·苏考尼克(Joseph Sukonick)。证明中主要方面我追随罗宾森。

23.20 $x, y \in \mathrm{NO} \ .\supset:\ x \in y \ .\equiv.\ x \subset y$。

证. 据假设和定义，$\cup x \subseteq x$。因此，据假设和 23.19，$x \subset y \ .\supset.\ x \in y$。其逆据 23.6。

NO 是一嵌套，就是说，各个序数都是各个序数的子类或母类。

23.21 $x, y \in \mathrm{NO} \ .\supset:\ x \subseteq y \ .\vee.\ y \subseteq x$。

证. 考虑任一 $w \in \mathrm{NO}$ 使得

$$(z)(z \in w \ .\supset:\ x \subseteq z \ .\vee.\ z \subseteq x)。 \qquad [i]$$

亦即

$$(z)(z \in w \ .\supset:\ x \subseteq z \ .\vee.\ z \subset x)。 \qquad [ii]$$

可是，对任一 $z \in w$，据 23.8，我们有 $z \in \mathrm{NO}$，因而据 23.20，有 $z \in x \ .\equiv.\ z \subset x$。因此[ii]变成： 168

$$(z)(z \in w \ .\supset:\ x \subseteq z \ .\vee.\ z \in x)。 \qquad [iii]$$

情形 1：对某个 $z \in w$，$x \subseteq z$。既然 $w \in \mathrm{NO}$，据 23.6，$z \subset w$。因此 $x \subseteq w$。

情形 2：没有 $z \in w$ 使得 $x \subseteq z$。于是，据[iii]，对所有的 $z \in w$，都有 $z \in x$。亦即 $w \subseteq x$。

两种情形：$x \subseteq w \ .\vee.\ w \subseteq x$。可是 w 是满足[i]的任一序数。因此

$$(w)((z)(z \in w \ .\supset:\ x \subseteq z \ .\vee.\ z \subseteq x) \ .\ w \in \mathrm{NO} \ .\supset:\ x \subseteq w \ .\vee.\ w \subseteq x)。$$

由此通过依据 23.16 的超穷归纳法可推得 $x \subseteq y \ .\vee.\ y \subseteq x$，既然 $y \in \mathrm{NO}$。

随后是两条系。

23.22 $x, y \in \mathrm{NO} \ .\supset:\ x \subseteq y \ .\vee.\ y \in x$。

23.23 $x, y \in \mathrm{NO} \ .\supset:\ x \in y \ .\vee.\ y \in x \ .\vee.\ x = y$。

证，均据 23.21 和 23.20，既然 23.21 中的'$y \subseteq x$'本来可以简洁地说成'$y \subset x$'。

我们已经看到序数的各种定律也对 NO 成立。这一点在 23.23 中进一步得到例证，23.23 就 NO 本身肯定了 23.10 就各个序数所肯定的，即它是由 E 连通的。下面的定律类似地关系到 23.19 或 23.20。

23.24 $\bigcup\alpha\subseteq\alpha\subset \mathrm{NO}\ .\equiv.\ \alpha\in \mathrm{NO}$。

证. 通过复制 23.19 的证明,不过用 NO 和 23.23 代替 z 和 23.10,我们就表明

$$\bigcup\alpha\subseteq\alpha\subset \mathrm{NO}\ .\supset.\ \alpha\in \mathrm{NO}。$$

其逆据 23.8 和 22.15。

对任一序数类 α,关于 $\bigcup\alpha$ 的另一要点是,它本身是序数,除非它是 NO。

23.25 $\alpha\subseteq \mathrm{NO}\ .\supset:\ \bigcup\alpha\in \mathrm{NO}\ .\vee.\ \bigcup\alpha=\mathrm{NO}$。

169 **证**. 据定义,既然 $\alpha\subseteq \mathrm{NO}$,则对任一 $y\in\alpha$,我们有 $\bigcup y\subseteq y$,因而 $z\in w\in y\ .\supset.\ z\in y$。是以:

$$(y)(z)(w)(z\in w\in y\in\alpha\ .\supset.\ z\in y\in\alpha)。$$

因此 $\bigcup\bigcup\alpha\subseteq\bigcup\alpha$。还有,既然 $\alpha\subseteq \mathrm{NO}$,我们有 $\bigcup\alpha\subseteq\bigcup \mathrm{NO}$,于是据 23.9,$\bigcup\alpha\subseteq \mathrm{NO}$。因此 $\bigcup\bigcup\alpha\subseteq\bigcup\alpha\subseteq \mathrm{NO}$。因此或者 $\bigcup\alpha=\mathrm{NO}$,或者据 23.24,$\bigcup\alpha\in \mathrm{NO}$。

在我们考虑到'$\in$'就是序数的'$<$'时,我们就看到,下面的定律实际上是说 $x\cup\{x\}$ 是 x 之后下一个序数,如果 x 之后确有一序数 y 的话。

23.26 $x\in y\in \mathrm{NO}\ .\supset:\ x\cup\{x\}\in y\ .\vee.\ x\cup\{x\}=y$。

证. 据假设和 23.9,$x\in \mathrm{NO}$。因此,据 23.3,$x=\bigcup(x\cup\{x\})$。因此

$$\bigcup(x\cup\{x\})\subseteq x\cup\{x\}。\qquad (1)$$

据假设,$\{x\}\subseteq y$,而且,鉴于 23.6,$x\subset y$。因此 $x\cup\{x\}\subseteq y$。因此,要么 $x\cup\{x\}=y$,证毕,否则 $x\cup\{x\}\subset y$,此时据(1)和假设,

$$\bigcup(x\cup\{x\})\subseteq x\cup\{x\}\subset y\in \mathrm{NO},$$

因而,据 23.19,$x\cup\{x\}\in y$。

结尾我们返回一序数类的最小数的问题;参看 23.11。

23.27 $\Lambda\neq\alpha\subseteq \mathrm{NO}\ .\supset.\ \bigcap\alpha\in\alpha$。

证．据假设，$\alpha\cap \mathrm{NO}\neq\Lambda$。因此，据 23.18，$\alpha\not\subseteq \breve{\mathrm{E}}``\alpha$。因此，对某个 $x\in\alpha$，

$$(y)(y\in\alpha\ .\supset.\ y\notin x)。\qquad (1)$$

可是 $\alpha\subseteq \mathrm{NO}$，因而，对任何 $x, y\in\alpha$，都有 $x, y\in \mathrm{NO}$，于是据 23.22，$x\subseteq y\ .\vee.\ y\in x$。因此，据(1)，$(y)(y\in\alpha\ .\supset.\ x\subseteq y)$。据 8.13，亦即 $x\subseteq\bigcap\alpha$。可是既然 $x\in\alpha$，据 8.14，还有 $\bigcap\alpha\subseteq x$。因此 $x=\bigcap\alpha$。因此 $\bigcap\alpha\in\alpha$。

§24　序数的次序

序数的排序，它们之间小者对大者的关系，是 $\mathrm{E}\cap(\mathrm{NO}\times\mathrm{NO})$。更 170
简洁地说，

24.1　$\mathrm{E}\restriction\mathrm{NO}=\mathrm{E}\cap(\mathrm{NO}\times\mathrm{NO})$。　**证**：22.14，23.9。

它的域是 NO。

24.2　$(\mathrm{E}\restriction\mathrm{NO}\cup\breve{}(\mathrm{E}\restriction\mathrm{NO}))``\mathcal{V}=\mathrm{NO}$。

证．据 23.1，$\{\Lambda\}\in\mathrm{NO}$，因而 $\Lambda\in(\mathrm{E}\restriction\mathrm{NO})``\mathcal{V}$。再者，据 23.2，$\langle\Lambda, x\rangle\in\mathrm{E}\restriction\mathrm{NO}$，因而对所有的并非 $\Lambda$ 的 $x\in\mathrm{NO}$，$x\in\breve{}(\mathrm{E}\restriction\mathrm{NO})``\mathcal{V}$。至于其逆包含，据 24.1。

现在来看序数是良序的这一定理。

24.3　Wellord $\mathrm{E}\restriction\mathrm{NO}$。

证．据 22.15，对任一 $w\in\mathrm{NO}$ 我们有 $\bigcup w\subseteq w$。因此

$$(u)(v)(w)(u\in v\in w\in\mathrm{NO}\ .\supset.\ u\in w\in\mathrm{NO})。$$

因此 $\mathrm{E}\restriction\mathrm{NO}\,|\,\mathrm{E}\restriction\mathrm{NO}\subseteq\mathrm{E}\restriction\mathrm{NO}$。再者，据 23.4，$\mathrm{E}\restriction\mathrm{NO}\subseteq\overline{I}$。而且，据 23.23，对所有的 $y, z\in\mathrm{NO}$，都有 $\langle y, z\rangle\in\mathrm{E}\restriction\mathrm{NO}\cup\breve{}(\mathrm{E}\restriction\mathrm{NO})\cup I$；因此，据 24.2，Connex $\mathrm{E}\restriction\mathrm{NO}$。合到一起，

$$\text{Ordg } \mathrm{E}\restriction\mathrm{NO}。\qquad (1)$$

考虑任一 x 使得 $x\subseteq\breve{}(\mathrm{E}\restriction\mathrm{NO})``x$。显然 $x\subseteq\mathrm{NO}$。据 23.18，还有 $x\cap\mathrm{NO}=\Lambda$。因此 $x=\Lambda$。于是，据 20.2，Fnd $\mathrm{E}\restriction\mathrm{NO}$。因此，据(1)

和21.4，Wellord E↾NO。

我们几乎可以说，对各个序数成立的每件事都对NO成立；因为，NO本身满足加于22.15中的'x'的两个条件，如同23.9和24.3所见证的。为什么我们不能绝对地那么说呢？对各个序数成立而对NO不成立的一件事是，它是一序数。在23.7中对NO否定了这一点。可是在NO满足序数的两个定义条件的情况下，我们怎么能对NO否定它呢？回答是，NO$\notin \mathcal{V}$。为了属于一个类，满足成员关系条件是不够的；还需要存在。

171 'NO$\notin \mathcal{V}$'的证明就在我们面前：如果NO存在，23.9和24.3将与23.7相矛盾

24.4 NO$\notin \mathcal{V}$。

'NO$\notin \mathcal{V}$'本质上是著名的悖论之一的驯服形态：布拉里-福蒂悖论，它争辩说必定存在又必定不存在最大的序数。历史上这是第一个集合论悖论，始于1897年。① 当时布拉里-福蒂只是把这个矛盾看成序数的可比性之导归荒谬，并不了解那种可比性如何完全能够坚持。今天这个悖论与其他那些悖论一样已被排解，办法是不假定所有成员关系条件都决定类；这才有我们的'NO$\notin \mathcal{V}$'。

序数之良序的一个不太奇怪的结果是下面的系，早先在§23中曾提到它。

24.5 $\bigcup x \subseteq x \subseteq \mathrm{NO} \;.\!\equiv\!.\; x \in \mathrm{NO}$。

证. 除去为24.4所排除的另一选择'$x=\mathrm{NO}$'，这是23.24的一个特例。

序数之次序关系E↾NO的一个重要的结构特点，除了它之为良序关系(24.3)这一事实外，乃是它没有最后的项。证明这一点是本节下剩的主要任务。它将这样得到证明：我们证明，对每个序数x都存在一后继$x \cup \{x\}$而它又是另一序数。

① 在发表于康托尔的*Gesammelte Abhandlungen*中的一篇传记里，弗兰克尔宣称(p. 470)，康托尔1895年就已知晓这个悖论，而在1896年把它通知希尔伯特。

容易证明,序数所具有的任何后继都是序数。

24.6 $\acute{S}``NO \subseteq NO$。

证. 如果 $x \in \acute{S}``NO$,则存在 $y \in NO$ 使得 $x = y \cup \{y\}$。据 23.3,$y = \bigcup x$。因此 $\bigcup x \subseteq x$。据 23.8,又有 $y \subset NO$,因而 $x \subseteq NO$。因此,据24.5,$x \in NO$。

随之而来的是,有穷序数都是序数。

24.7 $\omega \subseteq NO$。

证明. 据 23.1 和 22.8,$\omega \subseteq {}^*\acute{S}``NO$。可是,据 24.6 和 15.7,有 ${}^*\acute{S}``NO = NO$。 172

下面这一条是坚硬部分。

24.8 $x \in NO \ .\supset.\ x \cup \{x\} \in \mathcal{V}$。

证. 22.11 包括了 $x \in \omega$ 的情形。因此假定

$$x \notin \omega。 \quad (1)$$

在 $y \cup \{y\} = z \cup \{z\}$ 并且 $y, z \in NO$ 时,据 23.3 我们得到 $y = z$。因此 Func $\breve{}(\acute{S} \upharpoonright NO)$。因此,据 24.7,Func $\breve{}(\acute{S} \upharpoonright \omega)$。据 22.10,这个函数的域处于 ω 之中,因而排除在函数 $I \upharpoonright \overline{\omega}$ 的域之外。因此

$$\text{Func}\ \breve{}(\acute{S} \upharpoonright \omega) \cup I \upharpoonright \overline{\omega}。 \quad (2)$$

据 7.6,对所有的 u,$\Lambda \neq u \cup \{u\}$。因此 $\Lambda \notin \acute{S}``\mathcal{V}$。据 22.9,$\Lambda$ 也不是 $I \upharpoonright \overline{\omega}$ 的域的成员。因此 Λ 是在(2)中所描述的函数的右域之外。因此,只要

$$\alpha = \breve{}(\acute{S} \upharpoonright \omega) \cup I \upharpoonright \overline{\omega} \cup \{\langle x, \Lambda \rangle\}, \quad (3)$$

据 (2)和 10.7 我们就有

$$\text{Func}\ \alpha。 \quad (4)$$

据(1)和 22.9,$x \neq \Lambda$。因此,据假设和 23.2,$\Lambda \in x$。可是,据(3),有 $\langle x, \Lambda \rangle \in \alpha$。因此

$x\in\alpha``x$。 (5)

考虑任一

$y\in x$。 [i]

情形 1：$y\in\omega$。于是，据 22.12，$y\cup\{y\}\in\omega$。因此，据(1)，乃有 $x\neq y\cup\{y\}$。因此，据[i]，假设和 23.26，$y\cup\{y\}\in x$。而且，据定义，$\langle y, y\cup\{y\}\rangle\in\breve{\ }(\acute{S}\upharpoonright\omega)$，因而，据(3)，$\langle y, y\cup\{y\}\rangle\in\alpha$。因此，$y\in\alpha``x$。

情形 2：$y\notin\omega$。于是，据(3)，$\langle y,y\rangle\in\alpha$。因此，据[i]，$y\in\alpha``x$。

173 两种情形：对所有满足[i]的 y，$y\in\alpha``x$。因此 $x\subseteq\alpha``x$。因此，据(5)，$x\cup\{x\}\subseteq\alpha``x$。因此，据假设，(4)和 23.13，$x\cup\{x\}\in\mathcal{V}$。

如同由 22.11 和 22.10 可得 22.12，由上述定理和 24.6 可得所想要的那条系。

24.9 $x\in\mathrm{NO}\ .\supset.\ x\cup\{x\}\in\mathrm{NO}$。

附带地由此和 23.9 可得 $\bigcup\mathrm{NO}=\mathrm{NO}$。

结束本章之际，我要表明，当 α 是任一序数类时，大于该类中所有序数的下一个序数总是 $\alpha\cup\bigcup\alpha$，如果存在的话。首先让我们来证明 $\alpha\cup\bigcup\alpha$ 是序数，如果它存在的话。

24.10 $\alpha\subseteq\mathrm{NO}\ .\supset:\alpha\cup\bigcup\alpha\in\mathrm{NO}\ .\vee.\ \alpha\cup\bigcup\alpha=\mathrm{NO}$。

证，如果 $\alpha\cup\bigcup\alpha=\bigcup\alpha$，则据 23.25 可得到。否则，存在 $x\in\alpha$ 使得 $(y)(y\in\alpha\ .\supset.\ x\notin y)$。可那时，据假设和 23.22，$(y)(y\in\alpha\ .\supset.\ y\subseteq x)$。据 8.5，就是说，$\bigcup\alpha\subseteq x$。而据 8.6，还有 $x\subseteq\bigcup\alpha$。因此 $x=\bigcup\alpha$。可是 x 本是 $\alpha\cap{}^{-}\bigcup\alpha$ 的任一成员，而且存在这样的东西。因此 $\alpha\cap{}^{-}\bigcup\alpha=\{x\}$。因此 $\alpha\cup\bigcup\alpha=\bigcup\alpha\cup\{x\}$。就是说，$\alpha\cup\bigcup\alpha=x\cup\{x\}$。因此，据 24.9，$\alpha\cup\bigcup\alpha\in\mathrm{NO}$。

要表明的另一件事是，$\alpha\cup\bigcup\alpha$ 这个序数是大于 α 中所有序数的下一个序数；从印象上说，

$$(x)(x<\alpha\cup\bigcup\alpha\ .\equiv:x\in\alpha\ .\vee(\exists y)(x<y\in\alpha))。$$

既然对序数而言‘$<$’就是‘$\in$’，此公式该成为：

$$(x)(x\in\alpha\cup\bigcup\alpha\ .\equiv:x\in\alpha\ .\vee(\exists y)(x\in y\in\alpha))。$$

而这可直接从定义得到。

类 α 可以有也可以没有一个最高的成员；这两种情形在 24.10 的证明中是分开考虑的。无论哪种情形，序数 $\alpha\cup\bigcup\alpha$ 都是比 α 中所有序数都大的下一个。如果 α 有一最高的成员 x，那么 x 就是 $\bigcup\alpha$ 而 $\alpha\cup\bigcup\alpha$ 是它的后继。如果 α 没有最高的成员，那么 $\alpha\cup\bigcup\alpha$ 就简单的是 $\bigcup\alpha$，一极限序数，α 的极限。这里的 α 可以是有穷奇序数的类，或者是有穷素序数的类；于是 $\bigcup\alpha$，它的极限，就是 ω。

第八章　超穷递归

§25　超穷递归

174 递归作为列示函数的一种方法，是从经典情形的和、积与幂开始为我们熟悉的。现在来看积的递归式：

(i) $$x\cdot 0=0,\qquad x\cdot(\mathrm{S}‘z)=x+x\cdot z。$$

我们已经看到(§11)如何把这样一种递归式转变成真正的或直接的定义：

(ii) $$x\cdot y=(\lambda_v(x+v))^{|y}‘0。$$

(i)的一般型式可以表为：

(iii) $$\alpha‘0=k,\qquad \alpha‘(\mathrm{S}‘z)=\beta‘(\alpha‘z),$$

而那直接化(ii)的一般型式则是：

(iv) $$\alpha‘y=\beta^{|y}‘k\quad（或者\ \alpha=\lambda_y(\beta^{|y}‘k)）。$$

让我们依靠关系的迭代这一概念的定义(§11,(viii))来揭示更多的构造。我们发现$\beta^{|y}‘k$ 被定义为 $w‘y$，其中的 w 是一个序列使得 $\langle k,0\rangle\in w$ 并且$w|\mathrm{S}|\breve{w}\subseteq\beta$。因此(iv)具有对各个自然数 y，对任一这样的序列 w，把 $\alpha‘y$ 与 $w‘y$ 等同起来的实际作用——当然是，w 虽说是有穷的，只要不取 y 为主目就不会停止。函数 α 本身，在如实地容许每
175 个自然数作为主目的同时，可以看成一个**无穷的**序列。它与所描述的有穷序列 w 中一个个出现的每一个都重合，但是又都超过它们每一个；其实，它是它们全部的并。

(v) $$\alpha=\bigcup\{w\colon w\in\mathrm{Seq}\,.\,\langle k,0\rangle\in w\,.\,w|\mathrm{S}|\breve{w}\subseteq\beta\}。$$

这就是(iv)的效力。

我们关于(iv)的例子是(ii)。(v)的相应的例子是：

(vi) $\lambda_y(x\cdot y)=\bigcup\{w: w\in \mathrm{Seq}\,.\,\langle 0,0\rangle\in w\,.$

$w|\mathrm{S}|\breve{w}\subseteq\lambda_v(x+v)\}$。

形式(v)和(vi)不如(iv)和(ii)明了，我们引进它们是为了给两种扩展铺路。

让我们用直观的话语来总括(v)：它把 α 等同于**由 β 从 k 开始生成的无穷序列**。于是特别有，(vi)把“x 乘”函数解释成由“x 加”函数从 0 开始生成的无穷序列。类似的，“x 至其幂”函数，$\lambda_y(x^y)$，变成可描述为由“x 乘”函数从 1 开始生成的无穷序列；而“x 加”函数则是由 S 从 x 开始生成的无穷序列。

而且，这就是递归的本质，至少是体现在和、积与幂的经典的递归式中。递归式所定义的是某个无穷序列 α，或是遍历所有自然数的函数。它定义它的方式是说出 α 是由什么和从什么开始生成的：由 β 从 k 开始。如何借助于“递归地定义”它的那两个数据 β 和 k 来直接表达，这显示在(v)中。

不过这一版本的递归，如果说对和、积、幂以及其他简单的例子是适宜的，那么在需要 β 借助正好前一个值来决定 α 的各个随后的值这一点上是不必要地狭隘了。一种真正宽泛的版本的递归，允许 α 的各个随后的值转而依赖整串先前的值。现在这串先前的值——α 的对先于一给定主目 y 的诸主目的那串值——简单的是 α 的停止在那一点的一截；因而是序列 $\alpha\restriction\{z: z<y\}$。因此，代替 β 我们实行宽泛化所想要 176
的是 γ，而对各个随后的 y，

(vii) $\alpha`y=\gamma`(\alpha\restriction\{z: z<y\})$

(以代替仅只是 $\alpha`y=\beta`(\alpha`(\check{\mathrm{S}}`y))$；参看(iii))。这个 γ 通过对作为主目的、α 的各个截段列示接下来的下一个是什么，来生成序列 α。

让我们跟着来扩展(v)。α 现在不再是从 k 开始并且使得 $w|\mathrm{S}|\breve{w}\subseteq\beta$ 的有穷序列 w 的无穷并，而是从 k 开始却使得

(viii) $(y)(y\in\breve{w}``\mathcal{V}\,.\supset.\,w`y=\gamma`(w\restriction\{z: z<y\})$

的有穷序列 w 的无穷并。那就是说，

$$\alpha = \bigcup\{w\colon w \in \mathrm{Seq}\,.\,\langle k,0\rangle \in w\,.\,(y)(y \in \breve{w}\text{“}\mathcal{V}\,.\supset.\,\langle w\text{‘}y, w \upharpoonright \{z\colon z<y\}\rangle \in \gamma)\}。$$

实际上 γ 是无须 k 就足够了的数据；因为 k 将是(viii)中的 $w\text{‘}0$，因而是 $\gamma\text{‘}\Lambda$。因此我们的扩展了的递归模式就成为：

$$\text{(ix)}\qquad \alpha = \bigcup\{w\colon w \in \mathrm{Seq}\,.\,(y)(y \in \breve{w}\text{“}\mathcal{V}\,.\supset.\,\langle w\text{‘}y, w \upharpoonright \{z\colon z<y\}\rangle \in \gamma)\}。$$

于是这就是加以宽泛化的递归的本质：串值递归。它在定义一无穷序列或者是遍历所有自然数的函数时，只是简单地说什么函数 γ 生成它——在生成的一种革新的意义上。α 的生成现在意指对 α 的随后的诸值的列示不是借助于各别单个的正前面的值，而是借助于 α 到那时已经生成的无论多少个值。

先前正是串值归纳法（§20）吵嚷着要求扩展到良序关系，其实是一般的有基的关系，并且作为超穷归纳法露面。在递归方面平行的发
177 展是现成的：我们的串值递归容许立刻作超穷扩展。我们的 α 是无穷序列，不过只是在取所有自然数作为主目这一意义上。我们可以推进到超穷序列：容许有穷的和超穷的序数二者作为主目的函数。一开始，需要这个扩展了的意义上的序列的一个定义。我们可以把它们定义为其右域包括所有小于某序数的序数之函数——因而可以简单地定义为其右域是序数的函数。我们还加进那右域是 NO 的情形；这些极端的序列并不被盼望着存在，不过它们构成好的虚拟类。由于它们的缘故，那扩展了的序列概念最好不用像‘Seq’那样的类词项而是用一谓词来表示。

25.1 ‘SEQ α’定义为‘$\mathrm{Func}\,\alpha : \alpha\text{“}\mathcal{V} \in \mathrm{NO}\,.\vee.\,\alpha\text{“}\mathcal{V} = \mathrm{NO}$’。

现在，为了把串值递归模式（ix）扩展成超穷的，我们只需把‘$w \in \mathrm{Seq}$’变成‘SEQ w’，并且附带地把‘$\{z\colon z<y\}$’简化为 y——在认识到我们正在对待的不是策梅洛意义上的自然数而是冯·诺伊曼意义上的序数这一情况下。遵循贝尔奈斯，(ix)经过如此修订所描述的 α

将被称为 $A\gamma$。

25.2 '$A\gamma$'定义为'$\bigcup\{w\colon \mathrm{SEQ}\, w\,.$

$$(y)(y\in \breve{w}``\mathcal{V}\ .\supset.\ \langle w`y, w\upharpoonright y\rangle\in\gamma)\}$$'。

这里的 γ,如同霍尔摩斯称谓的,是**序列函数**——参照一个想要的序列的先前的整串的值来列示各个随后的值的函数。$A\gamma$ 是 γ 如此生成的序列。我们可以把 $A\gamma$ 说成是 γ 的**累积**;因为那整个序列都是通过把 γ 应用于各个临时的累积物累积成的。①

超穷递归对我们来说是体现在上面的定义中。当序列函数 γ 已经给定时,一个想要的序列就已经通过超穷递归被列示,而 γ 的累积 $A\gamma$ 就是该想要的序列。 178

让我们作为重新定义序数和 $x+y$ 的手段来试行超穷递归(参看§22)。这里要用超穷递归来定义的序列是 $\lambda_y(x+y)$:序列 α,对各个 y 而言它的第 y 个(从第 0 个开始)值 $\alpha`y$ 是 $x+y$。所需要的是:序列函数 γ 使得 $A\gamma$ 是 α,或者 $\lambda_y(x+y)$。序列 α 是由

$$\langle x,0\rangle,\langle \acute{S}`x,1\rangle,\cdots,\langle x+y,y\rangle,\cdots$$

组成的对子类,而序列函数 γ 应该是使得 $\gamma`z$ 终于成为这样一个对子中左边那个数,只要 $z$ 是所有先前的对子的类。因此,既然所想要的那些左边的数都正好是从 $x$ 开始按常规次序往上数的序数,那么我们需要 $\gamma`z$ 成为的就简单的是比 z 中所有左边的数都大的下一个数;易言之,比 $z``\mathcal{V}$ 的所有成员都大的下一个数。不过在 $z=\Lambda$ 时有个例外:我们需要 $\gamma`\Lambda$ 成为 $x$。现在我们可以把此规则和此例外合在一起说成,我们需要 $\gamma`z$ 成为比 $z$ 中所有左边的数**以及**所有小于 $x$ 的数都要大的下一个数。可是,$z$ 中所有左边的数的类是 $z``\mathcal{V}$,而所有小于 x 的

① 贝尔奈斯意欲'$A\gamma$'代表'γ 的调配者'(adaptor)一词。发现'调配者'并不太达意,我曾苦心寻求更能讽示同一缘由的词。我至少想要保留他的记法,因为一旦挑出门径上的区别,他的概念可以承认就是 25.2 中所定义的。参看 Bernays and Fraenkel, pp. 100ff。就其本质说,此观念可追溯到冯·诺伊曼,"Ueber die Definition"甚至"Zur Einführung",note 4。

数的类就是 x；因此我们需要 $\gamma\text{‘}z$ 成为比 $z\text{“}\mathcal{V}\cup x$ 中所有成员都大的下一个数。因此，鉴于§24 末尾所说的，我们所需要的乃是

$$\gamma\text{‘}z = z\text{“}\mathcal{V}\cup x\cup\bigcup(z\text{“}\mathcal{V}\cup x)$$

(据 8.3) $$= z\text{“}\mathcal{V}\cup x\cup\bigcup(z\text{“}\mathcal{V})\cup\bigcup x$$

$$= z\text{“}\mathcal{V}\cup\bigcup(z\text{“}\mathcal{V})\cup x$$

(既然据 22.15，$\bigcup x\subseteq x$)。因此我们可以把 γ 取为

$$\lambda_z(z\text{“}\mathcal{V}\cup\bigcup(z\text{“}\mathcal{V})\cup x),$$

然后让 $x+y$ 是 $\mathrm{A}\gamma\text{‘}y$。

为了用超穷递归来定义 $x\cdot y$，我们必须对各个 x 列示一个序列函
179 数 γ 使得 $\mathrm{A}\gamma$ 终于成为 $\lambda_y(x\cdot y)$，而它是超穷序列 α，其对各个 y 而言第 y 个(从第 0 个开始)值 $\alpha\text{‘}y$ 是 $x\cdot y$。现在这个所想要的 α 或 $\lambda_y(x\cdot y)$ 是由

$$\langle 0,0\rangle,\langle x,1\rangle,\langle x+x,2\rangle,\cdots,\langle x\cdot y,y\rangle,\cdots$$

组成的对子类。序列函数 γ 应该是使得 $\gamma\text{‘}z$ 终于成为这样一个对子中左边那个数，只要 z 是所有先前的对子的类。因此我们需要 $\gamma\text{‘}z$ 总是成为 $z\text{“}\mathcal{V}$ 中最高的数(如果存在最高的数的话)加上 x。在 $z\text{“}\mathcal{V}$ 没有最高的数而是由无止境递升的、x 的诸倍数组成时，我们则需要无穷对子类之后的那下一个对子具有 x 的所有那些递升的倍数的极限或最小边界作为它左边的数。由于 $z\text{“}\mathcal{V}$ 的最小边界是 $\bigcup(z\text{“}\mathcal{V})$，我们看到，在 $z\text{“}\mathcal{V}$ 没有最高的数时，$\gamma\text{‘}z$ 要成为 $\bigcup(z\text{“}\mathcal{V})$。

于是我们来分情况定义 γ，如果存在着 $z\text{“}\mathcal{V}$ 的最高的成员，就让 $\gamma\text{‘}z$ 是它加上 x，否则是 $\bigcup(z\text{“}\mathcal{V})$。我们怎么来表达这一点呢？我们思考到，$z\text{“}\mathcal{V}$ 具有最高的成员当且仅当 $\breve{z}\text{“}\mathcal{V}$ 也如此；还有，$\breve{z}\text{“}\mathcal{V}$ 不像 $z\text{“}\mathcal{V}$，它本身是一序数；还有，一序数具有一最高的成员当且仅当它是一后继，$u\cup\{u\}$，而不是极限数；最后，当 $\breve{z}\text{“}\mathcal{V}$ 是 $u\cup\{u\}$ 时，$z\text{“}\mathcal{V}$ 的最

高的成员是 $z`u$。因此

$$\gamma=\{\langle w,z\rangle:(\exists u)(z``\mathcal{V}=u\cup\{u\}.w=z`u+x)$$
$$\vee.(u)(z``\mathcal{V}\neq u\cup\{u\}).w=\bigcup(z``\mathcal{V})\}。$$

最后，$x\cdot y=\mathrm{A}\gamma`y$。

我们差不多像 $x\cdot y$ 那样来定义 x^y。代替'$z`u+x$'我们这里要用'$(z`u)\cdot x$'。不过我们还必须特别规定 x^0 要是 1 而不是 0，如果我们希望如此的话。这个结果可以通过把'$\bigcup(z``\mathcal{V})$'改成'$\bigcup(z``\mathcal{V})\cup\{\Lambda\}$'得到。

超穷递归可以进一步通过定义一序列 β 的多项和 $\sum\beta$ 以例说明。如果特别有 β 简单的是 $\{x\}\times y$——因而，直观地说是序列 $x,x,x,\cdots$，共占 y 个地方——那么 $\sum\beta$ 就是 $x\cdot y$。因此我们可以通过推广上述 $x\cdot y$ 的构造达到 $\sum\beta$ 的一个一般的定义。现在那个构造之序列 α 或 $\mathrm{A}\gamma$ 的各个随后的值出自它的前驱加上 x。在更一般 180
的构造的那个新的 $\mathrm{A}\gamma$ 中，我们需要各个随后的值，比如说第 v 个(从第 0 个开始)值，由它的前驱加上 $\beta`v$ 得出。为得到这个结果我们只需对上述关于 $\gamma$ 的塑述加以改动，把'$x$'改为'$\beta`u$'。对如此改变的 γ，$\mathrm{A}\gamma$ 是把序列 β 累积地加起来所得到的那个序列。它是那样的序列：对从 0 开始直到(但不包括)β 的长度的各个 v，它的第 v 个值 $\mathrm{A}\gamma`v$ 是序列 β 前 v 个值的和。于是，$\sum\beta$ 本身是序列 $\mathrm{A}\gamma$ 的最后那个值——$\mathrm{A}\gamma``\mathcal{V}$ 的最高的成员——如果这样的成员存在的话，否则是其极限。两种情况下都有 $\sum\beta=\bigcup(\mathrm{A}\gamma``\mathcal{V})$。这样我们就有了 $\sum\beta$ 的定义。

给定这一点，我们自然原本可以更简洁地这样来定义积：$x\cdot y=\sum(\{x\}\times y)$。

然后我们可以定义多项积，$\prod\beta$，其办法类似于多项和(不过要安排 $\prod\Lambda=1$)。最后，$x^y=\prod(\{x\}\times y)$。

§26 超穷递归的定律①

我们需要 $A\gamma$ 成为那样的大序列，它对各个主目 y 的值是 γ 的直到 y 的一截；因而是 $\gamma‘(A\gamma\restriction y)$。因此我们必须表明 SEQ $A\gamma$ 以及一般地说 $A\gamma‘y$ 是 $\gamma‘(A\gamma\restriction y)$。最后我们必须表明 $A\gamma$ 达到尽这样一种序列可能的地步：γ 不能应用于它而在序列 $A\gamma$ 的末尾附加任何进一步的东西，$\gamma‘A\gamma$。这些就都是本节的议题。下面的引理对那些议题之一，即表明 $A\gamma‘y$ 是 $\gamma‘(A\gamma\restriction y)$，大有用处。

26.1 Func $A\gamma\restriction y\,.\,\langle x,y\rangle\in A\gamma\,.\supset.\,\langle x,A\gamma\restriction y\rangle\in\gamma\,.\,A\gamma\restriction y\in\mathcal{V}$。

证. 据第二个假设和 25.2，存在 w 使得

$w\subseteq A\gamma$，(1) $\langle x,y\rangle\in w$，(2) SEQ w，(3)

$$(x)(z\in\breve{w}“\mathcal{V}\,.\supset.\,\langle w‘z,w\restriction z\rangle\in\gamma)。\qquad(4)$$

181 据(2)，

$$y\in\breve{w}“\mathcal{V}。\qquad(5)$$

据(3)和 25.1，$\breve{w}“\mathcal{V}\in$ NO 或者 $\breve{w}“\mathcal{V}=$ NO。在两种情况下，据(5)，23.6 和 23.8，都有

$y\in$ NO，(6) $y\subseteq\breve{w}“\mathcal{V}$。(7)

据(7)，$y=\breve{}(w\restriction y)“\mathcal{V}$。而

$$\breve{}(A\gamma\restriction y)“\mathcal{V}\subseteq y。\qquad(8)$$

因此 $\breve{}(A\gamma\restriction y)“\mathcal{V}\subseteq\breve{}(w\restriction y)“\mathcal{V}$。据(1)，还有 $w\restriction y\subseteq A\gamma\restriction y$。因此，据第一个假设和 10.10a，

$$A\gamma\restriction y=w\restriction y。\qquad(9)$$

据(3)，Func w。因此，据(2)，

① 本节显著地有别于第一版。其主要改进应归功于帕森斯，参看其文。

$$x = w`y。\qquad (10)$$

据(4)和(5)，$\langle w`y, w\upharpoonright y\rangle \in \gamma$。因此，据(9)和(10)，$\langle x, \mathrm{A}\gamma\upharpoonright y\rangle \in \gamma$，是为要证者。再者，由第一个假设以及(6)和(8)，据 23.15，我们又有 $\mathrm{A}\gamma\upharpoonright y \in \mathcal{V}$。

下面两条引理对议题中的另一个即表明 SEQ $\mathrm{A}\gamma$ 有用。

26.2 $\qquad \bigcup(\breve{\mathrm{A}}\gamma``\mathcal{V}) \subseteq \breve{\mathrm{A}}\gamma``\mathcal{V} \subseteq \mathrm{NO}$。

证. 考虑任一 $z \in \breve{\mathrm{A}}\gamma``\mathcal{V}$。据 25.2 存在 w 使得

$$w \subseteq \mathrm{A}\gamma, \quad [\mathrm{i}] \qquad z \in \breve{w}``\mathcal{V}, \quad [\mathrm{ii}] \qquad \mathrm{SEQ}\ w。\quad [\mathrm{iii}]$$

据[ii]和[iii]，如同在前一证明里的(6)和(7)中那样，

$$z \in \mathrm{NO}, \quad [\mathrm{iv}] \qquad z \subset \breve{w}``\mathcal{V}。\quad [\mathrm{v}]$$

据[v]和[i]，$z \subset \breve{\mathrm{A}}\gamma``\mathcal{V}$。可 $z$ 是 $\breve{\mathrm{A}}\gamma``\mathcal{V}$ 的任一成员。因此，据8.5，$\bigcup(\breve{\mathrm{A}}\gamma``\mathcal{V}) \subseteq \breve{\mathrm{A}}\gamma``\mathcal{V}$。据[iv]，还有 $\breve{\mathrm{A}}\gamma``\mathcal{V} \subseteq \mathrm{NO}$。

26.3 $\qquad \breve{\mathrm{A}}\gamma``\mathcal{V} \subset \mathrm{NO}\ .\vee.\ \breve{\mathrm{A}}\gamma``\mathcal{V} = \mathrm{NO}$。

证. 要么 $\breve{\mathrm{A}}\gamma``\mathcal{V} = \mathrm{NO}$，否则，据 26.2 和 23.24，$\breve{\mathrm{A}}\gamma``\mathcal{V} \in \mathrm{NO}$。 182

现在来到 SEQ $\mathrm{A}\gamma$ 之证明的下剩部分。它要求假定 γ 是函数。

26.4 $\qquad \mathrm{Func}\ \gamma \supset \mathrm{SEQ}\ \mathrm{A}\gamma$。

证. 假设 $\sim\mathrm{Func}\ \mathrm{A}\gamma$。亦即 $\breve{\mathrm{A}}\gamma``\mathcal{V} \cap {}^{-}\mathrm{arg}\ \mathrm{A}\gamma \neq \Lambda$。据 26.2 这个类由序数组成。因此，据 23.27，存在某事物 z 使得

$$z = \bigcap(\breve{\mathrm{A}}\gamma``\mathcal{V} \cap {}^{-}\mathrm{arg}\ \mathrm{A}\gamma), \qquad [\mathrm{i}]$$

$$z \in \breve{\mathrm{A}}\gamma``\mathcal{V}, \quad [\mathrm{ii}] \qquad z \notin \mathrm{arg}\ \mathrm{A}\gamma。\quad [\mathrm{iii}]$$

据 26.2 和[ii]，

$$z \subseteq \breve{\mathrm{A}}\gamma``\mathcal{V}。\qquad [\mathrm{iv}]$$

可是，据[i]和 23.11，z 与 $\breve{\mathrm{A}}\gamma``\mathcal{V}$ 和 ${}^{-}\mathrm{arg}\ \mathrm{A}\gamma$ 没有共同成员。因此

$z \subseteq \arg A\gamma$。 [v]

据[ii]和[iii]存在 x 和 y 使得

$x \neq y$, [vi] $\langle x,z\rangle,\langle y,z\rangle \in A\gamma$。 [vii]

据[v],Func $A\gamma\upharpoonright z$。由此和[vii]依据 26.1 可得

$\langle x, A\gamma\upharpoonright z\rangle$, $\langle y, A\gamma\upharpoonright z\rangle \in \gamma$, $A\gamma\upharpoonright z \in \mathcal{V}$。

于是,既然据假设,Func γ,则 $x=y$。可是这与[vi]矛盾。因此假定'$\sim$Func $A\gamma$'被证明为假。因此,据 26.3 和 25.1,SEQ $A\gamma$。

我们的议题之一是要表明,对 $A\gamma$ 的各个主目 y,$A\gamma$ 'y 是 γ'$(A\gamma\upharpoonright y)$。我们来接着讲开始于 26.1 的故事。

26.5 Func γ . $y \in \breve{A}\gamma``\mathcal{V}$.$\supset$. $\langle A\gamma`y, A\gamma\upharpoonright y\rangle \in \gamma$。

证. 据第一个假设和 26.4,Func $A\gamma$。因此 Func $A\gamma\upharpoonright y$。而据第二个假设,又有$\langle A\gamma`y, y\rangle \in A\gamma$。因此,据 26.1,$\langle A\gamma`y, A\gamma\upharpoonright y\rangle \in \gamma$。

183 我们三个议题中的最后那个是要表明 $A\gamma$ 不是 γ 的主目。这一点现在将得到证明,只是在虽说$\breve{A}\gamma``\mathcal{V} \notin \mathcal{V}$ 但是 $A\gamma \in \mathcal{V}$ 这种不大会有的情形下才能提出异议。

26.6 Func γ . $\breve{A}\gamma``\mathcal{V} \in \mathcal{V}$ .$\supset$. $A\gamma \notin \breve{\gamma}``\mathcal{V}$。

证. 据第一个假设和 26.4,

Func $A\gamma$。 (1)

据第二个假设,26.3 和 24.4,

$\breve{A}\gamma``\mathcal{V} \in NO$。 (2)

因此,据 23.4 和 23.5,

$\breve{A}\gamma``\mathcal{V} \notin \breve{A}\gamma``\mathcal{V}$, (3) $\sim(\breve{A}\gamma``\mathcal{V} \in^2 \breve{A}\gamma``\mathcal{V})$。 (4)

令

$\alpha = A\gamma \cup \{\langle \gamma`A\gamma, \breve{A}\gamma``\mathcal{V}\rangle\}$。 (5)

因此

$$\alpha\text{``}\mathcal{V}=\breve{\mathrm{A}}\gamma\text{``}\mathcal{V}\cup\{\breve{\mathrm{A}}\gamma\text{``}\mathcal{V}\}。\tag{6}$$

因此，据(3)和第二个假设，$\breve{\mathrm{A}}\gamma\text{``}\mathcal{V}$ 不是 $\breve{\mathrm{A}}\gamma\text{``}\mathcal{V}$ 的而是 $\alpha\text{``}\mathcal{V}$ 的成员。因此

$$\mathrm{A}\gamma=\alpha\restriction(\breve{\mathrm{A}}\gamma\text{``}\mathcal{V}),\quad(7)\qquad\qquad \alpha\not\subseteq\mathrm{A}\gamma,\quad(8)$$

而且据(1)和 10.7，还有

$$\mathrm{Func}\ \alpha。\tag{9}$$

据(2)，(6)和 24.9，

$$\alpha\text{``}\mathcal{V}\in\mathrm{NO}。\tag{10}$$

因此，据(9)和 25.1，

$$\mathrm{SEQ}\ \alpha。\tag{11}$$

据(9)，(10)和 23.15，

$$\alpha\in\mathcal{V}。\tag{12}$$

据(5)，(9)和第二个假设， 184

$$\gamma\text{`}\mathrm{A}\gamma=\alpha\text{`}(\breve{\mathrm{A}}\gamma\text{``}\mathcal{V})。\tag{13}$$

现在，其实是不可能的，假设

$$\mathrm{A}\gamma\in\breve{\gamma}\text{``}\mathcal{V}。\qquad[\mathrm{i}]$$

于是据第一个假设，$\langle\gamma\text{`}\mathrm{A}\gamma,\mathrm{A}\gamma\rangle\in\gamma$。据(13)和(7)，亦即

$$\langle\alpha\text{`}(\breve{\mathrm{A}}\gamma\text{``}\mathcal{V}),\alpha\restriction(\breve{\mathrm{A}}\gamma\text{``}\mathcal{V})\rangle\in\gamma。\qquad[\mathrm{ii}]$$

考虑任一 $y\in\breve{\mathrm{A}}\gamma\text{``}\mathcal{V}$。据第一个假设和 26.5，

$$\langle\mathrm{A}\gamma\text{`}y,\mathrm{A}\gamma\restriction y\rangle\in\gamma。\qquad[\mathrm{iii}]$$

据(3)，$y\neq\breve{\mathrm{A}}\gamma\text{``}\mathcal{V}$；因此，据(5)，$\mathrm{A}\gamma\text{`}y=\alpha\text{`}y$。据(4)，$\breve{\mathrm{A}}\gamma\text{``}\mathcal{V}\notin y$；因此，

据(5),$A\gamma\upharpoonright y=\alpha\upharpoonright y$。在[iii]中依据这两个等式进行替换,我们就有 $\langle\alpha\text{‘}y,\alpha\upharpoonright y\rangle\in\gamma$。这是对任一 $y\in\breve{}A\gamma\text{“}\mathcal{V}$ 而言的。不过据[ii],它也在 $y=\breve{}A\gamma\text{“}\mathcal{V}$ 时成立。因此,据(6),

$$(y)(y\in\breve{\alpha}\text{“}\mathcal{V}\ .\supset.\ \langle\alpha\text{‘}y,\alpha\upharpoonright y\rangle\in\gamma)。$$

因此,据(11)和(12),我们看到,α 是满足 25.2 中的那个条件的某事物 w。因此 $\alpha\subseteq A\gamma$,与(8)冲突。因此'$A\gamma\in\breve{\gamma}\text{“}\mathcal{V}$'已经导致矛盾。

§27 枚举

序数用来计量良序关系的长度。一序数 p 意在作为由小于 p 的序数构成的次序关系的长度(参看§22),于是说一良序关系 α 有 p 作为它的序数,或者说它有长度 p,就等于说在 α 与由小于 p 的序数构成的次序关系之间存在一个同构(参看§21)。可是由小于 p 的序数构成的次序关系是小于 p 的序数之间的关系 E;因而是 p 的成员之间的 E;因而是 $E\cap(p\times p)$;因而据 22.14 是 $E\upharpoonright p$。于是,所说的同构是 α 与 $E\upharpoonright p$之间的同构;因而是$(\alpha\cup\breve{\alpha})\text{“}\mathcal{V}$ 与 p 之间的一个对应,在其下,一方
185 的次序关系 α 与另一方的 E 相平行。很清楚,这一对应够格成为25.1意义上的序列。而且,它是唯一的;在$(\alpha\cup\breve{\alpha})\text{“}\mathcal{V}$ 与一序数之间只有一个对应能够保持次序。我将称它为 α **的枚举**,简称 $e\alpha$。一旦这个被定义,我们就有关于良序关系 α 的序数的一种简洁的表达;它简单的是该枚举的右域,因而是$\breve{}e\alpha\text{“}\mathcal{V}$。

非正式地人们可能愿意说所有素数的'叙列'(series),或者它们的无穷'序列'(sequence),或者它们的'次序排列'(ordering),而并不想作任何专门的区别。作为专门术语,我们在后两个词语之间有某种特定的区别;素数的序列据 25.1 是 1 对 0,2 对 1,3 对 2,5 对 3,诸如此类的关系,而素数的次序排列则是 1 对 2,3,5,等等,2 对 3,5,7,等等,3 对 5,7,11,等等,诸如此类的关系。现在当 α 是所说专门意义上的次序排列时,$e\alpha$ 是相应的所说专门意义上的序列;这是枚举观念的全部要旨所在。其实,对各个序数 y,$e\alpha\text{‘}y$ 简单的是次序排列 α 中(在算作

第 0 个的开头那个之后)第 y 个事物。还有更自然的吗?

即使如此,$e\alpha$ 仍然必须加以定义。既然它要成为一种序列,定义它的办法就是借助超穷递归。因此为定义它我们所需要的是它的生成序列函数——序列 $e\alpha$ 的各个下一个值 x 对 $e\alpha$ 的直到那里的一整截(称之为 z)的关系。而 x 对 z 的关系每次都简单的是,在次序排列 α 之下先于 x 的东西都是序列 z 中的东西,函数 z 的值;简洁地说,$\alpha``\{x\}=z``\mathcal{V}$。因此生成 $e\alpha$ 的序列函数,称之为 Φ_α,显然是

$$\{\langle x,z\rangle : \alpha``\{x\}=z``\mathcal{V}\},$$

而 $e\alpha$ 是它的 A。只是需要这样的改进:为免得 $x\notin(\alpha\cup\breve{\alpha})``\mathcal{V}$ 全都对 Λ 具有 Φ_α,我们插进规定'$\cdot z= .\supset x1\alpha$'。因此我们的定义乃是:

27.1 'Φ_α'定义为'$\{\langle x,z\rangle : \alpha``\{x\}=z``\mathcal{V} : \cdot z=\Lambda . \supset x1\alpha\}$',①

27.2 '$e\alpha$'定义为'$A\Phi_\alpha$'。

如所指出的,人们使用 $e\alpha$ 是为了表达 α 的序数,亦即用于 $\breve{}e\alpha``\mathcal{V}$。 186
不过还有其他的用处。既然 $e\alpha`y$ 是次序排列 α 中的第 y(加一)个事物,那么该设置就提供了超穷递归的一个特别明了的变种。再次以序数之和 $x+y$ 为例。它是 x 之后第 y 个序数,因而是从 x 往上的序数的次序排列中的第 y 个东西,x 算作第 0 个。可是从 x 往上的序数都是不同于 x 的成员的序数;而它们的次序排列是 $E\cap(\bar{x}\times NO)$。因此

$$x+y=e(E\cap(\bar{x}\times NO))`y。$$

这与为了我们在 §25 后面部分所达到的同一目的而使用的超穷递归相比,要简洁些和直观得多。读者可以试着证明它们是等价的。

在 §21 和 §23 中就已暗示了一条**枚举定理**,据以在任一良序关系与直到某一点的序数的次序排列之间都存在一个同构。现在在 α 是那良序关系的情况下,$e\alpha$ 就是那个同构。因此对我们来说,枚举定理将

① 由科林·哥弗里修正。

采取一串赋予 eα 以所想要的性质的定理模式的形式。一个是,eα 是一对应,或者说一一关系;让我们终于记录下这个词的明显的定义。

27.3 ‘Cor β’定义为‘Func β . Func $\breve{\beta}$’。

一个是,它的左域是 α 的域。一个是,它的右域,$\breve{\mathrm{e}}\alpha$“$\mathcal{V}$,是直到某一点的序数的类——因而简单地说,它或是一序数或是 NO。而最后一个是,eα 保持次序;亦即 eα‘x 对 eα‘y 具有 α 当且仅当序数 x 小于序数 y(亦即 $x \in y$)。

这四个性质中的第三个可以立即建立。

27.4 $\breve{\mathrm{e}}\alpha$“$\mathcal{V} \in$ NO .∨. $\breve{\mathrm{e}}\alpha$“$\mathcal{V} =$ NO。 **证**:26.3,27.2。

下一个要瞄准的是为首的:eα 是一对应。它前面是两条引理。

27.5 Ordg $\alpha \supset$ Func Φ_α。

187 **证**. 考虑任何 u, v, w 使得

$$\langle u,w\rangle,\langle v,w\rangle \in \Phi_\alpha。 \qquad [\text{i}]$$

现在要表明 $u=v$。如果 ˙$w=\Lambda$,[i]和 27.1 就给出 $u 1 \alpha$ 和 $v 1 \alpha$,因而,据 21.8 和假设,$u=v$。如果另一方面 ˙$w \neq \Lambda$,那么我们由[i]和 27.1 就有

$$\alpha“\{u\} = \alpha“\{v\} = w“\mathcal{V} \neq \Lambda,$$

此时 $u, v \in \alpha$“$\mathcal{V}$,因而据假设和 21.5,$u=v$。

27.6 Ordg α . $y \in \breve{\mathrm{e}}\alpha$“$\mathcal{V}$.⊃. α“{eα‘y} = eα“y。

证. 据第一个假设和 27.5,Func Φ_α。因此,据 26.4 和定义,Func eα。因此Func eα↾y,而据第二个假设,又有⟨eα‘y, y⟩∈ eα。因此,据 26.1 和定义,⟨eα‘y, eα↾y⟩∈ Φ_α 并且 eα↾$y \in \mathcal{V}$。因此,据 27.1,α“{eα‘y} = (eα↾y)“$\mathcal{V}$,证毕。

现在来证明次序排列的枚举是一对应。

27.7 Ordg $\alpha \supset$ Cor eα。

证. 如同在前一证明中那样,

$\mathrm{Func}\ \mathrm{e}\alpha$。 (1)

考虑任何 y,z 使得

$y,z\in\breve{}\mathrm{e}\alpha``\mathcal{V}$， [i] $\mathrm{e}\alpha`y=\mathrm{e}\alpha`z$。 [ii]

据(1)和[i]，

$y,z\in\arg\ \mathrm{e}\alpha$。 [iii]

据[i]，假设和 27.6，

$\alpha``\{\mathrm{e}\alpha`y\}=\mathrm{e}\alpha``y$， [iv] $\alpha``\{\mathrm{e}\alpha`z\}=\mathrm{e}\alpha``z$。 [v]

据 27.4 和 23.8，$\breve{}\mathrm{e}\alpha``\mathcal{V}\subseteq\mathrm{NO}$。因此，据[i]，$y,z\in\mathrm{NO}$。因此，据23.23，

$y\in z\ .\vee.\ z\in y\ .\vee.\ y=z$。 [vi]

假定 $y\in z$。于是，据[iii]，$\mathrm{e}\alpha`y\in\mathrm{e}\alpha``z$。于是，据[v]，$\mathrm{e}\alpha`y\in\alpha``\{\mathrm{e}\alpha`z\}$，亦 188
即 $\langle\mathrm{e}\alpha`y,\mathrm{e}\alpha`z\rangle\in\alpha$。可是这与[ii]和假设 $\mathrm{Ordg}\ \alpha$ 冲突。因此 $y\notin z$。类似的，$z\notin y$。因此，据[vi]，$y=z$。可是 y 和 z 是满足[ii]的 $\breve{}\mathrm{e}\alpha``\mathcal{V}$ 的任一成员。因此 $\mathrm{Func}\ \breve{}\mathrm{e}\alpha$。因此，据(1)，$\mathrm{Cor}\ \mathrm{e}\alpha$。现在我们来证明第四个迫切要求：$\mathrm{e}\alpha$ 保持次序。

27.8 $\mathrm{Ordg}\ \alpha\ .\ x,y\in\breve{}\mathrm{e}\alpha``\mathcal{V}\ .\supset:\langle\mathrm{e}\alpha`x,\mathrm{e}\alpha`y\rangle\in\alpha\ .\equiv.\ x\in y$。

证. 据第一个假设和 27.7，$\mathrm{Cor}\ \mathrm{e}\alpha$。因此，据第二个假设，

$(z)(\langle\mathrm{e}\alpha`x,z\rangle\in\mathrm{e}\alpha\ .\equiv.\ x=z)$。 (1)

据假设和 27.6，$\alpha``\{\mathrm{e}\alpha`y\}=\mathrm{e}\alpha``y$。因此

$$\begin{aligned}\langle\mathrm{e}\alpha`x,\mathrm{e}\alpha`y\rangle\in\alpha\ .\equiv\ .&\ \mathrm{e}\alpha`x\in\mathrm{e}\alpha``y\\ \equiv&\ (\exists z)(z\in y\ .\ \langle\mathrm{e}\alpha`x,z\rangle\in\mathrm{e}\alpha)\\ \text{(据(1))}\qquad\equiv&\ (\exists z)(z\in y\ .\ x=z)\\ \equiv.&\ x\in y。\end{aligned}$$

最后我们来谈 $\mathrm{e}\alpha$ 的四个所想要的性质中下剩的一个：它的左域是

α 的域。分成两半来证明其等同比较方便。

27.9 $\qquad e\alpha``\mathcal{V}\subseteq(\alpha\cup\breve{\alpha})``\mathcal{V}$。

证. 考虑任一 $x\in e\alpha``\mathcal{V}$。存在某事物 y 使得 $\langle x,y\rangle\in e\alpha$。于是，据 27.2 和 25.2，存在某事物 w 使得

$$\langle x,y\rangle\in w,\quad [\mathrm{i}]\qquad (z)(z\in\breve{w}``\mathcal{V}\ .\supset.\ \langle w`z,w\upharpoonright z\rangle\in\Phi_{\alpha}),\quad [\mathrm{ii}]$$

并且 SEQ w，亦即

$$\mathrm{Func}\ w\quad [\mathrm{iii}]\qquad \breve{w}``\mathcal{V}\in\mathrm{NO}\ .\vee.\ \breve{w}``\mathcal{V}=\mathrm{NO}。\quad [\mathrm{iv}]$$

据[i]和[iii]，

$$y\in\breve{w}``\mathcal{V},\quad [\mathrm{v}]\qquad x=w`y。\quad [\mathrm{vi}]$$

据[v]，[vi]和 23.8，$y\in\mathrm{NO}$；据[iii]，还有，Func $w\upharpoonright y$；因此，据 23.15，

$$w\upharpoonright y\in\mathcal{V}。\qquad [\mathrm{vii}]$$

189 据[v]和[ii]，$\langle w`y,w\upharpoonright y\rangle\in\Phi_{\alpha}$。据[vi]，亦即 $\langle x,w\upharpoonright y\rangle\in\Phi_{\alpha}$。据27.1和[vii]，亦即

$$\alpha``\{x\}=(w\upharpoonright y)``\mathcal{V},\qquad w\upharpoonright y=\Lambda\ .\supset x1\alpha。$$

于是，如果 $w\upharpoonright y=\Lambda$ 则 $x\in\alpha``\mathcal{V}$，而如果 $w\upharpoonright y\neq\Lambda$ 则 $\alpha``\{x\}\neq\Lambda$，因而$x\in\breve{\alpha}``\mathcal{V}$。

至于其逆包含，则需要一些要紧的前提。

27.10 $\qquad \mathrm{Wellord}\ \alpha\ .\ \breve{}e\alpha``\mathcal{V}\in\mathcal{V}\ .\ (\alpha\cup\breve{\alpha})``\mathcal{V}\cap{}^{-}(e\alpha``\mathcal{V})\in\mathcal{V}$

$$.\supset.\ e\alpha``\mathcal{V}=(\alpha\cup\breve{\alpha})``\mathcal{V}。$$

证之思想. 既然我们有 27.9，需要表明的只是$(\alpha\cup\breve{\alpha})``\mathcal{V}\subseteq e\alpha``\mathcal{V}$；亦即由良序关系 α 排序的所有的事物都在 $e\alpha``\mathcal{V}$ 中。令 $y$ 是由 $\alpha$ 排序的事物中的任一事物使得所有先前的东西都在$e\alpha``\mathcal{V}$中。然后我们致力于表明 $y\in e\alpha``\mathcal{V}$。通过超穷归纳法即得，由 α 排序的每个事物都在

$e\alpha``\mathcal{V}$ 中。

证之细节[①]. 由前两个假设,我们分别据 27.7 和 27.4 而有

$\mathrm{Cor}\ e\alpha$, (1)　　$\breve{e\alpha}``\mathcal{V}\in \mathrm{NO}$。 (2)

因此,据 23.15,

$$e\alpha\in \mathcal{V}。\quad (3)$$

据第一个假设和 27.5, Func Φ_α。因此,据第二个假设, 26.6 和定义27.2,

$$e\alpha\notin \breve{\Phi}_\alpha``\mathcal{V}。\quad (4)$$

考虑任一事物 y 使得

$y\in(\alpha\cup\breve{\alpha})``\mathcal{V}$, [i]　　$\alpha``\{y\}\subseteq e\alpha``\mathcal{V}$。 [ii]

据[i]和 21.7,

$$\alpha``\{y\}=\Lambda\ .\supset y1\alpha。\quad [iii]$$

据(4)和(3), $\langle y,e\alpha\rangle\notin\Phi_\alpha$。因此,据 27.1 和(3),

$$\sim(\alpha``\{y\}=e\alpha``\mathcal{V} : e\alpha=\Lambda\ .\supset y1\alpha),$$

亦即 190

$$\sim(\alpha``\{y\}=e\alpha``\mathcal{V} : e\alpha``\mathcal{V}=\Lambda\ .\supset y1\alpha),$$

据 6.7,亦即

$$\sim(\alpha``\{y\}=e\alpha``\mathcal{V} : \alpha``\{y\}=\Lambda\ .\supset y1\alpha)。$$

据[iii],亦即 $\alpha``\{y\}\neq e\alpha``\mathcal{V}$。因此,据[ii],存在 w 使得

$w\in e\alpha``\mathcal{V}$, [iv]　　$\langle w,y\rangle\notin\alpha$。 [v]

据[iv]和(1)存在 x 使得

① 由约瑟夫·厄里安大为缩短。

$$x\in \breve{}\,\mathrm{e}\alpha``\mathcal{V}, \qquad [\mathrm{vi}] \qquad\qquad w=\mathrm{e}\alpha`x。 \qquad [\mathrm{vii}]$$

由[vi]和第一个假设,我们据 27.6 有 $\alpha``\{\mathrm{e}\alpha`x\}=\mathrm{e}\alpha``x$。据[vii],那就是 $\alpha``\{w\}=\mathrm{e}\alpha``x$。因此

$$\alpha``\{w\}\subseteq \mathrm{e}\alpha``\mathcal{V}。 \qquad [\mathrm{viii}]$$

据[iv]和 27.9,$w\in(\alpha\cup\breve{\alpha})``\mathcal{V}$;据第一个假设,还有 Connex $\alpha$;因此,据[i]和[v],$w=y$ 或者 $\langle y,w\rangle\in\alpha$。所以,在一种情形下据[iv]而在另一种情形下据[viii],都有 $y\in\mathrm{e}\alpha``\mathcal{V}$。可是 y 是满足[i]和[ii]的任一事物。因此

$$(y)(\alpha``\{y\}\subseteq\mathrm{e}\alpha``\mathcal{V}\,.\,y\in(\alpha\cup\breve{\alpha})``\mathcal{V}\,.\supset.\,y\in\mathrm{e}\alpha``\mathcal{V}),$$

亦即

$$(y)((z)(\langle z,y\rangle\in\alpha\,.\supset.\,z\in\mathrm{e}\alpha``\mathcal{V}\,.\,y\in(\alpha\cup\breve{\alpha})``\mathcal{V}\,.\supset.\,y\in\mathrm{e}\alpha``\mathcal{V})。$$

由此和假设,通过依据 20.6 的超穷归纳法可得,对任一 $w\in(\alpha\cup\breve{\alpha})``\mathcal{V}$,$w\in\mathrm{e}\alpha``\mathcal{V}$。因此,据 27.9,$(\alpha\cup\breve{\alpha})``\mathcal{V}=\mathrm{e}\alpha``\mathcal{V}$。

这样,枚举定理现在就以这种包括 27.4,27.7,27.8 和 27.10 的分散的形式到手了。

从枚举定理出发我们可以证明,任何两个良序关系都是在§21 的意义上可比较的。我们可以表明,只要 Wellord x 并且 Wellord y,那么 $\mathrm{e}x|\breve{}\,\mathrm{e}y$(如果它存在的话)就是 x 与 y 之间,或者 x 与 y 的一节之
191 间,或者 x 的一节与 y 之间的一个同构。更简单地说,我们可以通过比较良序关系 x 与 y 各自的序数 $\breve{}\,\mathrm{e}x``\mathcal{V}$ 与 $\breve{}\,\mathrm{e}y``\mathcal{V}$,来比较它们。序数本身的可比较性见前面的 23.23。

第九章 基　　数

§28　类的比较大小

我们曾经在 11.1 中看到如何来比较两个类，看其中一个是不是比另一个大。支配这样的比较的某些简单的定律能很快地得到证明。 193

28.1 $\alpha \subseteq \beta \preceq \gamma . \supset . \alpha \preceq \gamma$。

证. 据假设和 11.1，存在一个函数 x 使得 $\alpha \subseteq \beta \subseteq x``\gamma$，故而，据 11.1，$\alpha \preceq \gamma$。

28.2 $\alpha \preceq \beta \subseteq \gamma . \supset . \alpha \preceq \gamma$。　　证，同等容易。

28.3 $\Lambda \preceq \alpha$。　　证：Func Λ 并且 $\Lambda \subseteq \Lambda``\alpha$。

28.4 $\{x\} \preceq \{y\}$。

证：Func $\{\langle x, y\rangle\}$ 并且 $\{x\} \subseteq \{\langle x, y\rangle\}``\{y\}$。

28.5 $\alpha \preceq \{x\} . \equiv : \alpha = \Lambda . \vee (\exists y)(\alpha = \{y\})$。

证. 如果 $\alpha \preceq \{x\}$，那么据 11.1，对某个函数 z，$\alpha \subseteq z``\{x\}$，因而据 10.17，$\alpha \subseteq \{z`\}$，因而 $\alpha$ 是 $\Lambda$ 或 $\{z`x\}$。其逆据 28.3 和 28.4。

可是很快就到达关于这个主题无须概括前提即能证明的东西的极限。连'$\alpha \preceq \alpha$'都是我们无能为力的。它说的是对某个函数 x，$\alpha \subseteq x``\alpha$；而我们不能援引函数 I 或函数 $I \upharpoonright \alpha$ 来证明这一点，除非是在一些概括假定之下而它们蕴涵 $I \in \mathcal{V}$ 或者 $I \upharpoonright \alpha \in \mathcal{V}$ 或者至少是其间存在某事物 x 以至 $I \upharpoonright \alpha \subseteq x \subseteq I$。让我们给这些加以卫护的陈述之一以号码。 194

28.6 $I \upharpoonright \alpha \in \mathcal{V} . \supset . \alpha \preceq \alpha$。

证，据 11.1，既然 $\alpha = (I \upharpoonright \alpha)``\alpha$。

传递性也需要一概括前提。如果$\alpha\leq\beta\leq\gamma$,据11.1,存在函数$x$和$y$使得$\alpha\subseteq x``\beta$并且$\beta\subseteq y``\gamma$,因而$\alpha\subseteq(x|y)``\gamma$;而且,据10.6确实有Func $x|y$。可是,除非$x|y\in\mathcal{V}$,这不是$\alpha\leq\gamma$的证明。

在有穷的情形下这些障碍并不发生。只要我们能就α表明对某个x,$\alpha\leq\{,,,x\}$,我们就能利用现有的适中的概括公理来证明只要Func β则$\beta``\alpha\leq\alpha$;这里我们可以忽略'$\beta\in\mathcal{V}$'。

28.7 $\alpha\leq\{,,,x\}$. Func β .⊃. $\beta``\alpha\leq\alpha$。

证. 据第一个假设和11.1,存在y使得

Func y, (1) $\alpha\subseteq y``\{,,,x\}$。 (2)

$$\gamma=\{\langle\langle u,v\rangle,w\rangle:\langle u,v\rangle\in\beta.\langle v,w\rangle\in y\}。\tag{3}$$

据假设,Func β。因此,据(1)和(3),Func γ。因此,据13.1,存在某事物z使得

$$z=\gamma``\{,,,x\}$$

(据(3)) $$=\{\langle u,v\rangle:\langle u,v\rangle\in\beta.v\in y``\{,,,x\}\}$$

$$=\beta\upharpoonright(y``\{,,,x\})。\tag{4}$$

于是,据(2),$z``\alpha=\beta``\alpha$。进而,既然Func β,则Func z。因此,据11.1,$\beta``\alpha\leq\alpha$。

这样我们就能赋予28.6以贫瘠的补充:

28.8 $\alpha\leq\{,,,x\}$.⊃.$\alpha\leq\alpha$。 **证**:28.7,令β为I。

195 传递性也类似。

28.9 $\alpha\leq\beta\leq\gamma\leq\{,,,x\}$.⊃.$\alpha\leq\gamma$。

证. 据假设,如同不久前指出的,存在y和z使得Func $y|z$并且$\alpha\subseteq(y|z)``\gamma$。据最后一个假设和28.7,$(y|z)``\gamma\leq\gamma$。因此,据28.1,$\alpha\leq\gamma$。

α的、我愿意称之为**稳定的有穷性**的条件乃是:

$(\exists x)(x \in \mathrm{N} . \alpha \leq \{,,,x\})$。

与此相比，单独‘$(\exists x)(\alpha \leq \{,,,x\})$’可以称之为**暂定的**有穷性的条件，因为如果能够有无尽的非循环的、仅有成员的下降，它是与 α 的无穷性相容的，参看 13.1 之前的讨论。可是暂定的有穷性确实保证有穷性防止对全域的那种愚蠢的扭曲。这样多的保证对 28.8 和 28.9 已经足够了，而且类似地对许多其他的类比较定律都是足够的，像‘$\alpha \leq \alpha$’和‘$\alpha \leq \beta \leq \gamma . \supset . \alpha \leq \gamma$’这些定律没有它就需要概括前提。暂定的有穷性之能够如此替代概括前提的原因不过是，暂定的有穷性乃是如下的概括模式的条件。

28.10 $\alpha \leq \{,,,x\} . \supset . \alpha \in \mathcal{V}$。 **证**，据 13.2，11.1。

在暂定的有穷性这一名目下，让我就在这里设置另外三个定律以供将来援引之用。

28.11 $\{,,,x\} \leq \{,,,x\}$。

证. 据 13.4，既然 $\breve{}(I \upharpoonright \{,,,x\})$“$\mathcal{V}$ 是$\{,,,x\}$，则 $I \upharpoonright \{,,,x\} \in \mathcal{V}$。因此，据 28.6，$\{,,,x\} \leq \{,,,x\}$。

28.12 $\alpha \leq \beta \leq \{,,,x\} . \supset . \alpha \leq \{,,,x\}$。

证:28.9，令 γ 为$\{,,,x\}$，以及 28.11。

28.13 $\alpha \leq \{,,,\{x\}\} . \supset . (\exists y)(\alpha \cap {}^{-}\{y\} \leq \{,,,x\})$。

证. 据假设和 11.1，存在 z 使得 196

Func z， (1) $\alpha \subseteq z$“$\{,,,\{x\}\}$。 (2)

据(2)和 13.13，

$\alpha \subseteq z$“$\{,,,x\} \cup z$“$\{\{x\}\}$。

可是，据(1)和 10.17，对某个 y，z“$\{\{x\}\} \subseteq \{y\}$。因此

$\alpha \subseteq z$“$\{,,,x\} \cup \{y\}$。

因此

$\alpha \cap {}^{-}\{y\} \subseteq z``\{,,,x\}$。

因此，据(1)和 11.1，$\alpha \cap {}^{-}\{y\} \leq \{,,,x\}$。

在基于暂定的有穷性前提的那些类比较定律之外，存在一些定律要求稳定的有穷性。典型的是，在通过数学归纳法证明该定律时产生这种需求。数学归纳法可以直接适用于稳定地有穷的类，以代替数：如果 $F\Lambda$，并且对所有的 y 和 z，$F(y \cap {}^{-}\{z\}) \supset Fy$，并且 α 是稳定地有穷的，那么 $F\alpha$。

28.14 $F\Lambda\,.\,(y)(z)(F(y \cap {}^{-}\{z\}) \supset Fy)\,.\,x \in \mathrm{N}\,.$

$\alpha \leq \{,,,x\}\,.\supset F\alpha$。

证. 考虑任何 y 和 w 使得

$(v)(v \leq \{,,,w\}\,.\supset Fv)$， [i]　　　$y \leq \{,,,\{w\}\}$。 [ii]

据[ii]和 28.13，存在某事物 z 使得 $y \cap {}^{-}\{z\} \leq \{,,,w\}$。因此，据28.10，$y \cap {}^{-}\{z\}$是某事物 v 使得 $v \leq \{,,,w\}$。因此，据[i]，$F(y \cap {}^{-}\{z\})$。因此，据第二个假设，Fy。可 y 和 w 原本是满足[i]和[ii]的任何事物。因此

$(w)((v)(v \leq \{,,,w\}\,.\supset Fv) \supset (v)(v \leq \{,,,\{w\}\}\,.\supset Fv))$。 (1)

据假设，$F\Lambda$。因此，对任何 u，$F(\{u\} \cap {}^{-}\{u\})$。可那时，据第二个假设，$F\{u\}$。据 12.21，

197 $(v)(v \leq \{,,,\Lambda\}\,.\supset.\,v \leq \{\Lambda\})$

(据 28.5)　　$\supset : v = \Lambda\,.\vee (\exists u)(v = \{u\}))$

(既然 $F\Lambda$ 并且 $F\{u\}$)　　$\supset Fv)$。

由此和(1)以及假设'$x \in \mathrm{N}$'，通过依据 13.9 的归纳法可推出

$(v)(v \leq \{,,,x\}\,.\supset Fv)$。

可是，据最后一个假设和 28.10，α 是某事物 v 使得 $v \leq \{,,,x\}$。因此 $F\alpha$。

事实上，这一版本的归纳法让我们想到，我们可以更直接地定义稳

定的有穷性本身，正好类似于 N 的定义而不是使用 N。一个类 u 是有穷的，如果它属于每个类 w 使得 $\Lambda \in w$ 而且

$$(y)(z)(y\cap{}^{-}\{z\}\in w\,.\supset.\,y\in w)。$$ ①

要不，如同我们在 N 的情形下为避免依赖无穷的 w 所做的那样加以反演，我们可以改而说成，u 是有穷的，如果 Λ 属于每个类 w 使得 $u\in w$ 而且

$$(y)(z)(y\in w\,.\supset.\,y\cap{}^{-}\{z\}\in w)。$$

28.14 版本的归纳法可有一更长和更强的变种，与 13.10 相对应。

28.15 $$F\Lambda\,.\,(y)(z)(y\leq\{,,,x\}\,.\,F(y\cap{}^{-}\{z\})\,.\supset Fy)\,.$$
$$x\in \mathrm{N}\,.\,\alpha\leq\{,,,x\}\,.\supset F\alpha。$$

证. 据 28.1，

$$y\leq\{,,,x\}\,.\supset.\,y\cap{}^{-}\{z\}\leq\{,,,x\}。$$

因此，如果进而

$$y\cap{}^{-}\{z\}\leq\{,,,x\}\,.\supset F(y\cap{}^{-}\{z\}),$$ 198

则将推出 $y\leq\{,,,x\}\,.\supset F(y\cap{}^{-}\{z\})$，因而

$$y\leq\{,,,x\}\,.\supset.\,y\leq\{,,,x\}\,.\,F(y\cap{}^{-}\{z\})$$

（据第二个假设） $\supset Fy$。

合到一起，则有

$$(y)(z)(y\cap{}^{-}\{z\}\leq\{,,,x\}\,.\supset F(y\cap{}^{-}\{z\})$$
$$:\supset:\,y\leq\{,,,x\}\,.\supset Fy)。$$

据第一个假设，$\Lambda\leq\{,,,x\}\,.\supset F\Lambda$。由这两个结果和后面两个假设，通过依据 28.14 的归纳法可以推出 $\alpha\leq\{,,,x\}\,.\supset F\alpha$。因此，据最后一个假设，$F\alpha$。

---

① 这就是 Whitehead and Russell，∗120·24。

一条典型的、可以通过这样的归纳法证明的定律是：

(i) $x \in \mathrm{N} . \alpha \cup \{y\} \leq \alpha \leq \{,,,x\} . \supset . y \in \alpha$,

它说的是，一个稳定地有穷的 α 必定小于 $\alpha \cup \{y\}$，除非 y 在其中。另一条是：

(ii) $x \in \mathrm{N} . \alpha \leq \{,,,x\} . \alpha \leq \beta . \supset (\exists x)(\alpha \simeq x \subseteq \beta)$,

它说的是，一个稳定地有穷的 α 必定与 β 的某个子类同样大小，如果 $\alpha \leq \beta$ 的话。我省略了它们的证明。好奇想见识关于有穷类的乏味定理的冗长的归纳法证明的读者可以转而去看 31.3；他还可以作为练习试着证明(i)和(ii)。

既然暂定的有穷性本身一般只通过 13.1 起作用，那么只要承认某些合理的概括前提，从暂定的有穷性出发证明的定律一般地也对无穷类成立。事实上 28.7—28.12 具有关系到序数、建基于 23.12 而不是 13.1 的类似物，那就是：

$$\alpha \leq x \in \mathrm{NO} . \mathrm{Func}\,\beta . \supset . \beta``\alpha \leq \alpha,$$

$$\alpha \leq x \in \mathrm{NO} . \supset . \alpha \leq \alpha,$$

$$\alpha \leq \beta \leq \gamma \leq x \in \mathrm{NO} . \supset . \alpha \leq \gamma,$$

$$\alpha \leq x \in \mathrm{NO} . \supset . \alpha \in \mathcal{V},$$

$$x \in \mathrm{NO} . \supset . x \leq x,$$

$$\alpha \leq \beta \leq x \in \mathrm{NO} . \supset . \alpha \leq x。$$

199 它们的证明可以从 28.7—28.12 的证明得到，只需简单地把其中对 13.1，13.2 和 13.4 的援引改为援引 23.12，23.13 和 23.15。

另一方面，从稳定的有穷性出发通过归纳法证明的定律，在无穷的情形下有时被证明是假的，而不只是不可证实的。(i)的情况就如此；'$\alpha \cup \{y\} \leq \alpha . \supset . y \in \alpha$'可以对无穷的 α 失效，这将在下面几页我们已经开始探究无穷类的比较大小之重重奇妙时显明。在(ii)中又还以例子表明了另一情景：(ii)似乎无须其稳定的有穷性前提就成立，可是它的对无穷情形的证明则要求一个特别的、不同于概括形式的前提，我们将在题名为选择公理的下一章中遇到它。

在康托尔之前并不清楚我们竟能有意义地比较无穷的复合体以区

别大小。当 α 只有有穷多个成员时，我们以任意的次序一对一地把它们指派给 β 的成员，如果我们穷尽了 β 而仍然剩余下 α 的某些成员，那么我们就断言 α 比 β 有更多的成员。（要不，我们可以像数数那样把 α 的成员指派给数，对 β 也如此，然后加以比较。）可是当类是无穷的时，我们开始看到奇怪的变化，它们暗示这样的比较已失去它们的意义。于此，假定我们试着把无穷多个自然数指派给无穷多个偶数。一种办法是把各个数指派给它的对等者，其结果是剩下奇数，而这暗示全部的数比偶数多；可是，另一种办法，即把各个数 x 指派给 $x+x$，却把一切都安排停当，而这暗示数并不比偶数多。

康托尔解决了这个两难，他宣称只要存在**某个**函数把 α 的所有成员都指派给 β 的成员，α 就不大于 β。这就是自 11.1 以来我们面前已经有的那个定义。归依它就解决了上述如何来比较 N 与偶数类的问题。多亏那个顺遂的函数（x 指派给 $x+x$），不管那个不顺遂的函数（等同），我们认为 N 不大于偶数类。

无论如何这解决了该函数是否**存在**的问题；亦即是否

$$\{\langle x, x+x\rangle : x \in \mathrm{N}\} \in \mathcal{V}。$$

是以，无穷类的比较一般地将有赖于概括假定，因为在 11.1 中有用来 200
指函数的量化变元。

使康托尔的准则有意义的是，在某些情形下，虽说不是在与偶数类相对的 N 的情形下，它的确表示出大小上的区别，而且表明（基于一般都承认的概括假定）一个类可以有比 N 更多的成员。例如，康托尔确立了，在他的准则之下，较之自然数存在更多的实数。就是说，$\mathrm{N} \prec \mathrm{Real}$。

我们可以通过重新考虑 §17 中的图、把实数看成射线来很快地理解这一点。在 x 是任一函数的情况下，一射线 $r \notin x``\mathrm{N}$ 可以通过如下的无穷趋近列示出来。r 应处于以 $\langle 0,0\rangle$ 为顶点的直角的下半部分，除非射线 $x`0$ 处在那里，此时 $r$ 处于那上半部分。无论 $r$ 处于哪一半，$r$ 应处于那一半**的**下半部分，除非射线 $x`1$ 处在那里，此时 r 处于该直角的它的那一半的另一半。无论 r 处于哪个四分之一部分内，r 应处于它的四分之一部分的下半部分，除非 $x`2$ 处在那里；如此等等。因此，对

每个 $y \in \mathrm{N}$，r 都不同于 $x`y$。因此 $\mathrm{Real} \not\subset x``\mathrm{N}$。可 x 原本是任一函数。因此，据定义 11.1 和 20.3，$\mathrm{N} \prec \mathrm{Real}$。

人们或许对 $\mathrm{N} \prec \mathrm{Real}$ 并不惊奇，因为在每个整数与下一个整数之间都存在无穷多个实数。可是这是并不惊奇的一个坏的理由；因为这同一理由会引导我们错误地认为 $\mathrm{N} \prec \mathrm{Rat}$。事实上我们确有一个函数把所有的比率指派给自然数，那就是 §3 中提到的、由所有具形式 $\langle y/z, 2^y \cdot 3^z \rangle$ 的对子组成的函数。

刚才这个注记同样服从于一个概括前提：

$$\{\langle y/z, 2^y \cdot 3^z \rangle : y, z \in \mathrm{N}\} \in \mathcal{V}。$$

只有基于这个假定援引这个函数才能表明 $\mathrm{Rat} \preceq \mathrm{N}$。

谈到缺陷，在前面关于 $\mathrm{N} \prec \mathrm{Real}$ 的论证中自然存在着各式各样的缺陷。严格地表述，那个论证要从算术上处理½的幂的和。实数 r 将
201 作为½的幂的和的一个适当的类的最小边界而被得到，而我们的论证将依赖于一个肯定那个类存在的概括前提。无论如何，我乐于说明，我们并不必需'$\mathrm{N} \prec \mathrm{Real}$'这个例子来表明存在大于类 N 的类。我们可以转到也归功于康托尔的另一个例子，它兼有更一般又省得我们进一步发展类的算术的优点。

因为，康托尔曾经表明 $\mathrm{N} \prec \{x : x \subseteq \mathrm{N}\}$，而且更一般地表明 $\alpha \prec \{x : x \subseteq \alpha\}$，亦即任何类都有比它成员更多的子类。对我们来说，这个定理模式需要一个概括前提。为了便于以后分开来援引，我首先来证明引理：

28.16 $\alpha \cap \{y : y \notin \beta`y\} \in \mathcal{V} \,.\, \mathrm{Func}\,\beta \,.\supset.\, \{x : x \subseteq \alpha\} \not\subseteq \beta``\alpha$。

证. 据第一个假设，存在某事物 w 使得

$$w = \{y : y \in \alpha \,.\, y \notin \beta`y\}。\qquad (1)$$

于是

$$(y)(y \in \alpha \,.\supset:\, y \in w \,.\equiv.\, y \notin \beta`y)$$

$$\supset.\, w \neq \beta`y)$$

(据第二个假设) $\supset.\, \langle w, y \rangle \notin \beta)$。

那就是说，$w \notin \beta``\alpha$。可是，据(1)，$w \subseteq \alpha$。因此$\{x: x \subseteq \alpha\} \nsubseteq \beta``\alpha$。

现在是带有我们的概括前提的康托尔定律。

28.17 $(w)(\alpha \cap \{y: y \notin w`y\} \in \mathcal{V}) \supset . \alpha \prec \{x: x \subseteq \alpha\}$。

证. 据 28.16 和假设，

$(w)(\text{Func } w \supset . \{x: x \subseteq \alpha\} \nsubseteq w``\alpha)$。

据 11.1 和 20.3，那就是说，$\alpha \prec \{x: x \subseteq \alpha\}$。

根据这条定律，远不是只有一种无穷的大小，除非由于概括假定穷尽了，它们是没有止境的。

可是我们必须注意把康托尔定律与它的概括前提区分开。某些带 202
有概括前提的定理可以合理地被认为抽去了那些前提，因为在一般的或典型的情形下，那些前提最终都会为我们多半要设置的任何一群概括公理所支持。不过康托尔定律却直接陷入悖论，除非为缺乏概括所阻碍。不加限制，'$\alpha \prec \{x: x \subseteq \alpha\}$'就给出'$\mathcal{V} \prec \{x: x \subseteq \mathcal{V}\}$'，简言之即'$\mathcal{V} \prec \mathcal{V}$'，它通称康托尔悖论。

28.18 $(w)(\{y: y \notin w`y\} \in \mathcal{V}) \supset . \mathcal{V} \prec \mathcal{V}$。

证：把 28.17 中的 α 换成 $\mathcal{V}$。

其实罗素正是通过这一渠道第一次忽然想到他的著名的更简单的悖论。① 为弄清其联系，让我们回到 28.16 并在其中，而不是在 28.17 中，把 α 取为 $\mathcal{V}$。加上明显的归约，我们就得到

28.19 $\{y: y \notin \beta`y\} \in \mathcal{V} . \text{Func } \beta . \supset . \beta``\mathcal{V} \neq \mathcal{V}$。

现在，关于这一条(撇开概括前提)的悖谬之处在于相反地明摆着有 Func I以及 $I``\mathcal{V} = \mathcal{V}$。可是，取 β 为 I，该概括前提'$\{y: y \notin \beta`y\} \in \mathcal{V}$'本身就变成'$\{y: y \notin Y\} \in \mathcal{V}$'，其谬误由罗素悖论而熟知。

伴随从 28.16 通过取其中 α 为 $\mathcal{V}$ 而来的系 28.19，还值得记录下另

① 参看 *Principles*, pp. 101, 362。

行取 β 为 I 而来的系：

28.20 $\alpha\cap\{y\colon y\notin y\}\in\mathcal{V}\ .\supset .\ \{x\colon x\subseteq\alpha\}\not\in\alpha$。

把这里的 α 取为 $\mathcal{V}$ 则使后件变成谬误‘$\mathcal{V}\not\in\mathcal{V}$’，同时再次使前件变成谬误‘$\{y\colon y\notin y\}\in\mathcal{V}$’。

203 ‘$\mathcal{V}\prec\mathcal{V}$’本身并不必须看成是假的。如果我们这样来编制我们的概括假定以至 $I\notin\mathcal{V}$ 以及更一般的

$$\sim(\exists x)(\text{Func}\ x\ .\ x\text{“}\mathcal{V}=\mathcal{V}),$$

那么我们就因而把‘$\mathcal{V}\prec\mathcal{V}$’算作真的，而且变得甚至还能自由地采纳 28.18 的概括前提算作真的。

§29 施罗德-伯恩斯坦定理

为了定义‘$\alpha\preceq\beta$’和‘$\alpha\simeq\beta$’，我们本来可以从意在支配‘$\preceq$’和‘$\simeq$’的定律的网络中选取如下两者之外者：

(i) $\alpha\preceq\beta\ .\equiv(\exists x)(\text{Func}\ x\ .\ \alpha\subseteq x\text{“}\beta)$，

(ii) $\alpha\simeq\beta\ .\equiv .\ \alpha\preceq\beta\preceq\alpha$。

用作定义，我们本来可以在(i)中使用‘$=$’而不是‘$\subseteq$’，于是导致实际的(i)反而成为服从于一概括前提的定理模式。要不，离得更远些，我们本来可以把‘$\alpha\simeq\beta$’另行定义为如下三者中的任何一个：

(iii) $(\exists x)(\text{Cor}\ x\ .\ \alpha\subseteq x\text{“}\beta\ .\ \beta\subseteq\breve{x}\text{“}\alpha)$，

(iv) $(\exists x)(\text{Cor}\ x\ .\ \alpha=x\text{“}\beta\ .\ \beta=\breve{x}\text{“}\alpha)$，

(v) $(\exists x)(\text{Cor}\ x\ .\ \alpha=x\text{“}\mathcal{V}\ .\ \beta=\breve{x}\text{“}\mathcal{V})$，

于是‘$\alpha\preceq\beta$’定义为‘$(\exists y)(\alpha\simeq y\subseteq\beta)$’，甚至独立于‘$\simeq$’，定义为如下二者之一：

(vi) $(\exists x)(\text{Cor}\ x\ .\ \alpha\subseteq x\text{“}\beta)$，

(vii) $(\exists x)(\text{Cor}\ x\ .\ \alpha=x\text{“}\beta)$。

对应于所有这样的定义的等值式，作为定理都是需要的，不过我之选择(i)和(ii)作为出发点，与在其他供选的处置之下相比，在早先阶段要求

较逊精巧的概括前提。

我们是处在一个领域，其中的证明会突然变得艰难的，对概括前提的要求是离谱的，完全与要证明的定律的表面上的无足轻重不相协调。现在来看(ii)，把其中的'$\simeq$'和'$\leq$'重新按(iii)和(vi)来诠释。它使(iii)等值于： 204

(viii) $(\exists x)(\mathrm{Cor}\ x\ .\ \alpha\subseteq x``\beta)\ .\ (\exists x)(\mathrm{Cor}\ x\ .\ \beta\subseteq x``\alpha)$。

只要承认$(x)(\breve{x}\in \mathcal{V})$，(iii)显然蕴涵(viii)。可是，(viii)蕴涵(iii)却需要大量的证明和一个有分量的概括前提。它就是所谓的**施罗德-伯恩斯坦定理**。

无论我们把它的前件像现在这样取为(viii)还是把其中的'$\subseteq$'加强成'$=$'(参看(vii))，也无论我们把它的后件取为(iii)还是(iv)还是(v)，它都是同一定理。我将采取起码的顺遂的组合：取(viii)作为前件，取(v)作为后件。(显然(v)蕴涵(iv)而(iv)蕴涵(iii)，甚至无须概括前提。)

在这里的概括前提中，为简便起见，我将采纳比严格需要的更具一般性者，那样就不大会与其他样的集合论相冲突。一个例外是'$(x)(y)(x\cup y\in \mathcal{V})$'，它虽然在许多集合论中被采用，却与某些集合论相冲突；它与那样一些理论相冲突，在其中某些类只许属于比较小的类(参看§§7,44)。

下面的简写将用于概括前提。

29.1 'C_1'定义为'$(x)(y)(x\cap \bar{y}, \breve{x}, x``\mathcal{V}, x\upharpoonright y\in \mathcal{V})$'，

29.2 'C_2'定义为'$(x)(y)(x|y, {}^{-}({}^{*}x``\bar{y}), x\cup y\in \mathcal{V})$'。①

关于'C_1'有这一条要注意。

29.3 $\mathrm{C}_1\supset(x)(y)(x\cap y, x``y\in \mathcal{V})$。

证. 据'C_1'，$x\cap\bar{y}\in \mathcal{V}$，因而，再据'$\mathrm{C}_1$'，$x\cap {}^{-}(x\cap\bar{y})\in \mathcal{V}$，亦即

① 如果说这个${}^{-}({}^{*}x``\bar{y})$太过分了，请注意，鉴于15.2，它总是y的子类。

$x\cap y\in\mathcal{V}$。而且,据‘C_1’,$x\upharpoonright y\in\mathcal{V}$,因而,再据‘$C_1$’,$(x\upharpoonright y)``\mathcal{V}\in\mathcal{V}$,亦即 $x``y\in\mathcal{V}$。

205 这里就是施罗德–伯恩斯坦定理。我已经把(viii)和(v)中的‘α’与‘β’压低成‘y’与‘z’,因而假定更多的存在。

29.4 $\quad C_1 . C_2 . (\exists x)(\mathrm{Cor}\ x . y\subseteq x``z) . (\exists x)(\mathrm{Cor}\ x . z\subseteq x``y) . \supset (\exists x)(\mathrm{Cor}\ x . y=x``\mathcal{V} . z=\breve{x}``\mathcal{V})$。

证之思想①. 据假设,存在一个对应 x 使得 $y\subseteq x``z$。加以转换和整理,我们得到一个对应 $u$ 使得 $y=\breve{u}``\mathcal{V}$ 并且 $u``\mathcal{V}\subseteq z$。类似的,据另一个假设,存在一个对应 $v$ 使得 $z=\breve{v}``\mathcal{V}$ 并且 $v``\mathcal{V}\subseteq y$。于是 $v|u$ 是**对** $y$ 的各个成员都有 $y$ 的某个成员与之**具有**的关系。不过可以想象,$y$ 的一个给定的成员仍然不必又**具有** $v$;它可以落在 $v``\mathcal{V}$ 之外。令 w 是 y 的正好那些成员的类,由它们你不会通过 $v|u$ 的台阶走出 $v``\mathcal{V}$。现在来定义一新的关系如下:w 的成员和它们与之具有 v 的任何事物具有该关系,而其他事物则和它们与之具有 $\breve{u}$ 的任何事物具有它。这一关系终于被表明乃是其左右域为 y 和 z 一个对应。

证之细节. 据假设,存在一个对应 x 使得 $y\subseteq x``z$。可是那时,$y$ 的成员就只对 $z$ 的成员具有 $x$(既然 $\mathrm{Cor}\ x$);亦即 $\breve{x}``y\subseteq z$。据‘$C_1$’,存在某事物 u 使得 $u=\breve{x}\upharpoonright y$。既然 $\mathrm{Cor}\ x$ 并且 $y\subseteq x``z$ 并且 $\breve{x}``y\subseteq z$,于是可得

$$\mathrm{Cor}\ u,\ (1) \qquad y=\breve{u}``\mathcal{V},\ (2) \qquad u``\mathcal{V}\subseteq z。\ (3)$$

据最后那个假设,类似地我们确有一个 v 使得

$$\mathrm{Cor}\ v,\ (4) \qquad z=\breve{v}``\mathcal{V},\ (5) \qquad v``\mathcal{V}\subseteq y。\ (6)$$

---

① 此证明的大体思想于 1906 年彼此独立地由柯尼希、皮亚诺和策梅洛提出。较早的证明——其中之一错了——可以追溯到 1898 年。参看 Fraenkel, *Einleitung*, pp. 75f;还可参看策梅洛 1908 年文章中的注 9。

据'C_2',$v|u\in\mathcal{V}$。据'C_1',又有 $v``\mathcal{V}\in\mathcal{V}$。因此,据'$C_2$',存在某事物 w 使得

$$w={}^{-}(^{*}(v|u)``^{-}(v``\mathcal{V})) \qquad (7)$$ 206

$$=\{h:(k)(\langle h,k\rangle\in{}^{*}(v|u) .\supset. k\in v``\mathcal{V})\}。 \qquad (8)$$

据 15.2,任一事物 h 对它自己具有任一祖先化。因此,据(8),如果 $h\in w$ 则$h\in v``\mathcal{V}$。因此

$$w\subseteq v``\mathcal{V}。 \qquad (9)$$

据 15.5,

$$(v|u)``(^{*}(v|u)``^{-}(v``\mathcal{V}))\subseteq{}^{*}(v|u)``^{-}(v``\mathcal{V})。$$

据(7),那就是$(v|u)``\overline{w}\subseteq\overline{w}$。就是说,$v``(u``\overline{w}\subseteq\overline{w}$。就是说,没有 $w$ 的成员对 $u``\overline{w}$ 的成员具有 v。就是说,

$$\breve{v}``w\cap u``\overline{w}=\Lambda。 \qquad (10)$$

通过迭代地使用'C_1',我们相继地有 $y\cap\overline{w}\in\mathcal{V}$ 和 $u\upharpoonright(y\cap\overline{w})\in\mathcal{V}$,据(2)那是说,$u\upharpoonright\overline{w}\in\mathcal{V}$。还从'$C_1$'出发,我们更快地有 $\breve{v}\upharpoonright w\in\mathcal{V}$。因此存在 r 和 s 使得

$$r=\breve{v}\upharpoonright w, \quad (11) \qquad s=u\upharpoonright\overline{w}。 \quad (12)$$

因此

$$r``\mathcal{V}=\breve{v}``w, \quad (13) \qquad s``\mathcal{V}=u``\overline{w}, \quad (14)$$

$\breve{r}``\mathcal{V}=w\cap v``\mathcal{V}$,并且 $\breve{s}``\mathcal{V}=\overline{w}\cap\breve{u}``\mathcal{V}$。因此,据(9)和(2),

$$\breve{r}``\mathcal{V}=w, \quad (15) \qquad \breve{s}``\mathcal{V}=\overline{w}\cap y。 \quad (16)$$

据(1),(4),(11)和(12),r 和 s 都是对应;据(15)和(16),它们的右域是相互排斥的;据(10),(13)和(14),它们的左域也如此;因此

$$\mathrm{Cor}\ r\cup s。 \qquad (17)$$

据(13)和(5)，$r``\mathcal{V}\subseteq z$。据(14)和(3)，$s``\mathcal{V}\subseteq z$。因此

$$(r\cup s)``\mathcal{V}\subseteq z。\tag{18}$$

207 据(15)和(16)，$\breve{}(r\cup s)``\mathcal{V}=w\cup y$。据(9)和(6)，$w\subseteq y$。因此

$$\breve{}(r\cup s)``\mathcal{V}=y。\tag{19}$$

考虑任一

$$q\in z。\qquad[\text{i}]$$

据(5)，存在某事物 p 使得

$$\langle p,q\rangle\in v,\qquad[\text{ii}]$$

情形 1：$p\in w$。于是，据[ii]，$q\in\breve{v}``w$。因此，据(13)，$q\in r``\mathcal{V}$。

情形 2：$p\notin w$。据(8)，那就是，存在某事物 k 使得

$$\langle p,k\rangle\in{}^*(v|u),\quad[\text{iii}]\qquad k\notin v``\mathcal{V}。\quad[\text{iv}]$$

据[ii]，$p\in v``\mathcal{V}$。因此

$$k\neq p。\qquad[\text{v}]$$

据15.11，

$$^*(v|u)=I\cup(v|u|^*(v|u))。$$

因此，据[iii]和[v]，

$$\langle p,k\rangle\in v|u|^*(v|u)。$$

就是说，p 对某个对 k 具有 $u|^*(v|u)$ 的事物具有 v。可是据[ii]和(4)，那个某事物就是 q。因此

$$\langle q,k\rangle\in u|^*(v|u)。$$

就是说，存在某事物 h 使得

$$\langle q,h\rangle\in u,\quad[\text{vi}]\qquad\langle h,k\rangle\in{}^*(v|u)。\quad[\text{vii}]$$

据[vi]和[vii]，h 对$^{-}(v``\mathcal{V})$中的某事物具有$^{*}(v|u)$。据(7)，那就是，$h\notin w$。因此，据[vi]，$q\in u``\overline{w}$。因此，据(14)，$q\in s``\mathcal{V}$。

两种情形：$q\in(r\cup s)``\mathcal{V}$。可是 $q$ 原本是满足[i]的任一事物。因此据(18)，$(r\cup s)``\mathcal{V}=z$。据'$C_1 . C_2$'，还有对某个 x，$x=\breve{}(r\cup s)$。因此 $\breve{x}``\mathcal{V}=z$，而据(19)和(17)，还有 $x=y$ 并且 Cor x。

原先正是我们对(i)—(viii)之间相互关系的深入思考引导我们靠近施罗德-伯恩斯坦定理。关于那些相互关系还有更多的东西可说。 208
于此，u 我们来看被称为**可比性定律**或**三分律**、出名的'$x\leq y$.∨. $y\leq x$'。它有后一名称靠的是这一版本：

$$x\prec y \ .\vee.\ x\simeq y \ .\vee.\ y\prec x,$$

这在我们的定义 11.2 和 20.3 之下具有形式'$\sim p\vee qp\vee\sim q$'，是不足道的。如果我们用在(iii)—(vii)里注明的诸供选方式中任何一个来定义'$x\simeq y$'和'$x\leq y$'，再按常规把'$y\prec x$'定义为'$\sim(x\leq y)$'，那么上述三分版本的可比性定律就不再是不足道的，而本来就等于施罗德-伯恩斯坦定理。

而'$x\leq y$.∨. $y\leq x$'这一先前版本的可比性定律又如何呢？或者，那个看似较强的版本'$x\prec y$.∨. $y\prec x$'又如何呢？鉴于 20.3，最后这个对我们来说也是不足道的；它具形式'$\sim p\vee p$'。可是值得注意，基于我们的定义，'$x\leq y$.∨. $y\leq x$'甚至比施罗德-伯恩斯坦定理还更不容易建立。它需要选择公理，后者曾在 §28 中提到并将在 §31 中谋面(参看 33.1)。

不谈定义的偶然性，这里有三样不同的东西：选择公理，施罗德-伯恩斯坦定理和不足道性。这种或那种看来合情理形式的可比性定律或三分律，在玩重新定义的骗人把戏的过程中，可以变成这三者中任何一个。这样或那样地定义既不去除假定选择公理的重担，又不去除证明施罗德-伯恩斯坦定理并假定其概括前提的重担。我对定义的选择只具有适当地推迟这些不测事件的优点。

在(i)—(viii)它们本身之间也还存在需要选择公理的环节。为表明(i)意义上的、亦即我们意义上的'$\alpha\leq\beta$'蕴涵(vi)，就需要它(参看 33.2)。

§30 无穷基数

作为多少的度量的数称为**基数**。故而自然数适于作为有穷基数。209 除了它们，对每个无穷类都该存在一个无穷基数——类 z 与 w 的基数相同当且仅当 $z\simeq w$。

我们曾在 §11 中看到，关于自然数，如何无须就自然数该是哪种东西在策梅洛、冯·诺伊曼与弗雷格之间作裁决，只要简单地从作为不定义的'0'和'S'出发来进行，就能大有作为。现在让我们暂时采取类似的中立态度来对待一般的基数，只是把用来指 z 的基数的记号'$\overline{\overline{z}}$'当成不定义的，而要求于它的是 $\overline{\overline{z}}=\overline{\overline{w}}\ .\equiv.\ z\simeq w$。这也就是康托尔的办法。① 于是，借助如下又实质上是康托尔的定义，诸算术比较和运算都能适合于基数

$$x\leqq y\ .\equiv(\exists z)(\exists w)(x=\overline{\overline{z}}\,.\,y=\overline{\overline{w}}\,.\,z\leq w),$$

$$x<y\ .\equiv(\exists z)(\exists w)(x=\overline{\overline{z}}\,.\,y=\overline{\overline{w}}\,.\,z<w),$$

$$x+y=(\iota v)(\exists z)(\exists w)(x={}^{=}(z\cap w)\,.\,y={}^{=}(z\cap\overline{w}\,.\,v=\overline{\overline{z}}),$$

$$x\cdot y=(\iota v)(\exists z)(\exists w)(x=\overline{\overline{z}}\,.\,y=\overline{\overline{w}}\,.\,v={}^{=}(z\times w)),$$

$$x^{y}=(\iota v)(\exists z)(\exists w)(x=\overline{\overline{z}}\,.\,y=\overline{\overline{w}}\,.$$

$$v={}^{=}\{u\colon \text{Func}\ u\,.\,u``\mathcal{V}\subseteq z\,.\,\breve{u}``\mathcal{V}=w\})。$$

最后这条，其背后的想法是，如果你要把 z 的成员指派给 w 的成员，不能将两个指派给同一个，那么，对 w 的每个成员，把哪个指派给它，就有 $\overline{\overline{z}}$ 种选择；故而存在 $\overline{\overline{z}}^{\overline{\overline{w}}}$ 种方式去完成整个任务。$x+y$ 和 $x\cdot y$ 的定义背后的想法就比较明显了。这些想法自然都植根于有穷；在用它们来定义无穷基数的和、积与幂时，我们是通过从有穷情形外推，任意地赋予无穷情形下的这些运算以一种意义。

不像序数加法和乘法，如上定义的基数加法和乘法都是交换的（须认可适中的概括假定）。不过我们仍然必须不要期望把整个熟知的算术都拉进来。

---

① 还请参看 Suppes，pp. 111－125。

现在，令 $\alpha=\mathrm{N}\cap{}^{-}\{\Lambda\}$。于是 $\mathrm{N}=\iota``\alpha$，因而 $\mathrm{N}\leq\alpha$（已认可 $\iota\upharpoonright\alpha\mathcal{V}$），因而 $\alpha\cup\{\Lambda\}\leq\alpha$，即使 $\Lambda\notin\alpha$。这给出 $\bar{\bar{\alpha}}+1\leqq\bar{\bar{\alpha}}$，与熟知的算术相反。更一 210
般的，任何无穷基数，在我们加上任何不比它大的基数或者乘以这样的基数时，保持不变。至于指数函数则被发现不那么鲁钝。于此，考虑 2^y。根据上面的定义，2^y 就是存在多少函数 u 使得 $u``\mathcal{V}\subseteq\{s,t\}$ 并且 $\breve{u}``\mathcal{V}=w$，其中 $s\neq t$ 而 w 有 y 个成员。现在对 w 的每个子类都正好有一个这样的函数 u。因为，对应于 w 的每个子类，存在唯一的函数把 s 指派给该子类的那些成员而把 t 指派给 w 的其他成员；反过来，对应于每个这样的函数，存在唯一的子类其成员都是该函数给它们指派以 s 的那些东西。故而 2^y 是 $^{=}\{z\colon z\subseteq w\}$，其中的 w 有 y 个成员。可是据康托尔定律，28.17，我们有 $w\prec\{z\colon z\subseteq w\}$。因此 $y<2^y$。

这一论证有好几处暗地里有赖于概括前提，尤其是在诉诸 28.17 时，它的概括前提在某些否则就出悖论的情形下必定失效。而 $y<2^y$ 在这些限制之内。这里也还存在着鲁钝；因为，对无穷的 y，我们得到 $2^y=3^y$，甚至 $2^y=y^y$。①

第一个无穷基数被康托尔称为 $\aleph_0$（阿勒夫零）。有此作为其基数，一个类 x 必定与任何无穷类一般小但是不与任何有穷类一般小。

$$\aleph_0=\bar{\bar{x}}\ .\equiv(y)(x\leq y\ .\equiv(z)(z\in\mathrm{N}\ .\supset.\ \{,,,z\}\prec y))。$$

他把下一个称为 $\aleph_1$；如此等等。是以：

$$\aleph_1=\bar{\bar{x}}\ .\equiv(y)(x\leq y\ .\equiv(z)(\aleph_0=\bar{\bar{z}}\ .\supset.\ z\prec y))。$$

差不多只使用‘$\leq$’的自反性，我们就容易明白，基于上面的塑述，仅当 $w\simeq x$ 才有 $\aleph_0=\bar{\bar{w}}$ 且 $\aleph_0=\bar{\bar{x}}$；对 $\aleph_1$ 以及其余的无穷基数也类似。

在 $\aleph_0,\aleph_1,\cdots$，以至无穷之后，在概括容许之下，存在 $\aleph_\omega$。它是那样一些类的基数：它们大于所有具有 $\aleph_0,\aleph_1,\cdots$ 中任一基数的类，但是 211
不大于任何也大于所有这些类的类。然后是 $\aleph_{S`\omega}$，终于有 $\aleph_{\omega\cdot 2}$，如此等等。我们正在得到的，乃是由‘$<$’关系亦即 $\{\langle\bar{\bar{x}},\bar{\bar{y}}\rangle\colon x\prec y\}$ 排序的、

① 例如参看 Bachmann, p. 120。这一条以及和与积的那些鲁钝性的定律，它们的证明依赖于选择公理。

无穷基数的一种枚举。要排除有穷基数，我们可以把该次序关系表达成 $\beta=$

$$\{\langle\overline{\overline{x}},\overline{\overline{y}}\rangle:(u)(u\in \mathrm{N}\,.\supset.\,\{,,,u\}<x<y)\}。$$

于是对所有的序数 z，$\aleph_z$ 可以定义为 $\mathrm{e}\beta‘z$。

问题群集。我们能表明每个无穷基数都是一个阿勒夫——每个无穷类 x 的 $\overline{\overline{x}}$ 都是对某个 $z\in\mathrm{NO}$ 而言的 $\aleph_z$——吗？我们能表明 $\aleph_0$，$\aleph_1$，…中的某些或全部不是空虚的吗？它们可以不是由于缺乏大的类而是由于一种过量而成为空虚的；不是存在任何正好是下一个较大的类，而可能存在一个无尽头的下降。在表明其反面即上述 β 是良序关系时需要选择公理。说起来，如所说明的，它甚至是为确立可比性所需要的——因此甚至是为表明 β 是一次序关系所需要的。

另一方面，当我们承认选择公理时，我们连同它一道得到一条对基数理论大有裨益的定理：枚举定理，它说的是在任一类 x 的成员与直到某序数的诸序数之间存在一个对应。①（直到一序数的诸序数正好是冯·诺伊曼版本的该序数的成员，不过我们暂时可以避开诸版本。）是以，每个基数都成为对某个序数 u 而言的 $^{=}\{y: y<_{\mathrm{o}}u\}$，其中的‘$<_{\mathrm{o}}$’是序数意义上的‘$<$’(冯·诺伊曼的‘$\in$’)。

既然 ω 的诸前趋先于所有的无穷序数，没有无穷序数比 ω 具有更少的前趋。因此，$\{y: y<_{\mathrm{o}}\omega\}$ 与一无穷类 $\{y: y<_{\mathrm{o}}u\}$——其中 $u\in\mathrm{NO}$——所能有的一般小。因此，既然某个基数都是对某个 $u\in\mathrm{NO}$而言的 $^{=}\{y: y<_{\mathrm{o}}u\}$，$\aleph_0$ 就是 $^{=}\{y: y<_{\mathrm{o}}\omega\}$。$\aleph_0$ 是所存在的有穷序数的多少。于是还有 $\aleph_0={}^{=}\mathrm{N}$。这个大小的一个类 x 称为**可数的**，暗指它的成员能够全都指派给自然数这一事实；$x\simeq\mathrm{N}$。

212 如果对每个无穷序数 u，$\aleph_0={}^{=}\{y: y<_{\mathrm{o}}u\}$，那么，据枚举定理，$\aleph_0$ 是那个仅有的无穷基数。如果不是那样，那么，既然序数都是良序的，就存在一个最小的序数 u 使得 $\aleph_0<{}^{=}\{y: y<_{\mathrm{o}}u\}$。这个最小的 u 称为 ω_1。于是 $\{y: y<_{\mathrm{o}}\omega_1\}$ 与一无穷类 $\{y: y<_{\mathrm{o}}u\}$——其中 $u\in\mathrm{NO}$——所能

① §32。在大多数集合论中，x 的成员与所有的序数相对应这一极端情形，因这样的 x 无法存在而被排除；毕竟，$\mathrm{NO}\notin\mathcal{V}$。

有的一般小，可是仍然超过$\aleph_0$那个大小。因此，既然每个基数都是对某个$u \in \mathrm{NO}$而言的$^=\{y: y <_\circ u\}$，那么$\aleph_1$就是$^=\{y: y <_\circ \omega_1\}$。

序数ω_1的位置远远超过$\omega \cdot 2, \omega^\omega, \omega^{\omega^\omega}$，甚至远超过$\varepsilon$（它是$\omega^{\omega^{\omega^{\cdots}}}$）。这可以看来如下。所有我们按$S`\omega, \omega \cdot 2, \omega^\omega, \omega^{\omega^\omega}$，以及诸如此类的样子总能达到的序数，都可以用这种系统的记法列示，除了可以类似地列示的外，其间不存在别的序数。现在，使这种不间断的、记法上的可达性适切的是，所有可以用给定的记法构造的表达式的类总是可数的，数来如下。既然字母表是有穷的，最短的表达式其数将是有穷的；按字母表顺序把它们数成$0, 1, 2, \cdots, m$。下一批最短的表达式其数也将是有穷的；按字母表顺序把它们数成$m+1, \cdots, n$。如此等等。① 因此我们可以断定$S`\omega, \omega \cdot 2, \omega^\omega, \omega^{\omega^\omega}, \varepsilon$，等等中的每一个都只有可数多个前趋。而它们每一个都是其前趋的类。因此每一个都是一个可数(的)类。因此ω_1这第一个不是可数类的序数其位置超过所有上面那些。用康托尔的术语说，从ω往上这其间的序数，与有穷序数对比，构成**第二数类**。

类似的，$\aleph_2$是$^=\{y: y <_\circ \omega_2\}$，其中的$\omega_2$是最小的序数$u$使得$\aleph_1 < {}^=\{y: y <_\circ u\}$，如果存在的话。从$\omega_1$往上、不到$\omega_2$的序数构成第三数类。其中有$S`\omega_1, S`(S`\omega_1), \omega_1 + \omega, \omega_1 + S`\omega, \omega_1 \cdot 2, \omega_1 \cdot \varepsilon, \omega_1{}^\omega, \omega_1{}^{\omega_1}$。而它们中大多数自然难以预先指定记号。

类似的，$\aleph_3$就是$^=\{y: y <_\circ \omega_3\}$，如此等等。进而，$\aleph_\omega$乃是$^=\{y: y <_\circ \omega_\omega\}$，其中的$\omega_\omega$是最小的序数$u$使得对所有有穷的$i$，$\aleph_i < {}^=\{y: y <_\circ u\}$，如果存在的话。因而一般的，$\aleph_z$是$^=\{y: y <_\circ \omega_z\}$。

ω_z的确定性的特征是，它是有它下面$\aleph_z$个序数的那个最小的序 213
数。故而ω_z是被称为**起始**序数的东西：一个无穷序数，与任何先于它的序数其前的序数相比，它前面都有着更多的序数。反之，可以通过超穷归纳法表明，任何起始序数都对某个z是ω_z。

于是可以来回答不久前的问题了：每个无穷基数$\bar{x}$都是一个阿勒夫。因为，根据枚举定理，$\bar{x}$是对某个、事实上是许多个序数u而言的$^=\{y: y <_\circ u\}$。既然序数都是良序的，则将存在一个最小的这样的u。

① 这种方法称为词典排序法，曾为 König 和 Richard 各自在 1905 年使用。

它将是一个起始序数,因而对某个 z 是 ω_z。因此 $\bar{x}=^{=}\{y: y<_{\circ}\omega_z\}=\aleph_z$。

阿勒夫还在选择公理在其中暂时被搁置的那些研究中起作用。可那时它们被看成只是特别的一类基数:无穷的良序关系的域的基数。

康托尔定律告诉我们无穷基数接连不断;$y<2^y$。枚举定理则进一步确定它们全都是阿勒夫,以至总存在**刚好**下一个。剩下的问题是:那刚好下一个是在 y 与 2^y 之间,还是就是 2^y? 此问题是从康托尔开始传下来的。说 2^y 刚好超过 y,通称**广义的连续统假设**。它的特例'$2^{\aleph_0}=\aleph_1$'则是单纯所谓的连续统假设。① 在这些问题上直觉似乎没有什么定论:对该假设差不多我们所有能说的只是,它显然是一个比其相反者较简单的假定(进一步请参看 §33)。

有些另外的概念须要提一下。自康托尔以来,一个序数 x,如果 $\omega^x=x$,就被称为**艾普西隆数**。故而上述 ε 是第一个艾普西隆数。ω_1,ω_2,等等,每一个也都是艾普西隆数。② 人们在这里看到序数指数与基数指数之间的一项差别。在基数中我们绝不会有 $z^x=x$,除非$z=x=1$。

214 关于基数,像序数那样,有的有直接前趋,有的没有。后者,例如 $\aleph_0$ 和 $\aleph_\omega$,称为**极限**基数。现在,一极限基数 x 更特别的是一个——用塔尔斯基(1938)的术语说——**不可达数**,如果每一个由少于 x 个全都小于 x 的基数构成的基数和其本身都小于 x。

既然任何有穷多个有穷数的和都是有穷的,$\aleph_0$ 就有资格成为不可达的。是不是存在超过$\aleph_0$ 的其他的不可达数,这一点并不明显。

请注意,所说的不可达数的定义,预设了一个施于或许是基数的超穷序列的基数求和的定义。不过我们已经在 §25 后面部分看到该如何来加以定义。这一次只需给予'+'以基数的意义而不是序数的意义。

一个不可达数 x 更特别的是策梅洛的 *Grenzzahl*(边界数)③或塔

① 如此称谓是因为 $2^{\aleph_0}$ 被称为连续统的势,意指那个所有实数的类的基数。顺便说说,这里的'势'(power)是指 *Mächtigkeit*,康托尔用来指基数的术语。'power set'(幂集)中的'power'则是指 *Potenz*,指数意义上的幂。参看 §38。

② Sierpiński, 1958, p. 395.

③ 1930. 他当时是处理起始序数而不是基数,不过如同我们将要看到的,按照冯·诺伊曼的版本,它们是相同的。关于不可达数及有关问题更多的内容请参看下面第 325 页和 328 页上的援引;还有 Bachmann; Kreider and Rogers; Mendelson, pp. 202-205。

尔斯基的**狭义的不可达的**，如果它满足进一步的条件：对所有小于 x 的基数 y 和 z，基数意义上的 y^z 都小于 x。是以，$\aleph_0$ 再次够格。塔尔斯基表明，如果我们采纳广义连续统假设，这一外加的条件可由那另一个推出。

我们仍然必须诠释 $\bar{x}$。本质上属于弗雷格(1884，§72)的、怀特海和罗素的版本的基数，平行于他们的版本的序数(上面第 153 页)，并且是弗雷格版本的自然数的直接扩展(第 82 页)。依据它，$\bar{x}$ 是 $\{y: y \simeq x\}$。如同对有穷的那样，对无穷的 z，说类 y 有 z 个成员就等于说 $y \in z$。

当任一特殊版本的基数的特色被利用起来，上面为未经诠释的基数而塑述的算术定义就趋于简缩。特别是，$x+y$ 的定义现在浓缩成：

$$\{z: (\exists w)(z \cap w \in x \,.\, z \cap \overline{w} \in y)\}。$$

读者不妨在其他的定义上试试手。

我们现在转向冯·诺伊曼版本的基数，它因其节俭而略胜一筹。我们已经看到 $\aleph_z = {}^{=}\{y: y <_0 \omega_z\}$；如果我们因而按我们正规的、冯·诺伊曼的样式来获取序数，以至'$<_0$'变成'$\in$'，我们就简单地有 $\aleph_z = {}^{=}\omega_z$。现在我们通过进一步采取把 ${}^{=}\omega_z$ 诠释为 ω_z 这一步骤来得到冯·诺伊曼版本的无穷基数。是以，每一个阿勒夫，$\aleph_z$，都被诠释为一定的有 $\aleph_z$ 个成员的类，亦即起始序数 ω_z 本身。既然(在选择公理之下)所有无穷基数都是阿勒夫，这就正本清源说明了无穷基数。他简单地把有穷基数取为有穷序数(或者在他的意义下的自然数)。因此，现在每一个基数 x，无论有穷的还是无穷的，都同时既是一个序数又是一个有 x 个序数的类。按照冯·诺伊曼的版本，如同对有穷的那样，对无穷的 x，说 y 有 x 个成员就等于说 $y \simeq x$。 215

我们曾经能够就冯·诺伊曼的有穷数说，它们每一个，x，都是前 x 个序数的类。如果没有唯一性消失这一事实，我们就能就他的无穷基数同样这么说。例如，如果你停在第二数类中的任何地方，你就正好有 $\aleph_0$ 个数。不过，我们可以就他的基数说，它们每一个，x，都是最底下那个有 x 个序数的类。

至于我们的定义。对冯·诺伊曼来说哪个序数是 $\bar{\alpha}$ 呢？$\simeq \alpha$ 的第一个序数。要不,既然序数是所有先前的序数的类,它就是所有$<\alpha$的序数的类。

30.1 '$\overline{\alpha}$'或'$^{=}\alpha$'定义为'$\{x: x \in \mathrm{NO} . x<\alpha\}$'。

无论基于什么观点,一基数绝对的是对某个 x 而言为 $\overline{\overline{x}}$ 的任何东西。不过,按照冯·诺伊曼的观点,除了别的,它将是它本身的基数,因此

30.2 'NC'定义为'$\{x: x=\overline{\overline{x}}\}$'。

在诠释 $\overline{\overline{x}}$ 之前,我们曾看到如何通过枚举来定义$\aleph_z$,从而如何几乎是足够地从$\aleph_z$出发来定义 ω_z。可是按照目前的观点,$\aleph_z$ 的定义**就是** ω_z 的定义。那么我们关于$\aleph_z$的老的定义又如何呢?它是 $e\beta`z$,其

216 中的 β 是无穷基数的次序关系。既然基数都是序数,所需要的次序关系就是无穷基数之间的 E。现在,有穷基数的类是 ω;因此无穷基数的类是 $\mathrm{NC} \cap \overline{\omega}$;因此无穷基数的次序关系是 $\mathrm{E} \cap((\mathrm{NC} \cap \overline{\omega}) \times \mathrm{NC})$;因此

30.3 'ω_α'定义为'$e(\mathrm{E} \cap((\mathrm{NC} \cap \overline{\omega}) \times \mathrm{NC}))`\alpha$'。

早先提出的基数'$\leqq$'和'$<$'的定义自然对冯·诺伊曼基数失效;'$\subseteq$'和'$\in$''就足够了,如同它们对他的一般的序数那样。那些和与积的定义对冯·诺伊曼基数则可以更简缩地设置如下:

$$x+y={}^{=}(x \cup(y \times\{\Lambda\})), \qquad x \cdot y={}^{=}(x \times y)。$$

$y \times\{\Lambda\}$的妙处在于,与 y 相同它有 y 个成员,可是又与 y 不同,它与 x 没有共同的成员(只要 $x, y \in \mathrm{NO}$)。

在 §22 中曾经说明,序数算术的运算,如果不是在实践中那也在理论上,应该在记法上区别于 §16 中的那些。因此应该区别于基数算术的这些。而这些又区别于序数算术的那些,即使在我们遵从冯·诺伊曼对基数与起始序数不加区别的时候。基于这一观点,序数和基数算术的运算在有穷领域的确相重合;可是它们在超穷领域就相偏离了。我们已经就指数指出这一点,而它对和与积也成立。例如,基数和或积 $\omega+\omega=2 \cdot \omega=\omega \cdot 2$ 简单的就是 ω,而像 §22 中的序数和或积

$\omega+\omega=\omega\cdot 2\neq 2\cdot\omega$ 就根本不是基数，而是居于基数 ω 与 ω_1 之间的一个序数。

借助于序数和与积，冯·诺伊曼意义上的序数的基数和与积实际上可以简单地定义为 $^{=}(x+y)$ 与 $^{=}(x\cdot y)$。我察觉这一点，要归功于 A. T. 第莫契科。

第十章　选择公理

§31　选定物和选择者

217 在§29末尾曾提到关于类的大小比较的两个小小的常识，而且说它们依赖我没有在那里塑述的一条**选择公理**。这一前提或公理追溯到策梅洛(1904)，它说的是，给定任一由互相排斥的类构成的类，都存在一个出自它的**选定物**，亦即从每一个那些互斥的类(除了 Λ)中正好摘取一个成员所构成的类。让我们为‘β是出自α的一个选定物’采用一项简洁的记法：

31.1　‘$\beta\ \mathrm{Sln}\ \alpha$’定义为

$$‘(y)(y\in\alpha\,.\,y\neq\Lambda\,.\supset(\exists x)(\beta\cap y=\{x\}))’。$$

属于α的类须是互斥的这一条件可以简洁地表达成：$\mathrm{Func}\ \breve{\ }(\mathrm{E}\upharpoonright\alpha)$。因此，在规定

31.2　‘$\mathrm{Ch}\ \alpha$’定义为‘$\mathrm{Func}\ \breve{\ }(\mathrm{E}\upharpoonright\alpha)\supset(\exists w)(w\ \mathrm{Sln}\ \alpha)$’

的同时，我们可以为便于援引而把选择公理包装成‘$(z)\ \mathrm{Ch}\ z$’。

直观上该原理似乎是合理的，甚至是显然的。麻烦正在于，它并不是那么简单和基本的一个陈述，能以想望成为一个出发点，而且不知道有什么办法能从任何更简单的东西严格地推导出它。由于这个原因，通常的做法是致力于区分依赖于选择公理的结果与不依赖于它的结
218 果。故而我不准备采纳该原理作为公理或公理模式，而将只在需要时用它作为前提。是以，我将像我先前除7.10，13.1和23.12外对待概括假定那样来对待它。

选择公理本身不是一个概括假定，虽说它是一个类存在假定。因为，不存在一般的办法，借助一个以‘α’(或‘z’)作为参数的成员条件来

列示那个相对于 α(或 z)的选定物 w。一般地说,甚至在人们储备了全套的概括公理之后,选择公理也必须是假定的,如果需要的话。

我采纳了概括公理 7.10,13.1 和 23.12 是因为它们没有设定无穷类。正是由于推迟给出进一步的概括公理,无穷的存在已被搁置起来。现在选择公理的情况事实上相似:不采纳它作为公理,我们实在只是把它的无穷的情形搁置起来。因为,在 α 是(稳定地)有穷的之处,我们可以证明 Ch α。不是因为我们在概括公理方面太小气,该证明就不会像现在这么长。既没有添加特别的概括前提,也不牵涉到 23.12。

31.3 $x \in \mathrm{N} \,.\, \alpha \preceq \{,,,x\} \,.\supset \mathrm{Ch}\ \alpha$。

证之思想. 如果 y 是由 $n+1$ 个而其中之一为 z 的互斥类构成的类,又如果 s Sln $y \cap {}^{-}\{z\}$,那么,如若 $z \neq \Lambda$ 则我们还对所有的 $w \in z$ 有 $(s \cap \bar{z}) \cup \{w\}$ Sln y,而如若 $z=\Lambda$,则简单地有 s Sln y。是以,如果每个共有 n 个互斥类的类都有一个选定物,那么每个共有 $n+1$ 个互斥类的类也如此。可是据 31.1,Λ Sln Λ。因此,通过归纳法,每个由互斥类构成的有穷类都有一个选定物。

证之细节. 考虑任何事物 y 和 z 使得

$y \preceq \{,,,x\}$, [i] Ch $y \cap {}^{-}\{z\}$。 [ii]

情形 1:$z \notin y$。于是 $y \cap {}^{-}\{z\} = y$。于是,据[ii],Ch y。

情形 2:$\sim$Func $\breve{}(\mathrm{E} \upharpoonright y)$。于是,据 31.2,空泛的,Ch y。

情形 3:Func $\breve{}(\mathrm{E} \upharpoonright y)$并且 $z \in y$。于是

Func $\breve{}(\mathrm{E} \upharpoonright (y \cap {}^{-}\{z\}))$。 219

因此,据[ii]和 31.2,存在某事物 s 使得

s Sln $y \cap {}^{-}\{z\}$。 [iii]

情形 3a:$z=\Lambda$。鉴于 31.1 中的'$\neq \Lambda$',[iii]便等于's Sln y'。因此,据 31.2,Ch y。

情形 3b:$z \neq \Lambda$。于是存在某事物

$w \in z$。 [iv]

据情形3的假设，y 的成员都不相交；因此，既然 $z\in y$，则

$$z\cap\bigcup(y\cap{}^{-}\{z\})=\Lambda。\qquad[\text{v}]$$

鉴于31.1，在 s 减少或增加不在 $\bigcup(y\cap{}^{-}\{z\})$ 中的事物时，[iii]关于 s 所说的依然成立。因此据[v]，$s\cap\bar{z}$ Sln $y\cap{}^{-}\{z\}$，或者由于那一点，据[iv]，

$$(s\cap\bar{z})\cup\{w\}\ \text{Sln}\ y\cap{}^{-}\{z\},$$

据31.1，亦即

$$(t)(t\in y\,.\,\Lambda\neq z\ .\supset(\exists r)(((s\cap\bar{z})\cup\{w\})\cap t=\{r\}))。\qquad[\text{vi}]$$

可是

$$((s\cap\bar{z})\cup\{w\})\cap z=\{w\}\cap z$$

(据[iv]) $$=\{w\},$$

因而[vi]中的警戒'$t\neq z$'是不必要的。去掉它，我们就能据31.1把[vi]简缩为：

$$(s\cap\bar{z})\cup\{w\}\ \text{Sln}\ y。\qquad[\text{vii}]$$

因此$(s\cap\bar{z})\cup\{w\}$与 y 的各个成员至多共同具有一个成员。就是说，

$$\text{Func}\ \{\langle u,v\rangle\colon u\in(s\cap\bar{z})\cup\{w\}\,.\,u\in v\in y\}。$$

220 称这个函数为 β。据[i]和28.7，$\beta``y\leq y$。因此，据[i]和28.12，$\beta``y\leq\{,,,x\}$。可是很清楚，

$$((s\cap\bar{z})\cup\{w\})\cap\bigcup y\subseteq\beta``y。$$

因此，据28.1，

$$((s\cap\bar{z})\cup\{w\})\cap\bigcup y\leq\{,,,x\}。$$

因此，据28.10，

$$((s\cap\bar{z})\cup\{w\})\cap\bigcup y\in\mathcal{V}。\qquad[\text{viii}]$$

如所说明的，任何出自 y 的选定物在减去不在 $\bigcup y$ 中的事物时依然如

此。因此，据[vii]，

$$((s\cap\bar{z})\cup\{w\})\cap\bigcup y\ \mathrm{Sln}\ y。$$

因此，据[viii]，$(\exists u)(u\ \mathrm{Sln}\ y)$。因此，据31.2，Ch y。

所有情形(1,2,3a,3b)：'Ch y'已由[i]和[ii]得到证明。因此

$$(y)(z)(y\leq\{,,,x\}\ .\ \mathrm{Ch}\ y\cap{}^{-}\{z\}\ .\supset\mathrm{Ch}\ y)。$$

而据31.1，还有$(s)(s\ \mathrm{Sln}\ \Lambda)$，因而，据31.2，Ch Λ。由这些，据28.15我们就推出31.3。

这样我们已经看到，选择公理只是对其无穷情形才需要。

存在选择公理的一个变种版本，它说的是对任何类的类都存在一个**选择者**：从每个成员(除了Λ)中选择一个成员的函数。简洁地定义，

31.4 'β Slr α'定义为'$\beta\subseteq\mathrm{E}\ .\ \alpha\cap{}^{-}\{\Lambda\}\subseteq\arg\beta$'。

于是所说的定律，能够依靠合理的概括前提被表明等价于选择公理'(z) Ch z'者，就是'$(z)(\exists w)(w\ \mathrm{Slr}\ z)$'。

对此附加的推广，我们可以不是专注于'$(z)(\exists w)(w\ \mathrm{Slr}\ z)$'，而是专注于相应的模式'$(\exists w)(w\ \mathrm{Slr}\ \alpha)$'。不过，现在，在谈论等价时需要特别注意。因为，甚至在适当的概括前提之下，'$(\exists w)(w\ \mathrm{Slr}\ \alpha)$'并不 221
等值于'Ch α'。其关系毋宁如下。我们实际上可以借助一个从α本身出发的选择者来列示一个出自α的选定物(当然，α的诸成员要是互斥的)；可是，反过来为了列示一个从α出发的选择者，我们要用到的不是一个出自α本身的选定物，而是一个出自

$$\{y\times\{y\}:y\in\alpha\}$$

——一互斥关系的类——的选定物。其细节陈述在下面两个定理模式中。

31.5 β Slr α . Func $\breve{}(\mathrm{E}\restriction\alpha)\ .\supset.\ \beta``\alpha$ Sln α。

证. 据第一个假设和31.4，

$\beta\subseteq\mathrm{E}$，(1) $\qquad\qquad$ $\alpha\cap{}^{-}\{\Lambda\}\subseteq\arg\beta$。(2)

考虑任何事物 x 使得

$$x \in \alpha \cap {}^{-}\{\Lambda\}。 \qquad [\mathrm{i}]$$

于是，据(2)，存在某事物 y 使得

$$\beta``\{x\} = \{y\}。 \qquad [\mathrm{ii}]$$

于是，据(1)，$y \in z$；据[ii]和[i]，又有 $y \in \beta``\alpha$；因此

$$y \in x \cap \beta``\alpha。 \qquad [\mathrm{iii}]$$

对 $x \cap \beta``\alpha$ 的任一成员 v 都存在一个 $u \in \alpha$ 使得 $\langle v, u \rangle \in \beta$，因而，据(1)，$v \in u$。是以：

$$\langle v, u \rangle \in \beta, \qquad v \in x \in \alpha, \qquad v \in u \in \alpha。$$

据第二个假设，这后面两条给出 $u = x$，因而'$\langle v, u \rangle \in \beta$'变成'$\langle v, x \rangle \in \beta$'，它连同[ii]给出 $v = y$。因此我们看到，$x \cap \beta``\alpha$ 的任一成员都是 $y$。因此，据[iii]，$x \cap \beta``\alpha = \{y\}$。可 x 原本是满足[i]的任何事物。因此

$$(x)(x \in \alpha \cap {}^{-}\{\Lambda\} \,.\supset (\exists y)(x \cap \beta``\alpha = \{y\}))。$$

222 据 31.1，那就是说，$\beta``\alpha \ \mathrm{Sln}\ \alpha$。

31.6 $\beta \ \mathrm{Sln}\ \{y \times \{y\} \colon y \in \alpha\} \,.\supset.\, \beta \cap \mathrm{E}\ \mathrm{Slr}\ \alpha$。①

证. 据假设和 31.1，

$$(z)(z \in \{y \times \{y\} \colon y \in \alpha\} \cap {}^{-}\{\Lambda\} \,.\supset (\exists w)(\beta \cap z = \{w\}))，$$

亦即，

$$(y)(y \in \alpha \cap {}^{-}\{\Lambda\} \,.\supset (\exists w)(\beta \cap (y \times \{y\}) = \{w\}))。$$

① 如果我们已经把'$\beta \ \mathrm{Slr}\ \alpha$'简单地定义为'$\alpha \cap {}^{-}\{\Lambda\} \subseteq \arg(\beta \cap \mathrm{E})$'，或者再次定义为'$(x)(\Lambda \neq x \in \alpha \,.\supset.\, \beta`x \in x)$'，$\beta$ 本身就将有资格成为 α 的一个选择者；而只要认可对 31.5 中及别处的说法作某些调整，我们就能如此。

就是说，在 y 是 $\alpha\cap{}^{-}\{\Lambda\}$ 的任一成员之处，$\beta\cap(y\times\{y\})$ 就正好有一个成员。那个成员将必定是 $\langle v,y\rangle$，其中的 v 是 y 的仅有的一个对 y 具有 β 的成员；因而，其中的 v 是仅有的一个对 y 具有 $\beta\cap\mathrm{E}$ 的事物。因此我们已经发现，在 y 是 $\alpha\cap{}^{-}\{\Lambda\}$ 的任一成员之处，就有一个而且只有一个事物将对 y 具有 $\beta\cap\mathrm{E}$。就是说，

$$\alpha\cap{}^{-}\{\Lambda\}\subseteq \arg\,(\beta\cap\mathrm{E})。$$

因此，据 31.4，$\beta\cap\mathrm{E}$ Slr α。

如何在 31.5 和 31.6 的基础上来证明服从于适当的概括前提的、选择公理的两个版本‘(z) Ch z’与‘$(z)(\exists w)(w$ Slr $z)$’相等价，这是明摆着的。

下面来考虑概括前提‘$(w)(\arg\ w\in\mathcal{V})$’。它在人们像是满意的任何集合论中成立。同样可以这么说的另一个概括前提是‘$(x)(x\cup\{\Lambda\}\in\mathcal{V})$’。现在发现，在认可那两个前提之下，

$$(\exists w)(w\ \mathrm{Slr}\ \mathcal{V})\supset.\ \mathcal{V}\in\mathcal{V}。$$

因为，在 w Slr $\mathcal{V}$ 之处，我们据 31.4 有 $\arg\ w\cup\{\Lambda\}=\mathcal{V}$。进而，$\arg\ w\in\mathcal{V}$。因此，既然 $(x)(x\cup\{\Lambda\}\in\mathcal{V})$，我们乃有 $\mathcal{V}\in\mathcal{V}$。

这一点的启示是，选择公理的‘$(z)(\exists w)(w$ Slr $z)$’版本所引起的 223
一种加强是虚假的。如果说‘$(z)(\exists w)(w$ Slr $z)$’为每个类假定一个选择者，那么‘$(\exists w)(w$ Slr $\mathcal{V})$’就是假定了一个通用的选择者。可是前面的推理表明，在认可那两个适度的概括假定之下，视 $\mathcal{V}\notin\mathcal{V}$ 还是 $\mathcal{V}\in\mathcal{V}$ 而定，‘$(\exists w)(w$ Slr $\mathcal{V})$’或者是站不住的，或者已经为‘$(z)(\exists w)(w$ Slr $z)$’所包括。

在我们的公理‘$\{x,y\}\in\mathcal{V}$’(7.10)中，我们采取了我们的反对终极类的立场。另一方面，对容许终极类的集合论，可以提出这样的问题：那里是不是存在刚才考虑的那个通用的选择者的一个一定的苍白的对等物，亦即只是从每个集合（除了 Λ）中取出一个成员的选择者——可能忽略了终极类。简言之，此命题是 $(\exists w)(w$ Slr $\bigcup\mathcal{V})$。不过我们前面的推理依然适用：如果 $\bigcup\mathcal{V}\notin\mathcal{V}$ 则该命题是站不住的，如果 $\bigcup\mathcal{V}\in\mathcal{V}$ 则

它已经为'$(z)(\exists w)(w \text{ Slr } z)$'所包括。①

让我们再次放下假定终极类的集合论，返回通用的选择者的问题作进一步的说明。我们看到，当 $\mathcal{V} \notin \mathcal{V}$ 时'$(\exists w)(w \text{ Slr } \mathcal{V})$'就不成立了。如果我们增加一个初始的选择者谓词'$\mathfrak{S}$'，我们仍然能够假定它原先指望的效力的相当部分。因为，那时我们可以采纳

(i) $$\{\langle x, y\rangle : \mathfrak{S}xy\} \text{ Slr } \mathcal{V}$$

来作为公理而无须提示：是 $\{\langle x, y\rangle : \mathfrak{S}xy\} \in \mathcal{V}$，还是 $\mathcal{V} \in \mathcal{V}$，还是 $(\exists w)(w \text{ Slr } \mathcal{V})$。更直接的，给出我们外加的初始记号，让其形式不是二元选择者谓词'$\mathfrak{S}$'而是选择者算子'σ'，我们就能简单地假定

(ii) $$(x)(x \neq \Lambda . \supset . \sigma x \in x)。$$

224 这样处理，我们就还必须调整作为基础的量化逻辑，容许'σx'处于变元的地位。

那权宜的(ii)要归功于斯柯伦(1929)。它还可以通过模式化稍予放宽：

(iii) $$\alpha \neq \Lambda . \supset . \sigma\alpha \in \alpha$$

这方面主要归功于希尔伯特。②

可是(i)—(iii)都是激烈的变更。它们增加了初始记号，而我们甚至不知道如何把它们所增加的东西翻译成直观的词语。

§32 此公理的其他的等价者

选择公理的另一个等价者说的是，每个函数都怀有一个对应，而它们的值相同。就是说，

---

① Gödel(1940, p. 6)的公理E，用我们的记法正好是'$(\exists w)(w \text{ Slr } \cup \mathcal{V})$'。不过对他的系统来说，这只是'$(z)(\exists w)(w \text{ Slr } z)$'的一个等值者，因为'$\cup \mathcal{V} \in \mathcal{V}$'出自他的其他的公理。当他称它为'一种很强形式的选择公理'时，他是拿它与下面两者相对比：

$$(z)(z \in \cup \mathcal{V} . \supset (\exists w)(w \text{ Slr } z)), \quad (z)(z \in \cup \mathcal{V} . \supset (\exists w)(w \in \cup \mathcal{V} . w \text{ Slr } z))。$$

据他的5.19，它们又相互等值。

② 为 Bernays and Fraenkel(p. 197)所塑述和归因。这里暗指希尔伯特 ε 算子；参看 Hilbert and Bernays, vol. 2, pp. 9ff。

(i) $(y)(\mathrm{Func}\ y \supset (\exists x)(\mathrm{Cor}\ x\ .\ x \subseteq y\ .\ x``\mathcal{V} = y``\mathcal{V}))$。

因为，如果 Func y，那么，

$$\{z\colon (\exists w)(z = \breve{y}``\{w\})\}$$

是一个互斥类的类，因而依据选择公理有一个选定物，u；于是 $y \upharpoonright u$ 符合(i)中加于'x'的条件，如同下面的定理模式所表明的。

32.1 $\mathrm{C}_1\ .\ \mathrm{Func}\ y\ .\ \beta\ \mathrm{Sln}\ \{z\colon (\exists w)(z = \breve{y}``\{w\})\}$
$.\supset.\ \mathrm{Cor}\ y \upharpoonright \beta\ .\ (y \upharpoonright \beta)``\mathcal{V} = y``\mathcal{V}$。

证. 据最后一个假设和 31.1，

$$(z)(w)(z = \breve{y}``\{w\} \neq \Lambda\ .\supset (\exists x)(\beta \cap z = \{x\}))。\qquad (1)$$

据'C_1'，$y \in \mathcal{V}$。因此，据'C_1'和 29.3，$\breve{y}``\{w\} \in \mathcal{V}$。因此我们可以把(1)中的'$z$'取为'$\breve{y}``\{w\}$'。是以：

$$(w)(\breve{y}``\{w\} \neq \Lambda\ .\supset (\exists x)(\beta \cap \breve{y}``\{w\} = \{x\}))。$$ 225

就是说，

$$(w)(w \in y``\mathcal{V}\ .\supset (\exists x)(\breve{\ }(y \upharpoonright \beta)``\{w\} = \{x\}))。$$

据 10.2，那就是，

$$y``\mathcal{V} \subseteq \arg\ \breve{\ }(y \upharpoonright \beta)。\qquad (2)$$

因此，据 10.10，Func $\breve{\ }(y \upharpoonright \beta)$。因此，据第二个假设，Cor $y \upharpoonright \beta$。而据(2)，还有$(y \upharpoonright \beta)``\mathcal{V} = y``\mathcal{V}$。

以上说的是，(i)是选择公理的后承。为了反过来从(i)得到选择公理，把(i)中的 y 取为$\{\langle y, w\rangle\colon w \in y \in z\}$。这样，(i)中的前件根据 31.2 正好变成'Ch z'的前件，而其后件则是说某个对应 x 是$\{\langle y, w\rangle\colon w \in y \in z\}$的子类并且有着相同的左域。于是很快就看出 $x``\mathcal{V}$ Sln z，从而建立'Ch z'。隐含在这一推理中的概括前提很容易揭示。

历来公认为等于选择公理的另一条定律表面上比(i)更一般，说的

是每个关系都怀有一个具同一右域的函数。就是说，

(ii) $(y)(\exists x)(\text{Func}\ x\ .\ x\subseteq y\ .\ \breve{x}``\mathcal{V}=\breve{y}``\mathcal{V})$。

在我们至此已经指出的、选择公理的诸等价者中，我们能够极容易地把它看成与(ii)相等的一个就是：

$(z)(\exists w)(w\ \text{Slr}\ z)$。

我们可以通过把(ii)中的 y 取为 $\text{E}\restriction z$ 来从(ii)推出它；因为，据(ii)而存在的那个 x 终于成为满足'w Slr z'的一个函数 w，如同立即可从 31.4 看出的那样。反过来，为了推出(ii)我们取

$z=\{u\colon(\exists v)(u=y``\{v\})\}$，

于是看到，在 w Slr z 之处，(ii)为

$x=\{\langle u,v\rangle\colon\langle u,y``\{v\}\rangle\in w\}$

226 所满足。相关的概括前提是明显的。

选择公理的一个更惊人的等价者是**枚举定理**，大意是，任何类 z 都是一个序列(SEQ 意义上的)的左域。更特别的，z 是一个没有重复项的序列的左域，因而是一个实为一对应的序列的左域。因此存在着 z 的成员与直到某序数为止的那些序数之间的一个对应。一句话，任何类的成员都能被枚举。

事实上，只要 $\beta\ \text{Slr}\ \{x\colon x\subseteq z\}$，就有 z 的一个特殊的枚举 w 可以用直观的说法列示如下。选择者 β 从 z 的每个子类 x(除了 Λ)中选出一个代表成员 $\beta`x$。现在，该枚举 $w$ 指派给序数 $\Lambda$ 以 $z$ 本身的代表成员 $\beta`z$；它指派给下一个序数，$\{\Lambda\}$，以 $z\cap{}^{-}\{\beta`z\}$ 的代表成员 $\beta`(z\cap{}^{-}\{\beta`z\})$；一般的，它指派给各个序数 $y$ 以 $z$ 中未曾指派给 $y$ 之前的序数而剩余的部分之代表成员 $\beta`(z\cap{}^{-}(w``y))$。

形式地列示此序列 w 的办法是借助超穷递归。为此，寻求它的生成函数。给定序列 w 的、直到但排除主目 y 的、所有的值与主目的对子的类 u，什么是 $w`y$ 呢？它是 z 的剩余部分的 β；因而是 z 减去所有

先前那些值而得到的类的 β;因而是 $\beta`(z\cap{}^{-}(u``\mathcal{V}))$。因此所要求的生成函数是

$$\{\langle y,u\rangle:\langle y,z\cap{}^{-}(u``\mathcal{V})\rangle\in\beta\},$$

或者简洁的是 $\Psi_{\beta z}$,如果我们规定

32.2 ‘$\Psi_{\beta\gamma}$’定义为‘$\{\langle y,x\rangle:\langle y,\gamma\cap{}^{-}(x``\mathcal{V})\rangle\in\beta\}$’。

于是所想要的、z 的枚举 w 就是 $\mathrm{A}\Psi_{\beta z}$。

这样,需要证明的枚举定理的实质是,只要 $\beta\ \mathrm{Slr}\ \{x: x\subseteq z\}$,$\mathrm{A}\Psi_{\beta z}$ 就是一个对应,它的左域是 z 而右域是一个序数。补全了概括前提,该定律则是:

32.3 $\mathrm{C}_1\ .\ \beta\ \mathrm{Slr}\ \{x: x\subseteq z\}\ .\ w=\mathrm{A}\Psi_{\beta z}$

$$.\supset.\ \mathrm{Cor}\ w\ .\ w``\mathcal{V}=z\ .\ \breve{w}``\mathcal{V}\in\mathrm{NO}。$$

证. 据‘C_1’,

$$\breve{w}``\mathcal{V}\in\mathcal{V}。\quad(1)$$

据第二个假设和定义, 227

$$\beta\subseteq\mathrm{E},\quad(2)\qquad\{x:\Lambda\neq x\subseteq z\}\subseteq\arg\beta。\quad(3)$$

对 z 的任一子类至多有一个事物具有 β:据(2),如果该子类是 Λ,则没有,否则,据(3),有一个事物。因此,据 32.2,

$$\mathrm{Func}\ \Psi_{\beta z}。\quad(4)$$

因此,据 26.4 和最后一个假设,SEQ w。亦即

$$\mathrm{Func}\ w,\quad(5)$$

并且 $\breve{w}``\mathcal{V}\in\mathrm{NO}$ 或 $\breve{w}``\mathcal{V}=\mathrm{NO}$。因此,据(1)和 24.4,

$$\breve{w}``\mathcal{V}\in\mathrm{NO}。\quad(6)$$

据‘C_1’和 29.3,$(v)(w``v\in\mathcal{V})$。因此,据‘C_1’,

$$(v)(z\cap{}^{-}(w``v)\in\mathcal{V})。\qquad(7)$$

考虑任一$\langle u,v\rangle\in w$。据(5)，$u=w\text{`}v$。进而，$v\in\breve{w}``\mathcal{V}$，而由此和(4)，据 26.5 和最后那个假设，我们可以推出$\langle w\text{`}v,w\restriction v\rangle\in\Psi_{\beta z}$，亦即$\langle u,w\restriction v\rangle\in\Psi_{\beta z}$，据 32.2(既然据'$C_1$'，$w\restriction v\in\mathcal{V}$)，亦即

$$\langle u,z\cap{}^{-}((w\restriction v)``\mathcal{V})\rangle\in\beta,$$

亦即$\langle u,z\cap{}^{-}(w``v)\rangle\in\beta$，因而，据(2)和(7)，$u\in z\cap{}^{-}(w``v)$。可$\langle u,v\rangle$原本是 w 的任一成员。因此

$$(u)(v)(\langle u,v\rangle\in w\ .\supset.\ u\in z\ .\ u\notin w``v)。\qquad(8)$$

再考虑任何 u,v,v'使得$\langle u,v\rangle,\langle u,v'\rangle\in w$。于是据(8)，$u\notin w``v$，因而，既然$\langle u,v'\rangle\in w$，则 $v'\notin v$。类似的，$v\notin v'$。又还有 $v,v'\in\breve{w}``\mathcal{V}$，因而，据(6)和 23.10，有 $v\in v'$或 $v'\in v$ 或 $v=v'$。因此 $v=v'$。故而 Func $\breve{w}$。因此，据(5)，

$$\text{Cor}\ w。\qquad(9)$$

228 据(8)

$$w``\mathcal{V}\subseteq z。\qquad(10)$$

据'C_1'，$z\cap{}^{-}(w``\mathcal{V})\in\mathcal{V}$。因此

$$z\cap{}^{-}(w``\mathcal{V})\in\{x\colon x\subseteq z\}。$$

因此

$$z\nsubseteq w``\mathcal{V}\ .\supset.\ z\cap{}^{-}(w``\mathcal{V})\in\{x\colon\Lambda\neq x\subseteq z\}$$

(据(3)) $$\supset.\ z\cap{}^{-}(w``\mathcal{V})\in\arg\beta。\qquad(11)$$

由(1)和(4)，据 26.6 和最后那个假设，我们有 $w\notin\breve{\Psi}_{\beta z}``\mathcal{V}$。据 32.2，那就是

$$(y)(\langle y, z\cap{}^{-}(w“\mathcal{V})\rangle \notin \beta)。$$

因此 $z\cap{}^{-}(w“\mathcal{V})\notin \arg\beta$。因此，据(11)，$z\subseteq w“\mathcal{V}$。这一点以及(10)，(9)和(6)就是所要证明的。

为了反过来从枚举定理来论证比如说‘$(z)(\exists w)(w\ \mathrm{Slr}\ z)$’这种形式的选择公理，取任一类 z 和 $\bigcup z$ 的任一枚举 y。于是可以得到 z 的这一选择者：函数 w，当应用于任一 $x\in z\cap{}^{-}\{\Lambda\}$时，它给出 x 的、在枚举 y 之下其数码最靠前的那个成员充当 $w‘x$。我省去其细节。

无穷类之间的一个熟知的现象是，你可以把这样一个类与它本身的一个真部分相关联。这方面的情形曾在 §28 和 §30 中说明；还请参看 24.8 的证明中倒数第二句话，它表明

(iii) $\omega\subseteq z\in \mathrm{NO}\ .\supset.\ z\simeq z\cup\{z\}$。

这一特点被戴德金(1888)用来定义无穷大小：无穷类就是一个类 x 使得$(\exists y)(x\simeq y\subset x)$，或者离析出其要点，是$(\exists y)(x\leq y\subset x)$。这个条件为一种更通常的意义上的无穷大小——比如说‘$\mathrm{N}\leq x$’或者

(iv) $(z)(x\simeq z\in \mathrm{NO}\ .\supset.\ \omega\subseteq z)$

——所蕴涵，其证明需要选择公理，并且提供了一个使用枚举定理的例子。假设 x 是(iv)意义上的一个无穷类。据枚举定理，对某个 $z\in \mathrm{NO}$，$x\simeq z$。据(iv)，$\omega\subseteq z$，因而，据(iii)，$z\simeq z\cup\{z\}$。因此，据11.2， 229
$z\cup\{z\}\leq z\leq x$。因此 $z\cup\{z\}\leq x$（已承认‘$\leq$’的传递性，关键在‘$(v)(w)(v|w\in \mathcal{V})$’)。因此，据 11.1，对某个函数 u，$z\cup\{z\}\subseteq u“x$。如果我们假定‘C_1’，则某事物 y 是 $x\cap{}^{-}(\breve{u}“\{z\})$；参看 29.3。既然Func u，我们就有 $z\subseteq u“y$ 和 $y\subset x$。因此 $z\leq y\subset x$。可是据 11.2，$x\leq z$。因此$x\leq y\subset x$。

选择公理的最驰名的等价者是策梅洛定理(1904)：每一个类都能良序。更确切地说，每一个类，除非它只有一个成员，都是一良序关系的域。就是说，

(v) $(z)((\exists x)(z=\{x\})\vee(\exists x)(\mathrm{Wellord}\ x\ .\ z=(x\cup\breve{x})“\mathcal{V}))$。

从枚举定理看这是明摆着的，既然 z 的一个枚举 y 为 z 的成员提供了一个良序关系 $y|E|\breve{y}$ 而它平行于计数的序数的良序关系。不过，良序定理在历史上是个重要的结果，策梅洛先于枚举定理证明了它。其实，枚举定理的上述证明部分地出自策梅洛对良序定理的证明。

如何反过来从(v)论证‘$(z)(\exists w)(w\ \mathrm{Slr}\ z)$’，这从三段前概述的论证看是明显的。

(v)的一个较简单的可是在某点上较强的变种只是说，全域能被良序：

(vi) $(\exists x)(\mathrm{Wellord}\ x\,.\,(x\cup\breve{x})``\mathcal{V}=\mathcal{V})$。

自然，通过把 z 取为 $\mathcal{V}$(如果 $\mathcal{V}\in\mathcal{V}$)，我们就从(v)得到这一条；反过来，借助21.9，令其中的 α 为 x 而 β 为 z(如果 $x\cap(z\times z)\in\mathcal{V}$ 的话)，我们就从这一条得到(v)。(vi)强于(v)的方面在于，诸集合论，与对所有的 x 和 z 制备 $x\cap(z\times z)\in\mathcal{V}$ 相比，更少通行制备 $\mathcal{V}\in\mathcal{V}$。能够以为(vi)比(v)强而仍然视(vi)为可能真的，这更将是奇怪的集合论。它必将是既不容许‘$\mathcal{V}\in\mathcal{V}$’又不容许‘$(x)((x\cup\breve{x})``\mathcal{V}\in\mathcal{V})$’的集合论；因为后者连同(vi)给出‘$\mathcal{V}\in\mathcal{V}$’。

230 胜算不在(vi)，其实不必惊奇；因为，像(vi)中那样的全域良序关系将分享 $E\restriction NO$ 的主要性质，而NO之无法存在已在24.4中指明。

或许通过采取§31末尾所说的激烈路线，无须关于(vi)的过分的存在要求，就可以取得全域良序关系的效果？设若把 β 取为通用的选择者 $\lambda_x\sigma x$，并不假定 $\beta\in\mathcal{V}$。于是32.3就似乎确保有 $\mathcal{V}$ 的一个枚举，从而有 $\mathcal{V}$ 的一个良序关系。不过，伴随这一推理的麻烦在于，这样使用32.3一如既往需要过度的存在假定。

在§31末尾为通用的选择者所考虑的激烈路线，现在自然可以简单地为全域良序关系复制一条，而不用尝试从那一个得到这一个。这就意味着采用一个初始谓词‘F’，服从于公理：

$$\mathrm{Wellord}\ \{\langle x,y\rangle: \mathrm{F}xy\},\qquad (x)(\exists y)(\mathrm{F}xy\vee\mathrm{F}yx)。$$

还存在一些我未曾触及的、选择公理的著名的等价者。一个是豪斯多夫定律：每一个偏序关系都怀有一个极大的次序关系。就是说，如

果 z 是一个偏序关系($z|z\subseteq z\subseteq{}^{-}I$),那么就存在一个次序关系 $x\subseteq z$,它在没有次序关系 y 使得 $x\subset y\subseteq z$ 这一意义上是极大的。另一个等价者,通称佐恩引理,说的是,如果 v 是一个类使得对每个一个个嵌套着的 $w\subseteq v$ 都有 $\bigcup w\in v$,那么 v 就有一个成员 u,它在 $(y)\sim(u\subset y\in v)$ 的意义上是极大的。佐恩引理可以从豪斯多夫定律得来如下。把豪斯多夫定律中的 z 取为

$$\{\langle s,t\rangle : s\subset t\,.\,s,t\in v\}$$

(如果它存在的话),我们就保证有一个极大的次序关系 $x\subseteq z$。它的域是一个一个个嵌套着的 $w\subseteq v$。于是,据佐恩引理的假设,$\bigcup w\in v$。而 $\bigcup w$ 容易看出是在 $(y)\sim(\bigcup w\subset y\in v)$ 这一意义下极大的。[1]

§33 此公理的地位

靠近 §29 末尾,我们因可比律'$x\leq y\ .\vee.\ y\leq x$'而注意到选择公理。 231
让我们现在仰仗必要的概括和选择前提,来证明这一定律。

33.1 $\mathrm{C}_1\,.\,(u)(v)(u|v\in\mathcal{V})\,.\,\mathrm{A}\Psi_{zx},\mathrm{A}\ \Psi_{wy}\in\mathcal{V}\,.$

$z\ \mathrm{Slr}\ \{u: u\subseteq x\}\,.\,w\ \mathrm{Slr}\ \{u: u\subseteq y\}\,.\supset: x\leq y\ .\vee.\ y\leq x$。

证. 据假设和 32.3,存在 s 和 t 使得

$$\mathrm{Cor}\ s,\qquad \mathrm{Cor}\ t, \tag{1}$$

$$s``\mathcal{V}=x,\qquad t``\mathcal{V}=y, \tag{2}$$

$$\breve{s}``\mathcal{V},\ \breve{t}``\mathcal{V}\in\mathrm{NO}。 \tag{3}$$

依靠(3)和 23.21,$\breve{s}``\mathcal{V}\subseteq\breve{t}``\mathcal{V}$,或者反过来,比方说是 $\breve{s}``\mathcal{V}\subseteq\breve{t}``\mathcal{V}$。于是,据(2),$x=(s|\breve{t})``y$。而且,据(1),Func $s|\breve{t}$。而且,据'C_1',$\breve{t}\in\mathcal{V}$,以至据第二个假设,$s|\breve{t}\in\mathcal{V}$。这些结果加在一起,据定义,说的是 $x\leq y$。在另一情形下则是 $y\leq x$。

在 §29 的最后一句话中,作为依赖于选择公理的例子,提到另一

[1] 关于选择公理及其等价者,请进而参看 Bernays and Fraenkel, cha. VI; Rosser, *Logic for Mathematicians*, cha. XIV; Suppes, cha. VIII; Rubin。

条简单的类比较定律。在‘C_1’和一个选择前提被设定并且有一个希腊字母被压低时，它等于下面这一条。

$$\textbf{33.2}\quad C_1 \,.\, u\ \mathrm{Sln}\ \{v\colon (\exists w)(v = z \cap \breve{y}``\{w\})\} \,.\, \mathrm{Func}\ y \,.\, \alpha \subseteq y``z \,.\supset (\exists x)(\mathrm{Cor}\ x \,.\, \alpha \subseteq x``z)。$$

证. 据‘C_1’，

$$y \restriction z \in \mathcal{V}。\qquad (1)$$

据第二个假设，既然 $z \cap \breve{y}``\{w\}$ 是 $\breve{}(y \restriction z)``\{w\}$，则

$$u\ \mathrm{Sln}\ \{v\colon (\exists w)(v = \breve{}(y \restriction z)``\{w\})\}。\qquad (2)$$

232 既然 Func y，则

$$\mathrm{Func}\ y \restriction z。\qquad (3)$$

凭借(1)代换 32.1 中的‘y’，我们就有，(3)，(2)和‘C_1’蕴涵

$$\mathrm{Cor}\ (y \restriction z) \restriction u,\quad (4)\qquad ((y \restriction z) \restriction u)``\mathcal{V} = (y \restriction z)``\mathcal{V} = y``z。\qquad (5)$$

据(1)和‘C_1’，存在某事物 x 使得 $x = (y \restriction z) \restriction u$。于是 $x``\mathcal{V} = x``z$，因而，据(5)，$x``z = y``z$，因而，据最后一个假设，$\alpha \subseteq x``z$。据(4)，还有Cor x。

我们知道，视我们在‘$\leq$’的诸自然的定义中作某一还是另一选择而定，‘$x \leq y \,.\vee.\, y \leq x$’和类似的定律可能依赖于选择公理或者依赖于施罗德-伯恩斯坦定理或者是不足道的。现在，基数的初等算术内的情况注定差不多与此相同，因为基数算术的‘$\leqq$’平行于‘$\leq$’：。

$$\text{(i)}\qquad \bar{\bar{x}} \leqq \bar{\bar{y}} \,.\equiv.\, x \leq y。$$

根据我们的定义，‘$x \leq y \,.\vee.\, y \leq x$’依赖于选择公理；因此我们可以相信，如果我们借助对应关系(i)相当直接地定义‘$\leqq$’，无穷基数算术的‘$z \leqq w \,.\vee.\, w \leqq z$’将同样依赖于选择公理。另一方面，我们可以让‘$\leqq$’的定义基于远离(i)的考虑；在我们把基数看成一定的、冯·诺伊曼意

义上的序数时，我们就是这样做的，因为那时一般地说序数的、特别地说基数的'$\leqq$'终归简单的是'$\subseteq$'。按此方略，'$z \leqq w . \vee . w \leqq z$'来自23.21，后者虽说或许不是不足道的，却并不依赖于选择公理。就在'$z \leqq w . \vee . w \leqq z$'得以以这种或那种方式摆脱选择公理的时候，我们可以相信，交互连接者(i)本身反而是为依赖于选择公理而被制定的。

要不，采取这样的命题：一个类一般都有一个基数。在基数的弗雷格-怀特海-罗素版本之下，一个类 x 简单地有$\{y: y \simeq x\}$作为它的基数。既然 $x \simeq x$，这将不是空的；而它的存在可以由概括公理来保证。这里没有选择公理的问题。可是在基数的冯·诺伊曼版本之下，该命题又如何呢？在这里，一个类 x 的基数是$\simeq x$ 的最早的序数；因此我们需要一般地表明存在一个序数$\simeq x$。而在这一点上，选择公理就有用了。我们诉诸枚举定理 32.3 来表明，存在一个$\simeq x$ 的序数（亦即$^{\sim}\mathrm{A}\Psi_{yz}$，其中，$y$ Slr $\{z: z \subseteq x\}$)；故而我们假定 233

$$(\exists y)(y \text{ Slr } \{z: z \subseteq x\})。$$

诚然，按照冯·诺伊曼的方案，$\bar{x}$ 是序数$\{y: y \in \mathrm{NO} . y \prec x\}$，而这是否存在是一个概括公理而不是选择公理的问题。但是，这是诡辩。如此定义的基数，仅当如所想望的，一般地有 $x \simeq \bar{x}$，才将起它们所意图的计量的作用；而这又终归是一个一般地存在一$\simeq x$ 的序数的问题。

我们知道那个矛盾来自诸清扫太甚的概括公理。在这样的公理中所看到的种种限制因系统而异；特别是，它们能够这样地切入序数，以至不顾选择公理，对不时碰到的 x，从我们这里剥夺去$\simeq x$ 的诸序数。特别有，刚才所乞援的枚举定理 32.3 带有它的那份概括前提。这就是我们上面蒙混地使用'一般地'的缘故。然而，如所描述的，选择公理对那一整串的 x 来说仍然是需要的。

那不是批评冯·诺伊曼方略说其中需要选择公理，而且不是在弗雷格-怀特海-罗素方略之下来保证在相关的意义下类一般地都有基数。因为，很有特点，改而使一批定理独立于选择公理，只会引起其他同样要紧的定理反而依赖于它。特别是，在弗雷格-怀特海-罗素方略 234
之下表明基数间小者对大者的关系是一良序关系，这就需要选择公理；

而在冯·诺伊曼方略之下，这可以无须选择公理而从‘NC⊆NO’以及24.3和21.9推出。

我们已经指明的这些和其他例子，显著的是‘$x \leq y .\vee. y \leq x$’，表明了选择公理之紧要。我们可能因此遗憾我们不能从先前的假定证明它，希望能把它加进它们而不出矛盾。关于后面这一点，我们从哥德尔(1940)再次得到保证。他采取冯·诺伊曼-贝尔奈斯的集合论系统(§43)作为出发点，该系统包含实质性的但不是显然不合理的、无穷类的假定，他表明，如果它是协调的，它加上选择公理仍然是协调的。

他的论证利用了冯·诺伊曼(1929)的一项设计，谢菲尔德森因此称之为**内模型**：他从冯·诺伊曼-贝尔奈斯集合论的全域中取出一个特别部分，并表明，所有的公理，在它们的变元被允许只取该全域的那个特别部分中的东西为值时，仍然成立。

为了把这一点弄得更清楚，让我们转到**相对化**观念。现在，把‘α’当成某个实际的**词项**，亦即一个特别的变元或者某个在2.1的不带承诺的意义上的抽象。如今，为任一量化，比如说‘$(x)Fx$’或‘$(\exists x)Fx$’，所约束的变元，都可以被**限制**(像我将要说的那样)于那个词项，办法是把‘$(x)Fx$’重新写成‘$(x)(x \in \alpha .\supset Fx)$’，把‘$(\exists x)Fx$’重新写成‘$(\exists x)(x \in \alpha . Fx)$’；而一公式中的一自由变元‘$y$’则可以通过在该公式前加置条件‘$y \in \alpha .\supset$’而被限制于那个词项。最后，把一公式**相对化**至一给定词项则在于用上述方法同时把该公式的所有变元都限制于该词项(首先已把任何可能有的定义出的记号记法展开，以至该公式的所有约束变元都是量化的变元)。①

冯·诺伊曼-贝尔奈斯系统，如同哥德尔所塑述的，具有八个在他的

① 这个相对化概念比哥德尔的简单，在两个表层的方面与他的有所不同。一个是，在哥德尔一般地为类使用一种变元而特殊地为集合使用另一种变元的地方，我只使用单独一种一般种类的变元。这就是为什么我能无须像哥德尔那样分别处理两种变元来说明相对化的缘故。不过这是一个风格问题，因为，在‘α’是集合变元之处，哥德尔的‘$(\alpha)F\alpha$’和‘$(\exists\alpha)F\alpha$’可以翻译成：

$$(x)(y)(x \in y .\supset Fx), \qquad (\exists x)(\exists y)(x \in y . Fx)。$$

此外不存在别的分歧。其结果是，在他的意义下相对化至比如说‘L’(见下面)就是在我的意义下相对化至‘$\{x: x \subseteq \mathrm{L}\}$’。这一变更使该词项适于在最后那章以及其他新近的文献(例如，Oberschelp)中作别的有益的应用。

构造中起基础作用的概括公理。① 无论怎么说，它们每一个都具有形式： 235

$$(x)(y)(\exists z)(w)(w\in z\ .\equiv\cdots w\cdots x\cdots y\cdots);$$

有的缺‘x’，有的还缺‘y’，而通过创制空的出现我们可以把所有那八个都看成具有那个形式。是以，每个概括公理都肯定了对所有的 x 和 y 而言的、一定的类的存在，为简明起见，我们可以在论到那些公理中的第一个时称之为 x①y，在论到第二个时称之为 x②y，如此等等。 236

现在哥德尔列示一个他称之为 F 的超穷序列。服从于我以后再说的一定的资格条件，F 说来如下，其中我用的数字指序数。F‘0是 Λ。F‘1 直到 F‘8 分别是(F‘0)①(F‘0)到(F‘0)⑧(F‘0)，因而是 Λ①Λ 到 Λ⑧Λ。F‘9 是 F“9，因而是{F‘0，…，F‘8}。F‘10 直到 F‘17 分别是(F‘0)①(F‘1)到(F‘0)⑧(F‘1)。F‘18 又是 F“18。F‘19是(F‘1)①(F‘0)，如此等等。一般地说，F‘$9x$ 是 F“$9x$，而F‘$(9x+1)$直到 F‘$(9x+8)$分别是(F‘y)①(F‘z)到(F‘y)⑧(F‘z)，其中$\langle y,z\rangle$是在所有序数对的一个标准化的次序中居于第 x(从 0 开始)位的那个序数对。特别如 F‘ω 则是 F“ω 或{F‘0，F‘2，…}，作为其成员而含有 Λ 以及对所有有穷的 x 和 y 而言的(F‘y)①(F‘z)，…，(F‘y)⑧(F‘z)。于是 F‘(ω+1)是(F‘0)①(F‘ω)，如此等等。实际上哥德尔表明了如何在冯·诺伊曼-贝尔奈斯系统中形式地定义 F。

---

① 对于那些想核对我的概述与哥德尔的原文的读者，这里是其联系。哥德尔的公理 B1(p.5)为了我概述的目的应该描绘成概括公理：

$$(\exists z)(w)(w\in z.\equiv(\exists u)(\exists v)(u\in v.\langle u,v\rangle=w)),$$

其中，我的变元，不像哥德尔的小写变元，都是一般的。公理 B5—B8 经类似的转换被收进来。B3—B4 是更直接地收进来。鉴于哥德尔在第 35 页中间往下的评说，B2 被去掉。于是这就有了所说八个概括公理中的七个。第八个是：

$$(x)(y)(\exists z)(w)(w\in z.\equiv:(\exists u)(w\in u):w=x\ .\vee.\ w=y)。$$

它只是哥德尔的公理 A4(p.3)中的如同在纯概括公理的名目下所具有的那么多内容。A4 下剩的内容可以分离出来作为一个集合性公理：

$$(x)(y)((w)(w\in z.\equiv:w=x\ .\vee.\ w=y)\supset(\exists w)(z\in w))。$$

为理解这一点，读者必须记住我们关于变元的约定中的区别，以及由于印刷错误哥德尔在 A4 中遗漏了‘(u)’。

冯·诺伊曼-贝尔奈斯系统除了这八个概括外自然还有其他的公理。有些是集合性公理,因为它是一个带终极类的系统(参看§6)。现在来谈我延后说的资格条件:x①y,…,x⑧y 并不完全十分直接地取自那八个概括公理,而是部分地经过修改以至保证当 x 和 y 都是集合时那八个全都是集合。

哥德尔称 F“$\mathcal{V}$ 为**可构成的**集合的类,简称 L。是以,F 是 L 的一个枚举,而我们被确保存在 L 的一个良序(亦即 F|E|˘F;参看§32)。像他指出的,这可以在冯·诺伊曼-贝尔奈斯系统中证明,自然无须求助选择公理。

往下哥德尔建立他的、冯·诺伊曼-贝尔奈斯系统(减去选择公理)的内模型,办法是表明那些公理在它们相对化至

$$\{x: x\subseteq \mathrm{L}\,.\,(y)(y\in \mathrm{L}\,.\supset.\,x\cap y\in \mathrm{L})\}$$

时,仍然转而成为该系统的定理。由此可知,那些(没有内在不协调的)公理中不会存在什么东西要求不同于 L 的子类的类,或者从而是不同

237 于 L 的成员的集合。简言之,'$\cup\mathcal{V}=\mathrm{L}$'与那些公理一起是协调的,如果后者是协调的的话。[①] 而根据前一段我们可以从'$\cup\mathcal{V}=\mathrm{L}$'推出,存在 $\cup\mathcal{V}$ 的一个良序。既然 $(x)(x\subseteq\cup\mathcal{V})$,于是据 21.9 我们又可以推出,存在任何类 x 的一个良序。于是我们又可以推出选择公理。因此选择公理与这些公理一起是协调的,如果后者是协调的的话。

其论证并不像这一概述所显示的那么简单。说那些公理不要求不同于 L 的成员的集合,与说'$\cup\mathcal{V}=\mathrm{L}$'与那些公理一起是协调的,这两者之间有一个缺口。因为,我们不会发现在把 $\cup\mathcal{V}$ 取为 L 时我们是如此搅乱了'$\in$'的解释,以至被那些定义简缩成'$\cup\mathcal{V}=\mathrm{L}$'的公式终究成为说的是别的、与那些公理不协调的什么东西吗?哥德尔证明那是不会的,不过那需要证一下。

哥德尔的结果并不适用于每个集合论,可它能转移进策梅洛系统和策梅洛-弗兰克尔系统(下面§§38—39)。那实际上是哥德尔的如

① 在哥德尔的专论中该等式显现为'V=L'。而他的 V,所有集合的类,在我们的记法中是 $\cup\mathcal{V}$。参看§6。

同在1939年著作中概述的证明原来的安排。这里，可能会有教益的是，来说说如何把该结果从冯·诺伊曼-贝尔奈斯系统转移进策梅洛-弗兰克尔系统。我要把下面的推理归功于德里本。

策梅洛-弗兰克尔系统只知道集合，而且能嵌入冯·诺伊曼-贝尔奈斯系统，意思是策梅洛-弗兰克尔系统的所有定理都能作为关于冯·诺伊曼-贝尔奈斯系统的集合的定理而成立。是以，如果我们特别地能在策梅洛-弗兰克尔系统中证明 $\sim(z)(\exists w)(w \text{ Slr } z)$，那么我们就能在冯·诺伊曼-贝尔奈斯系统中证明：并不是每个集合 z 都有一个身为集合的选择者 w。而那时我们就也能照直证明 $\sim(z)(\exists w)(w \text{ Slr } z)$，因为在那个系统中所有的、集合的选择者都是集合（参看第223页注）。因此，如果'$(z)(\exists w)(w \text{ Slr } z)$'是与冯·诺伊曼-贝尔奈斯系统协调的，那么它就是与策梅洛-弗兰克尔系统协调的。而且，存在一个证明（参看第319页），它表明如果冯·诺伊曼-贝尔奈斯系统是不协调的， 238
则策梅洛-弗兰克尔系统马上是不协调的。所以，哥德尔的定理——即如果不带有选择公理的冯·诺伊曼-贝尔奈斯系统是协调的则带有的也是协调的——能够转移。

存在着弗兰克尔(1922)的一个早先的结果，如同经林登堡和莫斯托夫斯基(1938)进而经门德尔森(1958)和休恩菲尔德(1955)改进的，它大致是哥德尔的这个结果的一个对偶。它说的是选择公理独立于集合论的其余公理。哥德尔表明的是选择公理不会被否证，除非它当时使用的那个系统的其余的公理是不协调的；门德尔森和休恩菲尔德所表明的则是该公理也不会被证明，除非该系统的其余的公理是不协调的。其对称性是不完满的，这在于门德尔森和休恩菲尔德所使用的集合论比哥德尔所用的弱：特别是弱在基础公理。晚近，科恩萌生新观念，已经克服了这一局限性。

哥德尔的协调性证明除了选择公理还包括连续统假设——而且还是广义的（参看§30）。因为他表明，如果 $\cup \mathcal{V} = L$ 则广义连续统假设也成立。（碰巧，后者本身蕴涵选择公理。①）而科恩新近的工作的特别重要性在于他还表明了广义连续统假设的独立性。

① Sierpiński, 1947; Tarski and Linderbaum. 参看 Sierpiński, 1958, pp. 534ff。

第三篇

公理系统

第十一章　罗素的类型论

§34　构造性部分

我们已经在前面的章节中包含了集合论的一些实质性的内容，而 241
没有设置任何值得注意的存在假定。曾经有过给我们以有穷类的7.10，13.1 和 23.12。此外，我们曾经凑合着使用就事论事的、表达在用到它们的那些定理中的存在前提。

在下剩的几章中我将描述和对比各种显赫于集合论文献中的关于存在假定的有分量的系统。我将调和历史的和逻辑的处理方法，着重于系统之间结构的联系，以及相偏离的实效。

系统间的分歧是深刻的。有的将要研究的系统甚至与 7.10 不相容。末尾我将尽力在保留这样的系统的优点的同时对它们做些修改。

在本章中我将描述一个先驱系统，罗素 1908 年的**类型论**。它是从罗素 1903 年的一些试探性的建议借助于庞加莱的一个想法发展而来的系统。①

庞加莱试图把罗素悖论说成毋宁是一个微妙的错误而不是不可归
约的原理的崩溃。他把它归之为他所谓的一种恶性循环。引起悖论的 242
类 y 的确定性的特征是'$(x)(x\in y\ .\equiv.\ x\notin x)$'，而如我们所知，该悖论来自让这里的量化变元'$x$'取 y 本身作为值。他提出，让一个类 y，或者是其列示会预设 y 的任何类，包含在用于列示 y 本身的一个量化之值域中，这是非法的。他把该可疑的做法称为**非直谓的**。② 我们在定义 y 时

① Russell，1903，Appendix B；Poincaré，1906，p. 307. 如同庞加莱指出的，Richard（1905）已经有了庞加莱的想法的一项暗示。

② 此词遭遇奇特。罗素（1906）把一个成员关系条件说成对一个或另一个集合论是直谓的（predicative），简单地意指对那个集合论，存在着一个对应于那个成员关系条件的类。庞加莱遵循罗素的这种用法；正巧，他要在这个意义上宣布它为直谓的的那个成员关系条件，是一个并不牵涉他所反对的拟循环（quasi-circularity）的。该词马上获得后面这种意义，而且变得独立于前者。接着，罗素给予该词一种更专门但相关的意义，如同我们将在本节中途看到的那样。在所有这些意义下的那个词必须断然与'谓词'（predicate）区分开，我继续在早在 §1 中说明的意义上使用后者。

必须不预设 y。

最清楚意义上的定义，就是在引进一个新的记法作为老的之简写时所出现的东西。就定义来说，只要提供了一种机械的程序无论如何都能把新的记法唯一地扩展成老的记法，就不可能发生合法性问题。现在庞加莱所批评的不是作为'$\{x: x\notin x\}$'之简写的某个特别符号的定义，而是宣称存在着这样一个类的那个假定；那个关于满足'$(x)(x\in y .\equiv. x\notin x)$'的类 y 的存在的假定。我们最好不要说非直谓的定义，而要说对类的非直谓的列示，而问题的关键所在，是非直谓的、类存在假定。

那么恶性循环又是怎么回事呢？一个循环论证诱使它的受害者认可并不知晓的命题作为证实它本身的前提。一个循环定义则如此偷偷地把被定义者弄进定义者中，以至阻止扩展成初始记法。可是对类的非直谓的列示这两者都不是。它不像是一种令人疑虑的程序，除非人们被悖论逼得怀疑这个或那个事物。

243 因为，我们并不真的把类看成是通过列示创造出来的——因而是一个接一个注有日期的，以及其数目随时间的推移而增加。庞加莱没有提出要对类理论作时间上的补充。关于类的学理毋宁是说它们一开始就在那儿。既然如此，在非直谓的列示中就没有明显的错误。通过引用其任何特征来挑出一个所想要的类，这是合理的，即使我们因而偶然会连同全域中的别的每个事物对它施以量化。比起根据耶鲁人包括他自己的平均得分挑出一个个体作为最典型的耶鲁人，非直谓的列示并不明摆着更恶劣些。

这样，罗素以及庞加莱极力主张的禁忌，不是要召来发觉作为该悖论的基础的、某个隐藏着的而(一经发觉)又可捉摸的错误。毋宁它是各种建议之一，旨在限制概括定律

$$(\exists y)(x)(x\in y .\equiv Fx)$$

以至削减类的全域达到得以协调的程度。

所说建议还比其他某些供选者少些任意性，它实现了一种关于构造的隐喻：它把类限制为那样的，它们**能够**经过一个无穷的期间，从未予列示的开头者出发，通过使用对各个类而言只提到先前已经存在的

类的一个成员关系条件而生成。不谈隐喻，这样一个集合论的特有的性质是它的全域容许一个(超穷的)次序排列，使得每个全然用成员关系条件来列示的类都是用这样一个条件列示的，其中所有变元的值都限于该排序中先前的东西。

现在转移到罗素1908年的系统的细节[①]，我们要暂时把类这个概念放在一边；因为罗素的理论是用其他术语开始的。对于罗素，组成全域的是某种意义下的个体，它们的属性和关系，这样的属性和关系的属性和关系，如此等等下去。他自己用来指属性和关系的术语是'**命题函** *244*
数'。他用'φ'，'ψ'，…作为它们的变元。为了说 x 有属性 φ，x 对 y 具有关系 ψ，等等，他使用记法'φx'，'$\psi(x,y)$'，等等。为表示从句子到命题函数的**抽象**，他简单地把附加音调符号的变元放在主目位置。是以，爱 y 这一属性和为 x 所爱这一属性分别被表示为'$\hat{x}$ 爱 y'和'x 爱 $\hat{y}$'，类抽象'$\{x: x$ 爱 $y\}$'和'$\{y: x$ 爱 $y\}$'的类似物。对应于 $\{\langle x,y\rangle: x$ 爱 $y\}$ 和 $\{\langle y,x\rangle: x$ 爱 $y\}$ 的、爱的关系及其逆关系则成为'$\hat{x}$ 爱 $\hat{y}$'和'$\hat{y}$ 爱 $\hat{x}$'，方向由字母表次序决定。[②]

在这样的抽象出现在较宽阔的语脉中时，有时很难说该把一个附加音调符号的变元理解成是从一个短子句还是从一个有较长容量的子句进行它的抽象的，特别是在有好几个抽象出现在该节段中时。实践中罗素有幸避免了这种困难，主要是因为有了一种由他用语境定义引进并且坚持于所有精巧的工作中的、经过修饰的卓越的表示类和关系的记法——在主要方面类似于我们曾在前面章节中所使用的。不过，在阐述他的基本理论时，让我们试着凑合着用他的基本记法，同时绕过它的陷阱。

他按下述办法把他的个体和命题函数分成所谓的**阶**。个体属于0阶。一定的未予列示的、个体的命题函数属于1阶；不是全部。至于其余的，一个命题函数的阶通过考虑给它命名的抽象化表达式来决定。那个阶被取为超过那表达式中所有约束变元——亦即所有

① 我提1908年的文章是因为它出现在先。不过，寻找其资料的更通常和方便的地方是在 *Principia Mathematica* 的前面部分。

② Whitehead and Russell, vol. 1, p. 200.

附加音调符号的变元以及所有量化变元——的阶的最小整数。所谓一个变元的阶是指它所取的值的阶；而且对罗素的方案紧要的是，各个变元如果不是由一有形的指标那也是隐含的，限制为只有具单一
245 的阶的值。那也就是，罗素坚持命题函数不能身为用来列示它的那些约束变元的值；命题函数总是具有太高的阶以至不能成为这样的变元的值。

在上面的说明中存在着指号与对象之间的一种特有的予和取：命题函数从抽象化表达式得到它的阶，而一个变元的阶就是那些值的阶。由于允许'阶'这个词具有双重意义，平行地同时将阶赋予记号和它们的对象，叙述变得平易起来。理想的是，一开始，各个变元的阶可以看成由一个数字上标表明；然后，各个抽象化表达式的阶计算如上；而它又转移给用那些表达式命名的命题函数。罗素自己的叙述则简单地混淆抽象化表达式(或者甚至是开句子)与命题函数(或者属性或关系)之间的区别；不过那是一种我不去仿效和有理由感到遗憾的特色。

既然外延性是把类与属性分开的东西，罗素在这里很清楚是事关属性而不是类。因为，两个属性可以属于不同的阶因而确实有区别，可是具有它们的那些事物却可以是相同的。例如，属性$(\varphi)(\varphi\hat{x}\equiv\varphi y)$，其中的'$\varphi$'属于1阶，是$y$的、而且仅只$y$的一个属性，同时，属性$(\chi)(\chi\hat{x}\equiv\chi y)$，其中的'$\chi$'属于2阶，也是$y$的而且仅只$y$的一个属性；而它们的阶则分别是2和3。

在罗素的命题函数可以作为属性和关系来谈这一意义上的关系，是所谓**内涵上的关系**；就是说，它们类似于属性，而不同于单纯的、有序对的、有序三元组的，等等的类，即使唯独存在于同样的事物之间也能够彼此相区别。它们可以被描绘成有序对、有序三元组，等等的属性。(不过罗素没有给予它们这种进一步的分析。)

除了含有一个变元的命题函数或者说属性，含有许多变元的命题函数或关系，罗素还认可没有变元的命题函数或者说命题；他的阶理论
246 也适用于命题，如同适用于含一个或更多变元的命题函数。不过我看不出追踪这条历史线索有什么价值。

对罗素来说，许多属性比具有该属性的事物高出两个或更多的阶。

在 $(\varphi)(\varphi\hat{x}\equiv\varphi y)$ 中就已经看到一个例子。另一个例子是 $(\exists\varphi)(\psi\varphi\,.\,\varphi\hat{x})$，即具有一个具有属性 ψ 的属性这样一个属性。另一方面，有些属性比具有它的事物只高 1 阶。一个例子可以是 $(x)(\hat{\varphi}x\equiv\psi x)$，与 ψ 外延相同这一属性。罗素把这样的属性称为**直谓的**。① 可以观察到的、此词的这一专门用法与后来归之于庞加莱的用法二者之间的联系在于，一个类抽象（'$\{x\colon Fx\}$'）在庞加莱的意义上直谓地而不是非直谓地列示它的类，当且仅当相应的属性抽象（'$F\hat{x}$'）命名一个直谓的属性。是以，只要仅只直谓的属性被拿来决定类，罗素在容许在他的意义上并非直谓的属性的同时，还不曾明显嘲弄庞加莱的告诫。

罗素自然要把术语'直谓的'推广到不是属性的命题函数。他称一个二元关系为直谓的，如果它的阶与具有该关系的事物的阶或者对之而有该关系的事物的阶——无论二者哪个较高——相比，只高 1 阶。对 n 元的也类似。

罗素关于命题函数的阶的准则显然预设了各个变元都是可认出地限制于单一的一个阶。实际上他更进一步：各个属性变元都预定只遍历那样的属性，其本身属于某一固定的阶而其**主目**——具有该属性的事物——也属于某一固定的阶。类似地各个关系变元都预定只遍历那样的关系，它们木身属于某单个的阶，而且容许第一个主目位置上的主目只属于某一固定的阶，第二个主目位置上的主目正好属于某一固定的阶，如此等等。该理论的圆满的形式陈述或许会要求在命题函数变元上加数字上标来指明相关的命题函数的阶，并且 247
加数字下标来指明那些命题函数的可容许的主目的阶；而说到关系，下标则必须是复合的，指明可容许的第一、第二等等直到适当数目的主目各自的阶。

罗素要求一命题函数的阶超过它的各个主目的阶。在一命题函数明白地用抽象记号给出时，这一限制已经披露在前面所说的东西之中，那就是，该阶要超过附加音调符号的变元的阶。可是在命题函数只是作为一变元的值露面时，仍然需要它作为一个附加的限制。在这种情

① 1908. Whitehead and Russell（pp. 164ff）则在较为狭窄的意义上应用这个术语。

形下，用指标（上标和下标）的话说，该限制等于要求一变元的上标超过下标。罗素并不是这么清楚。

表达属性的'φx'，'$\varphi(x,y)$'，等等记法形式将被承认为有意义的，仅当那个或那些主目的阶是或都是那些适合于用来附属的那个命题函数的。用指标的话来说，这意指那个或那几个主目的上标必须与或者分别与该命题函数的下标或诸下标相匹配。

不过在实践中罗素借助一个所谓**系统的歧义**的约定把这些指标全都删除了。该约定实际上是说，那些指标都被想象成以任何顺从前述语法限制的方式提供了。

必要的时候罗素确曾在它的公式中包含某种关于变元的阶的、超过语法一致性的最低要求的信息。虽然并不计较绝对的阶，他有时要去指明，这个或那个命题函数的阶要正好比它的诸主目的阶高出1阶。为此他不是充分恢复指标，而是在所关心的命题函数变元的某些出现之后引进一个惊叹号，用来指明该变元要遍历属于这个或那个阶的、直谓的命题函数。该记法将在下一节之初举例说明。

248 一般地说，在提出集合论的形式系统时，比较方便的是能够采纳标准的、真值函数和量词的逻辑作为一个固定的子结构，而它只要求增加适合于所说特别的集合论的公理。在目前的实例中，由于隐含地存在着多种类的变元，我们不能相当充分地坚持这条路线。那些隐含的独特的指标已经是偏离了带有它单一种类的变元的标准的量化逻辑。不过，这种偏离可以主要在像'$(x)Fx \supset Fy$'和'$Fy \supset (\exists x)Fx$'这样的提供变元变易的定律中加以局部化。对这些我们必须限制到这种程度，要求担当'y'的变元属于与担当'x'的变元相同的种类；就是说，它具有相同的指标。①

指标在被提供时确定着像用变元本身来援引的这样的命题函数的阶。它们还间接地确定着用抽象表达式命名的命题函数的阶；因为，我们已经说过，该阶比最高的约束变元的阶高出1阶。不过这一解释只

① 多种类逻辑将在下面§37中另行考察。——在对标准逻辑的偏离这一名目下，还可以提到 *Principia* 的 *9，它对量化理论的处理有其一般奇特性。不过 *9 只是作为 *10 中更古典的处理的一种选择露面；而且它取决于命题的阶，对后者我说过我不想深究了。

包括其中所有变元都是由量词或附加的音调符号约束的抽象表达式。为了能一般地说什么表达式能够在'$(x)Fx \supset Fy$'这一定律之下合法地代换具有给定的指标的变元,我们必须还赋予带自由变元的抽象表达式一个阶。容易看出,这一情形下所需要的其他规定是,抽象表达式的阶必须被认为不低于那些自由变元的阶(虽则仍然超过那些约束变元的阶);这足以防止我们因相继代换所说的自由变元而打破其他的限制。罗素对这一细节没说什么,可是他的用法是相符的。

除了变元(连同它们的指标或惊叹号)以及量化和真值函数的逻辑记号,罗素理论的特有的记号是归属记号('φx','$\varphi(x,y)$',等等) 249
和音调符号之用于命题函数之抽象。除了一般的、真值函数和量词的逻辑定律(限制如上),罗素理论的特有的原理只是**具象**原理(参看2.1):

(i) $(F\hat{x})y \equiv Fy$, $(F\hat{x}\hat{y})(z,w) \equiv Fzw$, 等等。

再一次必须公正地评论罗素说,他在这些事情上未置一言。

让我们来看看在他的理论中是如何避免罗素悖论的。在ψ是命题函数$\sim\hat{\varphi}\hat{\varphi}$(不是自己的属性这一属性)之处,我们据具象原理有$(\chi)(\psi\chi \equiv \sim\chi\chi)$,因而特别有$\psi\psi \equiv \sim\psi\psi$。而罗素的限制两次阻挠了这一推理。一开始,既然要求一命题函数的阶必须超过它的主目的阶,'$\varphi\varphi$'这一组合就作为不合语法而被排斥。其次,即使它没有如此被排斥,把ψ定义为$\sim\hat{\varphi}\hat{\varphi}$也会给予$\psi$一个比它的约束变元'$\varphi$'要高的阶,因而不允许我们在导出'$\psi\psi \equiv \sim\psi\psi$'的这一步中把$\chi$取为$\psi$。

§35 类与可归约公理

我们很高兴,发现该理论对那些悖论来说是太弱了。不过,它被判明对经典数学中我们不至于准备放弃的某些推理也太弱了。一个例子是每个有界的实数类都有一个最小边界的那个证明。

让我们假定在罗素理论中,实数是以平行于第四章中的发展的样式发展的,只是以属性代替类,以属性的归属代替成为类之成员。依据§18和§19,一个有界的实数类z的那个最小边界是类$\cup z$,或者$\{x:(\exists y)(x \in y \in z)\}$。因此,平行的,我们可以期望在罗素的系统中实数

250 的一个有界的属性 φ 的最小边界该是属性 $(\exists\psi)(\varphi\psi\,.\,\psi\hat{x})$。现在其难题在于，在罗素的阶的学说之下，该最小边界 $(\exists\psi)(\varphi\psi\,.\,\psi\hat{x})$ 比起落于正寻求其最小边界的属性 φ 之下的实数 ψ，属于更高的阶。

最小边界对于以连续统为基础的全部经典的数学分析技术都是必需的。可是，除非最小边界能够充当已经遍历正寻求其极限的那些数的同一变元之另外的值，它们对这些目的没有什么用处。一个具有较之高些的阶的最小边界没有资格作为这样的变元的值，因此达不到其目标。

罗素对付这个难题的办法是提出他的**可归约公理：每个命题函数 φ 都是与一个直谓的命题函数外延相同的**。就是说，

$$(\exists\psi)(x)(\psi!x\equiv\varphi x),\qquad (\exists\psi)(x)(y)(\psi!(x,y)\equiv\varphi(x,y)),$$

诸如此类。给定一个命题函数，可能会也可能不会存在一个抽象表达式，它指称一个外延相同的命题函数（对相同的事物成立者），而且满足直谓性的要求——即没有列出其阶高于所有附加音调符号的变元的约束变元。然而，即使缺乏这样的实际的表达式，也仍然存在这样一个完全未予表达的直谓的命题函数；这就是可归约公理的内容。

应用于 $(\exists\psi)(\varphi\psi\,.\,\psi\hat{x})$，该公理保证我们可以毫无损失地把这里的‘$\varphi$’和‘$\psi$’理解为遍历直谓的属性。换句话说，我们可以把‘$\varphi$’和‘$\psi$’理解为遍历分别属于 $n+2$ 阶和 $n+1$ 阶的属性，而 n 是‘x’所表示出的阶。是以，对 $n+1$ 阶的实数 ψ 的每个 $n+2$ 阶的有界属性 φ，我们都保证有一个最小边界 $(\exists\psi)(\varphi!\psi\,.\,\psi!\hat{x})$。而且，再次根据可归约公理，存在一个与这个 $(\exists\psi)(\varphi!\psi\,.\,\psi!\hat{x})$ 外延相同的直谓的 χ。既是直谓的，χ 的阶将刚刚高于它的附加音调符号的主目位置所表示的阶——因而又是 $n+1$。因此我们现在有了所需要的定律：属于给定的 $n+1$ 阶的实数的任一有界的属性都有一个属于那同一 $n+1$ 阶的最小边界。

251 不过，要付出代价，放弃 §34 之初所说的关于构造的隐喻，反而勉强同意那个最典型的耶鲁人的范型。因为，可归约公理毕竟让我们心满意足于那样的属性，除非借助对其阶与它们自己的阶一般高的属性施行量化就不能列示。于是，我们可能已从关于构造的隐喻抽取出的、

无论什么意义的对悖论的防御现在就都丧失了。看来，悖论的那个老的证明还是继续要有效地防止。特别是对罗素悖论的防止完全依然如前。

怀特海和罗素的《数学原理》的基础部分，只占前二百页，显著地与那部著作的主体大不相同。命题函数只是在基础部分显现；其后该著作则用类和外延上的关系这类说法进行。借助说来如下的语境定义，对类和外延上的关系的谈论建基于对命题函数的谈论。作为预备步骤，成员关系的记号只是被解释成表示一直谓的属性之归属的供选记号：

(i)　‘$x \in \varphi$’定义为‘$\varphi ! x$’。

到此为止，还没有类。然后类抽象才在语境中如此定义①：

(ii)　‘$G\{x: Fx\}$’定义为‘$(\exists \varphi)((x)(\varphi ! x \equiv Fx \,.\, G\varphi)$’，

而施于类的量化则如此定义②：

(iii)　‘$(\alpha)G\alpha$’定义为‘$(\varphi)G\{x: \varphi ! x\}$’，

‘$(\exists \alpha)G\alpha$’定义为‘$(\exists \varphi)G\{x: \varphi ! x\}$’。

其旨趣在于：类是与直谓的属性相同的东西，只是在我们作为类谈论它 252
们时我们放弃了外延相同者之间的区别。对这种区别的放弃是在(ii)中完成的。因为，说到什么事物(‘G’)对一个类$\{x: Fx\}$成立，依据(ii)就等于说它对**某个**使得$(x)(\varphi ! x \equiv Fx)$的直谓的属性$\varphi$——不管哪个——成立。就这样，罗素提供了就类而言的外延定律

(iv)　$(x)(x \in \alpha \;.\!\equiv.\; x \in \beta) \,.\, \alpha \in \kappa \;.\!\supset.\; \beta \in \kappa$

的证明，并不必须假定相应的对属性而言的定律，甚至是对直谓的属性而言的定律。如所说明的，只是因为这一定律才存在把类与属性区别开的必要。

谈论二元的、外延上的关系须要准备与(i)—(iii)平行的定义。用

① 一个实质上具有(i)和(ii)的功效的构造已经见于 Frege, 1893, pp. 52f。

② 罗素的这个‘α’是一个可量化的类变元，因而不要与我们已经在第一章至第十章中熟识的、当作模式使用的‘α’相混淆。我的《数理逻辑》的读者还已习惯于‘α’的第三种用法：作为变元的语形变元。罗素的用法将限于当前的节段。

于这样的关系的特别的变元是'Q','R',等等,而用来说 x 对 y 具有 R 的记法是'xRy'。于是那些定义是:

(v) '$x\varphi y$'定义为'$\varphi!(x,y)$',

(vi) '$G\{xy\colon Fxy\}$'定义为

'$(\exists\varphi)((x)(y)(\varphi!(x,y)\equiv Fxy).G\varphi)$',

(vii) '$(R)GR$'定义为'$(\varphi)G\{xy\colon\varphi!(x,y)\}$',

'$(\exists R)GR$'定义为'$(\exists\varphi)G\{xy\colon\varphi!(x,y)\}$'。

按它们原来的形式,(ii)和(vi)都不称心地有歧义,在这些定义的任何特殊应用中不清楚该把多长的式子划归'G'。罗素加了一条针对这一点的约定。

就我们把注意力限于个体、个体的直谓的属性、这样的属性的直谓的属性等等而言,阶的学说变得大为简化了;因为,这些事物的阶分别是0,1,2,…。既然类不过是减去外延相同者之间的区别的、直谓的属性,则对类来说也发生相对应的事情。与此相联,罗素较之'阶'偏爱'类型'这个词;是以,个体属于0(**类**)**型**,其成员属于 n 型的类是 $n+1$ 型的类。

253 二元的、外延上的关系则达致二维的类型:一关系的类型得以确定,仅当我们列示了具有该关系的事物的类型以及对之具有该关系的事物的类型。这些类型的二维性引起惊人的繁复。m 型的事物对 n 型的事物的一个关系的类型可以称为(m,n);这样的关系的一个类的类型可以称为$((m,n))$;而这样的类对这样的类的一个关系的类型则是$(((m,n)),((m,n)))$。① 自然,阶要糟得多。罗素本人通过他的系统的歧义——或者如他后来所称谓的**类型的**歧义——的手段省去这样的指标;不过对这种手段,我们必须视为只是粗略说明性的,同时把实在的系统想象成保持着全部繁茂的复杂指标。因为,在这些指标如同关系所要求的那样很复杂时,让它们隐退的计划被证明是太灵活了。怀特海和罗素发现,为避免布拉里-福蒂悖论他们必须必要时在论证中恢复类型指标。②

---

① 见 Carnap, *Logical Syntax*, p. 85。

② Vol. 3, p. 75.

我们看到,罗素的构造主义方略建基于实数,然后通过使用他的可归约公理他又放弃了构造主义。现在,且不问放弃构造主义是否明智,我们必须进一步注意到这是一种放弃它的不当的方式。因为,可归约公理蕴涵了给它以要旨的那些区别的多余性。其论证如下。如果罗素的带有它的可归约公理的系统是摆脱矛盾的,那么我们就可以相信,如若我们简单地除了直谓的外抛弃所有的阶也不会再发生矛盾。我们可以宣布每个属性的阶都比具有该属性的事物的阶高出1阶;相应地对外延上的关系也如此。给定对作为 n 阶的对象的属性的、一个 $n+k$ 阶的属性的任一指称,我们只需把那个记号当成根据罗素的记法的一种系统的重新解释而指的是一个外延相同的、$n+1$ 阶的属性;相应地对外延上的关系也如此。因为,罗素的可归约公理告诉我们,每时每刻都存在一个 254
外延相同的、属于所想要的阶的属性或外延上的关系,直谓的一个。如果预见到该公理,比较好的方针是完全排除对它的需要,从一开始就谈论属性和外延上的关系的简单的**类型**,而不是任何特殊意义上的阶;仅当执著于一个弱的构造性的理论并且扣除可归约公理,才有谈阶的理由。[①]

人们从对罗素的一种解读中发觉他何以能忽视这一点:麻烦出在他未能聚焦于作为属性或外延上的关系的"命题函数"与作为表达式亦即谓词或开句子的"命题函数"二者之间的区别。作为表达式它们在阶上明显不同,如果阶是依据该表达式中的约束变元上的指标来判断的话。未能明确地区分公式与对象,他没有想到让一高阶的表达式径直去指一低阶的属性或外延上的关系这一策略。

罗素还有一个单另的动机要保持那些额外的阶。他认为这些区别有助于防止前面几页中未曾考虑的一类悖论:如今通称为**语义的**悖论的那些悖论。其中的一个,归功于格雷林[②],来自这样的考虑:一个谓词可能适用于它本身(例如,'短的'(short),它是一个短的词,'汉语的',它是汉语的[③],'词','谓词','五个音节的'(pentasyllabic)),也可

① 这个论证曾在我的毕业论文(Harvard,1932,pp. 5-8)中和"On the axiom of reducibility"中相当冗长地提出过。Hilbert and Ackermann(1928 edition, pp. 114f)也存在关于它的某些东西。

② 在 Grelling and Nelson 中。此悖论曾经错误地归之于魏尔。

③ 这里前后两个"汉语的"在原文中都是 English(英语的)。——译者注

能不如此(例如,'长的'(long),'德语的'(German),'动词','单音节的'(monosyllabic),其实包括大多数的谓词)。我们通过询问'并不适用于自己'是否适用于它自己就得到该悖论。另一个这样的悖论作为埃普门尼德悖论或者说谎者悖论是从古代传下来的。它的传统形式可以用不同的办法推托掉;其根本的逻辑或许可以如此弄得极有力:

255 '在加上它自己的引号时就产生一句假话'
在加上它自己的引号时就产生一句假话。

这告诉我们怎么来形成某个句子,还告诉我们它是假的;可是,它告诉我们怎么来形成的那个句子就是它自己;因此,它是真的当且仅当它是假的。归之于G.G.贝里的第三个语义悖论有赖于这样的考虑:只存在有穷多个英语音节;因而,只存在有穷多个自然数它们每个都是能用少于24个(英语)音节列示的;因而,存在一个最小的不能用少于24个音节列示的自然数(least natural number not specifiable in fewer than 24 syllables)。可是,我们这就已经用23个(英语)音节列示出它。① 文献中还包含其他的语义悖论。②

罗素的阶与这样的悖论相关这一观念并不是那样的观念:在坚持他在命题函数的名目下混淆了的、属性与开句子之间的区别时,我知道如何让它看上去有理。怎么说都似乎很清楚的是,理所当然,语义悖论应该归咎于类或命题函数理论之外的特别的概念:在格雷林悖论的情形下是指称(或"适用于"),在埃普门尼德悖论的情形下是假(因而也是真),而在贝里悖论的情形下则是可列示性。这三个惹祸的观念都是重要的观念,诸语义悖论关乎它们制造出某个危机,类似于罗素悖论关乎类的成员关系观念所制造的危机。就这些悖论而言,指称、真和可列示性这些观念必须服从于某种直观上没有预料到的限制,正如就罗素的和其他的悖论而言,类存在观念也必须如此。不过,语义悖论都与类理论没有关系。这一点甚至在罗素的理论出现之前就已多少由皮亚诺指

① 我们可以仿此构造一个相似的悖论如下:只存在有穷多个、它们每个都是能用少于二十个汉字列示的自然数;因而,存在一个最小的不能用少于二十个汉字列示的自然数。可是,我们这就已经用十九个汉字列示出它。——译者注

② 参看 Whitehead and Russell, vol. 1, pp. 60-65。

出过，而它为拉姆齐在他对罗素理论的批评中所极力主张。①

罗素的理论，连同它对其主目属于单一的阶的命题函数之阶的辨别，后来通称"分支(ramified)类型论"；而拉姆齐的主张是它应该归约 256
到所谓的"简单的"（或者，用舍弗的双关语说，"拉姆齐化的"(ramsified)）类型论。其实他并没有使他的立场像他可以做到的那么强。跟罗素一样未能清楚地区分属性与表达式，他也没抓住那真正决定性的一点：可归约公理径直确保了分支理论的多余性。

还必须提醒的是，无论基于后面这个理由还是按拉姆齐的不那么带决定性的方式所主张的简单类型论，怎么说都已经成为怀特海和罗素的《数学原理》的公然的工作理论。一旦罗素关于类和外延上的关系的语境定义在握，那分支子结构就从眼前消失；此后所要考虑的就全都是类和外延上的关系的、简单意义上的类型。② 是以，拉姆齐当时以及我在几页前所主张的，事实上不过是推翻一座设计拙劣的基础。

人们可能还不仅免除原来的、属性和外延上的关系的阶的纷繁分支，而且要免除属性和外延上的关系本身。人们可能还简单地把罗素的属性和外延上的关系当作出发点，服从他们已经在《数学原理》中予以服从的所谓的简单类型论。只要保持阶的纷繁分支，以至两个外延相同的属性可以在阶上不相同，就显然有必要来区别外延相同的属性，因而称它们为属性而不是类；可是，一当我们去掉那种分支，这个从属性而不是类出发的理由就消失了。

罗素还有一种对属性的哲学上的偏爱，感到在基于一属性理论从语境上定义类时，他是在用较清楚的东西来说明较晦涩的东西。可是，这种感觉是来自他未能区分作为谓词或表达式的命题函数与作为属性的命题函数。失于此，他就很容易会认为属性观念比类的观念较为清 257
楚；因为谓词观念是如此。可是属性观念是较不清楚的。③

① Peano, 1906, p. 157; Ramsey, pp. 20–29. 拉姆齐援引了皮亚诺的那段话。

② "如果我们确信类的存在，可归约公理就变成不必要的"(Whitehead and Russell, vol. 1, p. 58)。

③ 参看前面的"引言"。我已经在"Whitehead and the rise of modern logic"中，还有 *Word and Object* (pp. 118–123, 209f)中，更充分地处理本节里的论题。还请参看 Church, *Introduction to Mathematical Logic*, pp. 346–356。

在希尔伯特和阿克曼(1938,1949)中和别的地方我们发现一种记法让我们仍然想到罗素老的命题函数理论。我们发现用来表示类和关系的是带有可删掉的指标的'F','G',等等,然后我们发现代替'$x\in\alpha$'和'xRy'的是'$F(x)$'和'$G(x,y)$',让人想到罗素的'φx'和'$\psi(x,y)$'。可是这种忆旧是误导的。'F','G',等等的值不再是命题函数,而倒是类和外延上的关系,依据的是仅有的准则:外延相同者都视为等同。

这种记法还有转移对逻辑与集合论之间的主要分别的注意的缺点。它鼓励我们把类和关系的一般理论看成不过是量化理论的延伸,在其中迄今的模式谓词字母都从新容许进入量词以及其他迄今为'x','y',等等保留的地方(例如'(F)','$(\exists G)$','$H(F,G)$')。那些存在假定,虽然很广阔,却奇怪地变得不显眼了;它们变成简单地暗含在量化理论中普通的老的、谓词字母代换规则里——一旦我们把那些谓词字母提升到真正可量化的变元的地位。任一概括陈述,比如说具形式:

$$(\exists F)(x)(Fx\equiv\cdots x\cdots),$$

都可以简单地通过这样的代换从

$$(G)(\exists F)(x)(Fx\equiv Gx)$$

推出,而它又可以从'$(x)(Gx\equiv Gx)$'推出。①

258 这样使集合论同化于逻辑的做法,还能在希尔伯特和阿克曼及其追随者所用的、用于其中类型在有穷多个之后就停止的片段理论的那套术语中看到。这样一种理论后来被称为(第)n 阶(不要与罗素意义上的阶相混淆)的谓词演算(丘奇:函数演算),其中的 n 是类型所能达到的高度。是以,个体、个体的类和个体的关系的理论被称为二阶演算,而且被简单地看成带有容许进入量词的谓词字母的量化理论。真正的量化理论则被称为一阶谓词演算。

---

① 这一点,冯·诺伊曼(1927,p. 43)早就指出过,却没有被希尔伯特和阿克曼注意到;他们还采用了一些概括公理(1938, p. 125)。他们提到,他们原本可以改而依靠一种关于抽象的老式记法(那是罗素的办法),但是并不能同时免除二者。那位还健在的作者(1949, pp. 133ff)又采用了一条所谓定义的规则,它仍然相当于一种关于抽象的老式记法。请进而参看我的文章"On universals"(p. 78)。

这是一种令人遗憾的倾向。伴随着模糊了逻辑与“类型论”(意指带类型的集合论)之间的分别,它助长了一种虽则朦胧却言过其实的关于类型论与“集合论”(意指不带类型的集合论)之间的区别的观念——似乎其中一个不像另一个那样公然涉及关于集合的假定。同时,伴随着多少弄糟了类型论的存在假定,它助长了一种观念:量化理论本身以其‘F’和‘G’已经是一种关于类或属性和关系的理论。它忽视了模式字母与可量化变元之间的至关重要的对比。

我正表遗憾的那种记法风格,在它是希尔伯特和阿克曼的之前,自然在主要方面是罗素的。它与未能分辨作为开句子的命题函数与作为属性的命题函数相联系。关于这种失误,在最近几页中已经指出其各种有害的后果;而刚才我所痛惜的那些观念不过是这一连串事实的减弱了的延续。

谈到忽视模式字母与可量化变元之间的对比,让我们想起了那种虚拟理论,在其中我让模式字母‘α’和‘R’模拟类和关系变元。不过,那种模拟是针对在存在假定上的失误的。它是存在假定的一种模拟,而且它是公开的。

§36 现代类型论

罗素的类型论在§35的结局中所经历的主要的改进,是去掉属性和内涵上的关系,代之以类和外延上的关系。现在,一项进一步的 259
显著的改进就在手边:我们可以通过采用维纳-库拉托夫斯基关于有序对的定义9.1,把外延上的关系归约到类。这是时间上在《数学原理》之后的一项办法。再进一步,从语境上来定义类抽象,我们就终止于除了量词、变元和真值函数外,以‘$\in$’作为仅有的初始记号。

既然我们原则上只需与个体和类而无须与关系打交道,类型就真是简单的:个体都属于0型,而其成员属于n型的类则属于$n+1$型。作为变元我们可以使用‘x’,‘y’,等等,带着表示类型的指标。该理论的原子公式用‘$\in$’由属于依次递增类型的变元构成,具‘$x^n \in y^{n+1}$’样式;其余的公式则由这些原子公式用量化和真值函数构成。

我描绘为用在这里的类抽象的语境定义者乃是:

(i) ‘$y^n \in \{x^n : Fx^n\}$’定义为

$$‘(\exists z^{n+1})((x^n)(x^n \in z^{n+1} \, . \equiv Fx^n) . \; y^n \in z^{n+1})’,$$

(ii) ‘$\{x^n : Fx^n\} \in y^{n+2}$’定义为

$$‘(\exists z^{n+1})((x^n)(x^n \in z^{n+1} \, . \equiv Fx^n) . \; z^{n+1} \in y^{n+2})’$$

‘n’是模式的，与‘F’相当。该系统的实际的句子在哑指标‘n’，‘$n+1$’，‘$n+2$’的位置上将总有特定的依次递增的阿拉伯数字。

代替(i)我们可以把我们老的不带承诺的 2.1 如此转移过来：

‘$y^n \in \{x^n : Fx^n\}$’定义为‘Fy^n’。

不过，现在这不像在先前那里那样，并没有增加什么自由权利。因为，
260 在类型论中只要指标齐备，类的存在就是无条件地有保证的(根据下面的(iv))；而在指标不齐备时，既然违反语法，就不发生该问题。简言之，对类型论来说，(i)与对 2.1 的这种调整是相等价的定义。因此我们宁可采用这里的版本(i)，它不带误导的、虚拟类和未能存在的提示。

为了定义等同，2.7 的范型现在并不适合；它将使得‘$x^0 = y^0$’无以说明。不过，7.14 的范型将合适：

(iii) ‘$x^n = y^n$’定义为‘$(z^{n+1})(x^n \in z^{n+1} \, . \supset . \; y^n \in z^{n+1})$’。

注意，‘$x^m = y^n$’仅当 m 是 n 才有意义。此限制还带进出现在(iii)的右边的组合‘$x^n \in z^{n+1}$’和‘$y^n \in z^{n+1}$’之中；因为，‘$x^m \in z^{n+1}$’在$m \neq n$之处是没有意义的。

从(ii)开始的诸定义应该理解为还代替自由变元沿用于抽象，例如(ii)还代替‘y^{n+2}’用于‘$\{w^{n+1}: Gw^{n+1}\}$’，(iii)还代替‘x^n’或‘y^n’用于‘$\{w^{n-1}: Gw^{n-1}\}$’。其实我们根本不需要继续开列这个定义表，因为，怎样对前面章节中的有关定义加以调整，是很明显的。现在获得的基本记法上的节俭，召唤公理和证明规则的设置上的调整。只要抽象被容许作为一种基本记法，任何类$\{x^n : Fx^n\}$的存在就简单地隐含在允许用抽象代换变元的证明规则和使‘$y^n \in \{x^n : Fx^n\}$’等于‘Fy^n’的具象律之中。不过，现在我们的基本记法使得除了更多的变元，无从为变元提供代换者。现在要假定类$\{x^n : Fx^n\}$的存在，则须使用如下的一个明白地用变元叙述的概括公理模式：

(iv) $(\exists y^{n+1})(x^{n})(x^{n}\in y^{n+1}\ .\equiv Fx^{n})$。

现在还需要一个关于**外延性**的公理模式：

(v) $(x^{n})(x^{n}\in y^{n+1}.\equiv.\ x^{n}\in z^{n+1}).\ y^{n+1}\in w^{n+2}\ .\supset.\ z^{n+1}\in w^{n+2}$，

或者简化为： 261

$$(x^{n})(x^{n}\in y^{n+1}.\equiv.\ x^{n}\in z^{n+1})\supset.\ y^{n+1}=z^{n+1}。$$

它就是那条定律：罗素多亏他的关于类记号的语境定义，能够无须承认它对属性成立而来对类证明它；可是，现在我们既然是从类出发，我们就需要它作为一个公理模式。

此系统的定理都是从那些公理通过量词和真值函数逻辑推出来的公式。不过，那量词逻辑仍然不完全是标准的，因为我们的变元仍然是多种类的（参看§34）。定律'$(x)Fx\supset Fy$'和'$Fy\supset(\exists x)Fx$'仅当'x'和'y'肩负相同的指标才成立。

集合论的这一系统化，比罗素原来的要优雅，就是如今人们倾向于认为是罗素的类型论的系统。它似乎首先是由塔尔斯基和哥德尔以这种形式提出来的。①

必须注意，有序对的定义的使用对罗素系统的影响超出仅只经济而已。因为$\langle x^{m},y^{n}\rangle$是$\{\{x^{m}\},\{x^{m},y^{n}\}\}$；其中的$\{x^{m},y^{n}\}$又对适当的$k$是$\{u^{k}:u^{k}=x^{m}\ .\vee.\ u^{k}=y^{n}\}$；而且，依据我们紧跟(iii)之后所提到的，'$u^{k}=x^{m}\ .\vee.\ u^{k}=y^{n}$'中的$k$为有意义起见必须既是$m$又是$n$，使得$m=n$。故而，把关系诠释为这一意义上的对子类要求我们摈弃所有**不纯一的**关系：所有不同类型的事物之间的关系。这个牺牲可以这样来防卫，即指出，任何时候我们想要谈论比如说n型的事物与$n+1$型的事物之间的一关系$\{\langle x^{n},y^{n+1}\rangle: Fxy\}$，我们就同样可以谈论相应的统一是$n+1$型的事物之间的关系$\{\langle\{x^{n}\},y^{n+1}\rangle: Fxy\}$。通过如此把单元类算子应用于较低类型的对象，其频率视达到类型相等之需要而定，我们就能得到任何不同类型事物之间的关系的一个合用的代理者。不过还是有这样的事实：即使不是变坏了，该系统也受到激烈的影响；因 262

① Tarski, pp. 110, 113f; Gödel, 1931.

为，不再存在比如说$\{\langle x^n, y^{n+1}\rangle: Fxy\}$与$\{\langle\{x^n\}, y^{n+1}\rangle: Fxy\}$之间先前存在过的对比。

康托尔定理提供了诉之于不同类型的事物之间的关系的一个例子。是以，考虑它的引理 28.16。28.16 中的论题是：

(vi) $\text{Func } w \supset. \{x: x \subseteq z\} \not\subseteq w``z$,

自然没有再带概括前提。不过我们必须能够补充指标。依据维纳之前的类型论，不纯一的关系是容许的，而其指标将如下例所示彼此相关：

(vii) $\text{Func } w^{(1,0)} \supset. \{x^1: x^1 \subseteq z^1\} \not\subseteq w^{(1,0)}``z^1$。

让我们来看看这是为什么。任意地从给‘z’以指标‘1’开始；除了‘0’什么都行。如同‘$x^m = y^n$’，而且理由也相同，‘$x^m \subseteq y^n$’仅当 $m=n$ 才有意义；因此(vi)中的‘x’必须像‘z’那样，得到指标‘1’。于是，为了(vi)的和谐，$w``z^1$ 必须在类型上与$\{x^1: x^1 \subseteq z^1\}$匹配。因此 $w``z^1$ 必须是其成员都是 1 型的一个类。可是它的成员都是对 z^1 的成员因而是 0 型者具有 w 的事物。因此 w 必须是不纯一的关系 $w^{(1,0)}$。

另一方面，带有定义出的有序对，我们就必须通过提升 w 的有欠缺的一边使它成为齐性的，例如：$w^{(1,1)}$。它右域中的事物现在要是原来那些事物的单元类；因此代替$w^{(1,0)}``z^1$ 我们将有

$$w^{(1,1)}``\{\{v^0\}: v^0 \in z^1\}。$$

实际上 $w^{(1,1)}$ 简单地变成 w^4，因为它的成员对子都是 1 型的事物的类的类。因此(vi)现在成为：

(viii) $\text{Func } w^4 \supset. \{x^1: x^1 \subseteq z^1\} \not\subseteq w^4``\{\{v^0\}: v^0 \in z^1\}$。

康托尔定理本身，即 28.17 减去概括前提，现在不再是

$$z^1 \prec \{x^1: x^1 \subseteq z^1\},$$

而是与(viii)相一致，变成：

(ix) $\{\{v^0\}: v^0 \in z^1\} \prec \{x^1: x^1 \subseteq z^1\}$。

263 它不再是说 z^1 具有比子类少的成员，而从字面上看是说 z^1 具有比

子类少的单元子类。我们仍然能够而且无疑将调整我们的定义以至终于保持记法形式‘$z^1 \prec \{x^1: x^1 \subseteq z^1\}$’。既然否则它就会沦为无意义，我们可以简单地把它解释成(ix)的缩略。一般地说，我们可以把‘$z^{n+1} \prec u^{n+2}$’，‘$z^{n+1} \prec u^{n+3}$’，‘$z^{n+2} \prec u^{n+1}$’，等等解释成

$$\{\{v^n\}: v^n \in z^{n+1}\} \prec u^{n+2},$$

$$\{\{\{v^n\}\}: v^n \in z^{n+1}\} \prec u^{n+3},$$

$$z^{n+2} \prec \{\{v^n\}: v^n \in u^{n+1}\},$$

等等的缩略，当然，首先按熟知的、11.1 和 20.3 的样式来定义基本形式‘$z^{m+1} \prec u^{m+1}$’。

让我们来考察一下康托尔悖论在这两种方略下的命运。如同在 28.20 中和关于它所指出的，从我们目前的(vi)得到该悖论的办法是把 w 取为 I，把 z 取为 $\mathcal{V}$，从而得出$\{x: x \subseteq \mathcal{V}\} \not\subseteq I``\mathcal{V}$，因而 $\mathcal{V} \not\subseteq \mathcal{V}$。可是在(vii)中这样做我们就必须派定‘$I$’和‘$\mathcal{V}$’的指标。对各个类型的类都存在一个 $\mathcal{V}$；适合‘z^1’在(vii)中的地位的那一个是 $\mathcal{V}^1$，所有个体的类$\{y^0: y^0 = y^0\}$。至于 I，我们所能弄得最好的是 $I^{(1,1)}$ 或 $I^{(0,0)}$；而它们都不能充当(vii)中的‘$w^{(1,0)}$’。很清楚，$I^{(1,0)}$ 尽管容忍了不纯一的关系，却甚至违背了老版本的类型论；因为，等同不管怎样都是齐性的。

该悖论在(viii)中有所不同地受到阻碍。在这里我们确实可以把 w^4 取为 I^4，所有对子$\langle y^1, y^1\rangle$的类。还像前面那样把 z^1 取为 I^4，我们就从(viii)得到

$$\{x^1: x^1 \subseteq \mathcal{V}^1\} \not\subseteq \{\{v^0\}: v^0 \in \mathcal{V}^1\}。$$

可是这不是悖论。$\{x^1: x^1 \subseteq \mathcal{V}^1\}$是 $\mathcal{V}^2$，因而是个体的所有的类的类，而$\{\{v^0\}: v^0 \in \mathcal{V}^1\}$是个体的所有的单元类的类。很自然，前者不是后者的子类。

我们可以很容易地彻底弄清楚，这一版本的集合论是无矛盾之忧的。因为，假定了那些类型被重新解释为按下述样式累积的。只把 Λ 认作 0 型的；再把 Λ，还把$\{\Lambda\}$，别无其他，认作 1 型的；如此，一般地 264
说，认为类型 n 包括所有而且只有其成员属于 $n-1$ 型的那 2^n 个集合。如此重新解释，每次量化（多亏它的指标）都只包含有穷多个实例。每

个闭句子在这种重新解释之下都能被机械地检验其真假。这里是一种像真值函数那样没有问题的小型理论。还容易看出，公理模式(iv)和(v)当如此不足道地重新解释时在所有情形下都成为真的。于是很清楚，它们并没有隐藏逻辑矛盾。①

既然所说有序对的定义已经消除不纯一的关系并把类型归约成一简单的级数，在罗素的类型歧义约定之下删除指标就变得不那么迫切了。不过这种删除能够仍然是方便的。够讽刺的，它变成傻瓜也能办到的了，如同它更要紧时却并不如此。关系到布拉里—福蒂悖论而出现的过分的灵活性(参看§35)不见了。

在§34中我们与罗素站在一起简略地思考了一个防止非直谓地列示的、阶的系统。我们还不曾像罗素那样用一条可归约公理摧毁掉构造主义精神。存在着多种理由，突出的是有界的比率类的最小边界的需要，来摧毁构造主义精神。不过，部分时候也还有培养它的理由，尽管它对经典的分析是不充分的。由于我们在那些篇页中所赞赏的构造性隐喻，它是集合论中特别令人信服的一部分。一个人即使为了其他的目的准备支持非构造性的理论，他也可能乐于知道某些结果是构造性集合论所能达到的。因此我现在简略地返回构造性集合论，来提示在本节的更时新的处置中能为它做些什么。

正是在概括公理模式(iv)中，需要在我们刚才考察的构造性的类
265 型论与非构造性的类型论之间做出那仅有的区分。对于构造性理论，我们只是假定(iv)中的'Fx^n'要代表一个公式，它没有其类型高于 n 的约束变元，也没有其类型高于 $n+1$ 的自由变元。在这里，请注意一命题函数的阶的定义的反响。其限制正好是用来把概括模式限制到对类作直谓的列示。这种直谓主义限制妨碍了康托尔定理。因为，考虑一下(viii)将如何证明。如果我们把28.16的基本论证与(viii)中的齐性调整结合起来，我们就看到，证明(viii)的诀窍在于把 x^1 取为

$$\{v^0 : v^0 \in z^1 \; . \; v^0 \notin w^{4}\text{‘}\{v^0\}\}。$$

---

① 自1928年(Hilbert and Ackermann)以来，或多或少与此类似的思考已经出现在文献中。当人们如同它们必须做的那样增加无穷公理(§39)时，就不再能有这样容易的、协调性的保证。

而我们为了这个类的存在所需要的概括模式(iv)的实例是：

$$(\exists x^1)(v^0)(v^0 \in x^1 \ .\equiv.\ v^0 \in z^1 \ .\ v^0 \notin w^4 \text{‘}\{v^0\}),$$

这里面的‘w^4’违反了那直谓性限制。

这种对康托尔定理的妨碍其本身可以被看成一个长处。由于似乎是作为经典数学的基础的那些同样的、直观上可接受的原理迫使我们面对它们，须得注意无穷算术的详情。如果我们的构造性的集合论对真正的经典数学是充分的，那么我们就可以把它对无穷算术的不充分看成令人欣喜的解脱。

不过事实上它自然对经典的要求不是充分的。像罗素的不带可归约公理的理论，它在比率或实数的有界类的最小边界的问题上失效了。因为，肯定一个类 z^2 的最小边界 $\cup z^2$ 的存在的概括公理将会是：

$$(\exists x^1)(v^0)(v^0 \in x^1 \ .\equiv (\exists y^1)(v^0 \in y^1 \in z^2)),$$

而这里面的‘y^1’和‘z^2’违反了直谓性限制。①

① 各种形式的“构造性的”或“直谓的”集合论为魏尔(1918)和奎斯泰克(1924，1925)所拥护。近来已从证明论方面重新阐明它。参看 Kreisel；还有 Wang，*Survey*，最后部分；还有 Fraenkel and Bar-Hillel，pp. 150－160，196－264。

第十二章　一般变元与策梅洛

§37　带一般变元的类型论

266 并没有假定，类型歧义约定在删除作为多种类变元的区别标志的指标时，具有把类型论改成单一种类的或者简单的量化逻辑的作用。像'$(\exists y)(x)(x\in y)$'这样一个公式，作为类型歧义的来对待，就简单地相当于模式：

$$(\exists y^{n+1})(x^{n})(x^{n}\in y^{n+1}),$$

其模式性的'n'代表一个未明示的指标。它的一般性乃是它代表一大堆公式：

$$(\exists y^{1})(x^{0})(x^{0}\in y^{1}),\quad (\exists y^{2})(x^{1})(x^{1}\in y^{2}),\quad \cdots$$

当中的任何一个的模式一般性，而不是在于整个地就一个穷尽无遗的论域施行量化的一般性。按后一路数看，'$(\exists y)(x)(x\in y)$'将是说存在一个类 y，其成员穷尽所有类型的所有对象 x。看成类型歧义的，它就不如此。

有理由考虑，这样一个多种类的理论在翻译成真正单一种类的表现形式时会是什么样子。因为，该多种类理论偏离标准的简单的量化
267 逻辑。而且那些指标是很麻烦的；如果我们通过类型歧义省掉它们，那么对简单逻辑的偏离就实际上更厉害。因为，类型歧义方法要求，一个无法齐备那些顺从类型论的指标的公式，要算作无意义的；而这具有甚至使两个有意义的公式的合取能成为无意义的之作用，有'$x\in y\,.\,y\in x$'为证。那种偏离还可能更微妙，如下面的例子所示。量化模式

(i)　$(x)Fxy\supset(\exists z)Fyz$

是有效的，因为它可从'$(x)Fxy\supset Fyy$'和'$Fyy\supset(\exists z)Fyz$'推出。而

且,那个有效模式的看似的实例

(ii) $(x)(x\in y)\supset(\exists z)(y\in z)$,

依照类型歧义的标准是有意义的公式。然而通过援引(i)来判正(ii)则是错误的,因为,在(i)的一般的证明中的'Fyy',使得不可能让那个证明得到有意义的解释以给出(ii)。事实是,类型歧义之下的(ii)并不真的具有形式(i),而只是看似如此。(ii)的证明必须不依赖(i)来进行,例如,通过先径直从类型歧义的概括公理模式的实例

$$(\exists z)(x)(x\in z\ .\equiv.\ x=y)$$

证明其后件'$(\exists z)(y\in z)$'。

证明上的方便不是宁愿固守简单的量化逻辑的仅有的理由。即使不谈方便性,对于为避免集合论的特殊主题所特有的悖论而瓦解一般的逻辑这种做法,也有其不过是可怜的对策之意义。这就是已经在§7中宣扬过的最小损伤准则。最后,还有为便于比较而加以标准化的价值。在我们从内容上对诸集合论一一加以比较时,或者是从形式上对集合论与其他主题的理论加以比较时,具有单一的作为基础的逻辑是很好的。

多种类的塑述,对于只被看成一种论及存在什么样的类的学说的 268
集合论,并不是不可或缺的。我们可以十分合适地坚持用类型来处理类而无须禁止一般变元。如同在§4中说明的,如果我们采用适当的谓词,我们总能把众多种类的变元归约为单一种类的。在任何原本会使用一特别种类的变元的地方,我们都可以改而使用一个一般变元,同时把它**限制**(§33)于适当的谓词。

于是,代替使用带指标的字母作为特地表示 n 型的事物的变元,我们可以采用一种记法'$\mathrm{T}_n x$'来意指 x 是 n 型的。先前用量化形式'$(x^n)Fx^n$'和'$(\exists x^n)Fx^n$'表达的意思现在变得毫不稍差地用形式

$$(x)(\mathrm{T}_n x\supset Fx),\qquad(\exists x)(\mathrm{T}_n x\ .\ Fx)$$

来表达。既然带自由变元的句子通常都只用作那些变元在其中是约束的较长文句之子句,对自由变元我们就不必多谈了。这样,或许要付出代价,除了'$\in$'还采用新的不被归约的谓词'T_0','T_1','T_2',…,我们就能摆脱特别的带指标的变元而只使用一般的变元'x','y',…。

事实上如同我们即将看到的，对各个 n，'$T_n x$'可以纯粹用'$\in$'和逻辑来表达。'$(\exists z)(x,y\in z)$'保证了就 x 和 y 而言类型相同；反过来，既然 $x^n, y^n \in \mathcal{V}^{n+1}$，就 x 和 y 而言，类型相同则又保证了 $(\exists z)(x,y\in z)$。因此我们可以表达类型相同了。进而，如果类型上 w 在 y 的紧接着的前边，而且仅当那时，w 将是与 y 有相同类型的某物的成员；因为，$w^n \in \mathcal{V}^{n+1}$。这样，综合我们的设计，我们就能把'类型上 w在 y 的紧接着的前边'说成：

$$(\exists y)(w\in y\,.\,(\exists z)(x,y\in z)),$$

亦即，$(\exists z)(w\in^2 z\,.\,x\in z)$。因此让我们规定：

(iii) '$w\mathrm{PT}x$'定义为'$(\exists z)(w\in^2 z\,.\,x\in z)$'

现在，对各个 n，如何来翻译'$T_n x$'就很明显了。

(iv) '$T_0 x$'定义为'$(w)\sim w\mathrm{PT}x$'，

(v) '$T_{n+1}x$'定义为'$(w)(T_n w\supset w\mathrm{PT}x)$'。

269 具有特别的值域的、带指标的变元可以借助定义来恢复：

(vi) '$(x^n)Fx^n$'定义为'$(x)(T_n x\supset Fx)$'，

而'$(\exists x^n)$'定义为'$\sim(x^n)\sim$'，由此，据初等逻辑，

(vii) $(\exists x^n)Fx^n \equiv (\exists x)(T_n x\,.\,Fx)$

不过这一方案废除了罗素的语法限制，后者宣布在 $m+1\neq n$ 之处'$x^m\in y^n$'是无意义的。而现在使得对所有的 m 和 n，'$x^m\in y^n$'都是有意义的。如果 $m+1\neq n$，那么'$x^m\in y^n$'就只是变成假的。我们忽然能如此轻率地对待罗素的语法限制，使人们怀疑他有没有必要作此限制。杀灭悖论就是使它既不真又不假而是无意义这一想法是个吸引人的想法，而通过恶性循环而无法定义的想法则与它是同类的。不过他的系统本身，在他让它起作用的时候，是独立于这些想法起作用的。§34末尾在我们考察罗素悖论时就已经有过关于这一点的提示：它**既**为罗素之归罪于无意义**又**为变元值域之局限所阻碍。而对经维纳简化的类型论，这一点是由§36中的协调性论证断然地建立起来的。因为，我

们在那里所诉求的、有穷类中的模型绝不依赖于类型违例之无意义性；‘$x^n \in x^n$’以及诸如此类，在那里都可以被称为假的。

罗素的语法限制在他的系统中的确管用：它补充了他的类型的歧义之方案。而当我们转到一般变元时我们就与那个方案分手了。我们有我们的把类型论翻译成一般变元说法的方法。现在让我们把它用于该理论的公理模式，亦即 §36 的(iv)和(v)。带着对全称量词的默契来翻译它们，我们就得到：

(viii) $(\exists y)(\mathrm{T}_{n+1}y\ .\ (x)(\mathrm{T}_n x \supset :\ x \in y\ . \equiv Fx))$，

(ix) $\mathrm{T}_{n+2}z\ .\ \mathrm{T}_{n+1}x\ .\ \mathrm{T}_{n+1}y\ .$
$(w)(\mathrm{T}_n w \supset :\ w \in x\ . \equiv .\ w \in y)\ .\ x \in z\ . \supset .\ y \in z$。

可是，我们能确信可以据多种类量化逻辑从 §36 的(iv)和(v)推导 270
出的所有定理也都可以据一种类逻辑从(iii)—(ix)推导出来吗？多种类逻辑的有特色的定律(参看 §34)是：

$(y^n)((x^n)Fx^n \supset Fy^n)$，　　$(y^n)(Fy^n \supset (\exists x^n)Fx^n)$。

依据(vi)和(vii)，它们现在是指：

$(y)(\mathrm{T}_n y \supset .\ (x)(\mathrm{T}_n x \supset Fx) \supset Fy)$，
$(y)(\mathrm{T}_n y \supset .\ Fy \supset (\exists x)(\mathrm{T}_n x\ .\ Fx))$，

因而显然对一种类逻辑是有效的。不过在多种类逻辑中还存在另一个微妙的能力来源我们务必不要忽视。如同每个逻辑学生都知道的，量化逻辑通过允许像从‘$(x)Fx$’到‘$(\exists x)Fx$’这样的推论而隐含地假定变元的值域是不空的。在一个多种类的量化逻辑中，那些标准逻辑的定律对各个种类的变元重新被采纳，而那个隐含的假定之实质是，对各个种类的变元，其值域由那些被容许的推论保证为不空的。所以，如果随着转轨到一种类逻辑我们不想失去先前能成立的某些定理，我们就必须确实对各个 n，作为定理明白地提出这一条①：

(x) $(\exists x)\mathrm{T}_n x$。

① 这一点曾为 Herbrand(1930，p.62)考虑到。随后的证明，我要归功于戴维·卡普南和布鲁斯·伦肖。

证. 如果$(x)\sim \mathrm{T}_n x$，则据(v)，$(x)\mathrm{T}_{n+1}x$，因而，据(viii)，存在y使得$(x)(x\in y\ .\equiv Fx)$，这就得到罗素悖论。

现在，带特殊变元的类型论的所有定理，经过翻译，都保留在带一般变元的类型论中。后一系统与前者相比还更显眼地不完全，因为对所有那些具有新意义的公式我们都不曾提供其证明或否证。下面是几
271 个这样的、对我们正在描绘的类型论而言显然是有效的公式：

(xi) $x\in y\ .\supset.\ \mathrm{T}_n x\equiv \mathrm{T}_{n+1}y$,

(xii) $(\exists y)(x)(x\in y\ .\equiv.\ x\in z\ .\ Fx)$,

(xiii) $(\exists y)(x)(x\in y\ .\equiv.\ x\in^2 z)$。

如果我们采纳(xi)作为外加的公理，我们就能把(viii)和(ix)简化成：

(xiv) $(\exists y)(\mathrm{T}_{n+1}y\ .\ (x)(x\in y\ .\equiv.\ \mathrm{T}_n x\ .\ Fx))$,

(xv) $\mathrm{T}_{n+1}x\ .\ \mathrm{T}_{n+1}y\ .\ (w)(w\in x\ .\equiv.\ w\in y)\ .\ x\in z\ .\supset.\ y\in z$。

因为，(viii)等值于：

$$(\exists y)(\mathrm{T}_{n+1}y\ .\ (x)(\mathrm{T}_n x\ .\ x\in y\ .\equiv.\ \mathrm{T}_n x\ .\ Fx)),$$

而'$\mathrm{T}_n x\ .\ x\in y$'在有了'$\mathrm{T}_{n+1}y$'的情况下据(xi)归约为'$x\in y$'。类似的论证使(xi)等于(xv)。

从(xiv)我们只能得到如下接近于(xii)和(xiii)的：

(xvi) $(\exists y)(x)(x\in y\ .\equiv.\ \mathrm{T}_n x\ .\ x\in z\ .\ Fx)$,

(xvii) $(\exists y)(x)(x\in y\ .\equiv.\ \mathrm{T}_n x\ .\ x\in^2 z)$。

行将消去这里的'$\mathrm{T}_n x$'因而给出(xii)和(xiii)之论证，说来如下：在(xvi)中把n取为使得$\mathrm{T}_{n+1}z$者，如果$\mathrm{T}_0 z$，则把n取为0；而在(xvii)中则把n取为使得$\mathrm{T}_{n+2}z$者，如果$\mathrm{T}_0 z$或$\mathrm{T}_1 z$，则把n取为0。可是这些路线对我们都是封闭的，因为我们没有公理来表明每个事物都属于这个或那个类型。卡普南曾经证明，我们无法表达这样的公理或公理模式；'$(\exists n)\mathrm{T}_n z$'不行，因为该'$n$'是模式的，故而不容许出现在量词中。不过，如果我们乐意，我们可以添加(xii)和(xiii)本身作为公理模式和公理。

这就是它们在策梅洛的先驱集合论中的状况，这一理论与罗素的类型论出自同一年：1908 年。① 公理模式（xii）会让人想起从 §4 就说到的**分离**公理，之所以如此称呼是因为它有这样的作用：给定一个类 z，可从中分离出一个部分 y。公理（xiii）通称**和集**公理。策梅洛的系统的确在它的其他一些公理上与类型论有分歧，如同我们将在 §39 中看到的。 272

这里有个能不能从（xv）中去掉'$\mathrm{T}_{n+1}x$'和'$\mathrm{T}_{n+1}y$'的问题。它们在两点上是必需的。一是需要它们来阻止 x 和 y 成为个体。如果采用（xv）而不带'$\mathrm{T}_{n+1}x$'和'$\mathrm{T}_{n+1}y$，那么任何个体 x 和 y，由于没有成员，将彼此等同，并且被等同于所有类型的空类。二是需要它们来保证类型相同，从而阻止不同类型的空类彼此等同。

（xiv）中之需要'$\mathrm{T}_{n+1}y$'，同样是为了保证在每个类类型中都存在一个空类。如果 y 有成员，该子句确实是多余的，因为那时 y 的类型就由如同子句'$\mathrm{T}_n x$'中所列示的、它的成员的类型来确定。②

§38 累积类型与策梅洛

一旦类型论已经如此用一般变元来叙述，就浮现出实质性的简化。比方说，假定我们想让所有类型的空类都相等。于是上述（xv）中的子句'$\mathrm{T}_{n+1}x \,.\, \mathrm{T}_{n+1}y$'的两个目的之一就不复存在。那些子句下剩的目的，即规定 x 和 y 是类而不是个体，在这之后也可以借助'$\sim\mathrm{T}_0 x \,.\, \sim\mathrm{T}_0 y$'来达到。这是一项简化，因为用'$\in$'来表达的'$\mathrm{T}_{n+1}x \,.\, \mathrm{T}_{n+1}y$'其复杂度随 n 而增高。

让那些空类都相等使我们同样能把（xiv）中的'$\mathrm{T}_{n+1}y$'改变成'$\sim\mathrm{T}_0 y$'。于是（xiv）和（xv）变成：

(i) $(\exists y)(\sim\mathrm{T}_0 y \,.\, (x)(x\in y \,.\!\equiv\!.\, \mathrm{T}_n x \,.\, Fx))$，

(ii) $\sim\mathrm{T}_0 x \,.\, \sim\mathrm{T}_0 y \,.\, (w)(w\in x \,.\!\equiv\!.\, w\in y) \,.\, x\in z \,.\!\supset\!.\, y\in z$。

---

① 两个假定都为康托尔在 1899 年的、直到 1932 年（p. 444）才公布的一封信中预先讨论过。

② 本节最后几页和下一节开头几页，部分地由我 1956 年的文章第 272～275 页改写而成，承蒙《符号逻辑杂志》编辑诸君慨然应允。

(ii)不再是公理模式，而是一条单独的公理。

273 我们之让空类都相等，迫使我们去掉第 271 页上的(xi)。否则 Λ 就不能属于其类型依次递增的类 x 和 y。[1] 其论证说来如下。如果 Λ 属于依次递增的类型的类，那么据(xi)，Λ 就将是两个依次递增的类型的。于是令 n 是使得 $T_n\Lambda$ 和 $T_{n+1}\Lambda$ 的最小的数。因此，$T_{n+1}\{\Lambda\}$ 并且 $T_{n+1}\Lambda$。因此，据第 272 页上的(i)，$\{\{\Lambda\},\Lambda\}$存在。据(xi)，既然 $T_n\Lambda$，则 $T_{n+1}\{\{\Lambda\},\Lambda\}$。因此，据(xi)，$T_n\{\Lambda\}$。可是，据第 268 页上的定义(iii)—(iv)，Λ PT $\{\Lambda\}$，因而 $\sim T_0\{\Lambda\}$。因此 $n>0$。于是据(xi)，既然 $T_n\{\Lambda\}$，则 $T_{n-1}\Lambda$——与最小性冲突。

(i)中的子句'$\sim T_0 y$'仍然是需要的，为的是保证 Λ 的存在，而那是由(i)这一实例提供的：

(iii) $(\exists y)(\sim T_0 y\ .\ (x)(x\in y\ .\equiv .\ T_0 x\ .\sim T_0 x))$。

没有'$\sim T_0 y$'，(iii)还会肯定无成员的对象 y 的存在；不过它们可能只是个体，而不是 Λ，如果它不适合'$\sim T_0 y$'的话。(iii)中的'$\sim T_0 y$'的用意，简言之，是为了保持个体区别于 Λ。同样，如所看到的，(ii)中的'$\sim T_0 x\ .\sim T_0 y$'的用意是避免个体被等同于 Λ，以及诸个体彼此等同。不过我们从 §4 知道了怎样省去这些需求。事实上我们现在不能追随弗兰克尔简单地省去个体，因为，在类型论之下，这将关闭通向无穷类以及经典数论之门(参看 §39)。好在我们可以有益地采取 §4 中其他的权宜之计：让个体等同于它们的单元类。

在把类型论转换到一般变元之初，我们面临补充解释包含不是依次递增类型的 x 和 y 的'$x\in y$'之需要。我们选择视为通统假。现正注视的使个体等同于它们的单元类的办法，却陷于制造针对通统假的这样的例外：在 x 是个体之处，把'$x\in x$'算作真的。现在(i)和(ii)归约为：

(iv) $(\exists y)(x)(x\in y\ .\equiv .\ T_n x\ .\ Fx)$，

(v) $(w)(w\in x\ .\equiv .\ w\in y)\ .\ x\in z\ .\supset .\ y\in z$。

---

[1] 或者，哪怕是两种类型的类。而这也够糟的，还能更快地证明。得知这一点，我要感激卡普南。

而且，'$T_n x$'的定义必须修改以适合新的个体概念。我们可以跳过 274
'$xPTy$'，规定

(vi) '$T_0 x$'定义为'$(y)(y \in x .\equiv. y = x)$'，

'$T_{n+1} x$'定义为'$(y)(y \in x . \supset T_n y)$'。

类型则变成累积的；对所有的 $m < n$，$T_m x \supset T_n x$。

第 270 页上的(x)的证明在这些定义之下不再有效。我们现在必须采取'$(\exists x) T_0 x$'作为一条公理，而我们仍然可以这样来证明'$(\exists x) T_{n+1} x$'：据(iv)，以'$x \neq x$'代换'Fx'，我们就有$(\exists y)(x)(x \notin y)$，因而，据(vi)，$(\exists y) T_{n+1} y$。

这样就有了带一般变元的累积类型理论。它具有(iv)，(v)，'$(\exists x) T_0 x$'，以及定义(vi)。§37 的(xi)去掉了；它的一半包含在(vi)中，另一半对累积类型来说是假的。而 §37 的(xi)和(xiii)，原为分离与和集公理，现在依然对累积类型成立。我们可以把它们当作附加的公理。

我们至今忽略未提的另外一条策梅洛公理被称为**幂集**公理。它对各个类 z 都设定类$\{x: x \subseteq z\}$，并因$\{x: x \subseteq z\}$有 $2^{\bar{z}}$ 个成员这一事实而得其名(参看 §30)。由于个体对他来说是无成员的，他不得不在实质上把幂集公理说成为：

$$(\exists y)(x)(x \in y .\equiv. x \text{ 是个类} . x \subset z)。$$

有了那个类身份子句，就免得所有的个体都混进 y。

在像 §37 中那样的类型论中，带有一般变元但没有其他的宽松化，在那样的脉络中我们所能容许的最多是：

$$(\exists y)(x)(x \in y .\equiv. T_n x . x \subset z)。$$

那个齐性子句'$T_n x$'是必需的，以免所有类型的空类和所有的个体都混进 y。(当 $n = 0$ 时，所有个体的确都进入 y；不过那时没有别的东西如此。)在 §37 中我们没有为这一定律驻足，因为它直接得自那一节中的(xiv)。

不过，既然现在个体不再是无成员的了，那就不再必需'$T_n x$'来防避它们的洪流涌入 y；而既然所有类型的空类都是等同的，也就不再需要'$T_n x$'来堵住那些东西涌入。我们可以泰然地为我们的积累的类型 275

论采用无藩篱的幂集公理：

$$(\exists y)(x)(x\in y\ .\equiv.\ x\subseteq z),$$

甚至比策梅洛还宽松。

经如此补充的公理系统，可以弄得更优雅些。在这样做之前，让我们先来改进我们的记法。现在，将较方便的是，优先于 §36 的(i)，重新激活'$x\in\{y: Fy\}$'的不带承诺的定义 2.1，从而重新得到使用虚拟类的自由。确实，先前诸章中所有带小数点数码的定义都可以重新激活。既然个体有它们自己作为成员，甚至等同之定义 2.7 也没问题。这样一来，我们刚才积聚的那些公理模式和公理，即(iv)，(v)，幂集公理，'$(\exists x)T_0x$'，以及 §37 的(xii)—(xiii)，就采取这些凝练的形式：

$$\alpha\cap\{x: T_nx\}\in\mathcal{V},\qquad x=y\ .\ x\in z\ .\supset.\ y\in z,$$

$$\{x: x\subseteq z\}\in\mathcal{V},\qquad (\exists x)T_0x,\qquad z\cap\alpha\in\mathcal{V},\qquad \bigcup z\in\mathcal{V}。$$

现在，代替这里的公理模式'$\alpha\cap\{x: T_nx\}\in\mathcal{V}$'，我们也可以采取'$\{x: T_nx\}\in\mathcal{V}$'；因为，通过设 $\alpha=\{x: T_nx\}$，由'$\alpha\cap\{x: T_nx\}\in\mathcal{V}$'可得'$\{x: T_nx\}\in\mathcal{V}$'，反之，由'$\{x: T_nx\}\in\mathcal{V}$'，连同分离公理模式'$z\cap\alpha\in\mathcal{V}$'，可得'$\alpha\cap\{x: T_nx\}\in\mathcal{V}$'。接着，取代'$\{x: T_nx\}\in\mathcal{V}$'，只要假定'$\{x: T_0x\}\in\mathcal{V}$'就足够了；这是因为，由此以及幂集公理'$\{x: x\subseteq z\}\in\mathcal{V}$'以及'$zT_{n+1}y$'的定义，我们可得'$\{x: T_1x\}\in\mathcal{V}$'，而如此继续下去我们就对任何 n，升至'$\{x: T_nx\}\in\mathcal{V}$'。更有甚者，既然如此得到我们的公理系统以至它除了一个特例'T_0x'外不使用记法形式'T_nx'，我们就可以省去那整个记法形式及其定义(vi)，至于那个特例，则复归到'$x=\{x\}$'。于是我们的公理系统就降成：

$$x=y\ .\ x\in z\ .\supset.\ y\in z,\qquad (\exists x)(x=\{x\}),$$

$$\{x: x=\{x\}\},\quad \{x: x\subseteq z\},\quad z\cap\alpha,\quad \bigcup z\in\mathcal{V}。$$

既然类型都是累积的，策梅洛的另一条公理就又适于加进来：
276 $\{x,y\}\in\mathcal{V}$，**配对公理**。对普通的排他的类型的理论来说，它一般不成立；不过它适合累积类型的理论，因为任何两个事物都属于同一累积类型。

‘$\{x,y\}$，$\bigcup z\in\mathcal{V}$’这两公理的一个后承是 $x\cup y\in\mathcal{V}$；因为可以把 z 取为$\{x,y\}$。这又是一桩对普通类型失效而对累积类型成立的事。

我们现已为累积类型积聚的那些公理可以适宜地重新组合列进两个名单中。一个是幂集、配对、分离、和集、外延等**策梅洛公理**：

$$\text{(vii)}\quad \{x\colon x\subseteq z\},\quad \{x,y\},\quad z\cap\alpha,\quad \bigcup z\in\mathcal{V},$$
$$x=y\ .\ x\in z\ .\supset .\ y\in z,$$

而另一个是**个体公理**：

$$\text{(viii)}\quad (\exists x)(x=\{x\}),\qquad \{x\colon x=\{x\}\}\in\mathcal{V}。$$

策梅洛并没有把他的系统叙述成用类型来处理。而通过这一渠道进到他的系统则有助于把这两个先驱系统联系起来。

另有一些公理要归功于策梅洛。有他创始和认定的选择公理和我们将在 §39 中提出的一条无穷公理。还曾有‘$\{x\}\in\mathcal{V}$’，不过这是多余的，因为‘$\{x,y\}\in\mathcal{V}$’就给出‘$\{x,x\}\in\mathcal{V}$’。还曾有‘$\Lambda\in\mathcal{V}$’，不过它可以由分离公理模式‘$z\cap\alpha\in\mathcal{V}$’的实例‘$z\cap\Lambda\in\mathcal{V}$’得到。

如同我们在第一次提出幂集公理时所指出的，实际的策梅洛系统由于区分类与个体而变复杂了。因此在我们的幂集公理的第一个塑述中含有类身份子句。同样，在外延公理‘$x=y\ .\ x\in z\ .\supset .\ y\in z$’中，策梅洛不得不把‘$x$’和‘$y$’限制为类。为策梅洛着想应该说，他的‘$\Lambda\in\mathcal{V}$’的对应者大意乃是

$$(\exists y)(y\ \text{是个类}\ .\ (x)(x\notin y)),$$

因而只要个体是无成员的就不是多余的；分离公理保证了一个无成员的对象不必是个无成员的类。通过我把个体构想成 $x=\{x\}$ 的概念来 277
简化这整个方面时，我已偏离策梅洛。

以前熟悉策梅洛系统的读者，大概不得不还要估量在表现风格上随着我使用 2.1 和不带承诺的抽象而来的重大区别。策梅洛的系统不容许全类 $\mathcal{V}$，而且策梅洛用不着没有那些类的类符号；因此，我把分离公理表达成‘$z\cap\alpha\in\mathcal{V}$’，对他和他的读者来说确实会看起来很怪，既在它的‘$\mathcal{V}$’上又在它的‘α’上。富于该学说的特征的那种版本的分离公

理毋宁是§37 的(xii)。(它还部分地由于斯柯伦(1922—1923),他对'Fx'的模式身份比策梅洛更清楚。)但是必须记住,整个虚拟类和不带承诺的抽象之内容,虽说显得方便而赫然,却是纯定义问题;在如此陈述时策梅洛系统并没有变成别的系统。

于是,列在(vii)中的都是策梅洛的公理,在表现风格上变动激烈,而实质上的变动只是修改了个体的概念和排除了多余的东西以及高功力的无穷公理和选择公理。列在(viii)中的是额外的,不在策梅洛的系统中:个体公理。经过我的特别的个体学说的转换,它们作为类型论的后裔参加进来。策梅洛自己的系统只是容许而并不需要任何无论是我的还是其他意义上的个体。

弗兰克尔关于策梅洛的系统不需要个体而只需要'纯'类的意见(§4),就(vii)中那些公理来说可以加强:只需要存在有穷纯类。存在着那些属于那个不足道的模型的类,该模型曾在§36 中使我们确信类型论的协调性。因此我们确信策梅洛公理(vii)的协调性。也不用害怕增加个体公理(viii)就会出矛盾;因为,单独一个个体就适合其要求。

已经从普通所谓的类型论走得这么远,让我们来看看罗素悖论和康托
278 尔定理现在日子过得怎么样,以判明我们的方位。罗素悖论中的矛盾,一言以蔽之,就是'$\{x: x\notin x\}\in \mathcal{V}$';去除它的唯一希望乃是通过分离公理模式'$z\cap\alpha\in \mathcal{V}$',这给出'$z\cap\{x: x\notin x\}\in \mathcal{V}$'。而由此达到'$\{x: x\notin x\}\in \mathcal{V}$',我们则需要一个足够大的 z 使得'$\{x: x\notin x\}\subseteq z$',可是不存在可捉摸的办法得到这样一个 z。策梅洛防止那些悖论的办法本质上在于远避太大的类。康托尔定理遇不到这样的障碍。分离公理模式'$z\cap\alpha\in \mathcal{V}$'给出

(ix) $(z)(w)(z\cap\{y: y\notin w`y\}\in \mathcal{V})$,

由此我们可以正如在 28.17 中那样推得

$$(z)(z\prec\{x: x\subseteq z\})。$$

至于说到把这里的 z 取为 $\mathcal{V}$ 就会来到的康托尔悖论,则没有什么危险;因为我们没有 $\mathcal{V}\in \mathcal{V}$。我们可以证明,对各个 n,都有 $\mathcal{V}^{n+1}$,亦即 $\{x^n: x^n = x^n\}\in \mathcal{V}$,因为,这就简单的是说$\{x: T_n x\}\in \mathcal{V}$,而我们曾看到,若补充以(viii),这是由策梅洛公理(vii)立即可得到的;可是'$\mathcal{V}\in \mathcal{V}$',

或'$\{x: x=x\} \in \mathcal{V}$',却没有办法证明。这里我们再次看到策梅洛以避免太大的类来防止悖论的做法;不存在所有事物的类。

具有刚才加以证明的形式的康托尔定理,依赖于'$<$'的普通定义;如同在§36中那样,对不纯一的关系不需要特别的策略。因为,转到累积类型的一项结果就是对不纯一关系的禁忌消失了——或者就像我们可能会说的,既然任何两个类型之一现在都包含在另一个之中,不纯一性本身就消失了。关键性的一点是现在就在手边的'$\{x, y\} \in \mathcal{V}$',它对所有的z和w给出'$\langle z, w\rangle \in \mathcal{V}$'。

谈论累积类型会有些混乱。你不再能唯一地说一个类的**那个**(*the*)类型。而且,既然一个类型包含所有**较低的**类型,那么一个任何类型的事物就属于所有**较高的**类型。因此看来可取的是,重新把一个类的**那个**类型定义为我们原本在累积的意义上称之为其最低的类型者。于是,个体将被说成是0型的;空类将被说成是1型的;而任一其 279
他的类将被说成其类型次高于它的最高类型的成员。这么说来,像(vi)中的'$\mathrm{T}_n x$'就要读成'x是至多n型的'。曾经是类型的累积性的东西将要改而描述成类的有穷不纯一性:一个类的那些成员被允许属于有穷多个不同的(亦即任何低于它自己的类型的)类型。不过,这整个的只是用另一种方法描述那同一个类理论:体现在(vii)和(viii)中的那个理论。

无论对该理论的哪种规定更适宜,该理论本身确实在方便性上对普通的类型论有所增益。我们已经在对有序对因而对不纯一的关系的无限制的容忍上看到了这方面的例子。或许还要指出,冯·诺伊曼和策梅洛版本的自然数在这里比在罗素的类型论之下日子要好过一点。对冯·诺伊曼来说,x的后继是$x \cup \{x\}$,这明摆着与类型论冲突。而只要人们试图把两个数,比如说x与其后继$\{x\}$,放在一个类中,策梅洛的版本就与类型论冲突。新的方案,以其对类中的有穷不纯一性的容忍,则免除了这些与冯·诺伊曼的和策梅洛的数的冲突。

§39 无穷公理及其他

类型论甚至跟弗雷格版本的数过不去。为了正确地透视其麻烦所在,让我们回想出自§12的一点。显露在那里的是,我们为一个经典的自然数理论而全部所需要的是一个任意的函数 S，它总能用于它自己的结果而给出某个新事物。令 S 的一个任意的主目扮演 0 的角色，你就能按照见于 §11 中的一般常规定义数论的所有其他附随物。不过，如果 S 做不到每次都给出新事物，数论的那些需要就得不到满足。事实是，在类型论之下的弗雷格的 S 正好有这种“做不到”的危险。

因为，一个数 x 的弗雷格后继是

$$\{z:(\exists y)(y\in z\ .\ z\cap{}^{-}\{y\}\in x)\};$$

280 可是有什么来阻止 S‘$x=x$ 呢？比方说，我们正在与数的最低类型亦即类型 2 打交道，因而一个数，比方说 5，就是所有五个个体的类的类。又假定全域中只有五个个体。是以，5 在类型 2 中就是 $\{\mathcal{V}^1\}$。于是 6，或 S‘5，在类型 2 中就是

$$\{z^1:(\exists y^0)(y^0\in z^1\ .\ z^1\cap{}^{-}\{y^0\}=\mathcal{V}^1)\},$$

由于‘$y\in z\ .\ z\cap{}^{-}\{y\}=\mathcal{V}$’是矛盾的，这就是 Λ^2。而那时 7，或 S‘6，就是 S‘Λ^2，这也归约为 Λ^2。因此在认定只有不超过五个个体的情形下，当 x 是 2 型的 6，就有 S‘$x=x$。

这个论证是一般的。如果一个类型具有少于 k 个的成员，那么其类型在 2 以上的那个数 k 将等于它自己的后继（两个都是 Λ）。在这样的环境下初等数论就瓦解了。特别是，皮亚诺的减法公理‘S‘$x=$S‘y .⊃. $x=y$’失效。再看先前的例子，其中，$5\neq\Lambda$，可是 S‘$6=6=$S‘$5=\Lambda$；在这里，S‘$6=$S‘5，可是 $6\neq5$。

最糟的是，如果有一个类型其成员个数是有穷的，那就每一个都如此；于是真正的算术就会是没有类型的了。为了维护算术，哪怕就说是这个版本的，必要和充分的是假定有无穷多个个体。陈述**无穷公理**的一种说法是说，存在一个非空类 x^2 而它的每个成员都是另一个成员的子类。①

① 这一版本出自 Tarski，p. 243。怀特海和罗素则把它说成是，对每个 $x^2\in N^3$，都存在一个有 x^2 个成员的类 y^1；简言之，$\Lambda^2\notin N^3$。

(i) $(\exists x^2)((\exists y^1)(y^1 \in x^2)$.

$(y^1)(y^1 \in x^2 \ . \supset (\exists z^1)(y^1 \subset z^1 \in x^2)))$。

此公理曾遭贬斥，理由是，是否存在无穷多个个体的问题不是数学问题而是物理学或形而上学的问题，让算术依赖于它是不合适的。怀特海和罗素对于这个公理，如同他们对于选择公理那样，是心存疑虑的；281
他们把二者都作为明白的假设放进需要它们的定理中，就像我在第七章至第十章中对待大多数概括假定那样。

甚至当我们如同在§38 中那样把类型论放宽到允许累积类型或有穷不纯一的类的时候，对这个无穷公理的需要继续折磨着弗雷格对数的解释。因为，在任何类型，哪怕是如此放宽了的类型内，对一个类可以有多么大，将存在一个有穷的极限，除非存在无穷多个个体。

如果我们在这之后感到，令人快慰，该放宽了的理论允许我们改而依靠策梅洛的数概念，那么这种快慰却突然终止于它又陷于与数学归纳法的纠纷中。按常规人们规定

(ii) ‘N’定义为‘$\{x: (y)(0 \in y \ . \ S\text{“} y \subseteq y \ . \supset . \ x \in y)\}$’，

然后把 y 取为$\{z: Fz\}$以推出

(iii) $F0 \ . \ (z)(Fz \supset F(S\text{‘}z)) \ . \ x \in N \ . \supset Fx$。

此刻已经熟悉的困难是，一般地不存在$\{z: Fz\} \in \mathcal{V}$ 的保证。

在第四章中我们克服这一困难的办法是，修改(ii)以读成：

(iv) ‘N’定义为‘$\{x: (y)(x \in y \ . \ \breve{S}\text{“} y \subseteq y \ . \supset . \ 0 \in y)\}$’，

然后不是把 y 取为$\{z: Fz\}$而是取为有穷类$\{z: z \leq x \ . \sim Fz\}$来证明(iii)。在 7.10 和 13.1 中我们假定了有穷类，结果万事如意。现在，既然在这里再一次所有的有穷类都是保证存在的，人们期望这一权宜之计同样适用于目前的放宽了的类型的系统或策梅洛的系统。我们已经看到‘$\Lambda, \{z\}, x \cup y \in \mathcal{V}$’如何全都出于§38 的(vii)；后二者给出‘$x \cup \{z\} \in \mathcal{V}$’，而由‘$\Lambda \in \mathcal{V}$’经过 n 次应用‘$x \cup \{z\} \in \mathcal{V}$’我们就能证明任何有 n 个成员的类都存在。

那个特别的方案遇到了障碍。我们能否由定义(iv)导出(iii)全靠

282 13.1，而它不能从§38的(vii)推出。[①] 不过，策梅洛的数还可以用别的比(ii)和(iv)更迂回的定义抓住，而策梅洛在1909中表明了如何无须使用任何不同于§38的(vii)的概括公理从这样一个定义推导出(iii)。(参见上面第76页注。)策梅洛的和冯·诺伊曼的自然数与弗雷格的相比具有不需要无穷公理这个重大的优点。对更高深的领域，实数理论及超乎其上者，无穷类自然仍旧在任何方略下都是需要的；于是策梅洛就增补了一条无穷公理。它相当于'$\mathrm{N}\in\mathcal{V}$'，而事实上是：

$$\text{(v)}\quad (\exists x)(\Lambda\in x\,.\,(y)(y\in x\ .\supset.\ \{y\}\in x))。$$

这假设了至少是所有在策梅洛意义上的自然数都属于它的一个类。它等价于'$\mathrm{N}\in\mathcal{V}$'；因为N本身就是一个满足(v)的x，反之，如果x满足(v)，则$\mathrm{N}\subseteq x$，因而据分离公理有$\mathrm{N}\in\mathcal{V}$。

现在自然可以得到归纳法模式(iii)；只需把(ii)中的y取为$\mathrm{N}\cap\{z\colon Fz\}$，它据'$\mathrm{N}\in\mathcal{V}$'和分离公理是存在的。这是在策梅洛系统中通向归纳法的坦途，如果人们不那么想为数论防避无论如何在其他方面终究是需要的无穷论的假定的话。

无论作为归纳法的基础如何张狂，'$\mathrm{N}\in\mathcal{V}$'不过是实数的一项最低的条规(参看§19)。而且它不像怀特海和罗素的那样，是一条关于个体什么也没说的无穷公理。

可是它割断了与类型论的最后的联系。策梅洛种类的或者冯·诺伊曼种类的自然数的一个无穷类，与哪怕是累积类型的理论是正相反
283 对的；因为这样一个类突破所有的类型的最高限度。[②] 确实，说哪怕是累积类型的理论，在一种有意思的意义上能容纳策梅洛或冯·诺伊曼种类的自然数，那简直不是真的；因为我们的确不应该想望关闭通向数的无穷类之路，连推迟采纳它们都不行。

我们已经看到，怀特海和罗素的无穷公理原来是由减法定律

---

① 策梅洛的系统，即使在扩而包含替换公理(见下面)和选择公理但是排除基础公理和无穷公理(见下面)的时候，为一个违背13.1的模型所满足。该模型是Bernays(1954，p.83)所给出的那些中的最后那个。得知这一点我要感激肯奈·布朗。

② 我说的是有穷高的类型。来自冯·诺伊曼的一个超穷类型的观念将出现在§45之初。

'$S`x=S`y.\supset.x=y$'所唤起的。换句话来说,同样地,它是以免实数断档所必需的。而且其意蕴不止于此。每个继后的类型都是它的前驱的所有子类的类,因而据康托尔定理,大于它的前驱。因此,假定了无穷多个个体,你就要假定无止境的更高的无穷(在承认§38 的(iv)的情况下)。

策梅洛的无穷公理在他的系统中,对更高的无穷具有与怀特海和罗素的无穷公理在他们的系统中所具有的相同的意蕴。因为,给定 $N\in\mathcal{V}$,我们据§38 的(vii)中的幂集公理而有 $\{x: x\subseteq N\}\in\mathcal{V}$;据康托尔定理它大于 N。如此继续往上进行。

策梅洛的无穷公理打破了类型最高限度。打破它们是步妙招,使我们逃脱可与类型指标相比的负担,即使那些指标本身已经不在了。因为,在哪怕带有一般变元的类型论之下,我们都被驱赶到弗雷格版本的自然数。这意味着承认在每个类型(上述个体的类)中都有一个不同的 5,在每个类型(上述个体的类)中都有一个不同的 6,在每个类型(上述个体的类的类)中都有一个不同的 N。而且往上贯穿类型谱系,还迸发关于实数理论的每个细节的类似的重复:⅗ 在继后的每个类型中作为不同的东西来到,π 也如此,Rat 本身也如此,Real 也如此。对所有这些常元,保持其类型指标是实践上必需的,尽管我们已把基本记法归约到一般变元。另一方面,在带有它的无穷公理和随后抛弃类型最高限度的策梅洛的系统中,所有这些重复就都不复存在了。

我们已经看到策梅洛是用他的避免太大的类的办法来防止悖论 284
的。① 至于反过来的断言,即类**仅**当它们大于所有存在的类时才不存在,在策梅洛的分离公理模式中只有很局部的规定。充分的规定乃为弗兰克尔和斯柯伦在替换公理模式中加上的。用我们的虚拟类和不带承诺的抽象之技术加以浓缩,那个模式变成:

(vi) $\text{Func}\ \alpha\supset.\alpha``x\in\mathcal{V}$,

就像在§13 中已经指明的。如此加强了的策梅洛系统被称为**策梅**

① §38.通过避免太大的类来避免悖论的想法比策梅洛的系统还要老。罗素在他 1906 年的文章中,康托尔在他长时期没有公布的 1988 年的信(Cantor, p. 444)中都提到过它。

洛-弗兰克尔系统。

这不是类型论固守的一条原理。在普通的或排他的类型的理论中，在一个无穷类可以存在于一类型内的同时，一个具有少如两个成员的类就能由于类型的区别而遭禁止。而甚至在累积类型的理论中，一个无穷类能由于类型的无穷递升而遭禁止，只要另一个没有那个特点的无穷类是容许的；因此在这里替换公理模式再一次会不得其所。

我们已经看到类型论跟策梅洛的和冯·诺伊曼的数过不去。我们还必须认识到一种交互的不相容性：策梅洛的集合论跟弗雷格的数过不去。因为，如果我们不念及类型而来诠释弗雷格的数，以至 n 简单的是所有有 n 个成员的、随便什么对象的类的类，那么除 0 之外任何数都将具有像 $\mathcal{V}$ 本身所具有的那么多的成员；而一个较大的类是无法存在于(带有替换公理模式(vi)的)策梅洛的系统中的，因为据(vi)它的存在会导致 $\mathcal{V}$ 的存在。就取弗雷格的 1 为例，它是所有单元类的类 $\iota``\mathcal{V}$；我们有 $\iota``1=\mathcal{V}$，因而据(vi)，若 $1\in\mathcal{V}$ 则 $\mathcal{V}\in\mathcal{V}$。因此我们可以庆幸，策梅洛的和冯·诺伊曼的数改而变得可用了，没有附带条件。

285 在采用替换公理模式(vi)时，我们要注意到，分离公理模式 '$x\cap\alpha\in\mathcal{V}$' 应作为多余者去掉。因为，把(vi)的 α 取为函数 $I\upharpoonright\alpha$，我们就得到 $(I\upharpoonright\alpha)``x\in\mathcal{V}$，而它是说 $x\cap\alpha\in\mathcal{V}$。关于公理的进一步的浓缩，小野已经表明，如果我们把(vi)复杂化读成：

$$\text{Func }\alpha\supset\alpha``\{y:(\exists z)(y\subseteq z\in x)\}\in\mathcal{V},$$

那么我们可以作为冗余去掉的就不仅是 '$x\cap\alpha\in\mathcal{V}$'，还有 '$\bigcup z\in\mathcal{V}$' 和 '$\{x:x\subseteq z\}\in\mathcal{V}$'。给定配对公理或 '$\{x\}\in\mathcal{V}$'，小野的模式等价于这些公理和(vi)。

我们已经看到替换公理模式(vi)和策梅洛的无穷公理(v)或 '$\mathrm{N}\in\mathcal{V}$' 二者都是这样的定律，它们标志着策梅洛系统与哪怕是其宽松的、累积的形式下的类型论的分歧。反过来，个体公理，§38 的(viii)，则是类型论的经过变形的踪迹，一旦策梅洛系统已经采取这些弥补其能力之不足的歧异办法，它在其中就没有什么用。

替换公理模式是追随者们加于策梅洛系统的两个著名的补充之

一。另一个是冯·诺伊曼的**基础**或**正则性**公理：

$$(x)(x\neq\Lambda\ .\supset(\exists y)(y\in x\ .\ x\cap y=\Lambda)),$$

或者，利用我们的某些缩写，'Fnd E'。这蕴涵$(z)(z\notin z)$，如同在20.4中看到的。而且，关于成员关系，它禁止任何无止境的下降，无论重复与否。[1] 很清楚，单凭它的后承'$(z)(z\notin z)$'，它就是不赞成我们带有我们的像$x=\{x\}$这样的个体理论的。即使我们决心预先规定这个或任何意义上的个体，'Fnd E'在其他点上仍然是一种限制。例如，它蕴涵 286
$\mathcal{V}\notin\mathcal{V}$，还有$^{-}\{x\}\notin\mathcal{V}$，还有$^{-}\mathrm{N}\notin\mathcal{V}$，因为这些类中的每一个如若存在则都会是它自己的成员。

即使这些个不存在不知怎么为其他的策梅洛公理所蕴涵，那基础公理也节省了步骤；它原本会缩短我们的'NO'的定义22.15以及某些相关的证明，而且它原本会免除'$\sim(x<x)$'的、13.20中所需要的那个前提'$x\in\mathrm{N}$'。这是行事的一种办法，不同的集合论设计都要知道的一种办法。如果它排除的类都不是想要的，那么它的清扫就是可喜的干净。另一方面，如果有一条带有其自身的可取的特性的概括原理与它冲突，那就不存在它成立的先天理由。

人们甚至可以超过基础公理改而采用相应的公理模式：

$$\alpha\neq\Lambda\ .\supset(\exists y)(y\in\alpha\ .\ \alpha\cap y=\Lambda)。$$

与它实为一回事的另一个模式是：

$$\{x\colon x\subseteq\beta\}\subseteq\beta\ .\supset.\ \beta=\mathcal{V},$$

如同把β当成α就能看出的。

最近我们通过援引有穷集内的一个简单模型，两次提出了一些发

[1] 这一后承也被称为基础公理，或者是它的弱形式。门德尔森称那强形式者为限制公理。使用选择公理，它们可以被证明是等价的，否则不行，除非该系统是不协调的。参看Mendelson, pp. 201f。排除无止境的下降的思想始于米里马诺夫(1917)。他不是用一个直接的公理加进这个限制，而是隔着一层加进它：他的保证$\bigcup x$，$\{y\colon y\subseteq x\}$，以及诸如此类者存在的公理，把类x限制为关于成员关系不包含无止境的下降。冯·诺伊曼在1929年给出该公理在他的系统内的一般的塑述，并且表明加上它他的系统仍然协调，如果它以前协调的话。（还参看von Neumann, 1925, §VI。）策梅洛在1930年把它加进他自己的系统中。

端的集合理论的协调性证明。一旦我们采用了一条无穷公理,无论是类型论中的那个还是策梅洛系统中的'$N\in\mathcal{V}$',这个特殊的模型就不能用了。协调性变得更成问题,协调性证明就变得更迫切。而它们还变得更困难和更少确实性。一个协调性证明所诉求的器材愈精巧,就愈有余地来怀疑那些器材本身的协调性,从而怀疑用那些器材建立的结论。在集合论的更纯正的公理化中,对协调性证明的办法我们通常最能指望的是去证明:如果另一个多少较少不可信的系统是协调的,那么一个这样的系统就是协调的。我们将在§44中看到这一路数中的某些事物。

第十三章　分层与终极类

§40　“新基础”

我们看到，在策梅洛的系统，特别是带有附加的替换公理模式的系统中，类存在是个大小的问题。是以，$\mathcal{V} \notin \mathcal{V}$。进而，$(x)(\bar{x} \notin \mathcal{V}$；因为，否则 $x \cup \bar{x} \in \mathcal{V}$，因而 $\mathcal{V} \in \mathcal{V}$。是以，全域不是相对于类的布尔代数函数封闭的。布尔代数只有经过相对化才能存活（§33）；一个类 x 只是相对于顶替 $\mathcal{V}$ 的、一个任意的类 y，有 $y \cap \bar{x}$ 作为补。相同的情况确实在类型论之下成立，不过在那里它不太明显，因为各个类型都是在布尔运算之下封闭的，同时任何关于一个凌驾诸类型的类的想法都作为当然之事被封锁。 287

策梅洛的系统就其主要梗概说，通过转换到一般变元和累积类型而来自类型论（在第十二章中，而不是历史上如此）。现在，还存在一条不同的偏离类型论的途径。为了我们自己为这种供选的偏离作准备，我们将用两段的篇幅来反思类型论是如何排除悖论的。

概括定律：

(i)　$(\exists y)(x)(x \in y\ .\equiv Fx)$

一般的是我们为避免悖论所要加以限制的。可是，在类型论中，逻辑本身被减弱到一种多种类的形式；而那时如同对其他公式那样，要求于(i)的只是，置于‘$\in$’两侧的总是带依次递升指标的变元。或者，在类型 288
歧义之下，所要求的是存在一种如此**提供**指标的办法以至‘$\in$’的两侧得以那样。让我们把一个不带指标的公式说成是**分层的**，如果它是这样组成的，就是说，如果存在一种如此提供指标的办法以至‘$\in$’得以总是出现在依次递升的指标之间。

这样，（带类型歧义的）类型论加于概括定律的明显的限制就是，它的每个实例都是分层的。我们可以等价地把这个限制陈述得更窄些:它是要求在概括定律中充当'Fx'的公式是分层的。之所以等价的理由是,只要'Fx'所代表的公式是分层的,'$x \in y .\equiv Fx$'就也如此,因为'y'总能被给予次高于给予'x'的那个指标。'y'总能被给予这个指标的理由是,'y'不出现在'Fx'所代表的公式中(无论如何也不自由出现,如果约束出现则可以对它施行字母变易)。最后,'y'不是(i)中'Fx'所代表的公式的自由变元的理由,对于所有弄懂§1中间部分关于代换的说明的读者都是很清楚的。

最后,显现出的对类型论的供选的偏离是:我们把未加指标的变元重新诠释为真正的一般变元(而不是类型歧义的),可是仍然保留对(i)的限制要求,即充当'Fx'的特殊公式必须是分层的。这就是称为"NF"即"新基础(New foundations)"的系统,此名来自我在其中提出它的那篇文章的题目。它只有外延公理和对分层的'Fx'而言的公理模式(i)。个体的版本再次是 $x=\{x\}$,'$x=y$'的定义再次是'$(z)(z \in x .\equiv. z \in y)$',其实一般地属于第一章至第三章的定义都能转移进来。特别是,所说的公理浓缩成:

(ii) $x=y .x \in z .\supset. y \in z$,

它与4.1以及§38中的(vii)相同。所说的公理模式浓缩成:

(iii) $\{x: Fx\} \in \mathcal{V}$ ('Fx'是分层的)。①

289 由于附有这个关于分层的条件,§12和§22中那些与数有关的定义都不那么适合NF。在我们按弗雷格—怀特海—罗素的方式而不是遵循冯·诺伊曼或策梅洛来诠释数时,我们在NF中证明必要的类的存在会进行得更好。② 很幸运,策梅洛集合论对作为过大的类的弗雷格的数引发的阻碍,没有被NF引发。

应该提一下关于分层之测试的几个要点。如所描述的,该测试牵

① 读者会了解,这个括在括号里的附注其本身是经过浓缩的。展开来,它意指"这里的'Fx'只能代换为分层的公式"。

② 罗塞在 *Logic for Mathematicians* 极详细地从NF发展出怀特海和罗素意义上的基数和序数的理论。

涉到给一个变元的所有出现都指派相同的指标；我们依然可以对一个约束变元，只要它被重新量化就把它当作不同的变元，因而认为公式

$$(x)(x\in y)\supset(\exists x)(y\in x)$$

是分层的。这个规定只是一个方便的问题，因为否则可以依靠字母变易来达到同样的目的。

另一点是分层观念在理论中只应用于初始记法。如果一公式含有定义出的记号记法，它们都必须被想象成被充分展开，足以显露出所有隐含的初始的艾普西隆，为分层测试提供空间。

NF 中不存在类型。也不是要求公式之皆为分层的才有意义。分层简单的是一个终极的、不可归约的规定，一个公式**如果**要身为特别的公理模式(i)中的'Fx'的一个实例就须遵从它。如此由(i)提供的类不是从类型到类型重复的；它们都是绝对的。举例说，$\mathcal{V}$ 是整个全类，其存在由于'$x=x$'是分层的而为(i)所保证。又如 $\bar{z}$ 是 z 的真正的无限制的补，其存在由于'$x\notin z$'是分层的而为(i)所保证。NF 的全类实际上给出类的布尔代数。

分层对一个类的存在不是必要的。它只是对依据(i)(或(iii))直接证明其存在是必要的。我们也常能间接地证明由未分层的成员关系条件给定的类之存在。例如，既然'$x\in z\ .\vee.\ x\in w$'是分层的，我们据 290
(i)有

$$(z)(w)(\exists y)(x)(x\in y\ .\equiv:x\in z\ .\vee.\ x\in w),$$

简言之是$(z)(w)(z\cup w\in\mathcal{V})$。**于是**我们就能接着把 w 取为$\{z\}$；因为，据(iii)，$\{z\}\in\mathcal{V}$，而且我们的变元还是一般的。我们用这种间接的方式得出 $z\cup\{z\}\in\mathcal{V}$。我们原本不能据(i)(或(iii))只用一步来证明这一点，因为'$x\in z\ .\vee.\ x=z$'是未分层的。而通过这种间接办法我们得到了一种累积的类型论的有益方面。

我们也有所失。有序对其实无限制地就在手边：(iii)给出'$(z)(w)(\langle z,w\rangle\in\mathcal{V})$'，然后，做代换就给出像'$(z)(\langle z,\{z\}\rangle\in\mathcal{V})$'这样的未分层的特例。尽管如此，NF 仍保留某种很像对不纯一关系的禁忌的东西：我们不能从(iii)直接地或者借助随后的代换得到像

'$\{\langle z,\{z\}\rangle: Fz\}\in \mathcal{V}$'这样的定理模式。在这一点上 NF 比累积的类型论较欠宽松。

另一方面，在一些要点上 NF 要比累积的类型论较为宽松。它不受制于最高限度；说到底，有 $\mathcal{V}\in\mathcal{V}$。远不必像怀特海与罗素以及策梅洛所做的那样特别设定一个无穷类，NF 当场就在 $\mathcal{V}$ 中得到一个；而(iii)保证了它有无止境的成员，例如 $\Lambda,\{\Lambda\},\{\{\Lambda\}\}$，以及诸如此类。从最后这方面看，实际上 NF 的 $\mathcal{V}$ 完全符合加于策梅洛无穷公理(§39 中的(v))中的'x'的条件。

正因为类型论躲开了悖论，NF 才也如此，这不是不可避免的结局。[1] 我们真能说 NF 毕竟墨守类型论的概括公理模式吗？只有在我们在让类型歧义的变元变成一般变元的同时赶紧加以增补，让 NF 危险地加强那些推论规则的时候。因为，我们看到，公式

(iv) $(x)(x\in y)\supset(\exists z)(y\in z)$

291 (§37 中的(ii))，在我们的变元被取为一般的时，可以马上被认定为量化逻辑的有效模式'$(x)Fxy\supset(\exists z)Fyz$'的一个实例，而在它们只被取为类型歧义的时则不能。

我们已经指出，例子(iv)碰巧甚至在其变元是类型歧义的这种情形下都成立，不过是根据集合论而不是单只根据量化逻辑才成立的。把变元取为一般的，(iv)就是逻辑有效的；把它们取为类型歧义的，(iv)就不是逻辑有效的，但是仍然是可以在类型论中证明的。现在我们会想知道，是事情总是如此呢，还是相反，

(A) 某个分层的公式，虽然当其变元取为一般的时是逻辑有效的，但是当那些变元被重新诠释为类型歧义的时则不是在类型论中可证的。

(A)的一个等价者是：

(B) NF 的某个分层的公式，当那些变元被重新诠释为类型歧义的时，则不是在类型论中可证的。

---

① 说到类型论，除非另行指明，我总是指不带无穷公理的类型论。

既然逻辑有效的公式事实上都是 NF 的定理，如果(A)是真的则(B)显然是真的。于是，反过来，假设(B)，来证明(A)。令 T 是(B)中那样的分层的定理。因此 T 是可以用逻辑从 NF 的某些公理证明的：(ii)和(iii)的某些实例，称它们为$(\text{iii})_1, \cdots, (\text{iii})_n$。因此，其前件由(ii)，$(\text{iii})_1, \cdots, (\text{iii})_n$ 组成而后件为 T 的条件句 C 是逻辑有效的。而且，C 是分层的；因为，(ii)，$(\text{iii})_1, \cdots, (\text{iii})_n$ 和 T 中的每一个都是分层的，而且对它们每一个，我们都可以通过对它的自由变元施行全称量化而使它与其他的相隔离。现在，(ii)和(iii)的诸实例也都在类型论中成立——在定义被展开而变元被重新诠释为类型歧义的时(参看§36 的(v)和(iv))。可是，带有作类似的重新诠释的变元的 T 在那里却不是可证的(参看(B))。于是 C 也不是可证的；因而(A)成立。

如果(A)和(B)是假的，就像例子(iv)促使我们推测的那样，那么 NF 的协调性就可以从类型论的协调性推得。因为，如果有任一矛盾 *292*
式在 NF 中可证，那么所有的矛盾式都如此，包括分层的；而在(B)假时它们就也是在类型论中可证的。

也不能让我们由于 NF 在产生策梅洛无穷公理上显示出力量而拥向相反的结论。它毕竟是未分层的；NF 可能在分层的内容上仍然保持像类型论一样弱。事实上并非如此，(B)被证明是真的，不过我们必须等到§41 才给予证明。

(B)制止了原本可以是 NF 的协调性的一个容易证明的东西，不过它并不导致不协调。因此让我们满怀希望地向前推进。斯佩克(1958，1962)表明，NF 的协调性的问题等价于这样的问题：§36 中的(iv)和(v)形式下的类型论，在我们加进如下的一束**类型歧义公理**后是否保持协调。在任何带有自由变元的句子中，把所有的指标都加 1；然后把让原来的句子与新得的句子等值的双条件句都定为一个类型歧义公理。直观上这些公理的含义是，一个类型形式上像另一个类型。

斯佩克的结果比再保证更有意思；因为，康托尔定理在使得所有的类型大小不同的同时，只认为那些类型歧义公理不合情理。然而，那不是那些公理真不真的问题，而只是它们与§36 中的(iv)和(v)协调与否的问题；而如同斯佩克指出的(1962，pp. 117—119)，这并不那么不合情理。

§41 非康托尔类;再谈归纳法

为了沿着28.16和28.17的路线证明 $z\prec\{x: x\subseteq z\}$,我们需要

$$(w)(z\cap\{y: y\notin w\text{‘}y\}\in\mathcal{V});$$

而如果说这在策梅洛系统和累积类型理论中说要就有的(参看§38中的(ix)),那么它不是从§40中的(iii)就能有的,因为‘$y\notin w$‘y’是
293 未分层的。这里是另一个例证,说明NF不如累积类型理论宽松。在这一点上NF的处境与带有定义出的对子的普通类型论当时的处境相同(参看§36,(viii)和(ix))。于是我们在NF中进行证明所成就的就不是‘$z\prec\{x: x\subseteq z\}$’,而是§36中的(ix)的副本,简言之是‘$\iota$“$z\prec\{x: x\subseteq z\}$’。

不过,在这一点上,在NF与带有定义出的对子的类型论之间还存在一项差别。在带有定义出的对子的类型论中,像普通定义中的‘$z\prec\{x: x\subseteq z\}$’变得不是假而是无意义;从而我们可以自由地招募§36中的(ix)(实际上是‘ι“$z\prec\{x: x\subseteq z\}$’)作为‘$z\prec\{x: x\subseteq z\}$’的重新定义,因而终究维持住康托尔定理。另一方面,在NF中,像普通定义(11.1,20.3)中的‘$z\prec\{x: x\subseteq z\}$’,是与‘$\iota$“$z\prec\{x: x\subseteq z\}$’一样地有意义,而且这两者不能混淆。后者是NF的一条定理。而前者——真正的康托尔定理,‘$z\prec\{x: x\subseteq z\}$’——对NF来说是对某个$z$真而对其他的假。很清楚,它当$z$是$\mathcal{V}$之处为假。NF由于正是‘$z\prec\{x: x\subseteq z\}$’的证明中的一个障碍而舍去‘$\mathcal{V}\prec\{x: x\subseteq\mathcal{V}\}$’,或者‘$\mathcal{V}\prec\mathcal{V}$’。策梅洛系统则由于没有$\mathcal{V}$而不要它。

好极了;在NF中,我们由于缺乏‘$z\prec\{x: x\subseteq z\}$’而逃避开了‘$\mathcal{V}\prec\mathcal{V}$’。可是我们确实并不缺乏‘$\iota$“$z\prec\{x: x\subseteq z\}$’作为定理,因而我们确实也并不逃避‘$\iota$“$\mathcal{V}\prec\{x: x\subseteq\mathcal{V}\}$’,亦即‘$\iota$“$\mathcal{V}\prec\mathcal{V}$’。这是悖理的吗?不错,‘$\iota$“$z\prec z$’似乎对任何$z$都是悖理的,因为,Func ι并且$z\subseteq\iota$“(ι“z),因而像是会有$z\preceq\iota$“z,与‘ι“$z\prec z$’冲突。可是我们看到了推不出的谬误:‘$z\preceq\iota$“z’这一步预设了$\iota\in\mathcal{V}$。于是从‘$z\preceq\iota$“z’的反例‘ι“$\mathcal{V}\prec\mathcal{V}$’我们必定得出结论,相反的,有$\iota\notin\mathcal{V}$。于是还有$\iota\notin\mathcal{V}$(因为,

据§40 中的(iii),$(x)(x\in \mathcal{V})$)。

人们的确希望 $z\simeq\iota\text{“}z$,因此这里即使不存在矛盾也存在怪异。带有定义出的对子的类型论在这一点上也并不好些;只是较少直言不讳。在那里'ι'或'$\{\langle x,y\rangle: x=\{y\}\}$'是无意义的,'$z\simeq\iota\text{“}z$'或'$z\simeq\{\{v\}: v\in z$'也如此,直到'$z\leq\{\{v\}: v\in z\}$'和'$\{\{v\}: v\in z\}\prec z$'都如此,保全外观,我们系统地把后两者重新诠释为分别具有与

$$\{\{v\}: v\in z\}\leq\{\{v\}: v\in z\},\qquad \{\{v\}: v\in z\}\prec\{\{v\}: v\in z\}$$

相同的意义。NF 在这些事情上并不比带有定义出的对子的类型论更怪异,除了能有更多的可说。 294

自然,并不是$(z)(\iota\text{“}z\prec z)$。它全都依赖于 z。是的,$\iota\text{“}\mathcal{V}\prec\mathcal{V}$;还有,对许多或大多数 z,$z\simeq\iota\text{“}z$。有如此良好举止的任何 z 用罗塞的术语说都是**康托尔的**。是以,一个类 z 是康托尔的,如果$z\simeq\iota\text{“}z$。对康托尔的 z,康托尔定理'$z\prec\{x: x\subseteq z\}$'成立如常。只有 $\mathcal{V}$ 以及其他特别大的类(其中包括 NO)不是康托尔的。

不是康托尔的类的那些类在各个方面都不依习惯行事。斯佩克已经表明,它们导致基数之间小者对大者的关系不再是良序关系。① 我将指明他的杰出的证明中的某些本质的东西。

我们曾在§30 临近结尾处说明$^{=}\{z: z\subseteq x\}=2^{\bar{x}}$。斯佩克引进'$2^y$'的一种异样的意义来使得'$y<2^y$'成为分层的;他是让$^{=}\{z: z\subseteq x\}$等同于 $2^{=(\iota\text{“}x)}$——当 x 是康托尔的时这与 $2^{\bar{x}}$ 相同。更充分地说,他提出

(i) $y={}^{=}(\iota\text{“}x)\,.\supset.\, 2^y={}^{=}\{z: z\subseteq x\}$,

(ii) $y>{}^{=}(\iota\text{“}\mathcal{V})\,.\supset.\, 2^y=\Lambda$。

如果 y 正好是$^{=}(\iota\text{“}\mathcal{V})$,那么(i)就给出 $2^y={}^{=}\mathcal{V}$ 而(ii)给出 $2^{2^y}=\Lambda$。如

① 1953.罗塞和王浩已经表明,没有 NF 的模型——没有'$\in$'的、与那些公理相容的解释——能够使得序数间的和有穷基数间的、小者对大者的关系成为良序关系,除非付出代价不把 NF 的'$=$'解释为等同。注意,相关的基数和序数的版本都是如同 Whitehead and Russell 中的。

果 $y<{}^{=}(\iota``\mathcal{V})$，我们就同时有 $2^{y}\neq\Lambda$ 和 $2^{2^{y}}\neq\Lambda$。一般的，对其成员是 y，$2y$，$2^{2^{y}}$，如此等等，直到但排除 Λ 这样的类，斯佩克称之为 $\varphi(y)$。于是，对任何基数 y，

(iii) $y\leqq{}^{=}(\iota``\mathcal{V}).\supset.y,2^{y}\in\varphi(y)$，

(iv) $y>{}^{=}(\iota``\mathcal{V}).\supset.\{y\}=\varphi(y)$。

295 斯佩克规定 $\mathrm{T}y$ 为在一个有 y 个成员的类中存在多少个单元子类。是以，

(v) $\mathrm{T}\overline{\overline{x}}={}^{=}(\iota``x)$。

当 x 是康托尔的时，自然有 $\mathrm{T}\overline{\overline{x}}=\overline{\overline{x}}$。如同斯佩克所证明的，对任何基数，

(vi) $y\leqq{}^{=}(\iota``\mathcal{V}).\supset.\mathrm{T}2^{y}=2^{\mathrm{T}y}$，

(vii) $\varphi(y)$是有穷的$.\equiv.\varphi(\mathrm{T}y)$是有穷的，

(viii) $x\leqq y.\equiv.\mathrm{T}x\leqq\mathrm{T}y$，

(ix) $y\leqq\mathrm{T}z.\supset(\exists x)(y=\mathrm{T}x)$。

下一步假设(a) $\varphi(y)$只有一个成员。据(v)仍然有 $\mathrm{T}y\leqq{}^{=}(\iota``\mathcal{V})$，因而，据(iii)，我们有 $\mathrm{T}y,2^{\mathrm{T}y}\in\varphi(\mathrm{T}y)$；这样一来，在这一情形下，$\varphi(y)<\varphi(\mathrm{T}y)$。要不，假设(b) $\varphi(y)$有若干个成员。它们是 y 以及 $\varphi(2^{y})$的那些成员；因此，如果 $\varphi(2^{y})<\varphi(2^{\mathrm{T}y})$，可推出$\varphi(y)<\varphi(\mathrm{T}y)$。可是，据(vi)，$2^{\mathrm{T}y}=\mathrm{T}2^{y}$。因此

$$\varphi(2^{y})<\varphi(\mathrm{T}2^{y}).\supset.\varphi(y)<\varphi(\mathrm{T}y)。$$

由此以及在(a)下的发现，依据归纳法可推出，对所有使得 $\varphi(y)$为有穷者的基数 y，$\varphi(y)<\varphi(\mathrm{T}y)$。现在——其实是不可能的——假设基数间小者对大者的关系是良序关系，令 z 是(像${}^{=}\mathcal{V}$ 或${}^{=}(\iota``\mathcal{V})$那样)使得 $\varphi(z)$为有穷者的那个最小的基数。于是，就像我们刚才看到的，$\varphi(z)<\varphi(\mathrm{T}z)$。因此 $z\neq\mathrm{T}z$。据(vii)，$\varphi(\mathrm{T}z)$仍然是有穷的；因此，据 z 的最小性，$z<\mathrm{T}z$。因此，据(ix)，对某个 x，$z=\mathrm{T}x$。因此 $\mathrm{T}x<\mathrm{T}z$。因此，据(viii)，

有 $x \leqq z$。而既然 $z=\mathrm{T}x$，$\varphi(\mathrm{T}x)$ 也是有穷的。因此，据(vii)，$\varphi(x)$ 是有穷的。因此，据 z 的最小性，$x=z$。因此 $\mathrm{T}x=\mathrm{T}z$。就是说，$z=\mathrm{T}z$；矛盾。

§40 中曾说明，弗雷格版本的基数是适合于 NF 的一种。而在 §33 中曾说明，关于在这些基数间的小者对大者的关系是良序关系的证明，不像关于冯·诺伊曼基数的、相应事实的证明，它依赖于选择公理。由于这个缘故，斯佩克的否定的定理不是一个矛盾。不过，像他指出的，它是选择公理在 NF 中的一个否证。 296

如同罗塞说明的(1954)，此结果可以加以调整，承认选择公理对非康托尔类失效，同时仍保留对康托尔类而言采纳它的权利。因此我们所具有的正是非康托尔类方面的不依习惯的举止的另一个特例，也是一个美点。有一个问题是，它是不是比已经是不依习惯的'ι"$z \prec z$'更可叹惜。在 NF 中，经典的结果仍然可以得到，只需在需要时插入宣称所涉及的类是康托尔的这样一个前提。人们可以把 NF 看成在这一方面，比其中一切东西都是康托尔的之集合论更其一般。

我们下一个有关 NF 想谈的论题，是个从无穷基数和选择公理急剧降格的问题。那是关于施于自然数的数学归纳法的没劲的事。这个故事如同在 §39 里的(ii)和(iii)中那样开始：按经典做法，我们要像 §39 里的(ii)中那样用 0 和 S 来定义 N，然后我们要通过把 y 取为 $\{z: Fz\}$ 得到归纳法模式(iii)。如同往常，困难来自表明 $\{z: Fz\} \in \mathcal{V}$。在 NF 中，这一困难特别来在充当'$Fz$'的公式不是分层的时。故事的下一阶段仍然像在 §39 中那样：既然我们的概括模式给出'$\Lambda, x \cup \{y\} \in \mathcal{V}$'因而保证有所有的有穷类，我们着手把(ii)反演成(iv)以至把归纳法建基于有穷类。于是，像在 §39 中那样，我们再次来到相同的**死胡同**：尽管有有穷类，我们需要

$$(\mathrm{x}) \quad x \in \mathrm{N} \ .\supset.\ \{z: z \leqq x \ .\ \sim Fz\} \in \mathcal{V}$$

的一个证明，而不用归纳法就没有明白的办法得到它。

在我们曾在 §39 里的那些页中谈到它的策梅洛系统中，这一障碍是这样绕过去的：假定'$\mathrm{N} \in \mathcal{V}$'，然后依据分离公理推出上述(x)；或者甚至是'$\mathrm{N} \cap \{z: Fz\} \in \mathcal{V}$'。这条路对 NF 却是行不通的，因为显然分离

297 公理本身对 NF 失效；连同'$\mathcal{V}\in\mathcal{V}$'它将给出'$\mathcal{V}\cap\alpha\in\mathcal{V}$'因而无条件地有'$\alpha\in\mathcal{V}$'。我们可以简单地添加上述(x)作为又一个公理模式，或者我们可以再次添加一种形式的 13.1；但是不能没有一种挫折感。

这里，在 NF 中，我们被理解为出于近来注目的分层的动机，使用弗雷格数而不是使用策梅洛或冯·诺伊曼的数。现在，弗雷格数对§39 中的归纳法麻烦是免疫的，至少是在类型论中。不过那是因为算术是分隔在各个类型中行事的。相反，NF 的一个值得夸耀之处是数的从类型到类型的重复被废除了。这种类型的融合招致某些未分层的公式，因此可能出现归纳法麻烦。

另一方面，NF 会被认为能免于有穷大小的麻烦，后者在类型论之下波及弗雷格算术。在那里需要一条无穷公理，§39 中的(i)，以保证减法的唯一性。这里，NF 会被认为是无拘无束的。我们已经看到，它有无穷类——特别是 $\mathcal{V}$——而无须特地假设。

不过，有穷和无穷都是靠不住的。我们已经惊奇地看到，虽然策梅洛系统和 NF 二者都提供了所有的有穷类($\Lambda, x\cup\{y\}\in\mathcal{V}$)，虽然数学归纳法不需要无穷类(参看第四章)，两系统中都仍然存在归纳法麻烦。现在，我们能相信 NF 提供来达到无穷类的门径差不多就是为保证减法的唯一性所需要的那种门径吗？要记得，在弗雷格—罗素算术中减法的麻烦在这样的时候来到：一个自然数 n，由于没有类具有足够的成员(即 n 个)够格作为 n 的成员，而终于变成 Λ。如果我们相反地能表明没有自然数如此归约为 Λ——简言之，$\Lambda\notin N$，那么我们关于减法的唯一性的麻烦就越过去了。① 可是我们能在 NF 中证明 $\Lambda\notin N$ 吗？诚然，$\mathcal{V}\in\mathcal{V}$；诚然，$\mathcal{V}$ 具有无止境的成员 $\Lambda,\{\Lambda\},\{\{\Lambda\}\},\cdots$，全都不同；可仍然只能试着证明 $\Lambda\notin N$。

298 一个很自然的方案会是通过归纳法来证明它。我们很容易证明 $0\neq\Lambda$(因为，弗雷格的 0 乃是$\{\Lambda\}$)。如果我们能进一步证明对弗雷格的 S，$(x)(x\neq\Lambda.\supset.S`x\neq\Lambda)$，那么我们就能依据数学归纳法得出结论$(x)(x\in N.\supset.x\neq\Lambda)$，简言之，$\Lambda\notin N$。归纳法在这里完全没

① '$\Lambda\notin N$'让人想起第 280 页上的注中说到的一种版本的无穷公理。

有问题，因为在分层上没有缺陷；$\{x: x\neq\Lambda\}\in\mathcal{V}$。问题是如何来证明 $(x)(x\neq\Lambda.\supset.\mathrm{S}‘x\neq\Lambda)$，亦即 $\breve{\mathrm{S}}“\{\Lambda\}\subseteq\{\Lambda\}$。

看不出有什么办法得到一个立足点。因此我们来试行一种更坚实的归纳法：我们试着就各个 $x\in\mathrm{N}$ 不仅证明 $x\neq\Lambda$，而且证明某个由 x 决定的特别的类是 x 的一个成员。是什么类呢？必定是 $\{y: y<x\}$；存在 x 个数 $<x$。于是我们来着手证明

$$\{y: y<0\}\in 0,$$
$$(x)(x\in\mathrm{N}\ .\ \{y: y<x\}\in x\ .\supset.\ \{y: y<\mathrm{S}‘x\}\in\mathrm{S}‘x)。$$

此任务并不艰难。可是此后下剩的一步，通向

$$z\in\mathrm{N}.\supset.\{y: y<z\}\in z$$

的归纳步骤难倒我们。现在的麻烦是，‘$\{y: y<x\}\in x$’在按照适合于弗雷格的数展开时结果成为未分层的，因而抗拒归纳法。奥莱表明，如果 NF 是协调的，这个归纳法在 NF 中就是难办的。

人们可能原本不由得觉得，其条件未分层的归纳法在 NF 中的失效，不大会带进我们想做出的推理的方式中。现在，上述例子使他们醒悟了。

‘$\Lambda\notin\mathrm{N}$’是不是能在 NF 中证明的问题，一度在各种出版物中被认为是个尚待解决的问题。其实只要上述 §40 中的(B)是个尚待解决的问题，‘$\Lambda\notin\mathrm{N}$’就注定是未经证实的。因为，‘$\Lambda\notin\mathrm{N}$’在类型论中不是可证的；为证明这一点，可以来表明，在曾于 §36 中用来确立类型论的协调性的那个有穷类的模型域中它不是真的（‘$\Lambda\in\mathrm{N}$’是真的）。而且，‘$\Lambda\notin\mathrm{N}$’是分层的。因此，如果它是 NF 的定理，(B)就是真的。

基于他对选择公理相对于 NF 的否证，斯佩克（在同处）宣称 299
‘$\Lambda\notin\mathrm{N}$’实际上是 NF 的一条定理。（因此(B)是真的。[①]）其某种思想联系可以这样看：选择公理对有穷类是真的(31.3)，可是在 NF 中是假的；因此在 NF 中存在无穷类；因此 $\Lambda\notin\mathrm{N}$。当然这个概要本身不是结

① 说(B)是真的，首先引起我注意的是帕特南；参看我的“Unification of Universes”，p. 270。他的论证同样使用了斯佩克的结果。

论性的;我们已经知道,在NF中存在一个无穷类 $\mathcal{V}$,而且不能就据以证明 $\Lambda\notin N$。不过我们称 $\mathcal{V}$ 为无穷的其理由只在于格外未分层的考虑,即 $\Lambda,\{\Lambda\},\{\{\Lambda\}\},\cdots\in\mathcal{V}$。由于其沿途的重要公式都是分层的,斯佩克的路线可行。①

'$\Lambda\notin N$'的可证明性暗示,带有它们全部不依习惯的行为的非康托尔类,并不只是一个别样的行为良好的全域的无害的附属品,而且是在证明所想要的关于行为良好的对象本身的定理中有价值的中介。因为,正是选择公理对非康托尔类的失效,使得斯佩克能够证明'$\Lambda\notin N$',而其本身并没有对非康托尔类置一言。

不过NF仍须被说成遗留对于归纳法是可取的某种东西。在承认数学归纳法的最值得注意的失效已经为斯佩克在'$\Lambda\notin N$'中挽救之下,仍然存在这样的事实:有未分层的条件的数学归纳法在NF中一般都未予准备。这种省略是没有必要和任意的。它提示,NF中类存在的标准终究是不充分地趋近于对悖论及其避免来说确实重要之考虑。

§42 附加终极类

初始谓词'$\in$'把类的用意分成(a)在艾普西隆之后,是具有成员的
300 用意,和(b)在艾普西隆之前,是作为成员的用意。现在,我们或早或晚对数学归纳法的担心,已经是只对为用意(a)所需要的、类的存在的担心。为了从N的定义推导出数学归纳法模式,按照诸供选的门径,我们需要一个类 $\{x: Fx\}$ 或 $N\cap\{x: Fx\}$ 或 $\{x: x\leqq z\ .\ {\sim}Fx\}$ 作为那个定义中的一个变元的值;而那是只处于'$\in$'的右边的变元。这样就浮现这样的想法:通过假定缺少的、限于用意(a)的半拉子的类,来支持NF对付归纳法的失效,以及任何其他的属于这种纯粹在艾普西隆之后类型的失效。现在,像2.1中那样的虚拟类就只适用于用意(a),而伴随它们的麻烦是它们不是变元的值。为了归纳法,我们的确需要 $\{x: Fx\}$ 之类作为N的定义中的变元的值。这样,所想要的就正好是**终极类**(§§2,6)。

我们可以不至于重新激活悖论,而对每一成员关系条件都无保留

① 尼古拉斯·哥德曼在1961年的一篇哈佛学位论文中提供了其细节。

地假定一个类(或许是终结的),其成员都正好是满足那个成员关系条件的**集合**。就是说,既然称 x 为集合不过是说$(\exists z)(x\in z)$,则

(i) $(\exists y)(x)(x\in y .\equiv. (\exists z)(x\in z).Fx)$。

或者,既然

(ii) $(\exists z)(x\in z)\equiv. x\in\bigcup\mathcal{V}$,

我们可以更简洁地说:

(iii) $\alpha\cap\bigcup\mathcal{V}\in\mathcal{V}$。

那些作为基石的定义仍然可以理解为像在第一章至第三章中那样的,故而不带假定 $\alpha\in\mathcal{V}$ 或 $\mathcal{V}\in\mathcal{V}$ 或$\bigcup\mathcal{V}\in\mathcal{V}$。当然,由(iii)通过把 α 取为$\bigcup\mathcal{V}$ 或 $\mathcal{V}$,我们确实得到$\bigcup\mathcal{V}\in\mathcal{V}$。可是,是不是$(\exists z)(\bigcup\mathcal{V}\in z)$,亦即$\bigcup\mathcal{V}\in\bigcup\mathcal{V}$,或者$\bigcup\mathcal{V}$ 是不是一个终极类,则是另一个问题,我们能自由地借助进一步假定来解决。

于是,$\bigcup\mathcal{V}$ 是所有集合的类。它是所有的类中包容最多者。诚然,如果存在诸终极类,$\mathcal{V}$ 包容的还要多;因为它们属于 $\mathcal{V}$(事物皆如此) 301 但不属于$\bigcup\mathcal{V}$。可是横插一杠子的是 $\mathcal{V}\notin\mathcal{V}$(如果存在任何终极类的话);故而$\bigcup\mathcal{V}$ 仍然是**现存**的包容最多的类。如果不存在终极类,则$\bigcup\mathcal{V}=\mathcal{V}$;未加增补的 NF 就是这个样子。讲起来,这就是 8.8,它说的是 7.11;不过要记住,如果我们设定终极类,7.11所依赖的'$\{x\}\in\mathcal{V}$'其本身就被抛弃。总之,既然我们仍然像在 2.1 中那样不带承诺地使用类抽象,'$x\in\{x\}$'说的只是$x=x$;于是我们仍然有$(x)(x\in\{x\})$,从而,如果 x 是一终极类,则有 $x\in\{x\}$,还有$(y)(x\notin y)$,因而$\{x\}\notin\mathcal{V}$。

把所有集合的类指称为$\bigcup\mathcal{V}$ 将不会在其他文献中看到,因为它基于我对类抽象,特别是'$\mathcal{V}$'的不带承诺的使用。有时,为所有集合的类定义了一个特别的符号'$\mathfrak{M}$'。而在《数理逻辑》中我用的是'V',它在那儿不是代表我们的'$\{u: u=u\}$',而是代表'$\hat{u}(u=u)$',因而是'$\bigcup\mathcal{V}$'。一般的,如同在 §6 中说明的,

(iv) '$\hat{u}Fu$'定义为'$\{u: Fu\}\cap\bigcup\mathcal{V}$'。

$\mathcal{V}$ 与 V 之间的这一区别，以及关于$\{x\}$相应的那一点(参看 §6)，原本就需要注意，即使不曾有在先的《数理逻辑》来关照，而给 NF 增补终极类的想法是在这里第一次提出。总之，NF 整个本身，连同 $\mathcal{V}$ 作为$\{u: u=u\}$或者 $\hat{u}(u=u)$随您的便(在没有终极类时二者是一回事)，给出 $\mathcal{V}\in\mathcal{V}$。加上终极类，你就或者仍旧得到 $\mathcal{V}\in\mathcal{V}$ 或者得到 $\mathcal{V}\notin\mathcal{V}$，看你是把符号'$\mathcal{V}$'连到该对象——始终是所有集合的类 $\hat{u}(u=u)$——还是连到不带承诺的抽象之表达式'$\{u: u=u\}$'而定。'$\{x\}$'和其他的例子也都类似。

我们是通过加终极类进 NF 的全域来得到我们的扩充了的全域的。最终得到的系统或许可以称为 NF 的系统的一个扩充(enlargement)。不过它不是那个系统的一个——在该词专门意义上的——**扩张**(*extension*)；它不是能够通过往 NF 的公理中增加新公理
302 而得到的。我们确实增加了(iii)，或是'$\hat{u}Fu\in\mathcal{V}$'，可是我们不能简单地保持 NF 的那个老的概括模式，即'$\{x: Fx\}\in\mathcal{V}$'('Fx'是分层的)。例如，我们刚才看到'$\{x: x=x\}\in\mathcal{V}$'，现在变成假的。如同我们看到的，'$\{y: y=x\}\in\mathcal{V}$'也如此。为了保持 NF 的老的概括模式的本体论内容不被败坏，我们必须把它相对化(参看 §33)至'$\cup\mathcal{V}$'；过去对 NF 是存在的东西现在变成了是集合。于是，在 NF 过去说'$\{x: Fx\}\in\mathcal{V}$'之处我们现在必须改换成'$\hat{u}Fu\in\cup\mathcal{V}$'，而且还把潜伏在'$F$'之下的任何变元都限制于集合(亦即限制于$\cup\mathcal{V}$)。简言之，我们可以称之为我们的**集合性公理**者，由'$\hat{u}Fu\in\cup\mathcal{V}$'的至'$\cup\mathcal{V}$'的相对化组成，代换'$Fu$'的公式是分层的。

这样，我们的新系统就由这些集合性公理外加整个未加限制的概括模式'$\hat{u}Fu\in\mathcal{V}$'和外延公理组成。最后这条公理仍然是'$x=y\ .\ x\in z\ .\supset.\ y\in z$'(§40 的(ii))，仍然假定'$x=y$'的定义是'$(z)(z\in x\ .\equiv.\ z\in y)$'，或者 2.7。要注意，现在对这个定义存在一种新的紧要情况，即我们有了终极类；'$(z)(x\in z\ .\equiv.\ y\in z)$'不再是一个可用的供选者，因为它会使所有的终极类都等同。

这就是我的后来几版的《数理逻辑》中的系统。在第一版中我不充

分地相对化了集合性条件，没有把约束变元限制于集合；其结果是该系统导至布拉里—福蒂悖论，如同罗塞表明的(1942)。起救助作用的对约束变元的限制要归功于王浩(1950)。全然容许终极类的想法要追溯到冯·诺伊曼(1925)，从某一点来看，可追溯到柯尼希(1905)和康托尔(1899)。①

让我们把该系统而不是该书叫做 ML。属于它的只是用'$\in$'、量词 303
和真值函数所说的东西。如同在 §38 中所强调的，整个虚拟类和不带承诺的抽象的问题是个说话方式问题。'x 是个集合'是像在《数理逻辑》中那样说成'$x\in \mathrm{V}$'还是像在这些页中那样说成'$x\in \bigcup \mathcal{V}$'，只是在诸定义上的一个区别，对 ML 无关紧要；其实，没有定义，'$(\exists y)(x\in y)$'对这两种手段都适合。

在本节早先，使我们投身 ML 的是在 NF 中加于数学归纳法的麻烦。很清楚，ML 去掉了这个难题。我们可以像在 §39 的(ii)中那样再次定义 N：

(v)　'N'定义为'$\{x\colon (y)(0\in y\ .\ \mathrm{S}``y\subseteq y\ .\supset .\ x\in y)\}$'，

然后，在我们确实相信断然地有 $\hat{u}Fu\in \mathcal{V}$ 的情况下，通过把 y 取为 $\hat{u}Fu$ 推导出归纳法模式，§39 的(iii)。可是，必须看到，N 在这过程中已经受了一种微妙的变化。N 的上述定义对 ML 来说意指某种不同于对 NF 来说的东西，因为'y'的值域变得包含终极类了。② 如果我们想要保证 N 对 ML 来说与对 NF 来说是同一个东西，我们就要限制对集合的量化。我们之没有那样做，是为了与我们对后来提到的'$\mathcal{V}$'和'$\{x\}$'的策略保持一致：一种情形，把一个定义出的指号系于抽象表达式而不是对象。在目前的例子中那个方案特别吸引人，因为，如果真的

① 康托尔的材料出处是直到 1932 年(pp. 443f)才公布的那封信。'集合'和'类'这一对相对照的术语已经出现在那里以及 König 中。如同在上面 §2 中说明的，把康托尔的类(不同于集合)看成虚拟的还是真实的，对文气来说并无区别。把它们看成真实的或许较少牵强，而且它确实极好地适合柯尼希的说法。不过康托尔和柯尼希都没有援引那个简明的集合性条件'$(\exists y)(x\in y)$'。做到那一点原本会清楚地暗示，要让不同于集合的类置身变元的真正的值。说起来，严格说'$(\exists y)(x\in y)$'只间接地在 von Neumann 中露面，而那只是由于他在函数中有不依习惯的出发点(参看下面 §43)。在该门径标准化时它就活跃起来。

② 由罗塞 1952 年指出。

存在不同——如果

$$\text{(vi)}\quad \{x\colon (y)(0\in y\ .\ \mathrm{S}``y\subseteq y\ .\supset .\ x\in y)\}$$
$$\neq\{x\colon (y)(y\in\bigcup\mathcal{V}\ .\ 0\in y\ .\ \mathrm{S}``y\subseteq y\ .\supset .\ x\in y)\}$$

——那么左边那个类很清楚是较窄小的一个,而右边那个类含有额外的东西。显然,0,1,2,以及它们的后随者都属于这两个类;因此,说二者不相等注定使人不相信右手的——而不是左手的——表达式能是一种版本的'N'。

如果存在一个集合 y 其成员正好是 0,1,2,以及它们的后随者,右
304 边的类自然就不含有额外的东西。相反,如所想望的,那时右边的类将正好是集合 y。反过来说,如果不存在这样的集合 y,那么右边的类就将含有额外的东西。因为,该公式被证明是分层的(在'S'具有弗雷格的、后继的意义时);故而那个类在集合性公理之下够格成为一个集合;故而,它本身将算做一个正好含有 0,1,2,以及它们的后随者的集合 y,除非它含有额外的东西。于是,总起来说,右边那个类在任何情况下都是一个集合,而且它是正好含有 0,1,2,以及它们的后随者的那个集合,如果存在这样一个集合的话。而左边那个类仅当相反地不存在正好含有 0,1,2,以及它们的后随者的集合时,才与右边那个不同。

我们在任何情况下都能依靠左边那个类,两者中较窄小的,来正好包括 0,1,2,以及它们的后随者吗?不;亨金有一个精巧的证明:没有 N 的任何定义可以使我们能够证明 N 只含有 0,1,2,以及它们的后随者,没有额外的东西。他的论证表明,只要'$0\in\mathrm{N}$','$1\in\mathrm{N}$','$2\in\mathrm{N}$',等等,全都成立,就能无矛盾地再假定一个额外的 $x\in\mathrm{N}$——一个 x 使得

$$\text{(vii)}\quad x\in\mathrm{N},\quad x\neq 0,\quad x\neq 1,\quad x\neq 2,\quad \cdots,$$

无穷延伸。他的论证其实是这样的:既然一个证明只能使用有穷多个前提,任何从(vii)得出矛盾的证明都只用到前提(vii)中的有穷多个;而任何这样的**有穷的**一堆都对某个 x 是**真的**。

在第二章中我们已经注意到,施于类的量化使我们能够塑述否则我们就达不到的概念。主要的例子其实是'以及它们的后随者'这一熟语,无论是在'0,1,2,以及它们的后随者'中的还是在祖先概念中的。

我们还注意到，从那一章以来，我们加以量化的类的全域是个没有决定的问题，随理论的不同而变动。类似的变动则在借助这样的量化塑述的概念中获得。这是斯柯伦(1922—1923)所强调的相对性论题。而它特别适用于看似熟悉的词语‘以及它们的后随者’，这就是亨金的简单的论证的惊人的结论。

哪里推不出矛盾，哪里就存在模型：这是哥德尔 1930 年的、逻辑的 *305*
完全性定理的主旨。于是，根据亨金的论证，任何一组为自然数所满足的条件都必定还容许一个他所称谓的**非标准模型**：一种让额外的东西进入的解释。人们可以看出，‘$<$’甚至都不能良序那些额外的东西，如果出场的是皮亚诺公理的话。

哥德尔(1931)称一个系统为 ω **不协调的**，如果存在一个公式，比如说‘Fx’，使得‘$F0$’，‘$F1$’，… 无穷延伸中的每一个都能在该系统中证明，而‘$(\exists x)(x \in \mathrm{N}\ .\ \sim Fx)$’也能证明。[1] 用这样的字眼说，亨金的论证表明了一个 ω 不协调的系统的协调性。[2] 因为，可以把‘F’解释为除了满足(vii)的某一个对象 x 外对每个事物都真。

一个在上述意义上是 ω 不协调的理论，即使是协调的，听起来也是不能容忍的。可是人们很快地就从亨金的论证(如同亨金那样)看出，那个术语及其定义都是误导的。如果一个系统是协调的，可还有‘$(\exists x)(x \in \mathrm{N}\ .\ \sim Fx)$’和‘$F0$’，‘$F1$’，… 全体作为定理，而且我们承认‘0’，‘1’，… 都解释为数的名字，那么显然麻烦在于把‘N’解释为‘数’而不再更广泛。这就是 ω 不协调性。亨金联系到(vii)的论证表明，哪怕在最好的情境下，‘N’都**能够**被解释为具有额外的数；而 ω 不协调性就是‘N’**必定**被如此解释的情景。在该情景下有时有可能设计‘N’的一种收缩的重新定义，停止如此强加额外的东西(虽说根据亨金论证，该收缩的 N 仍然可以协调地重新解释来包含额外的东西)。而有时又不可能；因为我们可以想象，碰巧在一个特殊的系统中，对每个可证明为 0，1，2，等等无穷延伸中每一个所满足的、可用公式表示的条件，都

---

① Gödel，1931，p. 187。还见 Tarski，pp. 279n，287f。

② 塔尔斯基和哥德尔也表明了各别的一个 ω 不协调的系统的协调性；亨金援引了斯柯伦和马尔采夫的有关的考察。亨金论证中特有的东西是它的直接性和简单性。

存在另一个条件，我们可以证明它仍然为 0，1，2，等等中的每一个所满足，同时却不为所有满足第一个条件的事物满足。这是 ω 不协调性经
306 常发生的形式，不能通过改进‘N’的版本来医治；每个改进了的版本又须经受改进。我已经把如此遭罪的系统称为**数字上不易分离的**。① 用这样的字眼，作为 ω 不协调性来谈论的问题就变得比较容易描绘了。②

现在回到(vi)。亨金的论证表明，ML 或任何其他系统，如果是协调的，则容许一种乖张的解释，在其下(vi)中的两个表达式将包括比数更多的东西。可是他的论证没有表明，ML 还不容许一种温良的解释，在其下其一或两个表达式都正好包括那些数。我们不知道 ML 是数字上不易分离的。

如果(vi)中所描述的两个类都不能正好包括 0，1，2，以及它们的后随者，那将自然是因为无法存在所需要的、作为‘y’的值的类或集合。如果我们再次依靠 §11 的反演之计那又怎么样呢？这将意味着把 N 定义为

$$\{x\colon (y)(x\in y\ .\ \check{S}``y\subseteq y\ .\supset .\ 0\in y)\},$$

并且让我们的事例基于所有有穷类的存在。亨金的论证乃是一般性的。这一定义怎么会不行呢？问题是搞乱了。如果我们以为在这个反演的定义中只与有穷类有关，那是因为我们已经想到 0，1，2，以及它们的后随者而没有额外的东西。

最后这一讨论中抛开亨金定理不说而还需要进一步注意的一个因素，是 N 的集合性的问题。曾经说明，(vi)中右边那个类是个集合；可左边那个——根据(v)那是 N——又是什么呢？(v)中的量化并不是限制于集合，如同为一个集合性公理所需要的。我们自然仍旧可以在 ML 中寻求 N 是集合的一个间接的证明；因为，正如在 NF 中有时尽管
307 未能分层却可以间接地证明存在那样，在 ML 中有时尽管未能分层或未能限制量词却可以间接地证明集合性。可是不；罗塞已经引人注目

① “On ω-inconsistency”.

② 罗塞说明(1952)，一个 ω 协调的理论可以有一个 ω 不协调的部分。这听起来是悖理的。可是，说到一个数字上易分离的系统带有一个数字上不易分离的部分，却并没有什么好奇怪的；作为包含者的系统具有更多的达致数字上易分离性的机制。

地证明了，像在(v)中定义的 N 的集合性是不能在 ML 中直接或间接地证明的，除非 ML 是不协调的。①

这并不是说，我们不能协调地把‘$N \in \bigcup \mathcal{V}$’加进 ML 作为一个特设的集合性公理。人们的美感自然是反对这一举措。不过，除非 N，至少是它的无止境的无穷子类，都是集合，实数理论就走不远。因为，实数除了一个例外，都是 N 的无穷子类；如果我们要把它们放在类中或者让它们受制于函数，它们就必须是集合。诚然，实数可以作不同的诠释；不过我们看不出有什么理由认为，它们能如此诠释以至缓解这类问题。

通过把 NF 的非康托尔类(§41)推进入 ML，就能看到一个不同于归纳法而终极类被证明在那儿适用的所在。在从 NF 到 ML 的翻译的过程中，‘$\leq$’的定义，像‘N’的定义曾被看到经历过的，经历了一种看不出来但是实质性的变化。所谓‘看不出来’我是指该定义的文字没有变化。所谓‘实质性的’，我是指由于拓宽了约束变元的值域，其内容却改变了。定义：

$$‘y \leq z’ \text{定义为} ‘(\exists w)(\text{Func } w \,.\, y \subseteq w``z)’$$

在 ML 中具有这样的效果：即使不存在集合 w，而只存在一终极类 w，使得 $\text{Func } w \,.\, y \subseteq w``z$，也有 $y \leq z$；而在这样一种情形下 NF 将否认 $y \leq z$，虽然该定义字面上仍然相同。现在，一个非康托尔类是一个使得 $\iota``z < z$ 的类 z。在 ML 中不存在这样的事物(在‘$<$’的看不出来但是实质性的变化了的意义下)；相反，既然 $z = \iota``(\iota``z)$ 并且 $\text{Func } \iota$，而且对 ML，$\iota \in \mathcal{V}$(虽说 $\iota \notin \bigcup \mathcal{V}$)，则有 $(z)(z \leq \iota``z)$——实际上是 $(z)(z \simeq \iota``z)$。在把 NF 扩充成 ML 中(连同 ι)加进论域的终极类 ι，已经构成该区别。 308

NF 的一切事物都依然存在在 ML 的那些集合中；只是非康托尔者转成的东西不再看着那么反常了。如果 x 在 NF 中是非康托尔的，那么 x 在 ML 中就是一个集合，使得对每个函数 $w \in \bigcup \mathcal{V}$，‘$x \subseteq w``(\iota``x)$’都不成立(虽说在 $w = \iota$ 之处成立)。在‘$\leq$’的 ML 的意

① 1952，p. 241.

义上仍然有 $x \leq \iota``x$,因此不存在什么反常。

终极类的另一个恩惠是,随着非康托尔者的消失,选择公理的那种值得注意的失效也消失了,那是其关键在非康托尔类上的一种失效。直观上其关系说来如下。选择公理之对 NF 失效,在于当时存在一个诸互斥集的非康托尔集 x 而它没有一个选择集。在 ML 中这同一 x 仍然是诸互斥集的、没有选择集的集合,可是它需要不再缺乏一个选择类。选择公理在'每个诸互斥集的集合都有一个选择集'这一强的形式下仍然失效,但是没有迹象表明它不能仍然以'每个诸互斥集的集合(甚至:类)都有一个选择类'这一形式对 ML 协调地设定。

现在,康托尔定理本身怎么样呢? 为了沿着 28.16 和 28.17 的路线证明 $z \prec \{x: x \subseteq z\}$,我们需要

$$(w)(z \cap \{u: u \notin w`u\} \in \mathcal{V})。$$

而 ML 给出了这个。因为,z 的(或任何实在事物的)任一成员都是集合;因此

$$z \cap \{u: u \notin w`u\} = \hat{u}(u \in z \,.\, u \notin w`u);$$

同时我们断然有 $\hat{u}Fu \in \mathcal{V}$。于是康托尔定理在 ML 中无须特别的前提或其他限制而得到证明。

那么,康托尔悖论又如何呢? 它是这么回事,即把康托尔定理'$z \prec \{x: x \subseteq z\}$'中的 z 取为 $\mathcal{V}$,因而得到'$\mathcal{V} \prec \{x: x \subseteq \mathcal{V}\}$',亦即'$\mathcal{V} \prec \mathcal{V}$'。可是,既然在 ML 中 $\mathcal{V} \notin \mathcal{V}$,我们不能这样。ML 不是像 NF 那样借助'$z \prec \{x: x \subseteq z\}$'证明中的一个障碍来逃避康托尔悖论,而是像策梅洛系统那样:依仗没有 $\mathcal{V}$。

309 对 ML 的这一记述会使《数理逻辑》的读者吃惊,直到他们想到关于混淆 $\{u: Fu\}$ 与 $\hat{u}Fu$ 所说到的。ML 一般地没有给出'$z \prec \hat{u}(u \subseteq z)$';既然 $\hat{u}(u \subseteq \cup \mathcal{V})$ 是 $\cup \mathcal{V}$ 而'$\cup \mathcal{V} \prec \cup \mathcal{V}$'自然是假的,在 $z = \cup \mathcal{V}$ 之处就来了一个例外。

让我们来看人们会怎样徒劳地试图在 ML 中证明变形版的康托尔定理'$z \prec \hat{u}(u \subseteq z)$'。人们试图对每个函数 w 而言来产生的,是

$\hat{u}(u \subseteq z)$的一个不属于 w“z 的成员。在 28.16 和 28.17 的方案之下，候选者将再一次是 $z \cap \{u: u \notin w \text{‘} u\}$，易言之，$\hat{u}(u \in z \,.\, u \notin w \text{‘} u)$。然而麻烦的是 z 的这个子类可能不是一个集合，因而不是 $\hat{u}(u \subseteq z)$的成员。它总是集合这一论证受阻于‘$u \notin w \text{‘} u$’之未分层的品性。

这样我们就可以说，康托尔悖论得以或者通过一种不存在或者通过一种非集合性而避开，依赖于该悖论是沿着‘$\{u: Fu\}$’还是‘$\hat{u}Fu$’路线找到的。

一个类似的双重经历对罗素悖论本身成立。一方面，

$$\{u: u \notin u\} \in \{u: u \notin u\} \,.\equiv.\, \{u: u \notin u\} \in \mathcal{V} \,.\, \{u: u \notin u\} \notin \{u: u \notin u\},$$

（参看 6.13），从它我们如常得出$\{u: u \notin u\} \notin \mathcal{V}$，否则矛盾。另一方面，

$$\hat{u}(u \notin u) \in \hat{u}(u \notin u) \,.\equiv.\, \hat{u}(u \notin u) \in \bigcup \mathcal{V} \,.\, \hat{u}(u \notin u) \notin \hat{u}(u \notin u),$$

从它我们得出 $\hat{u}(u \notin u) \notin \bigcup \mathcal{V}$；多亏‘$u \notin u$’的未分层的品性，集合性公理也没有说成另个样子。于是，所有不是它们自己的成员的类的类$\{u: u \notin u\}$不存在，而所有不是它们自己的成员的集合的类 $\hat{u}(u \notin u)$倒是存在，不过是个终极类。

第十四章　冯·诺伊曼的系统及其他

§43　冯·诺伊曼-贝尔奈斯系统

310 我用终极类的设置来扩充 NF。冯·诺伊曼则在 1925 年用它来扩充策梅洛系统。可是冯·诺伊曼对策梅洛系统的扩充突然中止了公理模式'$\hat{u}Fu\in\mathcal{V}$'(或 §42 中的(iii))的充分的效力。他的系统是在充当'Fu'的公式其所有约束变元都限制于集合之处,而不是一般地给出'$\hat{u}Fu\in\mathcal{V}$'。我将遵从王浩把这种限制型的扩充叫做**直谓的**,与从 NF 导致 ML 的那种不限制型的扩充相对照。既然在把类抽象之约束变元限制于集合的同时,冯·诺伊曼并没有一定让 $\hat{u}Fu$ 置身其约束变元的值域之外,庞加莱对'直谓的'的使用(§34)于是变得多少扩展了。不过,如同将在 §44 中显现的那样,这个词却是合式的。

我看,冯·诺伊曼用终极类对策梅洛系统的扩充是有所拘束的。下面即将指出在集合方面的一种放宽。如果那些集合正好是策梅洛的类,它们可以通过把策梅洛的诸概括公理相对化至'$\cup\mathcal{V}$'被列示。特别是,策梅洛的分离公理模式 $x\cap\alpha\in\mathcal{V}$ 将变成:

$$x\in\bigcup\mathcal{V}\ .\supset.\ x\cap\alpha\in\bigcup\mathcal{V},$$

可还要把我们用来代换'α'的无论什么抽象相对化至'$\cup\mathcal{V}$'。要不,等价的,既然依据上一段这样的相对化保证了对某个 z,$\alpha=z$,我们可以
311 只采用单个的分离公理:

(i)　$x\in\bigcup\mathcal{V}\ .\supset.\ x\cap z\in\bigcup\mathcal{V}$。

策梅洛的另外的诸概括公理:

$$\{x,y\},\ \{u\colon u\subseteq x\},\ \bigcup x\in\mathcal{V}$$

(参看 §38 中的(vii)),实际上通过照直相对化至'$\bigcup \mathcal{V}$'而转移进冯·诺伊曼系统,那就是:

(ii) $x, y \in \bigcup \mathcal{V} \ .\supset.\ \{x, y\}, \hat{u}(u \subseteq x), \bigcup x \in \bigcup \mathcal{V}$。

对应于策梅洛的无穷公理'$\mathrm{N} \in \mathcal{V}$',冯·诺伊曼实际上有一条集合性公理①:

(iii) $\mathrm{N} \in \bigcup \mathcal{V}$。

他有通常的外延公理。他还有基础公理(§39),不过让我们把它看成一件随意的附属品。

通过正好平行于把我们从策梅洛的分离公理模式'$x \cap \alpha \in \mathcal{V}$'带到单个公理(i)的考虑,我们又被从替换公理模式(§39 中的(vi))带到单个公理:

$$x \in \bigcup \mathcal{V} \ .\ \mathrm{Func}\ y \ .\supset.\ y``x \in \bigcup \mathcal{V}。$$

重新激活我们的定义 11.1,我们还能把此公理说成:

(iv) $z \leq x \in \bigcup \mathcal{V} \ .\supset.\ z \in \bigcup \mathcal{V}$。

就是说,一个类如果不大于某个集合,它就是一个集合;冯·诺伊曼就是这样做的。不过末了他设置了一条较强的替换公理,据以一个类是个集合当且仅当它不是像那个所有集合的类那么大。亦即

(v) $x \in \bigcup \mathcal{V} \ .\equiv.\ x \prec \bigcup \mathcal{V}$。

这蕴涵(i)因而取消它作为公理的资格。因为,据(v)和(i)中的假设,$x \prec \bigcup \mathcal{V}$。可是,据 28.2,$\bigcup \mathcal{V} \leq x \cap z \ .\supset.\ \bigcup \mathcal{V} \leq x$。因此$x \cap z \prec \bigcup \mathcal{V}$。进而,甚至据冯·诺伊曼的直谓形式的'$\hat{u}Fu \in \mathcal{V}$',$x \cap z \in \mathcal{V}$;因此我们可以在(v)中代入'$x \cap z$',从'$x \cap z \prec \bigcup \mathcal{V}$'得出'$x \cap z \in \bigcup \mathcal{V}$',证毕。 312

如同冯·诺伊曼曾表明的,从(v)我们甚至能得到选择公理。基本想法说来如下。据冯·诺伊曼的直谓的'$\hat{u}Fu \in \mathcal{V}$',我们有$\mathrm{NO} \in \mathcal{V}$,虽

① 如同关系到 §39 中的(v)所说明的,策梅洛的实际上的公理不足道地有别于'$\mathrm{N} \in \mathcal{V}$'。冯·诺伊曼的则更多地偏离'$\mathrm{N} \in \bigcup \mathcal{V}$';参看往下第 2 页。

说有些间接。从布拉里—福蒂悖论把我们导至 24.4 中的‘$\mathrm{NO}\notin\mathcal{V}$’的论证在这里只导至‘$\mathrm{NO}\notin\cup\mathcal{V}$’。现在，据(v)，这又给出$\cup\mathcal{V}\leq\mathrm{NO}$。因此，据定义，存在一个函数指派各个集合给不同的序数。而鉴于 NO 是良序的，这保证了整个集合全域$\cup\mathcal{V}$是良序的。这样我们就得到选择公理。

我们可以给公理(v)一种更基本的形式。既然$(y)(y\subseteq\cup\mathcal{V})$，我们很容易得到

$$\cup\mathcal{V}\leq x\ .\supset(y)(y\leq x)$$

(参看 28.1)。反过来，我们很容易从冯·诺伊曼的直谓的‘$\hat{u}Fu\in\mathcal{V}$’得到$\cup\mathcal{V}\in\mathcal{V}$，因此据 6.11，得到

$$(y)(y\leq x)\supset.\cup\mathcal{V}\leq x。$$

合到一起，我们看到，我们可以用‘$(y)(y\leq x)$’代替‘$\cup\mathcal{V}\leq x$’，因而可以用‘$(\exists y)(x\prec y)$’代替‘$x\prec\cup\mathcal{V}$’。而且，‘$x\in\cup\mathcal{V}$’归约为‘$(\exists y)(x\in y)$’。因此(v)变成：

$$\text{(vi)}\quad(\exists y)(x\in y)\equiv(\exists y)(x\prec y)。$$

顺便说说，从德语的观点看，一个类除非太大就是个集合这一想法是出奇地恰当。‘Menge’是指‘集合’(set)的德语术语，而‘Unmenge’是指一种过大容量的土语。

冯·诺伊曼的实际的系统表面上与我们所描述的有极大的不同。
313 他首先处理的不是类，而是函数，从它们再派生出他的类。是贝尔奈斯(1937，1941)把该系统重新改造成那种更熟悉形式的、聚焦于成员关系的集合论。因此，像我们刚才所描述的那个系统最好叫做冯·诺伊曼—贝尔奈斯集合论，特别是如果与贝尔奈斯一起，我们躲开蕴涵选择公理的公理(v)，而限于公理(vi)的话。于是，总起来说，还撇开基础公理不谈，冯·诺伊曼—贝尔奈斯系统包括(ii)—(vi)，外延公理‘$x=y\ .\ x\in z\ .\supset.\ y\in z$’，以及直谓地看待的模式‘$\hat{u}Fu\in\mathcal{V}$’。

不过那只是在实际效果上。事实上冯·诺伊曼通过开列有穷个公理得以排除模式；而贝尔奈斯则依样办。明确地说，直谓地看待的概括

模式‘$\hat{u}Fu \in \mathcal{V}$’可以证明为一个定理模式，如若代替它我们只采用七条概括公理：

(vii) $\mathrm{E} \upharpoonright \bigcup \mathcal{V}$，$\bar{x}$，$\mathrm{cnv}_2 x$，$\mathrm{cnv}_3 x$，

$x``\mathcal{V}$，$x \times \bigcup \mathcal{V}$，$x \cap \bar{y} \in \mathcal{V}$，

其中的 $\mathrm{cnv}_2 x$ 和 $\mathrm{cnv}_3 x$ 是

$$\{\langle u,\langle v,w\rangle\rangle : \langle v,\langle w,u\rangle\rangle \in x\},\quad \{\langle u,\langle v,w\rangle\rangle : \langle u,\langle w,v\rangle\rangle \in x\}。$$

我还是不亦步亦趋地追随贝尔奈斯。贝尔奈斯对集合与类采用不同的变元，不是把集合处理成特别的类，而只是当成对应于类的。在这一点上我则站在冯·诺伊曼一边，对集合与相对应的类一视同仁。① 在无穷公理上，我们所有的三个系统各不相同：我给出‘$\mathrm{N} \in \bigcup \mathcal{V}$’，贝尔奈斯假定一个戴德金意义上的无穷集合（§32），而冯·诺伊曼则假定一个其成员一个个嵌套着但没有包容最多之成员的集合。不过这没有关系；给定了系统中其余东西，我们很容易从它们中每一个推出另一个（只是对贝尔奈斯的情形，我们需要选择公理，或是(v)）。再者，我在(vii)中对概括公理的配备偏离贝尔奈斯的而较接近哥德尔的版本(1940)；不过其效力是相同的。

最后，我之依靠‘$\hat{u}Fu$’，‘$\mathcal{V}$’和‘$\bigcup \mathcal{V}$’，给该系统以在其他表现中找 314
不到的特色。不过，如同已经说明过两次的，这些都只是解说性的设计。因此，像我已经塑述成那样的系统就是我即将叫做冯·诺伊曼—贝尔奈斯系统者。

这个系统不像 ML 那样在所有情形下都直接支持数学归纳法；因为，这个系统不像 ML 那样保证非直谓情形下的‘$\hat{u}Fu \in \mathcal{V}$’。不过没有关系，因为在策梅洛系统中，策梅洛的无穷公理——它在冯·诺伊曼—贝尔奈斯系统中变成(iii)——就已经迎面碰到归纳法问题。即使给定了确实保证着归纳法的非直谓的‘$\hat{u}Fu \in \mathcal{V}$’，这也不是一条能够省去的公理。因为，没有无穷公理，在策梅洛系统中就将不会有无穷类存在的

① 哥德尔在他 1940 年对冯·诺伊曼-贝尔奈斯系统的改造中就是这样做的。哥德尔有特别用于集合的变元，可是那些集合都是类。参看上面第 234 页上的注。

证明;而没有它的类似物,在冯·诺伊曼–贝尔奈斯系统中就将不会有无穷集合存在的证明。

如果我们再次像在 11.1 和 §42 中那样来定义‘$y \leq z$’,在冯·诺伊曼–贝尔奈斯系统中就无法有康托尔定理‘$z \prec \{x: x \subseteq z\}$’的证明。因为,那个证明要求对函数 w,$z \cap \{u: u \notin w`u\}$存在,而直谓形式的概括模式‘$\hat{u}Fu \in \mathcal{V}$’并不能保证它存在,除非 $w \in \cup \mathcal{V}$。如果另一方面我们修改‘$y \leq z$’的定义,读成:

(viii) ‘$y \leq z$’定义为‘$(\exists w)(\text{Func } w \,.\, w \in \cup \mathcal{V} \,.\, y \subseteq w``z)$’,

那么我们在 §42 中说明的、‘$z \prec \{x: x \subseteq z\}$’的对 ML 而言的证明,可以平行地移进冯·诺伊曼–贝尔奈斯系统。而且,在这里,像在那里那样,由于 $\mathcal{V} \notin \mathcal{V}$ 这一事实,就避免了从‘$z \prec \{x: x \subseteq z\}$’推导出康托尔悖论‘$\mathcal{V} \prec \mathcal{V}$’。

‘$z \prec \hat{x}(x \subseteq z)$’形式的康托尔定理的证明,再次像在 ML 中那样办不到,因为对某些函数 w,$\hat{u}(u \in z \,.\, u \notin w`u)$不成其为集合。在这一点上,这个系统与 ML 之间仅有的区别,在于 $\hat{u}(u \in z \,.\, u \notin w`u)$的集合性的保证是如何缺失的。在 ML 中,是因为‘$u \notin w`u$’不是分层的。现在则因为一般地并不现成地有这样的集合:我们能表明
315 $\hat{u}(u \in z \,.\, u \notin w`u)$是它的子类,或者不大于它。如果 $z$ 特别是一个集合,那么通过用‘$z$’和‘$\hat{u}(u \notin w`u)$’代换(i)中的‘$x$’和‘$z$’,我们就确实有 $\hat{u}(u \in z \,.\, u \notin w`u)$的集合性;于是,除了‘$z \prec \{x: x \subseteq z\}$’,如下形式的康托尔定理就实在是现成的:

(ix) $z \in \cup \mathcal{V} \,.\supset.\, z \prec \hat{x}(x \subseteq z)$。

这里,又有了‘$\cup \mathcal{V} \prec \cup \mathcal{V}$’这一新形式的康托尔悖论的威胁;因为$\hat{x}(x \subseteq \cup \mathcal{V})$实际上是$\cup \mathcal{V}$。不过这种悖论的威胁,通过(ix),简单地提供了$\cup \mathcal{V} \notin \cup \mathcal{V}$ 的一个归谬的证明:对这个系统,所有集合的类不是一个集合。(对 ML 它曾是。)当然,在(v)仍然与我们在一起时,我们已经从(v)知道了这一点。

罗素悖论也招致以两种形式来考察。使用'$\{u: u\notin u\}$'的那种形式其情况像在§42中对ML所说明的那样。使用'$\hat{u}(u\notin u)$'的那种形式则如同在§42中那样要求我们得出$\hat{u}(u\notin u)\notin \cup \mathcal{V}$;也不存在任何明显的办法来证明其反面,因为缺乏这样一个集合:我们能表明$\hat{u}(u\notin u)$是它的子类或者不比它大。

§44 偏离与比较

分离公理'$\alpha\cap z\in \mathcal{V}$',是策梅洛系统最显著的标志。'$\cup \mathcal{V}\in \mathcal{V}$'是与策梅洛系统的公理不协调的。而'$\cup \mathcal{V}\in \mathcal{V}$'与'$\alpha\cap z\in \mathcal{V}$'本身却不是不协调的。'$\cup \mathcal{V}\in \mathcal{V}$'与'$\alpha\cap z\in \mathcal{V}$'简单地凑合成'$\alpha\cap \cup \mathcal{V}\in \mathcal{V}$'。因为,它们显然蕴涵它,反过来我们从它得到它们二者如下。为了从'$\alpha\cap \cup \mathcal{V}\in \mathcal{V}$'得到'$\cup \mathcal{V}\in \mathcal{V}$',用'$\cup \mathcal{V}$'代换'$\alpha$'。为了从'$\alpha\cap \cup \mathcal{V}\in \mathcal{V}$'得到'$\alpha\cap z\in \mathcal{V}$',用'$\alpha\cap z$'代换'$\alpha$'并且注意到$z\cap \cup \mathcal{V}=z$。

可是'$\alpha\cap \cup \mathcal{V}\in \mathcal{V}$'又等于非直谓的概括模式'$\hat{u}Fu\in \mathcal{V}$';参看§42中的(iii)。于是我们看到,可以叫做基干的(skeletal)、非直谓的、集合和终极类理论者,即'$\hat{u}Fu\in \mathcal{V}$'加上外延性('$x=y\,.\,xz\ .\supset.\ y\in z$'),与可以叫做基干的策梅洛系统者,即'$\alpha\cap z\in \mathcal{V}$'加上外延性,二者有着一种相当简单的关系。其关系就是,其一是另一加上'$\cup \mathcal{V}\in \mathcal{V}$'。基干的非直谓的、集合和类的理论就是我们从基干的策梅洛系统得到的,如果我们不是增 316
加策梅洛其他的公理,而是另行加上异常的公理'$\cup \mathcal{V}\in \mathcal{V}$'的话。

我暂时这样地提出基干的非直谓的集合和类的理论,是因为我们通常不这样做。我们通常不是把它看成对等于策梅洛系统或NF以及诸如此类,而是看成某种要叠加在这样一个系统上面的东西。基干的非直谓的集合和类的理论让把什么取为$\cup \mathcal{V}$即所有集合的类这一问题留待解决;因而,在叠加的同时,作为$\cup \mathcal{V}$我们要取NF的或策梅洛的或别的什么的全域。如果我们把它取为NF的全域,我们就有ML。如果我们把它取为策梅洛的全域,我们就有一个多少类似于冯·诺伊曼系统的系统。

这样叠加在上面自然不只是增加公理。扩充并不就是扩张(参看§42)。简单地把那个基干的非直谓的理论与策梅洛的整个系统合并,就会是把'$\cup\mathcal{V}\in\mathcal{V}$'加进策梅洛的整个系统从而引发矛盾。为了通过**叠加**那个基干的非直谓的理论来**扩充**策梅洛系统,我们就要把策梅洛概括公理相对化至'$\cup\mathcal{V}$',然后把该结果加进那个基干的非直谓的理论。在我们过去把 NF 扩充为 ML 时,我们曾把 NF 的概括模式相对化至'$\cup\mathcal{V}$',并且把该结果加进那个基干的非直谓的理论。简言之,这是**非直谓的扩充**。

应归功于王浩(1950)的一个论证表明,这样的扩充绝不会引发矛盾。如果给定一个协调的没有终极类的集合论,你把它的公理都相对化至'$\cup\mathcal{V}$',并且叠加以那个基干的非直谓的集合和终极类的理论的'$\hat{u}Fu\in\mathcal{V}$'和'$x=y\ .xz\ .\supset.\ y\in z$',其结果将是协调的。这特别意味着,如果 NF 是协调的,则 ML 也如此。为确实起见,我将概述王浩对 NF 和 ML 情形的论证;而它对其他的情形是相同的。

他诉之于斯柯伦-勒文海姆定理,它说的是,任何一集协调的量化模式,都在一个其论域是自然数的解释下成为真的。现在假设 NF 是协调的。由此可得,存在数之间的关系 R 使得,在变元都重新解释为
317 遍历自然数而'$\in$'重新解释为表达 R 时,NF 的所有定理都成为真的。于是特别有外延公理的推论:

$$(z)(z\in x\ .\equiv.\ z\in y)\supset : x\in w\ .\equiv.\ y\in w$$

在如此重新解释时成为真的。这样我们看到,如果数 x 和 y 使得对 x 与对 y 有 R 关系的数全部相同,那么 x 与 y 就完全不能借助 R 来区别。因此,把'$\in$'重新解释为 R 同时把论域重新解释为数将继续满足 NF,即使我们这样来**选拔**那些数①:只要对各个不同的数 $x_1, x_2, \cdots$ 有 R 关系的数全部相同,就只保留 $x_1, x_2, \cdots$ 中最小者,其他全都废弃。因为,所废弃的数是不能借助 R 与所保留的数相区别的。现在王浩着手来塑述一个二种类版本的 ML,用小写变元表示集合,大写变元表示类。集合不再算做类,而是像对贝尔奈斯(1937)那样,弄成只是对应于类。只有集合变元允许放在'$\in$'的左边。概括模式、集合性公理和外

① 在论证的这个阶段我则依靠 Wang(1951, p. 289),他在那里填补了 1950 年证明中的一个缺陷。

延公理分别变成：

(i) $(\exists Y)(x)(x\in y\ .\equiv Fx)$，

(ii) $(\exists y)(x)(x\in y\ .\equiv Fx)$

（'Fx'是分层的并且没有大写变元），

(iii) $(z)(z\in x\ .\equiv.\ z\in y).\ Fx\ .\supset Fy$。

下一步考虑这个二种类的 ML 的一个不同的解释如下。把小写变元的值域取为包括经上述选拔的自然数。把大写变元的值域取为小写变元的值域的所有子类。把小写字母之前的'∈'当作 R，而把大写字母之前的当作成员关系。这一重新解释满足(iii)；因为，多亏所说的选拔，在$(z)(z\in x\ .\equiv.\ z\in y)$时 x **就是** y。其次，既然 NF 在'∈'作为 R 而论域是经选拔的数时成为真的，则该重新解释满足(ii)。最后，该重新解释满足(i)，因为我们将假定那个素朴的数类理论的协调性。这样该二种类的 ML 就证明是协调的。论证的下剩部分则是一件乏味的事：表明既然该二种类的 ML 是协调的，则真正的 ML 也如此。 318

若 NF 协调则 ML 协调这一结果体现了对 NF 持续感兴趣的主要理由。因为，ML 比 NF 更令人满意。它摆脱了对归纳法的限制，它摆脱了非康托尔集合的异常，它不知道康托尔定理有什么限制，它克服了选择公理的欠缺。这些好处只是作为例子说明了通过添加终极类从各个方面给予的那类方便。ML 比 NF 要方便得多，以至它确实更可取，或许除了全部这种新添的效力似乎会导致增加不协调的危险。这样，若 NF 协调则 ML 协调的证明该是多么吃香。如果要寻找只要某些比 NF 还要可信的理论协调则 ML 协调的证明，探索这样的证明的最好策略是试着证明如果那些别的理论协调则 NF 协调。

如果一个没有终极类的系统是协调的，则它的非直谓的扩充也如此——这是王浩定理，刚才已对 NF 和 ML 加以论证。由莫斯托夫斯基(p. 112n)在另一场合提出的论证可以用来进一步表明，**任何公式，如果在相对化至'$\cup \mathcal{V}$'时它就变成扩充了的系统的一条定理，那么它就已经是原系统的一条定理**。在应用于 NF 和(i)—(iii)那样的二种类的 ML 时重新说一下，其要点是，后一系统的每条定理如果缺乏大写变元那就也都是 NF 的定理。在如此应用时，莫斯托夫斯基的证明进行如下。令$\mathfrak{F}$是任一在NF中不是可证的、没有大写变元的公式。于是作为新公理加进$\mathfrak{F}$的否定的NF是协调的。于是,据王浩定理,这个系统的非直谓的扩充也是协调的。而它是外加$\mathfrak{F}$的否定的二种类的ML。因此,$\mathfrak{F}$不是二种类的ML的定理。

319 冯·诺伊曼-贝尔奈斯系统与策梅洛-弗兰克尔系统的关系并不就像ML与NF的关系。冯·诺伊曼-贝尔奈斯系统弃绝了王浩定理所允许的长处:非直谓的'$\hat{u}Fu\in\mathcal{V}$'。如果策梅洛-弗兰克尔系统协调则冯·诺伊曼-贝尔奈斯系统协调,这一点已经独立于王浩定理而为人所知。那方面的一个论证由诺瓦克小姐给出,另一个由罗塞和王浩(pp. 124ff)给出,后者把独立地发现它归功于莫斯托夫斯基。罗塞和王浩的证明的难点在于,就'$\hat{u}Fu\in\mathcal{V}$'而言的直谓性,对如此加进一个集合论的那些类,达到了庞加莱的有序生成的目标(§34)。如同在§43的(vii)中表明的,如此增加的各个类或者是$E\upharpoonright\cup\mathcal{V}$,要不就是对先前指定的某个$x$而言的$\breve{x}$,$\mathrm{cnv}_2 x$,$\mathrm{cnv}_3 x$,$x``\mathcal{V}$或$x\times\cup\mathcal{V}$,或者是对先前指定的某$x$和$y$而言的$x\cap\bar{y}$。如果我们从容许一个自然数中的模型的集合论开始,那么它的通过按上述样式有序生成诸类而得到的扩充,就能借助一项简单的重新安排,也被给出一个自然数中的模型。然而任何协调的理论都有一个自然数中的模型。因此,如果作为基础的集合论是协调的,其扩充就也是。

所有策梅洛-弗兰克尔系统的类都显然是冯·诺伊曼-贝尔奈斯系统的集合。其逆,即只有那些类是冯·诺伊曼-贝尔奈斯系统的集合,却并不明显;不过它很容易从罗塞、王浩和莫斯托夫斯基的构造推出来,如同那些作者表明的。更确切地说,他们所表明的是,任何公式,如果它的至'$\cup\mathcal{V}$'的相对化能在冯·诺伊曼-贝尔奈斯系统中证明,那么它就能在策梅洛-弗兰克尔系统中证明。在1954年休恩菲尔德更进一步,给出一条直接的规则(用证明论的行话说,一条"原始递归的"规则):给定任一公式之相对化在冯·诺伊曼-贝尔奈斯系统中的一个证明,据该规则就能找到该公式在策梅洛-弗兰克尔系统中的一个证明。

这些论证的特性使人了解到,在冯·诺伊曼-贝尔奈斯系统中委之于终极类的责任是多么地小。关于其他情况、非直谓的情况的王浩定理变得更令人吃惊。难怪它的证明要求像素朴的自然数类理论是协调的这样结实的一个假定。当然,与 NF、ML 或诸如此类者的协调性 320
问题相比,那个假定还是无足轻重的。

直谓的'$\hat{u}Fu\in\mathcal{V}$'可以分解成像 §43 的(vii)里的七个单个的公理中,这似乎是直谓的假定之弱点的一个反映。或许非直谓的'$\hat{u}Fu\in\mathcal{V}$',像ML 中那样的,不能如此归约为一种有穷的情形选择。

NF 还是可有穷公理化的。海尔佩林已经表明怎样从其十个特例得到 NF 的概括模式本身,实际是'$\{u: Fu\}\in\mathcal{V}$',其中'Fu'是分层的。帕特南甚至接着表明怎样从其单独一个特例得到它;他表明,任何有穷的一堆概括公理都能归结成单独一个。他的论证是,任何两个都能归约成一个,说来如下。一开始,那两个公理可以描绘为:

$$\{x: Fxy_1\cdots y_m\},\ \{x: Gxz_1\cdots z_n\}\in\mathcal{V},$$

其中的'$Fxy_1\cdots y_m$'和'$Gxz_1\cdots z_n$'代表特殊的、带有如所显示的自由变元的句子。于是,令'p'是

$$(y_1)\cdots(y_m)(\{x: Fxy_1\cdots y_m\}\in\mathcal{V})$$

的简写,那两个公理就可以合成与之等值的这样单独的一个:

$$\{v: Fvw_1\cdots w_m\ .\ \sim p\ .\vee.\ Gvz_1\cdots z_n\ .\ p\}\in\mathcal{V}。$$

另一方面,一小块的集合论可以意外地质朴却还是不能有穷公理化。克莱塞和王浩的、经蒙塔古[①]扩展的一项发现是,一个基于单个初始谓词'$\in$'的集合论,如果它提供

$$x\cap\alpha,\ x\cup\{y\}\in\mathcal{V}, \qquad x=y\ .\ x\in z\ .\supset.\ y\in z,$$

那么它就不能是可有穷公理化的。既然这些条款是策梅洛系统的部分, 321
由此特别可得,策梅洛系统本身如果是协调的则不是可有穷公理化的。[②]

① 1957,1961.我的塑述中出现差异再次是由于我使用不带承诺的抽象。——鉴于克利尼("Two papers")的一条定理,即如果我们增加谓词则任何协调的系统都能扩张成一个协调的可有穷公理化的系统,没有额外的谓词这一约定是重要的。

② 如同蒙塔古指出的,这个结果追溯到 1954 年(McNaughton),或者,带有不充分的证明的,则追溯到 1952 年和 1953 年(Wang,Mostowski)。

考虑到冯·诺伊曼的可有穷公理化的系统是策梅洛系统的扩充,这一点是出乎意料的。不过,要想到,它只是扩充(enlargement),不是扩张(extension);根据蒙塔古的结果,那实际上将使两个系统都成为不协调的。

不谈可有穷公理化的可能那样的好处,我发现像 §43 中那样的冯·诺伊曼-贝尔奈斯系统在对诸非直谓的情形免除'$\hat{u}Fu \in \mathcal{V}$'时不失它的吸引力。为了更加美丽,我们再用(v)来代替 §43 中的(iv)。冯·诺伊曼-贝尔奈斯系统的,如同我们现在能正确地叫它的,这个非直谓的**扩张**,具有这些集合性公理:

$$\mathrm{N} \in \cup \mathcal{V}, \qquad x \in \cup \mathcal{V} \ .\equiv.\ x \prec \cup \mathcal{V},$$

$$x, y \in \cup \mathcal{V} \ .\supset.\ \{x, y\}, \hat{u}(u \subseteq x), \cup x \in \cup \mathcal{V},$$

以及非直谓的概括模式'$\hat{u}Fu \in \mathcal{V}$'和外延公理。① 如果有出矛盾的威胁,可指望的一个自由选择之处是上述公理之一中的'$\prec$':是让它的定义基于 11.1 还是基于 §43 中的(viii)。

可是该系统与 ML,与冯·诺伊曼的未扩张的系统以及其他任何援用终极类的系统,共同有一个严重的缺点:在 §7 中叹惜过的,违反 7.10,更不用说 13.1,的缺点。两种价值相冲突。我们想要能够形成在那儿假定其存在的所有东西——甚至是在那儿假定其存在的任何无穷类——以任何方式组成的有穷类;而麻烦的是终极类将不属于其中。

或许可以通过软化终极性的注释安排一种和解:让终极类终归属于某些类,但是只属于比它们小的类。称 x 为集合将不再是说 $(\exists y)(x \in y)$,而是说 $(\exists y)(x \in y \ .\ x \preceq y)$。

322 我们终于已经谋划出一种偏离 $\cup \mathcal{V}$ 的、变异的集合概念 $\mathfrak{M}$。这样的偏离并不完全没有先例。阿克曼曾经提出一个系统,在其中 $\mathfrak{M}$ 既不当作 $\cup \mathcal{V}$,也不按刚才谋划的那种供选的方式看待,而是与'$\in$'一起被当成没有定义的。

对阿克曼的系统,我们可以把 $\hat{u}Fu$ 定义为 $\mathfrak{M} \cap \{u\colon Fu\}$。于是公

① 近似的,这是 Wang (1949)的系统 NQ(冯·诺伊曼-蒯因,von Neumann-Quine),或者 Stegmüller (1962)的 BQ(贝尔奈斯-蒯因,Bernays-Quine)。

理模式之一等于'$\hat{u}Fu \in \mathcal{V}$'。另一个公理模式实际上是集合性模式：

(iv) $y_1, \cdots, y_n \in \mathfrak{M} \ .\supset.\ \hat{u}Fuy_1 \cdots y_n \in \mathfrak{M}$

('$Fuy_1 \cdots y_n$'没有其他自由变元和'$\mathfrak{M}$')。

它不要求把那些隐蔽的约束变元限制为集合，自然也谈不到分层；倒是排除了'$\mathfrak{M}$'。此外阿克曼实际上有两条集合性公理：

$$\bigcup \mathfrak{M} \subseteq \mathfrak{M}, \qquad x \subseteq y \in \mathfrak{M} \ .\supset.\ x \in \mathfrak{M},$$

以及通常的外延公理。由于阿克曼表明可以如何从它推导出策梅洛的公理，不仅是§38 中的全部公理(vii)，而且甚至是无穷公理①，对这个系统的赞赏增强了。减弱到带有把各种变元限制到集合的假设，这些仍然成立；我们还能通过把策梅洛的全域等同于阿克曼的 $\mathfrak{M}$，得到策梅洛系统的一个模型。

阿克曼的系统，不像策梅洛的系统，它与 ML 和冯·诺伊曼的系统共同有个缺点：不承认无条件地对有穷类存在。而阿克曼系统中最难接受的是新加的初始词'$\mathfrak{M}$'(或相应的谓词)之不优雅。而且，这看来是无可挽救的。看到(iv)如何有赖于一公式中'$\mathfrak{M}$'之出现与否，就不大有希望使'$\mathfrak{M}$'借助定义可消去。

§45 诸系统的强度 323

如果一个演绎系统是另一系统的一个扩张，它的定理包括那另一系统的所有定理还更多，那么在某一点上这一个就比另一个强。可是这个比较的根据在两点上是不足的。第一，在两系统的每一个都有另一个所没有的定理之处，它就失效了。第二，它有赖于解释的偶然性而不只是有赖于结构。是以，举一个琐细的例子，假定我们有一个只有'＝'和'R'作为初始二元谓词的系统，服从通常的等同公理和一条'R'的传递性的公理；又假定我们通过增加自反性，'$(x)(xRx)$'，扩张该系统。那个扩张了的系统只是在我们让它的'R'等于原来的'R'的范围

① 外表上还有替换公理模式；莱维(见"On Ackermann's set theory")看出了该证明中的一个缺点。莱维进一步表明，如果策梅洛-弗兰克尔系统是协调的则阿克曼的系统是协调的。

内才是较强的。如果我们把它的‘xRy’借用原来的‘R’重新解释为‘$x=y\ .\vee.\ xRy$’,那么它的所有定理就都能在未扩张的系统中证明。

在 §35 的(i)—(iv)中说明的、对类保证了外延性而未曾对属性保证它的罗素方法,暗示了一个不那么琐细的例子。给定一个没有外延公理的集合论,我们可以通过增加那条公理来扩张该系统;而且我们还可以表明,该扩张了的系统的所有定理都能用罗素方法重新解释成已经能在未扩张的系统中证明的定理。

因此,一个更有意思的强度比较标准是可以称为**重新解释的**标准者。如果我们能如此重新解释某一个系统的初始非逻辑指号——对集合论,典型地只是‘$\in$’——以至使得那个系统的所有定理都变成另一个系统定理的翻译,那么后一系统至少与前者一般强。如果倒过来类似的手法就行不通,那么那一个系统就比另一个强。一般的,自然在表明倒过来类似的手法行不通这一点上存在麻烦。

一种在更有意思的意义上的强度——我们可以说成**序数**强度——容许这样的触目的数字测度:该系统不能证明其存在的最小超穷序数。任何没有显著缺陷的集合论自然都能证明无止境的超穷数的存在,可
324 是这并不意味着得到它们全部。超穷之如此富于特征性的东西是,我们当时继续迭代该迭代,迭代该迭代的迭代,如此等等,直到不知怎地我们的装备卡壳了。而该装备卡壳之后最小的超穷数就表示该装备有多强。

明显为了增加序数强度而可以加进一系统的一条公理是,存在一个超出ω的不可达数(参看 §30 的末尾)。随着不断设定更进一步的不可达数和总是提高序数强度,一无尽叙列的其他这类公理是可能的。

还存在另一种方式来使用序数作为系统强度的测度。一开始,追随冯·诺伊曼①,我们把累积类型理论扩张成超穷类型的,做法是对各个序数 x,把其成员的类型全都低于 x 的所有的类,都归之于第 x 型。是以,§38 中的累积类型理论的全域,由于缺少超穷类型,它本身是第 ω型。在一集合论的那些公理通过把全域取为这样一个类型而得到

① 1929. 还参看 Bernays, 1948; Mendelson, p. 202。

满足时,蒙塔古和佛特称该类型为该集合论的一个**自然模型**。是以,短少无穷公理的、策梅洛的集合论有第 ω 型作为一个自然模型;用如今的话来说,这是 §38 中发生的事。[①] 最后,一给定的集合论的序数强度(第二种意义上的)是那个最小的序数 x,使得第 x 型是该理论的一个自然模型。是以,不带无穷公理的策梅洛集合论的序数强度至多是 ω;可又显然不小于 ω,因此就是 ω。带有无穷公理的策梅洛集合论的序数强度则是 ω+ω,如同塔尔斯基论及的(1956)。如谢菲尔德森所说,冯·诺伊曼-贝尔奈斯系统的序数强度,是大于 ω 之后第一个不可达数的一个。

下面我转到相对强度的**证明论的**准则。哥德尔在他关于一个完全的数论的不可能性的证明(1931)中,介绍了一种现已广为人知的编码方法,使他能在确实是以纯算术的格调谈论数的同时,实际上谈论公式和演绎程序。既然数论可以在集合论中研发,这意味着一给定的集合论的定理(其实是定理的哥德尔数)的类可以在那同一集合论中定义,而且可以在那里证明各种关于它的事情。不过,哥德尔表明,作为他的不完全性定理的一个后承,该集合论(如果它是协调的)关于它自己的定理的类不能证明的一件事就是:它是协调的;亦即,比方说,'0=1'不在其中。在一个集合论的协调性能够在另一个中证明时,后者是那较强者(当然,除非两者都是不协调的)。凯米尼就是这样表明了,策梅洛的系统比类型论强。[②] 325

于是马上就到手一种方法,可用来从任何给定的集合论生成一无尽叙列的别的集合论,每一个都在证明论的意义上比它的前趋强,而且每一个都是协调的,如果它的前趋协调的话。你必须做的只是通过哥德尔编码增加一条新的算术公理,大意是,先前的公理是协调的。你甚至能构造一单个强的,包括这整个系列的公理的系统;而那时你能接着像先前那样有一条肯定那一切的协调性的新公理。我们看到了体现于其中的、熟悉的超穷递归范型。按这些路数列示的一个诸累积公理的

① 还在我的"Unification of Universes"中。

② 这里的策梅洛系统是不带替换公理模式的;类型论自然是不带超穷类型的;而两者都有它们的无穷公理。参看 Kemeny;还有 Wang and McNaughton, p. 35。

系统,只受限制于我们用来列示那无穷的公理储备的交际媒介之超穷递归的潜能——又是序数强度。[①]

在考虑一集合论系统的强度时,我们首先想到的是全域的丰富性。
326 这是序数强度。这是通过一条无穷公理或那个替换公理模式来增加的强度。这是对冯·诺伊曼的集合和终极类理论来说,通过他之加强替换模式(§43)或再通过非直谓的扩张(§44)而得到的强度。

不过,扩张一个系统不必丰富它的全域。外加的公理同样能解决一个待决的存在问题,用的是相反的方式,主张贫乏。基础公理就是那样做的。连续统假设也如此。这也是弗兰克尔为策梅洛系统提倡的一条限制公理(*Beschränktheitsaxiom*)的旨趣,那公理大意是,全域中除了根据其他公理必须存在者外不存在别的任何东西。弗兰克尔没有把这弄成明确的塑述,而冯·诺伊曼则评论了这样做的做法中的困难。[②] 借助于§33中后来看到的相对化的概念,我们可以把一个严格的限制公理**模式**塑述为'$\mathfrak{A}\alpha \supset . \alpha = \mathcal{V}$',其中的'$\mathfrak{A}\alpha$'代表其余公理的合取之相对化至'$\{x: x \subseteq \alpha\}$';不过这一版本要求其余的公理数目是有穷的,因此它不足以作为策梅洛系统的一个附件。而它的确适合作为冯·诺伊曼系统和NF的附件,这些都是可有穷公理化的(§44)。

在§33中后来讨论过的哥德尔的'$\cup \mathcal{V} = \mathrm{L}$',是那限制模式的近亲。类似那个模式,它主张贫乏。当然,哥德尔只是在证明选择公理的协调性和连续统假设的协调性的过程中才接纳'$\cup \mathcal{V} = \mathrm{L}$'的;他并不**偏爱**它,就像人们对待选择公理和更基本的公理那样。倒是,喜爱概念上和本体论上经济的人会如此偏爱它;而实际上它有时被叫做可构成公理。如同在§33中论及的,它蕴涵选择公理和连续统假设。

很难说选择公理是偏向贫乏还是偏向丰富。它完全摈弃那些无选
327 定物的、诸互斥类的类。可是它保证了选定物。它为哥德尔的指向贫乏的'$\cup \mathcal{V} = \mathrm{L}$'所蕴涵。

---

① 关于通过增加协调性公理或其同类来加强系统,参看Gödel, 1931, note 48a; Rosser and Wang, pp. 122ff; Wang, "Truth definitions"; Feferman。

② Fraenkel, *Einleitung*, pp. 355f; von Neumann, 1925, p. 230f.

利用内模型思想（参看 §33）的公理并不总是像限制公理和‘$\bigcup\mathcal{V}=L$’那样是指向贫乏的。有的有利于序数强度。通过使全域等同于一个列示出的内模型，你压抑了事物。而通过设定内模型或者宣布它们是集合，你就能助长事物。是以，给定一个具有有穷的一组公理的集合论系统，还令‘$\mathfrak{A}x$’代表相对化至‘$\{y\colon y\subseteq x\}$’的、它们的合取。于是限制公理将给出‘$\mathfrak{A}x\supset.\ x=\mathcal{V}$’，因而如果 $\mathcal{V}\notin\mathcal{V}$，则还给出‘$(x)\sim\mathfrak{A}x$’。可是我们可以改而以相反的精神假定 $(\exists x)\mathfrak{A}x$ 甚至 $(\exists x)(x\in\bigcup\mathcal{V}\ .\ \mathfrak{A}x)$，从而蕴涵存在着一个类 x 甚至一个集合 x，它否则不能在该系统的全域中发现，而且或许比任何别的可用者都要大。

对于像策梅洛的那样的不能降到有穷多个公理的理论，这个方案自然将不适用。不过，作下述修改就行了。我们不再能考虑所有公理的一个合取，可是我们仍然能无所限制地分开来考虑公理的各个有穷的合取，或者更简单的，我们可以分开来考虑从那些公理推出的各个定理；而我们可以取‘$\mathfrak{A}_1x$’，‘$\mathfrak{A}_2x$’，…分别代表它们的相对化。于是我们可以对各个 n 采纳‘$(\exists x)\mathfrak{A}_nx$’（或‘$(\exists x)(x\in\bigcup\mathcal{V}\ .\ \mathfrak{A}_nx)$’）作为新加的公理，实际是采取一个公理模式包括它们全体。莱维（“Axiom schemata”）依靠马洛和谢菲尔德森的工作，已经表明，这类公理模式能够等价于那些假定陡升的不可达数的公理模式。

贝尔奈斯 1961 年的系统，莱维系统的一种改进，很好地说明了这种有趣的倾向。[①] 不像贝尔奈斯 1958 年的系统，其中所谓的类只是虚拟的，这是一个集合和真实的可量化的类的理论。它的特有的公理模 328
式在三个方面比‘$(\exists x)(x\in\bigcup\mathcal{V}\ .\ \mathfrak{A}_nx)$’还要强：它还提供 $\bigcup x\subseteq x$ 和

$$(y)(z)(y\subseteq z\in x\ .\supset.\ y\in x),$$

而且它让‘$\mathfrak{A}_nx$’代表的不止是一定理的相对化而是任何真命题的相对化。我们可以仍然使用我们的不带承诺的抽象的语言，把它说成：

$$\text{(i)}\quad p\supset(\exists x)(\bigcup x\subseteq x\in\bigcup\mathcal{V}\ .\ Px\ .\ (y)(z)(y\subseteq z\in x\ .\supset.\ y\in x)),$$

① 我对它的说明明显地偏离他的。这部分地是因为我保持着不带承诺的抽象在叙述上的方便。除了到达出现在第 21 页和第 47 页的转折点，请不要中止阅读他的文章。

其中'p'是任一句子,而'Px'是它之相对化至'$\{y: y \subseteq x\}$'。此外贝尔奈斯采用了外延公理以及实际是集合性公理'$\{y, z\} \in \bigcup \mathcal{V}$'。他实际上表明,可以推出像 ML 中那样的充分的非直谓的概括模式:'$\alpha \cap \bigcup \mathcal{V} \in \mathcal{V}$'或'$\hat{u}Fu \in \mathcal{V}$'(参看 §42)。对应于策梅洛的和集、幂集、分离与无穷(这里是'$\mathrm{N} \in \bigcup \mathcal{V}$')的概括公理以及对应于替换公理模式的集合性公理,也都类似。而且他表明,该系统在它产生不可达数上与莱维的系统相等。

主张一种构造主义的集合论,连同它手段的经济,存在哲学和美学两方面的动因。像我们那样了解到悖论的威胁,就还存在方法论的动因。存在所有这些忠告,让我们尽可能地不十分压制经典数学而降低事物。而另一方面,存在提升事物的动因。很难怀疑还有一个美学的动因。从抽象代数和拓扑学方面还终于感觉到一种实践的动因,主张集合论的本体论要宽大些,如同马克莱所强调的(p. 25),因为"大的全体包含(所有的群,所有的空间,所有的……)"。在这些方面,甚至一个宽大的集合论,如果它是那些否认最大的类者之一,都能证明是不充足的。因此或许该赞赏 ML 和 NF 之类,它们没有让存在或集合性依赖于大小限度。人们可以试着把这样一个系统与刚才暗示的莱维和贝尔
329 奈斯的设计联合起来;因为这些设计是序数强度的强劲的促进者,虽说目前它们是在否认最大的类的集合论的构架中运行。马克莱也概述了一个必要时救出某些最大的类的想法。让我们抓住这个机会留给读者一种感觉:如何最好地建立集合论的问题仍然是多么地悬而未决。

五个公理系统一览

现代类型论： 331

概括（§36(iv)）：$(\exists y^{n+1})(x^n)(x^n \in y^{n+1} \;.\!\equiv Fx^n)$。

外延（§36(v)）：

$$(x^n)(x^n \in y^{n+1} \;.\!\equiv\!.\; x^n \in z^{n+1}) \,.\; y^{n+1} \in w^{n+2} \;.\!\supset\!.\; z^{n+1} \in w^{n+2}。$$

附加（除选择公理外）：无穷（§39(i)）：

$$(\exists x^2)((\exists y^1)(y^1 \in x^2) \,.\, (y^1)(y^1 \in x^2 \;.\!\supset (\exists z^1)(y^1 \subset z^1 \in x^2)))。$$

策梅洛：

幂集，对集，分离，和集（§38(vii)）：

$$\{z\colon z \subseteq x\}, \{x, y\}, x \cap \alpha, \bigcup x \in \mathcal{V}。$$

外延（§38(vii)）：$x = y \,.\, x \in z \;.\!\supset\!.\; y \in z$。

无穷（§39(v)）：

$$(\exists x)(\Lambda \in x \,.\, (y)(y \in x \;.\!\supset\!.\; \{y\} \in x)), \quad 或 \quad \mathrm{N} \in \mathcal{V}。$$

附加(除选择公理外)：

替换（§39(vi)，代替分离）：$\mathrm{Func}\ \alpha \supset\!.\; \alpha\text{“}x \in \mathcal{V}$。

基础（§39）：Fnd E。

新基础（NF）：

概括（§40(iii)）：$\{x\colon Fx\} \in \mathcal{V}$。（‘$Fx$’是分层的）

外延：$x = y \,.\, x \in z \;.\!\supset\!.\; y \in z$。

332 **数理逻辑(ML):**

概括(§42(iii)):$\hat{u}Fu\in\mathcal{V}$。

集合性(§42):'$\hat{u}Fu\in\bigcup\mathcal{V}$'相对化至'$\bigcup\mathcal{V}$',其中的'$Fu$'是分层的。

外延:$x=y\,.\,x\in z\,.\supset.\,y\in z$。

冯·诺伊曼-贝尔奈斯:

概括(§43):$\hat{u}Fu\in\mathcal{V}$('Fu'相对化至'$\bigcup\mathcal{V}$')或者有穷地(§43(vii)):$\mathrm{E}\upharpoonright\bigcup\mathcal{V}$,$\breve{x}$,$\mathrm{cnv}_2 x$,$\mathrm{cnv}_3 x$,$x``\mathcal{V}$,$x\times\bigcup\mathcal{V}$,$x\cap\bar{y}\in\mathcal{V}$。

幂集,对集,和集(§43(ii)):

$$x,y\in\bigcup\mathcal{V}\ .\supset.\ \hat{u}(u\subseteq x),\{x,y\},\bigcup x\in\bigcup\mathcal{V}。$$

外延:$x=y\,.\,x\in z\,.\supset.\,y\in z$。

无穷(§43(iii)):$\mathrm{N}\in\bigcup\mathcal{V}$。

替换(§43(iv)):$z\preceq x\in\bigcup\mathcal{V}\ .\supset.\ z\in\bigcup\mathcal{V}$。

附加:基础:Fnd E。

加强方式:

概括:$\hat{u}Fu\in\mathcal{V}$(无条件的)。

替换(§43(v)):$x\in\bigcup\mathcal{V}\ .\equiv.\ x\prec\bigcup\mathcal{V}$。

编号公式表

在这几页间夹一书签将节省检索带小数编号的公式之劳。不过，这里省去了未曾在它们所在节之外用数字援引的那些定理和定理模式；因此这个表不能用来检索在一节之内的相互参照。 333

2.1 ‘$y\in\{x: Fx\}$’为‘Fy’。

2.2 ‘$\alpha\subseteq\beta$’为‘$(x)(x\in\alpha\ .\supset.\ x\in\beta)$’。

2.3 ‘$\alpha\subset\beta$’为‘$\alpha\subseteq\beta\nsubseteq\alpha$’。

2.4 ‘$\alpha\cup\beta$’为‘$\{x: x\in\alpha\ .\vee.\ x\in\beta\}$’。

2.5 ‘$\alpha\cap\beta$’为‘$\{x: x\in\alpha\ .\ x\in\beta\}$’。

2.6 ‘α’或‘$^{-}\alpha$’为‘$\{x: x\notin\alpha\}$’。

2.7 ‘$\alpha=\beta$’为‘$(x)(x\in\alpha\ .\equiv.\ x\in\beta)$’，或‘$\alpha\subseteq\beta\subseteq\alpha$’。

2.8 ‘Λ’或‘$\{\ \}$’为‘$\{z: z\neq z\}$’。

2.9 ‘$\mathcal{V}$’为‘$\{z: z=z\}$’，或‘$^{-}\Lambda$’。

4.1 **公理**. $y=z\ .\ y\in w\ .\supset.\ z\in w$。

5.1 $\alpha=\{x: Fx\}\ .\equiv(x)(x\in\alpha\ .\equiv Fx)$。

5.3 $\sim(x)(x\in y\ .\equiv.\ x\notin x)$。

5.4 $\sim(x)(x\in y\ .\equiv\sim(x\in^{2}x))$。

5.5 ‘$\{x: Fx\}\in\beta$’为‘$(\exists y)(y=\{x: Fx\}\ .\ y\in\beta)$’。

6.1 $Fy\equiv(\exists x)(x=y\ .\ Fx)$。

6.2 $Fy\equiv(x)(x=y\ .\supset Fx)$。

6.4 $\alpha=\alpha$。

6.6 $\alpha=\beta\ .\ F\alpha\ .\supset F\beta$。 334

6.7 $\alpha=\beta\ .\supset.\ F\alpha\equiv F\beta$。

6.8 $x \in \mathcal{V}$。

6.9 $\alpha \in \mathcal{V} .\equiv (\exists x)(x=\alpha)$。

6.11 $\alpha \in \mathcal{V} .(x)Fx .\supset F\alpha$， $\alpha \in \mathcal{V} .F\alpha .\supset (\exists x)Fx$。

6.12 $\alpha \in \beta .\supset. \alpha \in \mathcal{V}$。

6.13 $\alpha \in \{x: Fx\} .\equiv. \alpha \in \mathcal{V} .F\alpha$。

6.14 $\alpha \notin \Lambda$。

6.15 $(x)(x \in \alpha) \equiv. \alpha = \mathcal{V}$， $(x)(x \notin \alpha) \equiv. \alpha = \Lambda$。

6.16 $(x)Fx \equiv. \{x: Fx\} = \mathcal{V} .\equiv. \{x: \sim Fx\} = \Lambda$。

7.1 '$\{\alpha\}$'为'$\{z: z=\alpha\}$'， '$\{\alpha,\beta\}$'为'$\{\alpha\} \cup \{\beta\}$'。

7.4 $\{x\} \subseteq \alpha .\equiv. x \in \alpha$。

7.6 $x \in \{x\}$， $x, y \in \{x, y\}$。

7.7 $\{x\} = \{y\} .\equiv. x = y$。

7.8 $\{x, y\} = \{z\} .\equiv. x = y = z$。

7.9 $\{x, y\} = \{x, w\} .\equiv. y = w$。

7.10 **公理**． $\Lambda, \{x, y\} \in \mathcal{V}$。

7.11 $(\exists y)(x \in y)$。

7.12 $\{\alpha\} \in \mathcal{V}$。

7.13 $\{\alpha, \beta\} \in \mathcal{V}$。

7.14 $\alpha = z .\equiv (x)(z \in x .\supset. \alpha \in x)$。

8.1 '$\bigcup\alpha$'为'$\{x: x \in^2 \alpha\}$'。

8.2 $\bigcup\{x\} = x$。

8.3 $\bigcup(\alpha \cup \beta) = \bigcup\alpha \cup \bigcup\beta$。

8.5 $\bigcup\alpha \subseteq \beta .\equiv (x)(x \in \alpha .\supset. x \subseteq \beta)$。

8.6 $x \in \alpha .\supset. x \subseteq \bigcup\alpha$。

8.8 $\bigcup\mathcal{V} = \mathcal{V}$。

8.9 '$\bigcap\alpha$'为'$\{x: (y)(y \in \alpha .\supset. x \in y)\}$'。

8.13 $\beta \subseteq \bigcap\alpha .\equiv (x)(x \in \alpha .\supset. \beta \subseteq x)$。

8.14 $x \in \alpha .\supset. \bigcap\alpha \subseteq x$。

8.15 $\bigcap\Lambda = \mathcal{V}$。

8.18 '$(\iota x)Fx$'为'$\bigcup\{y: (x)(Fx \equiv. x = y)\}$'。

8.20 $(x)(Fx\equiv .\, x=y)\supset : Fz\equiv .\, z=(\imath x)Fx$。

8.21 $y=(\imath x)(x=y)$。

8.22 $\sim(\exists y)(x)(Fx\equiv .\, x=y)\supset .\, (\imath x)Fx=\Lambda$。 335

9.1 '$\langle\alpha,\beta\rangle$'为'$\{\{\alpha\},\{\alpha,\beta\}\}$'。

9.2 $\langle x,y\rangle=\langle z,w\rangle .\supset .\, x=z\, .\, y=w$。

9.3 $\langle x,y\rangle=\langle z,w\rangle .\equiv .\, x=z\, .\, y=w$。

9.4 '$\{\cdots x_1\cdots x_2\cdots x_n\cdots : Fx_1x_2\cdots x_n\}$'为

'$\{z:(\exists x_1)(\exists x_2)\cdots(\exists x_n)(Fx_1x_2\cdots x_n\, .$

$z=\cdots x_1\cdots x_2\cdots x_n\cdots)\}$'。

9.5 $\langle z,w\rangle\in\{\langle x,y\rangle : Fxy\} .\equiv Fzw$。

9.6 '$^{\cdot}\alpha$'为'$\{\langle x,y\rangle : \langle x,y\rangle\in\alpha\}$'。

9.7 $^{\cdot}\alpha=\alpha\cap{}^{\cdot}\mathcal{V}$。

9.8 $^{\cdot}\alpha\subseteq\beta .\equiv(x)(y)(\langle x,y\rangle\in\alpha\, .\supset .\, \langle x,y\rangle\in\beta)$。

9.9 $^{\cdot}\alpha={}^{\cdot}\beta .\equiv(x)(y)(\langle x,y\rangle\in\alpha .\equiv .\, \langle x,y\rangle\in\beta)$。

9.11 '$\alpha\times\beta$'为'$\{\langle x,y\rangle : x\in\alpha\, .\, y\in\beta\}$'。

9.12 '$\breve{\alpha}$'或'$\breve{}\alpha$'为'$\{\langle x,y\rangle : \langle y,x\rangle\in\alpha\}$'。

9.13 '$\alpha|\beta$'为'$\{\langle x,z\rangle : (\exists y)(\langle x,y\rangle\in\alpha\, .\, \langle y,z\rangle\in\beta)\}$'。

9.14 '$\alpha``\beta$'为'$\{x:(\exists y)(\langle x,y\rangle\in\alpha\, .\, y\in\beta)\}$'。

9.15 'I'为'$\{\langle x,y\rangle : x=y\}$'。

9.16 '$\alpha\upharpoonright\beta$'为'$\alpha\cap(\mathcal{V}\times\beta)$'。

9.17 '$\beta\upharpoonleft\alpha$'为'$\alpha\cap(\beta\times\mathcal{V})$'。

10.1 'Func α'为'$\alpha|\breve{\alpha}\subseteq I\, .\, \alpha={}^{\cdot}\alpha$',或

'$(x)(y)(z)(\langle x,z\rangle,\langle y,z\rangle\in\alpha\, .\supset .\, x=y)\, .\, \alpha={}^{\cdot}\alpha$'。

10.2 'arg α'为'$\{x:(\exists y)(\alpha``\{x\}=\{y\})\}$',或

'$\{x:(\exists y)(z)(\langle z,x\rangle\in\alpha .\equiv .\, z=y)\}$'。

10.3 Func Λ。

10.4 Func I, arg $I=\mathcal{V}$。

10.5 Func $\{\langle x,y\rangle\}$。

10.6 Func α . Func β . $\supset$Func $\alpha|\beta$。

10.7 Func α . $y \notin \breve{\alpha}$ " $\mathcal{V}$. ⊃Func $\alpha \cup \{\langle x, y\rangle\}$。

10.8 Func α⊃Func $\alpha \cap \beta$。

10.10 Func 'α ≡. $\breve{\alpha}$" $\mathcal{V} \subseteq$ arg α

≡. $\breve{\alpha}$" $\mathcal{V} \subseteq$ arg α。

10.10a Func α . $\breve{\alpha}$" $\mathcal{V} \subseteq \breve{\beta}$" $\mathcal{V}$. $\beta \subseteq \alpha$.⊃. $\alpha = \beta$。

10.11 'α 'β' 为 '(ι y)($\langle y, \beta\rangle \in \alpha$)'。

10.15 $w \notin$ arg α .⊃. α '$w = \Lambda$。

10.17 Func '$\alpha \equiv (x)(\alpha$" $\{x\} \subseteq \{\alpha$ '$x\})$。

10.18 $x \in$ arg β .⊃. $(\alpha|\beta)$'$x = \alpha$'$(\beta$'$x)$。

336 10.20 Λ'$\alpha = \Lambda$。

10.21 '$\lambda_x(\cdots x \cdots)$' 为 '$\{\langle y, x\rangle : y = \cdots x \cdots\}$'。

10.22 Func $\lambda_x(\cdots x \cdots)$。

10.23 $\cdots y \cdots \in \mathcal{V}$.≡. $y \in$ arg $\lambda_x(\cdots x \cdots)$。

10.24 $\cdots y \cdots \in \mathcal{V}$.⊃. $\lambda_x(\cdots x \cdots)$'$y = \cdots y \cdots$。

10.25 'ι' 为 '$\lambda_x\{x\}$'。

10.26 ι'$x = \{x\} \neq \Lambda$。

10.27 $x \in$ arg ι。

10.28 $\langle\{x\}, y\rangle \in \iota$.≡. $x = y$。

10.29 $\breve{\iota}$ '$\{x\} = x$。

11.1 '$\alpha \leq \beta$' 为 '$(\exists x)$(Func x . $\alpha \subseteq x$"β)'。

11.2 '$\alpha \simeq \beta$' 为 '$\alpha \leq \beta \leq \alpha$'。

12.1 '$\beta \leqq \alpha$' 或 '$\alpha \geqq \beta$' 为 '$(z)(\alpha \in z$. $\breve{\iota}$" $z \subseteq z$.⊃. $\beta \in z)$'。

12.2 '$\beta < \alpha$' 或 '$\alpha > \beta$' 为 '$\{\beta\} \leqq \alpha$'。

12.3 'N' 为 '$\{x : \Lambda \leqq x\}$'。

12.4 $x \leqq x$。

12.5 $x \leqq y \leqq z$.⊃. $x \leqq z$。

12.6 $x \leqq \{x\}$。

12.7 $x < \{x\}$。

12.8 $x<y\leqq z\ .\supset.\ x<z$。

12.9 $x<y\ .\supset.\ x\leqq y$。

12.10 $x<y<z\ .\supset.\ x<z$。

12.11 $x\leqq y\ .\supset:\ x=y\ .\vee(\exists z)(y=\{z\})$。

12.12 $w\leqq x\ .\equiv(z)(x\in z\ .(y)(\{y\}\in z\ .\supset.\ y\in z)\ .\supset.\ w\in z)$。

12.14 $\Lambda\in\mathrm{N}$。

12.15 $x\in\mathrm{N}\ .\supset.\ \{x\}\in\mathrm{N}$ （即，ι“$\mathrm{N}\subseteq\mathrm{N}$）。

12.16 $x\in\mathrm{N}\ .\supset:\ x=\Lambda.\vee(\exists y)(x=\{y\})$。

12.17 $x\leqq\Lambda\ .\equiv.\ x=\Lambda$。

12.18 $\sim(x<\Lambda)$。

12.19 ‘$\{,,,\alpha\}$’为‘$\{x\colon x\leqq\alpha\}$’。

12.20 $x\in\{,,,x\}$。

12.21 $\{,,,\Lambda\}=\{\Lambda\}$。

13.1 **公理模式．** Func $\alpha\supset.\ \alpha$“$\{,,,x\}\in\mathcal{V}$。

13.2 Func $\alpha\ .\ \beta\subseteq\alpha$“$\{,,,x\}\ .\supset.\ \beta\in\mathcal{V}$。

13.3 $\{,,,x\}\upharpoonright\alpha\subset\mathcal{V}$。 337

13.4 Func $\alpha\ .\ \alpha$“$\mathcal{V}\subseteq\{,,,x\}\ .\supset.\ \alpha\in\mathcal{V}$。

13.5 $x\in\alpha\ .(y)(\{y\}\in\alpha\ .\supset.\ y\in\alpha)\ .\supset.\ \{,,,x\}\subseteq\alpha$。

13.7 $Fw\ .(y)(Fy\supset F\{y\})\ .\ w\leqq x\ .\supset Fx$。

13.9 $F\Lambda\ .(y)(Fy\supset F\{y\})\ .\ x\in\mathrm{N}\ .\supset Fx$。

13.10 $F\Lambda\ .(y)(y\in\mathrm{N}\ .\ Fy\ .\supset F\{y\})\ .\ x\in\mathrm{N}\ .\supset Fx$。

13.11 $x\leqq y\ .\equiv:\ x=y\ .\vee.\ x<y$。

13.12 $x<\{y\}\ .\equiv.\ x\leqq y$。

13.13 $x\leqq\{y\}\ .\equiv:\ x=\{y\}\ .\vee.\ x\leqq y$

（亦即$\{,,,\{y\}\}=\{,,,y\}\cup\{\{y\}\}$）。

13.16 $x\in\mathrm{N}\ .\equiv:\ x=\Lambda\ .\vee.\ \Lambda<x$。

13.17 $x\in\mathrm{N}\ .\supset:\ \Lambda<x\ .\equiv.\ x\neq\Lambda$。

13.18 $x\leqq y\in\mathrm{N}\ .\supset.\ x\in\mathrm{N}$。

13.19 $x\in\mathrm{N}\ .\equiv.\ \{x\}\in\mathrm{N}$。

13.20 $x \in \mathrm{N} \,.\supset \sim (x < x)$。

13.21 $x \in \mathrm{N} \,.\supset: x \leqq y \leqq x \,.\equiv.\, x = y$。

13.22 $x, y \in \mathrm{N} \,.\supset: x \leqq y \,.\equiv \sim (y < x)$。

14.1 ‘Seq’为‘$\{x\colon \mathrm{Func}\; x \,.\, (\exists y)(\breve{x}“\mathcal{V} = \{\,,\,,\,,y\})\}$’。

14.2 ‘$\alpha^{|\beta}$’为‘$\{\langle x, y\rangle\colon (\exists z)(z \in \mathrm{Seq}\,.$
$\langle x, \beta\rangle, \langle y, \Lambda\rangle \in z \,.\, z|\iota|\breve{z} \subseteq \alpha)\}$’。

14.3 $\alpha^{|\Lambda} = I$。

14.6 $\alpha^{|\{x\}} = \alpha|\alpha^{|x}$。

14.7 $\alpha^{|\{\Lambda\}} = {}‘\alpha$。

14.9 $x \notin \mathrm{N} \,.\supset.\, \alpha^{|x} = \Lambda$。

14.10 $\alpha^{|\{x\}} = \alpha^{|x}|\alpha$。

14.11 $x \in \mathrm{N} \,.\, \mathrm{arg}\; \alpha = \mathcal{V} \,.\supset.\, \mathrm{arg}\; \alpha^{|x} = \mathcal{V}$。

14.12 $\mathrm{Func}\; \alpha \supset \mathrm{Func}\; \alpha^{|x}$。

14.13 $I^{|x}‘\Lambda = \Lambda$。

15.1 ‘$^*\alpha$’为‘$\{w\colon (\exists z)(w \in \alpha^{|z})\}$’。

15.2 $\langle x, x\rangle \in {}^*\alpha$ （亦即 $I \subseteq {}^*\alpha$）。

15.5 $\langle x, y\rangle \in \alpha \,.\, \langle y, z\rangle \in {}^*\alpha \,.\supset.\, \langle x, z\rangle \in {}^*\alpha$ （亦即 $\alpha|{}^*\alpha \subseteq {}^*\alpha$）。

15.7 $\alpha“\beta \subseteq \beta \,.\equiv.\, {}^*\alpha“\beta = \beta$。

15.10 $Fz \,.\, (x)(y)(\langle y, x\rangle \in \alpha \,.\, Fx \,.\supset Fy) \,.\, \langle w, z\rangle \in {}^*\alpha \,.\supset Fw$。

338 15.11 $^*\alpha = I \cup (\alpha|{}^*\alpha)$。

15.13 $x \geqq y \,.\equiv.\, \langle x, y\rangle \in {}^*\iota$。

15.14 $\mathrm{N} = {}^*\iota“\{\Lambda\}$。

16.1 ‘$\alpha + \beta$’为‘$\iota^{|\beta}‘\alpha$’。

16.2 ‘$\alpha \cdot \beta$’为‘$(\lambda_x(\alpha + x))^{|\beta}‘\Lambda$’。

16.3 ‘α^β’为‘$(\lambda_x(\alpha \cdot x))^{|\beta}‘\{\Lambda\}$’。

16.4 $x \notin \mathrm{N} \,.\supset.\, \alpha + x = \alpha \cdot x = \alpha^x = \Lambda$。

16.7 $x \cdot \Lambda = \Lambda$。

16.8 $y \in \mathrm{N} \,.\supset.\, x \cdot \{y\} = x + x \cdot y$。

16.12 $x \in \mathrm{N} \ .\supset.\ x \cdot y \in \mathrm{N}$。

16.14 $y \in \mathrm{N} \ .\supset.\ x \leqq x + y$。

16.18 $x, y \in \mathrm{N} \ .\supset.\ x + y = y + x$。

16.19 $x, y, z \in \mathrm{N} \ .\supset.\ (x + y) + z = x + (y + z)$。

16.20 $x, y, z \in \mathrm{N} \ .\ x + z = y + z \ .\supset.\ x = y$。

16.25 $x \in \mathrm{N} \ .\supset.\ \{\Lambda\} \cdot x = x$。

16.26 $x, y \in \mathrm{N} \ .\supset.\ x \cdot y = y \cdot x$。

16.28 $x, y, z \in \mathrm{N} \ .\supset.\ (x \cdot y) \cdot z = x \cdot (y \cdot z)$。

16.29 $x, y \in \mathrm{N} \ .\supset:.\ x \cdot y = \Lambda \ .\equiv:\ x = \Lambda \ .\vee.\ y = \Lambda$。

16.30 $x, y \in \mathrm{N} \ .\ y \neq \Lambda \ .\supset.\ x < x + y$。

16.31 $x, y, z \in \mathrm{N} \ .\ x \leqq y \ .\supset.\ x \cdot z \leqq y \cdot z$。

16.32 $x, y, z \in \mathrm{N} \ .\ x \cdot z < y \cdot z \ .\supset.\ x < y$。

16.33 $x, y, z \in \mathrm{N} \ .\ z \neq \Lambda \ .\ x < y \ .\supset.\ x \cdot z < y \cdot z$。

16.34 $x, y \in \mathrm{N} \ .\ x \cdot x < y \cdot y \ .\supset.\ x < y$。

17.1 ‘$\alpha;\beta$’为‘$\alpha + (\alpha + \beta) \cdot (\alpha + \beta)$’。

17.4 $z, w \in \mathrm{N} \ .\supset:\ z;w \in \{x;y\colon x, y \in \mathrm{N} \ .\ Fxy\} \ .\equiv Fzw$。

18.1 ‘α/β’为‘$\{z;w\colon z, w \in \mathrm{N} \ .\ z \cdot \beta < \alpha \cdot w\}$’。

18.8 $x, y, z, w \in \mathrm{N} \ .\ \sim(z = w = \Lambda) \ .\supset:$

$$x/y \subseteq z/w \ .\equiv.\ z;w \notin x/y。$$

18.10 ‘Rat’为‘$\{x/y\colon x, y \in \mathrm{N} \ .\ y \neq \Lambda\}$’。

18.12 ‘Real’为‘$\{\bigcup z\colon z \subseteq \mathrm{Rat}\} \cap {}^{-}\{\{\Lambda\}/\Lambda\}$’。

18.13 $\mathrm{Rat} \subseteq \mathrm{Real}$。

20.2 ‘$\mathrm{Fnd}\ \alpha$’为‘$(x)(x \subseteq \breve{\alpha}``x \ .\supset.\ x = \Lambda)$’。

20.3 ‘$\alpha < \beta$’或‘$\beta > \alpha$’为‘$\sim(\beta \leq \alpha)$’。

20.4 $\mathrm{Fnd}\ \alpha \supset.\ \langle x, x \rangle \notin \alpha$。 339

20.5 $\{x\colon \sim Fx\} \in \mathcal{V} \ .\ \mathrm{Fnd}\ \alpha \ .$

$$(y)((x)(\langle x, y \rangle \in \alpha \ .\supset Fx) \supset Fy) \ .\supset Fz。$$

20.6 $\{x\colon x \in (\alpha \cup \breve{\alpha})``\mathcal{V} \ .\ \sim Fx\} \in \mathcal{V} \ .\ \mathrm{Fnd}\ \alpha \ .$

$$(y)((x)(\langle x, y \rangle \in \breve{\alpha} \ .\supset Fx) \ .\ y \in (\alpha \cup \breve{\alpha})``\mathcal{V} \ .\supset Fy) \ .$$

$$z \in (\alpha \cup \breve{\alpha})``\mathcal{V} \ .\supset Fz。$$

20.7 $\alpha\subseteq\beta\,.\,\mathrm{Fnd}\,\beta\,.\supset\mathrm{Fnd}\,\alpha$。

21.1 ‘Connex α’为

‘$(x)(y)(x,y\in(\alpha\cup\breve{\alpha})``\mathcal{V}\ .\supset.\ \langle x,y\rangle\in\alpha\cup\breve{\alpha}\cup I)$’。

21.2 ‘Ordg α’为‘$\alpha|\alpha\subseteq\alpha\subseteq{}^{-}I$. Connex α’。

21.4 ‘Wellord α’为‘Fnd α . Ordg α’。

21.5 $\mathrm{Ordg}\,\alpha\ .\ x,y\in(\alpha\cup\breve{\alpha})``\mathcal{V}\ .\ \alpha``\{x\}=\alpha``\{y\}\ .\supset.\ x=y$。

21.7 ‘$\beta 1\alpha$’为‘$\beta\in\alpha``\mathcal{V}\ .\ \beta\notin\breve{\alpha}``\mathcal{V}$’。

21.8 $\mathrm{Ordg}\,\alpha\ .\ x1\alpha\ .\ y1\alpha\ .\supset.\ x=y$。

21.9 $\mathrm{Wellord}\,\alpha\supset\mathrm{Wellord}\,\alpha\cap(\beta\times\beta)$。

22.1 ‘$\acute{S}$’为‘$\lambda_x(x\cup\{x\})$’。

22.2 ‘C’为‘$\lambda_x(\acute{S}^{|x}{}^{\backprime}\Lambda)$’。

22.8 ‘ω’为‘$^*\acute{S}``\{\Lambda\}$’。

22.9 $\Lambda\in\omega$。

22.10 $\acute{S}``\omega\subseteq\omega$。

22.11 $x\in\omega\ .\supset.\ x\cup\{x\}\in\mathcal{V}$。

22.12 $x\in\omega\ .\supset.\ x\cup\{x\}\in\omega$。

22.13 ‘E’为‘$\{\langle y,z\rangle\colon y\in z\}$’。

22.14 $\bigcup\beta\subseteq\beta\ .\supset.\ \mathrm{E}\restriction\beta=\mathrm{E}\cap(\beta\times\beta)$。

22.15 ‘NO’为‘$\{x\colon \bigcup x\subseteq x\ .\ \mathrm{Wellord}\ \mathrm{E}\restriction x\}$’。

23.1 $\Lambda,\{\Lambda\}\in\mathrm{NO}$。

23.2 $\Lambda\neq x\in\mathrm{NO}\ .\supset.\ \Lambda\in x$。

23.3 $x\in\mathrm{NO}\ .\supset.\ x=\bigcup(x\cup\{x\})$。

23.4 $x\in\mathrm{NO}\ .\supset.\ x\notin x$。

23.5 $x\in\mathrm{NO}\ .\supset\sim(x\in^2 x)$。

23.6 $x\in y\in\mathrm{NO}\ .\supset.\ x\subset y$。

23.8 $x\in\mathrm{NO}\ .\supset.\ x\subset\mathrm{NO}$。

340 23.9 $\bigcup\mathrm{NO}\subseteq\mathrm{NO}$。

23.10 $x,y\in z\in\mathrm{NO}\ .\supset\colon x\in y\ .\vee.\ y\in x\ .\vee.\ x=y$。

23.11 $\alpha\subseteq\mathrm{NO}\ .\supset.\ \alpha\cap\bigcap\alpha=\Lambda$。

23.12 **公理模式.** $\mathrm{Func}\ \alpha\ .\ x \in \mathrm{NO}\ .\supset.\ \alpha\text{“}x \in \mathcal{V}$。

23.13 $\mathrm{Func}\ \alpha\ .\ x \in \mathrm{NO}\ .\ \beta \subseteq \alpha\text{“}x\ .\supset.\ \beta \in \mathcal{V}$。

23.15 $\mathrm{Func}\ \alpha\ .\ \breve{\alpha}\text{“}\mathcal{V} \subseteq x \in \mathrm{NO}\ .\supset.\ \alpha \in \mathcal{V}$。

23.16 $(y)((x)(x \in y\ .\supset Fx)\ .\ y \in \mathrm{NO}\ .\supset Fy)\ .\ z \in \mathrm{NO}\ .\supset Fz$。

23.18 $\alpha \subseteq \breve{\mathrm{E}}\text{“}\alpha\ .\supset.\ \alpha \cap \mathrm{NO} = \Lambda$。

23.19 $\bigcup\alpha \subset \alpha \subset z \in \mathrm{NO}\ .\supset.\ \alpha \in z$。

23.21 $x, y \in \mathrm{NO}\ .\supset:\ x \subseteq y\ .\vee.\ y \subseteq x$。

23.22 $x, y \in \mathrm{NO}\ .\supset:\ x \subseteq y\ .\vee.\ y \in x$。

23.23 $x, y \in \mathrm{NO}\ .\supset:\ x \in y\ .\vee.\ y \in x\ .\vee.\ x = y$。

23.24 $\bigcup\alpha \subseteq \alpha \subset \mathrm{NO}\ .\equiv.\ \alpha \in \mathrm{NO}$。

23.25 $\alpha \subseteq \mathrm{NO}\ .\supset:\ \bigcup\alpha \in \mathrm{NO}\ .\vee.\ \bigcup\alpha = \mathrm{NO}$。

23.26 $x \subset y \subset \mathrm{NO}\ .\supset:\ x \cup \{x\} \in y\ .\vee.\ x \cup \{x\} = y$。

23.27 $\Lambda \neq \alpha \subseteq \mathrm{NO}\ .\supset.\ \bigcap\alpha \in \alpha$。

24.3 $\mathrm{Wellord}\ \mathrm{E} \restriction \mathrm{NO}$。

24.4 $\mathrm{NO} \notin \mathcal{V}$。

24.9 $x \in \mathrm{NO}\ .\supset.\ x \cup \{x\} \in \mathrm{NO}$。

25.1 ‘$\mathrm{SEQ}\ \alpha$’为‘$\mathrm{Func}\ \alpha\ :\breve{\alpha}\text{“}\mathcal{V} \in \mathrm{NO}\ .\vee.\ \breve{\alpha}\text{“}\mathcal{V} = \mathrm{NO}$’。

25.2 ‘$\mathrm{A}\gamma$’为‘$\bigcup\{w\text{: SEQ } w\ .$

$(y)(y \in \breve{w}\text{“}\mathcal{V}\ .\supset.\ \langle w\text{‘}y, w \restriction y\rangle \in \gamma)\}$’。

26.1 $\mathrm{Func}\ \mathrm{A}\gamma \restriction y\ .\ \langle x, y\rangle \in \mathrm{A}\gamma\ .\supset.\ \langle x, \mathrm{A}\gamma \restriction y\rangle \in \gamma\ .\ \mathrm{A}\gamma \restriction y \in \mathcal{V}$。

26.3 $\breve{\mathrm{A}}\gamma\text{“}\mathcal{V} \in \mathrm{NO}\ .\vee.\ \breve{\mathrm{A}}\gamma\text{“}\mathcal{V} = \mathrm{NO}$。

26.4 $\mathrm{Func}\ \gamma \supset \mathrm{SEQ}\ \mathrm{A}\gamma$。

26.5 $\mathrm{Func}\ \gamma\ .\ y \in \breve{\mathrm{A}}\gamma\text{“}\mathcal{V}\ .\supset.\ \langle \mathrm{A}\gamma\text{‘}y, \mathrm{A}\gamma \restriction y\rangle \in \gamma$。

26.6 $\mathrm{Func}\ \gamma\ .\ \breve{\mathrm{A}}\gamma\text{“}\mathcal{V} \in \mathcal{V}\ .\supset.\ \mathrm{A}\gamma \notin \breve{\gamma}\text{“}\mathcal{V}$。

27.1 ‘Φ_α’为‘$\{\langle x, z\rangle: \alpha\text{“}\{x\} = z\text{“}\mathcal{V}\ :\cdot z = \Lambda\ .\supset x1\alpha\}$’。

27.2 ‘$\mathrm{e}\alpha$’为‘$\mathrm{A}\Phi_\alpha$’。

27.3 ‘$\mathrm{Cor}\ \beta$’为‘$\mathrm{Func}\ \beta\ .\ \mathrm{Func}\ \breve{\beta}$’。

28.1 $\alpha \subseteq \beta \leq \gamma\ .\supset.\ \alpha \leq \gamma$。

28.2 $\alpha \leq \beta \subseteq \gamma . \supset . \alpha \leq \gamma$。

341 28.7 $\alpha \leq \{,,,x\} . \mathrm{Func}\,\beta . \supset . \beta``\alpha \leq \alpha$。

28.10 $\alpha \leq \{,,,x\} . \supset . \alpha \in \mathcal{V}$。

28.12 $\alpha \leq \beta \leq \{,,,x\} . \supset . \alpha \leq \{,,,x\}$。

28.16 $\alpha \cap \{y: y \notin \beta`y\} \in \mathcal{V} . \mathrm{Func}\,\beta . \supset . \{x: x \subseteq \alpha\} \not\subseteq \beta``\alpha$。

28.17 $(w)(\alpha \cap \{y: y \notin w`y\} \in \mathcal{V}) \supset . \alpha \prec \{x: x \subseteq \alpha\}$。

29.1 'C_1'为'$(x)(y)(x \cap \bar{y}, \breve{x}, x``\mathcal{V}, x \upharpoonright y \in \mathcal{V})$'。

29.3 $C_1 \supset (x)(y)(x \cap y, x``y \in \mathcal{V})$。

30.1 '$\overline{\overline{\alpha}}$'或'${}^{=}\alpha$'为'$\{x: x \in \mathrm{NO} . x \prec \alpha\}$'。

30.2 'NC'为'$\{x: x = \overline{\overline{x}}\}$'。

30.3 'ω_α'为'$e(E \cap ((\mathrm{NC} \cap \overline{\omega}) \times \mathrm{NC}))`\alpha$'。

31.1 'β Sln α'为'$(y)(y \in \alpha . y \neq \Lambda . \supset (\exists x)(\beta \cap y = \{x\}))$'。

31.2 'Ch α'为'Func $\breve{}(E \upharpoonright \alpha) \supset (\exists w)(w \ \mathrm{Sln}\ \alpha)$'。

32.1 $C_1 . \mathrm{Func}\, y . \beta\ \mathrm{Sln}\ \{z: (\exists w)(z = \breve{y}``\{w\})\}$

$. \supset . \mathrm{Cor}\ y \upharpoonright \beta . (y \upharpoonright \beta)``\mathcal{V} = y``\mathcal{V}$。

32.3 $C_1 . \beta\ \mathrm{Slr}\ \{x: x \subseteq z\} . w = A\Psi_{\beta z}$

$. \supset . \mathrm{Cor}\ w . w``\mathcal{V} = z . \breve{w}``\mathcal{V} \in \mathrm{NO}$。

还请注意来自§6的这些定义：

'$\hat{u}Fu$'为'$\{u: (\exists z)(u \in z) . Fu\}$'或'$\cup \mathcal{V} \cap \{u: Fu\}$'，

'V'为'$\hat{u}(u = u)$'或'$\cup \mathcal{V}$'，

'$\iota\alpha$'为'$\hat{u}(u = \alpha)$'。

参考文献

This list includes only such works as happen to have been alluded to, by title or otherwise, in the course of the book. 343

Ackermann, Wilhelm, "Zur Axiomatik der Mengenlehre," *Mathematische Annalen 131* (1956), 336–345.

——*See also* Hilbert.

Bachmann, Heinz, *Transfinite Zahlen* (Berlin: Springer, 1955).

Bar-Hiller, *see* Fraenkel.

Behmann, Heinrich, *Mathematik und Logik* (Leipzig, 1927).

Bernays, Paul, "A system of axiomatic set theory," *Journal of Symbolic Logic 2* (1937), 65–77; *6* (1941), 1–17; *7* (1942), 65–89, 133–145; *8* (1943), 89–106; *13* (1948), 65–79; *19* (1954), 81–96.

——"Zur Frage der Unendlichkeitsschemata in der axiomatischen Mengenlehre," in A. Robinson, ed., *Essays on the Foundation of Mathematics* dedicated to Fraenkel (Jerusalem: Hebrew University, 1961).

——and A. A. Fraenkel, *Axiomatic Set Theory* (Amsterdam: North-Holland, 1958).

——*See also* Hilbert.

Brown, K. R., and Hao Wang, "Finite set theory, number theory and axioms of limitation," *Mathematische Annalen 164* (1966), 26–29.

——"Short definitions of the ordinals," *Journal of Symbolic Logic 31* (1966), 409–414.

Burali-Forti, Cesare, "Una questione sui numeri transfiniti," *Rendi-*

conti di palermo 11 (1897), 154–164. Translation in van Heijenoort.

Cantor, Georg, *Gesammelte Abhandlungen mathematischen und philosophischen Inhalts*, E. Zermelo, ed. (Berlin, 1932). The most relevant papars date from the years 1878—1899.

Carnap, Rudolf, *The Logical Syntax of Language* (London and New York, 1937; paperback, Paterson, N, J.: Littlefield and Adams, 1960).

344 Church, Alonzo, *The Calculi of Lambda Conversion* (Princeton, 1941).

——*Introduction to Mathematical Logic* (Princeton: Princeton University Press, 1956).

Chwistek, Leon, "The theory of constructive types," *Annales de la Société Polonaise de Mathématique 2* (1924), 9–48; *3* (1925), 92–141.

Cohen, P. J., *Set Theory and the Continuum Hypothesis* (New York: Benjamin, 1966).

Dedekind, Richard, *Stetigkeit und irrationale Zahlen* (Brunswick, 1872).

——*Was sind und was sollen die Zahlen*? (Brunswick, 1888).

Feferman, Solomon, "Transfinite recursive progressions of axiomatic theories," *Journal of Symbolic Logic 27* (1963 for 1962), 259–316.

Fraenkel, A. A., *Einleitung in die Mengenlehre* (3d ed., Berlin, 1928).

——*Abstract Set Theory* (Amsterdam: North-Holland, 1953; 2d, ed., 1961).

——"Der Begriff 'definit' und die Unabhängigkeit des Auswahlaxioms," *Sitzungsberichte der Preussischen Akademie der Wissenschaften*. phys.-math. K1., 1922, 253–257.

——"Zu den Grundlagen der Cantor-Zermeloschen Mengenlehre," *Mathematische Annalen 86* (1922), 230–237.

——and Y. Bar-Hillel, *Foundations of Set Theory* (Amsterdam: North-Holland, 1959).

——*See also* Bernays.

Frege, Gottlob, *Begriffsschrift* (Jena, 1879). Translation in van Heijenoort.

——*Die Grundlagen der Arithmetik* (Breslau, 1884); trans. by J. L. Austin, *The Foundations of Arithmetic* (2d ed., Oxford: Blackwell, 1953; paperback, New York: Harper, 1960).

——*Grundgesetze der Arithmetik* (Jena: vol. 1, 1893; vol. 2, 1903).

Gal, *see* Novak.

Gödel, Kurt, *The Consistency of the Continuum Hypothesis* (Princeton, 1940).

——"Die Vollständigkeit der Axiome des logischen Funktionenkalküls," *Monatshefte für Mathematik und Physik 37* (1930), 349-360. Translation in van Heijenoort.

——"Ueber formal unentscheidbare Sätze der Principia Mathematica und verwandter Systeme," *Monatshefte für Mathematik und Physik 38* (1931), 173-198. Translation in van Heijenoort.

——"Consistency-proof for the generalized continuum hypothesis," *Proceedings of the National Academy of Sciences 25* (1939), 220-224.

Grelling, Kurt, *Mengenlehre* (Leipzig, 1924).

——and L. Nelson, "Bemerkungen zu den Paradoxien von Russell und Burali-Forti," *Abhandlungen der Fries'schen Schule 2* (1907—1908), 300-334.

Hailperin, Theodore, "A set of axioms for logic," *Journal of Symbolic Logic 9* (1944), 1-19. 345

Halmos, Paul, *Naive Set Theory* (Princeton: van Nostrand, 1960).

Hausdorff, F., *Grundzüge der Mengenlehre* (Leipzig, 1914).

Henkin, Leon, "Completeness in the theory of types," *Journal of Symbolic Logic 15* (1950), 81-91.

Henson, C. W., Ⅲ, "Cantorian Well-Orderings in Quine's New

Foundations," dissertation, M. I. T., 1967.

Herbrand, Jacques, *Recherches sur la Théorie de la Démonstration* (Warsaw, 1930).

Hessenberg, Gerhard, *Grundbegriffe der Mengenlehre* (Göttingen, 1906).

Hilbert, D., and W. Ackermann, *Grundzüge der theoretischen Logik* (Berlin, 1928; 2d ed., Berlin: Springer, 1938; 3d ed., 1949); translation of 2d ed., *Principles of Mathematical Logic* (New York: Chelsea, 1950).

——and P. Bernays, *Grundlagen der Mathematik* (Berlin, vol. 1, 1934); vol. 2, 1939).

Kemeny, J. G., "Type Theory versus Set Theory," dissertation, Princeton, 1949; abstract in *Journal of Symbolic Logic 15* (1950), 78.

Kleene, S. C., *Introduction to Metamathematics* (New York: van Nostrand, 1952).

——"Two papers on the predicate calculus," *Memoirs of the American Mathematical Society* (1952), No. 10.

König, Julius, "Ueber die Grundlagen der Mengenlehre und das Kontinuumproblem," *Mathematische Annalen 61* (1905), 156–160. Translation in van Heijenoort.

Kreider, D. L., and H. Rogers, Jr., "Constructive versions of ordinal number classes." *Transactions of the American Mathematical Society 100* (1961), 325–369.

Kreisel, G., "La prédicativité," *Bulletin de la Société Mathématique de France 88* (1960), 371–391.

——and H. Wang, "Some applications of formalized consistency proofs," *Fundamenta Mathematicae 42* (1955), 101–110.

Kuratowski, Casimir, "Sur la notion de l'ordre dans la théorie des ensembles," *Fundamenta Mathematicae 2* (1920), 161–171.

Lévy, Azriel, "On Ackermann's set theory," *Journal of Symbolic*

Logic *24* (1960, for 1959), 154-166.

——"Axiom schemata of strong infinity in axiomatic set theory," *Pacific Journal of Mathematics 10* (1960), 223-238.

Lindenbaum, A., and A. Mostowski, "Ueber die Unabhangigkeit des Auswahlaxioms und einiger seiner Folgerungen," *Comptes rendus des séances de la Société des Sciences et des Lettres de Varsovie*, Classe, Ⅲ, *31* (1938), 27-32.

——*See also* Tarski.

MacLane, Saunders, "Locally small categories and the foundations of set theory," in *Infinitistic Methods*, proceedings of a 1959 symposium (Warsaw, 1961), pp. 25-43. 346

McNaughton, Robert, "A non-standard truth definition," *Proceedings of the American Mathematical Society 5* (1954), 505-509.

——*See also* Wang.

Mahlo, P., "Zur Theorie und Anwendung der ρ_0-Zahlen," *Berichte über die Verhandlungen der Sächsischen Akademie der Wissenschaft zu Leipzig (math.-ph. Kl.) 64* (1912), 108-112; *65* (1912—1913), 268-282.

Martin, R. M., "A homogeneous system for formal logic," *Journal of Symbolic Logic 8* (1943), 1-23.

Mendelson, Elliott, *Introduction to Mathematical Logic* (Princeton: van Nostrand, 1964).

——"The axiom of Fundierung and the axiom of chioie," *Archiv für mathematische Logik und Grundlagenforschung 4* (1958), 65-70.

Mirimanoff, D., "Les antinomies de Russell et de Burali-Forti et le problème fondamental de la théorie des ensembles," *L'Enseignement Mathématique 19* (1917), 37-52.

Montague, Richard, "Non-finite axiomatizability," in *Summaries of Talks at Summer Institute for Symbolic Logic* (Ithaca: mimeo graphed, 1957), pp. 256-259.

——"Semantical closure and non-finite axiomatizability," in *Infi-*

nitistic Methods, proceedings of a 1959 symposium (Warsaw, 1961), pp. 45–69.

——and R. L. Vaught, "Natural models of set theories," *Fundamenta Mathematicae 47* (1959), 219–242.

Mostowski, Andrzej, "Some impredicative definitions in the axiomatic set theory," *Fundamenta Mathematicae 37* (1950—1951), 111–124.

——"On models of axiomatic systems," *Fundamenta Mathematicae 39* (1953 for 1952), 133–158.

——*See also* Lindenbaum.

Myhill, John, "A derivation of number theory from ancestral theory," *Journal of Symbolic Logic 17* (1952), 192–197.

Nelson, *see* Grelling.

Neumann, J. von, "Zur Einführung der transfiniten Zahlen," *Acta Litterarum ac Scientiarum Regiae Universitatis Hungaricae Francisco-Josephinae (sect. scient. math.) 1* (1923), 199–208. Translation in van Heijenoort.

——"Eine Axiomatisierung der Mengenlehre," *Journal für reine und angewandte Mathematik 154* (1925), 219–240; *155* (1926), 128. Translation in van Heijenoort.

——"Zur Hilbertschen Beweistheorie," *Mathematische Zeitschrift 26* (1927), 1–46.

347 ——"Die Axiomatisierung der Mengenlehre," *Mathematische Zeitschrift 27* (1928), 669–752.

——"Ueber die Definition durch transfinite Induktion und verwandte Fragen der allgemeinen Mengenlehre," *Mathematische Annalen 99* (1928), 373–391.

——"Ueber eine Widerspruchsfreiheitsfrage in der axiomatischen Mengenlehre," *Journal für reine und angewandte Mathematik 160* (1929), 227–241.

Novak, I. L. (Mrs. Steven Gal), "A construction for models of consistent systems," *Fundamenta Mathematicae 37* (1950—1951), 87–110.

Oberschelp, Arnold, "Untersuchungen zur mehrsortigen Quantorenlogik," *Mathematische Annalen 145* (1962), 297–333.

Ono, Katuzi, "A set theory founded on unique generating principle," *Nagoya Mathematical Journal 12* (1957), 151–159.

Orey, Steven, "New foundations and the axiom of counting," *Duke Mathematical Journal 31* (1964), 655–660.

Parsons, Charles, "A note on Quine's treatment of transfinite recursion," *Journal of Symbolic Logic 29* (1964), 179–182.

Peano, Giuseppe, *Arithmetices Principia* (Turin, 1889), Translation in van Heijenoort.

——*Formulaire de Mathématiques* (Paris, 1901).

——"Super theorema de Cantor-Bernstein," *Rendiconti di Palermo 21* (1906), 360–366; reprinted with "Additione" in *Revista de Mathematica 8* (1902–1906), 136–157.

——"Sulla definizione di funzione," *Atti della Reale Accademia dei Lincei* (*Rendiconti, classe di scienza*) *20* (1911), 3–5.

Poincaré, Henri, "Les mathématiques et la logique," *Revue de Métaphysique et de Morale 13* (1905), 815–835; *14* (1906), 17–34, 294–317.

Putnam, Hilary, "Axioms of class existence," in *Summaries of Talks at Summer Institute for Symbolic Logic* (Ithaca: mimeographed, 1957), pp. 271–274.

Quine, W. V., *A System of Logistic* (Cambridge, Mass., 1934).

——*Mathematical Logic* (New York, 1940; rev. ed., Cambridge, Mass.: Harvard University Press, 1951; paperback, New York: Harper, 1962).

——*O Sentido da Nova Lógica*, 1942 Brazilian lectures (São Paulo: Martins, 1944); Spanish translation by Mario Bunge, *El Sentido de la Nueva Lógica* (Buenos Aires: Nueva Visión, 1958).

——*Methods of Logic* (New York: Holt, 1950; rev. ed., Holt, Rinehart, and Winston, 1959).

——*Word and Object* (Cambridge, Mass.: M. I. T. Press, 1960).

——*Selected Logic Papers* (New York: Random House, 1966).

——"A theory of classes presupposing no canons of type," *Proceedings of the National Academy of Sciences 22* (1936), 320-326.

——"On the axiom of reducibility," *Mind 45* (1936), 498-500.

348 ——"New foundations for mathematical logic," *American Mathematical Monthly 44* (1937), 70-80; reprinted with additions in Quine, *From a Logical Point of View* (Cambridge, Mass.: Harvard University Press, 2d ed., 1961).

——"Whitehead and the rise of modern logic," in P. A. Schilpp, ed., *The Philosophy of A. N. Whitehead* (Evanston, Ill., 1941), pp. 125-163. Reprinted in *Selected Logic Papers*.

——"Element and number," *Journal of Symbolic Logic 6* (1941), 135-149. Reprinted in *Selected Logic Papers*.

——"On universals," *Journal of Symbolic Logic 12* (1947), 74-84.

——"On ω-inconsistency and a so-called axiom of infinity," *Journal of Symbolic Logic 18* (1953), 119-124. Reprinted in *Selected Logic Papers*.

——"Unification of universes in set theory," *Journal of Symbolic Logic 21* (1956), 267-279.

——"A basis for number theory in finite classes," *Bulletin of the American Mathematical Society 67* (1961), 391f.

——and Hao Wang, "On ordinals," *Bulletin of the American Mathematical Society 70* (1964), 297f.

Ramsey, F. P., "The foundations of mathematics," *Proceedings of the London Mathematical Society 25* (1925), 338-384; reprinted in Ramsey, *The Foundations of Mathematics and other Logical Essays* (London, 1931; paperback, Paterson, N. J.: Littlefield and Adams, 1960).

Richard, Jules, "Les principes des mathematiques et le problème des ensembles," *Revue générale des sciences pures et appliquées 16* (1905), 541. Translation in van Heijenoort.

Robinson, R. M., "The theory of classes. A modification of von Neumann's system," *Journal of Symbolic Logic 2* (1937), 29–36.

Rogers, *see* Kreider.

Rosser, J. B., *Logic for Mathematicians* (New York: McGraw-Hill, 1953).

——"The Burali-Forti paradox," *Journal of Symbolic Logic 7* (1942), 1–17.

——"The axiom of infinity in Quine's New Foundations," *Journal of Symbolic Logic 17* (1952), 238–242.

——Review of Specker, *Journal of Symbolic Logic 19* (1954), 127f.

——and Hao Wang, "Non-standard models for formal logic," *Journal of Symbolic Logic 15* (1950), 113–129.

Rubin, Herman and J. E., *Equivalents of the Axiom of Choice* (Amsterdam: North Holland, 1963).

Russell, Bertrand, *The Principles of Mathematics* (Cambridge, England, 1903; 2d ed., New York, 1938).

——*Introduction to Mathematical Philosophy* (London, 1919).

——"On denoting," *Mind 14* (1905), 479–493; reprinted in Russell, 349
Logic and Knowledge (London: Allen and Unwin, 1956), and in Feigl and Sellars, eds., *Readings in Philosophical Analysis* (New York: Appleton-Century-Crofts, 1949).

——"On some difficulties in the theory of transfinite numbers and order types," *Proceedings of the London Mathematical Society 4* (1906), 29–53.

——"Mathematical logic as based on the theory of types," *American Journal of Mathematics 30* (1908), 222–262; reprinted in Russell, *Logic and Knowledge* (London: Allen and Unwin, 1956).

——*See also* Whitehead.

Scott, Dana, "Quine's individuals," in E. Nagel *et al.*, eds., *Logic, Methodology, and Philosophy of Science* (Stanford: Stanford University Press, 1962), pp. 111–115.

Shepherdson, J. C., "Inner models for set theory," *Journal of Symbolic Logic 16* (1951), 161–190; *17* (1952), 225–237; *18* (1953), 145–167.

Shoenfield, J. R., "A relative consistency proof," *Journal of Symbolic Logic 19* (1954), 21–28.

——"The independence of the axiom of choice" (abstract), *Journal of Symbolic Logic 20* (1955), 202.

Sierpiński, Waclaw, *Cardinal and Ordinal Numbers* (Warsaw, 1958).

——"Une remarque sur la notion d'ordre," *Fundamenta Mathematicae 2* (1921), 199f.

——"L'hypothèse généralisée du continu et l'axiome du choix," *Fundamenta Mathematicae 34* (1947), 1–5.

Skolem, Thoralf, "Einige Bemerkungen zur axiomatischen Begründung der Mengenlehre," *Conférences au 5e. Congrès [1922] des Mathématiciens Scandinaves* (Helsingfors, 1923), pp. 218–232. Translation in van Heijenoort.

——"Ueber einige Grundlagenfragen der Mathematik," *Skrifter Utgitt av Det Norske Videnskaps-Akademi i Oslo*, *Kl. I* (1929), NO. 4.

Specker, Ernst, "The axiom of choice in Quine's New foundations for mathematical logic," *Proceedings of the National Academy of Sciences 39* (1953), 972–975.

——"Dualität," *Dialectica 12* (1958), 451–465.

——"Typical ambiguity," in E. Nagel *et al.*, eds., *Logic, Methodology, and Philosophy of Science* (Stanford: Stanford University Press, 1962), pp. 116–124.

Stegmüller, Wolfgang, "Eine Axiomatisierung der Mengenlehre, beruhend auf den Systemen von Bernays und Quine," in M. Käsbauer *et al.*, eds., *Logik und Logikkalkül* dedicated to Britzelmayr (Freiburg: Verlag Alber, 1962), pp. 57-103.

Suppes, Patrick, *Axiomatic Set Theory* (Princeton: van Nostrand; 1960).

Tarski, Alfred, *Logic, Semantics, Metamathematics: Papers from* 350
1923 *to* 1938, trans, by J. H. Woodger (Oxford: Clarendon Press, 1956).

——"Ueber unerreichbare Kardinalzahlen," *Fundamenta Mathematicae 30* (1938), 68-89.

——"Notions of proper models for set theories," *Bulletin of the American Mathematical Society 62* (1956), 601.

——and A. Lindenbaum, "Communication sur les recherches de la théorie des ensembles," *Comptes Rendus de la Société des Sciences et des Lettres de Varsovie* (*classe* Ⅲ), *19* (1926), 299-330.

van Heijenoort, J., ed., *From Frege to Gödel: A Source Book in Mathematical Logic*, 1879—1931 (Cambridge, Mass.: Harvard University Press, 1967).

Vaught, *see* Montague.

von Neumann, *see* Neumann.

Wang, Hao, *A Survey of Mathematical Logic* (Peking, 1962; Amsterdam: North-Holland, 1963).

——"On Zermelo's and von Neumann's axioms for set theory," *Proceedings of the National Academy of Sciences 35* (1949), 150-155.

——"A formal system of logic," *Journal of Symbolic Logic 15* (1950), 25-32.

——"Arithmetic translations of axiom systems," *Transactions of the American Mathematical Society 71* (1951), 283-293.

——"The irreducibility of impredicative principles," *Mathematische Annalen 125* (1952), 56–66.

——"Truth definitions and consistency proofs," *Transactions of the American Mathematical Society 73* (1952), 243–275; reprinted in Wang, *Survey.*

——"The axiomatization of arithmetic," *Journal of Symbolic Logic 22* (1957), 145–158; reprinted in Wang, *Survey.*

——"Eighty years of foundational studies," *Dialectica 12* (1958), 466–497; reprinted in Wang, *Survey.*

——and R. McNaughton, *Les Systèmes Axiomatiques de la Théorie des Ensembles* (paris: Gauthier-Villars, 1953).

——*See also* Brown; Kreisel; Quine; Rosser.

Weyl, Hermann, *Das Kontinuum* (Leipzig, 1918).

Whitehead, A. N., "The logic of relations, logical substitution groups, and cardinal numbers," *American Journal of Mathematics 25* (1903), 157–178.

——and B. Russell, *Principia Mathematica* (Cambridge, England: vol. 1, 1910; vol. 2, 1912; vol. 3, 1913; 2d ed., 1925—1927; paperback, to *56: New York: Cambridge University Press, 1961).

Wiener, Norbert, "A simplification of the logic of relations," *Proceed-*
351 *ings of the Cambridge Philosophical Society 17* (1912—1914), 387–390. Reprinted in van Heijenoort.

Zermelo, Ernst, "Beweis, dass jede Menge wohlgeordnet werden kann," *Mathematische Annalen 59* (1904), 514–516. Translation in van Heijenoort.

——"Untersuchungen über die Grundlagen der Mengenlehre," *Mathematische Annalen 65* (1908), 261–281. Translation in van Heijenoort.

——"Sur les ensembles finis et le principe de l'induction complète," *Acta Mathematica 32* (1909), 185–193.

——"Ueber Grenzzahlen und Mengenbereiche," *Fundamenta Mathematicae 16* (1930), 29-47.

Zorn, Max, "A remark on method in transfinite algebra," *Bulletin of the American Mathematical Society 41* (1935), 667-670.

索　引

353 莱斯特·V·霍夫曼(Lester V. Hoffman)帮助制定此索引,他与波内特·韦因斯托克(Barnet Weinstock) 还帮助校对此书,谨致谢忱。

逻辑哲学

（第2版）

宋文淦　译

献给我的女儿

伊丽莎白·罗伯茨

序(1986)

“反过来，”叮当弟接着说，“如曾对，就许对；倘若对，就会对；不过既然并不对，那就不对了。这是逻辑。”

——刘易斯·卡洛尔

我们将在本书中专门论述逻辑哲学，而‘逻辑’一词就实质上采取的是叮当弟的意义。这不是该词的不可改变的意义。可以援引出先例，把该词集体地应用于两类不一样的研究：演绎逻辑和归纳逻辑。不过，归纳逻辑的哲学会无法与哲学的主流——认识论区分开。呼唤一点特别的哲学的，是演绎逻辑，叮当弟脑海中的那门学科。

如果硬要为叮当弟的、逻辑的实指定义补充一个关于同一主题的论述式的定义，那我就会说逻辑是对逻辑真理的系统研究。再要追问，我就会说请你读这本书吧。

既然我把逻辑看成真假和语法这两种成分的合成物，我将突出地切磋真假和语法。不过我将反驳主张逻辑真理是由于语法或者说由于语言而真的学说。

命题和意义概念将得到不利的对待。集合论将被拿来与逻辑比较对照，还将考察它们以哪些样式彼此假装相像。诸供选逻辑的身份和主张将被讨论，还将举出为我们所拥有的东西感到欣慰的理由。

本书是由1968年的两项邀请引发的：一项来自伊丽莎白和蒙罗·比尔兹莱教授，让我为他们的《哲学基础》丛书写一本论逻辑哲学的书，另一项来自法兰西学院，让我做12次论 *la philosophie de la logique*（《逻辑哲学》）的讲演。我完成了本书的初稿，然后潜心衍生我的法文讲稿。本书在法文版中得到改进，随后我从法文版出发，修订了英文版。

早先的草稿曾得到乔治·布洛斯和伯顿·德雷本的有益的批评。

对后来的印刷品中的零星毛病给予指正的有约翰·柯科兰、鲁斯·马库斯、J.J.C.斯马特、山下正夫，以及正文中援引的诸读者。

进一步的反思现在已使我再次插入或重写各个分散的段落，或许足以承担第二版之名。这一版和早先重印过程中所做的主要改变全都在4—5,36—38,50,59—60,68,93—94,100诸页中。

W.V.O.蒯因

目　录

第一章　意义与真假

§1　反对谈命题

在一个人说真话[①]时，是什么使得他的陈述成为真的呢？我们倾向于认为有两个因素：意义与事实。一个德国人说出一个德语陈述句：'Der Schnee ist weiss'。这样做，多亏下述两种情境幸好同时发生，他是在说真话：他的语句意指雪是白的，而事实上雪**是**白的。如果意义原本不同，如果'weies'原本意指绿，那么在说出他刚才所说的话时，他就不是说了真话。如果事实原本不同，如果雪原本是红的，那么同样他就不是说了真话。 1

我刚才所说的，有一种为关于它的陈词滥调重打包票的架势，同时，它透出烦人的哲学上夸夸其谈的味道。那个德国人说出他的陈述句，而四处都有这种白的雪；这都没的说。可是，我们还必须往下走，还要诉诸不可捉摸的居间的元素——一项意义与一个事实吗？**该语句的意义**是：雪是白的，而那**实际的事实**(the fact of the matter)是：雪是白的。该语句的意义与那实际的事实在这里明摆着是等同的，无论如何它们具有相同的名称：雪是白的。而且，明摆着正是因为这种等同或者名称相同，才可以说那个德国人说了真话。他的意思(meaning)与那事实匹配。

这有真理符合论的腔调，可是作为一种理论它是空洞的瞎诌。那种符合只成立于两个不可捉摸物之间，我们曾引用它们作为那德文语

① 这里的"真话"，原文是 truth。作为名词，视上下文而定，truth 在本书中还可有"真"、"真实"、"真假"、"真值"、"为真(是真的)"、"真语句"和"真理"等意义和译法。不少地方，如何翻译为好，还真难把握。恐有不当，为有利于读者独立思考正确理解，特此说明。另外，本书原文各小节都只有标题没有序号，译文中的序号是译者加的，一并在此说明。——译者注

句与那白雪之间的居间元素。

2 有人会抗议说我这种看似对居间元素的引用是太过拘泥于字眼了。他可能会抗议说，在我们把意义说成那个德国人所说的话成真的一个因素时，我们只是在多少带比喻性地说些没有人能否定的话；就是说，如果举例说，'weies'一词在德文中竟被用于绿的东西而不是白的东西，那么那个德国人关于雪所说的就原本是假的。他同样可能抗议说，所说看似对作为超乎雪及其颜色的某种东西的一个事实的援引，只不过是一种说话的方式。

很好；只要我们能这样来看问题，我们就不会有抱怨。然而在逻辑哲学中长期存在着一种强烈的不能如此辩解的倾向。这种倾向主要冒犯的是语句的意义，而不是事实。语句的意义凭其本身而被奉为抽象的事物，名叫**命题**。它们，而不是语句本身，被视作那些是真或是假的东西。它们还是那些能有蕴涵这一逻辑关系的东西。它们还是那些能被知晓、相信或不信的东西，一目了然或感到惊奇的东西。

哲学家对命题的容忍，部分地为术语'命题'之歧义所鼓励。该术语常常简单地用于语句本身，陈述句；然后，某些确实把该术语用于语句的意义的写家，则漠视语句与其意义之间的区别。在随后诸页中痛击命题时，我自然将总是在语句意义这一意义上来痛击它们。

有些哲学家，值得称赞地怯于设定这种冒失的意义上的命题，曾经以'陈述'(statement)来应急。本章开头那个问题就作为例子表明了这种规避性的用法。我在先前诸书中由来已久的对'陈述'的用法不是如此；我在那些地方只把该词用来指陈述句，而且这样说了。后来，面对着在牛津用这个词指我们在说出陈述句时所实施的行动这一日益增长的趋势，我放弃了这个词。我将不再谈论陈述，而要继续谈论命题。

一旦一个哲学家，无论是由于忽视了歧义还是简单地由于过于殷勤，把命题容纳入他的本体论，他就必定会把命题而不是语句看成那些是真与是假的东西。他觉得他从而获得直接性，省掉一步。于此，让我
3 们回想那个德国人。我们看到，由于(1)'Der Schnee ist weiss'意指雪是白的，而(2)雪是白的，他是说了真话。现在我们的命题论者省掉步骤(1)。雪是白的这个命题简单地由于(2)雪是白的而是真的。那个命题论者绕开了语言之间的区别，以及在一个语言中的塑述上的区别。

我之反对认可命题，主要不是出于哲学上的悭吝——出于一种梦想天地间除非必需没有更多东西的愿望。也不是更特别地出于殊相论(particularism)——出于不赞同难以捉摸的或抽象的事物。我的反对是更急切的。如果存在着命题，它们就招致语句本身间的某种同义或等值的关系：那些语句将是等值的，表达同一命题。现在我的反对意见乃成为，那种特有的等值关系在语句层面上并不构成什么实在意义。故而，如果我成功地把它说清楚，那就该挫败那关于命题的假设。

§2　*命题之作为信息*

说语句在意义上或同或异，乃老生常谈。这是如此日常的、非哲学的用法，它容易看起来比它实际上那样更明白。其实它是含混的，而且它的精义很是随当时的特殊需要变化。于此假定我们正在用间接引语来传达一个人的言谈。我们被假定是要提供一个与他的语句在意义上相同的语句。在这样的事例中，当我们竟然用一个贬义词来替换一个具有相同所指的中性词时，我们会被算做错误地曲解他的意思。我们的替换歪曲了他的态度，以至歪曲了他的意思。而在另一场合，其旨趣在传递客观信息而不在乎态度，我们用那贬义词替换那中性词，就不算曲解那个人的意思。在文学翻译中意义相同的标准之类似的变易是显然的，视乎我们的旨趣是在段落的诗情品质还是所传达的客观信息。

与我们当下所关注者有关的那类意义相像，即命题的相同，是各个这些例子里提到的供选者中的第二个。它是客观信息的相同，不管态度或诗情品质。如果客观信息概念本身是称心地清楚的，就不会有对命题的抱怨。

如今，信息概念，经适当地相对化，确实是够清楚的。它对交际理论是很重要的。它要相对于一个或另一个预先指定的、供选物的矩阵——校验图——来说，才有意义。你必须事先说好打算考量的是什 4
么特性。让我们就来考虑熟知的、摄影插图的网点制版方法吧。这里有一块比如说 6×6 英寸的网版，内含一个间隔匀称的正方阵列，比如说行和列每英寸都有一百个空位。一张网点图完全由把这 360 000 个点中哪些安排成黑的来决定。就作为供选物的矩阵的这块网版说，信息就在于把哪些地方说成是黑的。相对于这个矩阵，两张画，当它们把那些相同的点确定为黑的时，给出相同的信息。可以说，颜色上不同，相对于这个矩阵，纯粹是式样上的；它们不传达信息。甚至对形状或位置上的不同，当它们太过轻微无法记录在该网版的那些小点上时，情况也类似。而且，相对于这个矩阵，用话语详述那些小点，也给出与那张画所给出者相同的信息。（这就是用电报传输图画的原理。）而两项话语说明，自然能用大为不同的说法给出该信息；其中之一可以通过说哪些地点是白的而不说是黑的来给出该信息。

针对一个预先指定的有黑白供选的矩阵，信息的相同就这样显得清楚了。然而，在实际生活中试图确定语句在它们所传达的信息方面相同，有一个麻烦是，给不出供选者的矩阵；我们不知道考量什么。不存在明确的规则来将信息与语句之式样的或其他不重要的特性分开。因而何时言道两语句意指同一命题的问题，不能充分地通过间接地谈论客观信息的相同来回答。这不过是重新措辞来谈所说的那个问题。

按理说，物理学的确提供了一个供选物的矩阵，从而提供了一个绝对的、客观信息的概念。在能使两语句之一为真的、微观物理状态在时空中的每一宇宙分布，也都能使另一语句为真的时候，那两语句就在客观信息上一致，因而表达同一命题。各个这样的分布可以称为一个可能世界，于是，两语句当它们在所有那些相同的可能世界中都为真时，就意指同一命题。纯数学的与逻辑的真理立于一个极端，在所有的可能世界中真。我们可以说，一语句在其中成真的所有可能世界的那个类，就是该语句的客观信息——实即它的命题。可是这个思想仍然没有为我们提供在实际生活中确定语句等同的一般办法。在许多情形下，我们能清楚地看出那些语句会在微观物理状态的所有那些相同的分布下成立，而在许多情形下，我们能清楚地看出它们会不成立；可是
5 在语句是关于目的、动机、信念或美学评价的这种情形下，我们就简直不知道从哪里开始。

一种不同的考量客观信息的办法是由认识论中的经验主义传统提出的。说说一语句的真或假会使可能的经验有何不同，你这就已经说出关于该语句的意义所有可说的了；实质上属于C. S. 皮尔士的这等言辞，是意义的证实论。这种理论仍然可以看成是让命题或一语句的意义等同于所传达的信息；不过，要用于定义信息的、供选物的矩阵，现在

是感官输入之全体可能的区分与组合。有的认识论学者用内省感觉材料来编录这些供选物。其他人,更倾向自然主义者,则指望中性的刺激;机体的受激的神经末梢是那网版的黑色小点的类比物。然而,无论采取哪种办法,一种关于作为经验意义的命题的学说都陷入麻烦。如同我们即将看到的,麻烦来之在试图将感官证据分配给各别的语句。

§3 经验意义的扩散性

假定一项实验产生了一个结果,与某门自然科学通常主张的一种理论相抵触。该理论包括一整套相连的假设,或者是可分解成这样一套东西。该实验所表明的最多是那些假设中至少有一个是假的;它没有表明是哪个。只是作为一个整体的该理论,而不是那些假设中任何一个,容有观察和实验中的证据或反证。

可是一个理论有多宽阔呢?科学中没有一部分是完全与其余部分隔绝的。怎么说,爱多全异有多全异的诸部分,都可以预期要分享逻辑和算术的定律,而且分享关于运动中的物体的各种常识性的通则。墨守成规地说,人们可能认为,证据总是算作支持或反对科学之无论是多么松散地编织起来的系统总体的。反对该系统的证据并不是反对任一语句而非另一语句的证据,而倒是可以受任一不同的调配的影响。

很自然地会想到一个重要的例外:确实,一项观察到的经验,是支持报告该察觉本身的语句的证据,同时是反对预言其相反者的语句的证据。我们的墨守成规者甚至在这里也能坚持他的主张,指出,在一种极端的情形下,从远古以来一直得到压倒性支持的信念,突然受到单个相反的观察的挑战,那么该观察就要被斥为幻象。然而,更重要的是, 6
通常观察语句确实是各自应对于观察的。这是观察语句区别于理论语句之处。只有通过观察语句之各自应对于观察,通过接下来的理论语句与观察语句的联系,一科学理论方才容有证明。

当我们思索我们是如何学习语言的,那么何以某些语句如此各自应对于观察就变得明白了。许多词语,包括我们大多数最早的词语,都是**实指地**被学习的;它们是在它们所描述的情景中,或者是在它们所描述的东西在场时被学习的。简言之,它们是以观察为条件的;而且是以公共享有的观察为条件,因为教者与学者二者都必须了解时机的适当性。现在,如果一词语是以这种方式被每个人学会,那么每个人都将统一地在相同刺激出现时应用它。这种统一性事实上提供了一种把什么算做观察语句的、行为上的准则。也正是因为这种统一性,正在检验另一人的证据的科学家,都侧重观察语句,把它们当作保证一致的要点。

我们用生成错综复杂地相互联系的一组语句的办法,在这种语境中学习其他的词语。那些联系都是促使我们在我们想要肯定或否定其他语句时,肯定或否定某些这类语句。它们还是这样的联系,处于一个极端,我们的关于自然的理论会借以怂恿我们忽视或否认一项观察,虽说经常听从这种怂恿是会遗憾的。

将经验信息一般地分配给各别语句甚至是相当大的一堆语句之无望,在某种意义上是广为认同的,如果只是暗示的话。因为,可以这样来看。将会广为同意的是,我们关于自然的理论是并不充分地由我们的材料决定的;不仅是由我们实际做出和将要做出的观察决定的,而且甚至是由所有那些属于可观察种类的、未曾观察的事件决定的。简短地说,我们关于自然的理论是并不充分地由所有“可能的”观察决定的。这意味着可能存在一个假设集 H,以及一个与 H 不相容的供选的假设集 H',而可能发生这样的事:在我们的整个理论 T 随着把其中的 H 换成 H' 而改变时,所得到的理论 T' 却正好与 T 同样好地适合所有可能的观察。于是显然,就经验信息毕竟能分配给 H 和 H' 而言,H 与 H'
7 传达了相同的经验信息;不过它们仍然是不相容的。这一反思应能粉碎任何一般的作为语句的经验意义的命题的概念。

那么为什么那个概念如此桀骜不驯呢?部分地是因为那些各别的、科学和常识的语句,在实践中真的似乎终归带有它们各别的经验意义。这是误导,而且是可以说明的。于此,假定一科学家从我们的一打相互联系的理论信念推导出一个分子生物学的预言,而该预言失败了。他往往为作可能的修订而只彻查属于分子生物学的那半打信念,而不去瞎弄与逻辑和算术以及物体的普遍行为有关的那更一般的半打。这是一种合理的策略——最小损伤原则。而它的一个结果是,理论中与该预言被发现的失败有干系的那个部分,比它否则会有的较为狭窄。

而且,有可能他甚至不是公平地让来自分子生物学的那六个信念都面对该预言之失败;他将集中注意于那六个中的一个,它比其余的更可疑。其实科学家始终在特地为检验单个假设而设计实验；这是合理的，只要有一个假设已经被确定为比该理论的其他部分更带试探性，更可疑。

然而，把该科学家的处置看成只对一单个假设有疑问而保持另外**所有的**都不变，那就错了。他的实验是由对一个假设的怀疑驱使的，这不错；而如果该检验证明是否定的，他就决心拒绝那个假设，可是不大会就是它一个。与它一起，他还将拒绝任何如他所说蕴涵他者。现在我本人必须不依靠一种蕴涵概念，因为我正在向那个概念（或者是相连的等值概念，等值简单的是相互蕴涵）挑战。不过我的确不得不承认，诸语句是借助藏身在行为中的协同关系相互联系的。存在着不久前论及的那种复杂的相互联系：那些强度不一的联系，促使我们在肯定或否定其他语句时肯定或否定某些语句。谁拒绝某一个假设，谁就将由这些习惯模式引向连它一起拒绝其他的语句。

科学家的那种分而克之的策略很好地服务于科学，可是它并没有表明如何把各别的经验证据分派给各别的语句。我们能把各别的证据分派给各个观察语句，而那差不多也就到头了。

§4 命题之解除

无批判地接纳命题作为语句的意义，是广为流传的关于意义的神 8
话的一种显示。那就好似存在一间思想的陈列厅，每个思想都加上意指它的词语作为标签；特别是，每个命题都标上一个适当的语句。在批评这种见解时，我曾经鼓吹命题的个体化的问题。在这方面，一个经验的意义理论的一种一时的吸引力，是那为感官证据领域所享有的相当清楚的个体化。不过我们此后已经找到理由对这一路线不再抱有希望。

如何将命题个体化的问题，就是如何定义语句的等值的问题——如果不是经验的等值，无论如何也是不知怎地配合上真值条件的“认知的”等值。只是为了加强对问题的了解，现在可能最好是指出并拒绝这方面另一个诱人的概念，一个不同于经验的等值的概念。看起来，我们可以为单词定义一种较强的同义关系，只简单地要求它们是保真地（salva veritate）可互换的。就是说，把一个词换成另一个词，总是保持该语脉的真假值，把真的变成真的，把假的变成假的。更一般的，一个词和一个短语，例如‘单身汉’和‘未婚男子’，当它们总是保真地可互换的，就叫做同义的。往后，在两语句是由在上述意义上两两同义的对应部分构成的时，我们就能转而称它们为等值的。

很清楚，这里是条妙计，全靠数的力量，把一种弱的关系，仅只真值相同，提升成一种强的等值关系。那些等值的语句有平行的结构，其对应部分以在**所有**语句中保真地可互换之关系各对各地相关联。如此得来的等值关系有个要求平行结构的缺点；通过还列出某些可允许的语法转换，多少可以放松这一限制。

现在让我们来批判地思考词对词和短语的同义。考虑词项‘长有心脏的动物’，简称‘心脏动物’(cordate[1])，‘长有肾脏的动物’，简称‘肾脏动物’(renate)。所有这四个词项都刚好施于同一动物而为真，可是自然我们仍然不那么想称它们为同义的。它们只能成对地——
9 ‘心脏动物’与‘长有心脏的动物’，以及‘肾脏动物’与‘长有肾脏的动物’——招来同义的称号。在这些情形下，我们所设想的同义定义，就是说保真地可互换性，又将怎么样呢？我们能证明‘心脏动物’与‘长有心脏的动物’有可互换性，而‘心脏动物’与‘肾脏动物’没有可互换性吗？

我们或许能，或许不能；这全依赖于我们假定什么样的语脉材料资源是在我们语言中别处可用的。举例说，如果语脉：

(1)必然地所有心脏动物都是心脏动物

在该语言中是可用的，那么所想要的对比看来就弄出来了。如所希望的，‘心脏动物’与‘肾脏动物’的可互换性不成立；因为，把真语句(1)中第二次出现的‘心脏动物’换成‘肾脏动物’我们就得到一句假话。在这同时，如所希望的，‘心脏动物’与‘长有心脏的动物’保持可互换性，至少是在例子(1)中；因为，根据定义，必然地所有心脏动物都有心脏。

不过这一成功的对比，很奇怪地依赖于该语言的资源。如果副词

[1] 不要混同于 chordate(脊索动物)。(cordate 是假借的，原意为心形的，下面即将出现的 renate 则是生造的。——译者注)

‘必然地’原本不是可用的，而且是用在这样的意义上，即对‘所有心脏动物都是肾脏动物’不成立而对‘所有心脏动物都有心脏’成立，那么，同义与并非同义之间的这一特殊的对比就本来不会与我们谋面。关于这种依赖性的扫兴的事是，在所需要的意义上的副词‘必然地’，正好与同义和等值概念同样晦暗，我们正困顿于为这些概念辨正的目标之中。倘若我们满意于这个副词，我们立即就能定义出等值：两语句是等值的，如果必然地，它们要么都真要么都假。

不错，还可以援引其他例子。例子：

(2)汤姆以为所有心脏动物都是心脏动物

与(1)同样适用，因为汤姆完全可能不以为所有心脏动物都是肾脏动物，而仍然承认所有心脏动物都有心脏。而(2)比起带有它的特设意义的必然性的(1)来，有个置身于更清净的语言的好处。不过，清净是一回事，清澈又是另一回事。(2)中的熟语‘以为’，虽然很普通，却继承了同义和等值以及更多概念的全部晦暗。

怎么说，也不能说熟语‘以为’比等值概念更普通。并不是说，好像等值是一个新的专门的概念，还需要释义成普通语言。相反，这个词项 10
本身是普通的，虽说它很晦暗。等值、“认知”等值的观念，似乎如实是有意义的，直到受到追究。说到底它不过是相互蕴涵，而蕴涵不过是可推演性。对这些概念的抱怨不是缺乏熟识，而是缺乏清澈。

是不是所有这些概念在严肃科学中都被省去了呢？我想大体上是如此。在第四章之初，我将考察和捍卫某些严格的、等值和可推演性的逻辑概念。还存在诸多相对化的用法，它们表明这些词项的许多日常效用；我们是相对于这堆或那堆默认的背景信息来谈论等值或可推演性的。不过，在那些很有意义的用法中，没有一个在对命题实行个体化时有任何明显的功用。

命题学说看来明摆着不那么有价值，即使我们想象个体化的问题得到解决了。因为，那种解决将在于给出某个适宜的语句等值概念；那样的话，为什么不就只谈语句和等值而让命题自便呢？它的长和短在于命题已被投射为语句的影子，如果我可以移植维特根斯坦的一个图解的话。至多它们不会给予我们那些语句不会给我们的东西。对它们抱更多的希望主要是由于我们无批判地为它们采取了一种个体化,而它不与我们明白如何来定义的、语句之间的等值相匹配。那些影子助长了一相情愿。

§5 真假与语义攀升

宠爱命题的哲学家们曾说,命题之所以需要是因为,真假只有关乎命题而不是语句才是可理解的。一个抱有反感的回答是,我们能用他自己的言辞来向那个命题论者说明语句之真:其意义是真命题的语句都是真的。在这里,任何理解的失败都早已是他自己的错。

不过,他之感到真假根本上是对命题而言才可以理解,存在一条更深入也更含糊的理由。那就是真假应该是取决于实在而不是语言;语句是语言。他为真假得以决定而提出一个实在,这种办法真是粗陋:一种想象的、由语句出发的投射。而他是对的,真假应该取决于实在,而它的确如此。除非实在使它那样,没有语句是真的。语句'雪是白的'是真的,如同塔尔斯基已经教我们的,当且仅当实在的雪确实是白的。
11 对语句'Der Schnee ist weiss'同样能这么说;语言不是关键。在谈说一给定语句之真时只有间接性;我们最好简单地说该语句,因而不是谈论语言而是谈论世界。只要只是在说单独给定的语句,完美的真理理论就是维尔弗里德·塞拉斯曾称之为真理消失论那样的理论。

真假取决于实在;可是凭这一点就反对说语句是真的,那是一种混乱。为真(是真的)这一谓词(the truth predicate)的用武之地正是在那些地方,在那里虽说仍然关心实在,我们为一定的技术复杂性所迫不得不提语句。在这里,为真这谓词如实地能用来通过语句指向实在;它能用作提醒者,提示我们,虽然提到语句,可是实在依然是全部的关键。

那么,我们虽说仍然关心实在,却被打动去间接地行事、谈论语句,是在哪些地方?重要的这类地方是那样的地方,我们在那里寻求通则,而且是沿着某些我们不能通过对对象施行概括加以清除的间接层面来寻求它。

我们能对'汤姆是会死的','迪克是会死的'以及诸如此类施行概括,而无须谈到真假或语句;我们可以说'所有人都是会死的'。我们类似地能对'汤姆是汤姆','迪克是迪克','0是0'以及诸如此类施行概括，说‘每个事物都是它自己’。另一方面，在我们要对‘汤姆是会死的或者汤姆不是会死的’，‘雪是白的或者雪不是白的’以及诸如此类施行概括时，我们上升而谈论真假和语句，说‘每个具形式‘p 或者并非 p’的语句都是真的’，或者，‘每个由一语句与其否定组成的析取句都是真的’。促成这种语义攀升的并不是，‘汤姆是会死的’和‘汤姆是汤姆’都是关于汤姆的，而‘汤姆是会死的或者汤姆不是会死的’不知怎么乃是关于语句的。三者全都是关于汤姆的。我们之所以攀升，其原因只在于我们正加以概括的那些句例彼此关联的那种迂回的方式。

我们之能够无须这样的攀升来表述我们的概括‘每个事物都是它自己’，正是因为从句例到句例——‘汤姆是汤姆’，‘迪克是迪克’，‘0是0’——的过渡中跑进来的变化是名称中的变化。对‘所有人都是会死的’来说也类似。这一概括可以读成‘对所有的人 x——所有的、‘汤姆’为其一之名称的那类事物 x——而言，x 是会死的’。可是，‘汤姆是会死的或者汤姆不是会死的’之概括其类似的读法又会是什么呢？它该读成‘对所有的、诸语句为其名称的那类事物 p 而言，p 或者并非 p’。可是语句不是名称，而且这一读法简直是前后不连贯的；它既在要求名称替代者的一个地点又在要求子句语句的一些地点使用‘p’。
因此，为得到我们想望的通则，我们上升一步谈论语句：‘每个具形式 12
‘p 或者并非 p’的语句都是真的’。

那种不连贯的供选读法自然可以被特意给予意义，如果这样做有什么东西可以得到的话。人们可以通过言明语句要是什么东西的名称而让语句兼任名称。人们可以宣称它们是命题的名称。在较早的那些页中，在命题还在考虑中的时候，我曾声称命题是语句的意义，而不是用语句命名的东西；可人们仍然可以宣称它们是用语句命名的，而且真有人这样做了。直到采取这样一条路线，字母‘p’都不成其为遍历对象的变元；它只是代表语句的模式字母，只是一个幌子，标志着一个适合于具某种逻辑形式或语法结构的成分句的位置。另一方面，一旦那些语句被取作命题的名称，字母‘p’就终于兼任遍历身为命题的对象的变元。此后我们就能无抵牾地说‘对所有的命题 p，p 或者并非 p’。

然而，这一举措有恢复命题的缺点，我们已看到有理由不予欢迎。而且此举措没有带来什么可见的好处；因为我们已经看到可以怎么来表达所想望的那种概括，无须诉之于命题，只需上升一步，赋予语句以真假。这种向语言的指涉层面的攀升，不过是从世界出发的暂时的重新处理，因为为真这谓词的效用正好是消除语言的指涉。为真谓词是一提醒者，提示我们，尽管技术上攀升到谈论语句，我们的眼睛还是盯着世界。为真谓词的这种消除效力在如下塔尔斯基的范式中是很明确的：

‘雪是白的’是真的当且仅当雪是白的。

引号做成了谈论言辞与谈论雪之间的全部区别。该引语是一语句的名称，而那语句包含雪的名称，即‘雪’。通过称该语句是真的，我们宣称雪是白的。为真这谓词是个去除引语的设置。我们可以通过只是说出那单个的语句，来肯定它，不求助于引语或者是为真谓词；可是，如果我们想要肯定的是我们只能借谈论那些语句来划界的、某无穷多的语句，那么为真谓词就有它的用场了。在我们为某项概括的目的已经依靠语义攀升时，我们需要它来恢复客体指涉的效用。

塔尔斯基的范式不能加以概括读成：

‘p’是真的当且仅当 p，

13 因为，引用语句的模式字母‘p’，产生的只是字母表上第十六个字母的一个名称，并不产生对语句的概括。一般用法下的、可以以‘x 是真的’这种样式附着于一个可量化变元的为真谓词，却不是用任何方便易得的范式可消去的。塔尔斯基表明，可以用一种迂回的办法定义出那种范式，不过只是在可以使用某些强有力的工具的情况下。我们将在第三章来看该怎么做。

§6 殊例与恒值句

既已一般地承认，为真的东西是语句，我们必须着手某些改进。最好把原初为真或假的东西看成不是语句，而是讲说之类的事件。如果一个人在下雨时说出话语‘正在下雨’，或者在饥饿时说出‘我饿了’，他的言语实施就算做真的。显然，一语句的一次讲说可以是真的，而该同一语句的另一次讲说却可以是假的。

派生地我们还常说到铭记是真的或假的。正如一语句可以容许一真一假的讲说,它也可以容许一真一假的铭记。语句‘你欠我十美元’的一次铭记可以是真的或者是假的,要看是谁写出它了,是写给谁的,是什么时候写的。

在我们明白地说语句是真的或假的时,我们还是更多地在派生地说。这一用法完全适合**恒值**(eternal)句:独立于它们碰巧在其中被说出或写出的任何环境,保持永远真或永远假的语句。在恒值句的名目下人们想到的首先是算术语句,因为时间和空间是如此显著地与算术的题材不相干。人们下一个想到的是物理定律:因为它们虽说多少忙活于物质世界而纯粹数的定律不然,却被预定对一切时空成立的。不过,一般的恒值句并不像它们的名称和这些例子暗示的那么威严。任何关于不重要的事实的偶有的陈述,都能通过提供名字和日期,消除动词的时态,填补成一个恒值句。对应于‘正在下雨’与‘你欠我十美元’,我们有恒值句‘1968 年 7 月 15 日,马萨诸塞州波士顿下雨’与‘1968 年 7 月 15 日,伯尔纳·J·奥特开特欠 W. V. O. 蒯因十美元’,其中的‘下雨’(rains)和‘欠’(owes)现在都被看成无时态的。

用皮尔士的术语说,讲说和铭记都是相关的那个语句或其他语言表达式的**殊例**(token),而这个语言表达式则是那些讲说和铭记的**类型** 14
(type)。用弗雷格的术语说,真和假是两个**真值**。于是,简洁地说,恒值句就是其殊例全都有同一个真值的语句。

可以想象,由于离奇的巧合,同样一串声音或文字在一种语言中用作‘2<5’,而在另一种语言中用作‘2>5’。于是,在我们把‘2<5’说成恒值句时,我们必须理解为我们把它唯独作为我们语言中的语句来考虑,并且要求真只属于它的殊例中那些产生于我们的语言共同体中的讲说和铭记。说起来,由于一种较少离奇的巧合,一个曾为真的恒值句,由于出现在我们自己语言持续演进中的某种语义变化,能够变成假的。这里我们再次把这种不一致看成两种语言——一个时期的英语与另一个时期的英语——之间的差异。所说的那串声音或文字乃是而且持续是早期英语的一个恒值句,一个真的恒值句;它只是碰巧在另一种语言——晚期英语中兼而担当一个假句子。

因此,在我们称一语句为恒值的时,我们是只相对于特定时间的特定语言称它为恒值的。① 由于这种别扭的相对性，把真值加于殊例就保有一个理论好处，因为在那方面通常不存在在诸语言和诸语言阶段间进行选择的问题；我们与之打交道的，简单的是作为说出或写出之时的、说者或写者的语言。不过实践中可能比较方便的是，简单地谈论恒值句的真值，暗中把这些句子理解成是相对于我们今天的英语语言习惯而言的。

现在让我们来总结我们的主要结论。被看成是真和假的东西，最好不是命题而是语句殊例，或者就是语句，如果它们是恒值句的话。想望一种非语言的真假载体，起因于不了解：为真这谓词正好具有调和提及语言形式与对客观世界感兴趣之目的。这种当兴趣本在事物时对提及语句的需要，不过是一种技术性的需要，发生在我们设法循着一个不能用变元来网罗的方向进行概括的时候。

① 这一点困扰了科恩，详见 L. J. Cohen, *The Diversity of Meaning* (London: Methuen. 1962), p. 232。

第二章 语 法

§1 递归语法

我们前不久注意到定律‘每个由一语句与其否定组成的析取句都 15
是真的’，它被称为排中律。它是一条极简单而在其他方面却很典型的逻辑定律。表面上它谈的是语言：语句。我们已看到它为什么是用语言学术语措辞的：它的实例彼此相异的方式，不同于简单地变换所指。语义攀升的理由并不在于那些实例本身，例如‘汤姆是会死的或者汤姆不是会死的’，在题材上是语言学的，甚至也不在于，它们在它们之为真上特别受惠于语言；人们可能仍然主张，汤姆之或是会死或不是会死这种不足道的事，比起我们使用我们的词语的方式来，并不更少源于大自然的无所不在的特性。无论如何，如果人们终于能使该争端有所谓的话，人们可以这样主张；不过我将在第七章中极力说明，这样做有困难。

现在我们将作为对比来考察一个真正的语言学科目：此科目不仅像逻辑那样凭借语言学术语来表达它的通则，而且在它的通则的单个实例中仍还关系到语言。这个科目就是语法。够有意思的，为真这谓词，如此广泛地用于逻辑通则中以抵消语义攀升的效用并恢复客体的指涉，却在语法通则中没有地位，至少是当那些通则被以传统方式表现时。语法意在语言。

我将首先经典地按简单路线，推迟各种量化，来叙述语法的事务。让我们把语法学家描绘成碰到一个讲话的共同体，并被提供了适中的
一系列**音位**。这些都是短的话语单位，类似于字母的东西。要求于它 16
们的只是，该共同体中所说的一切都要能表示成一串这样的音位，而且从来不用相同的串表示显著不同的话语。为了表明两个特殊的听觉上可辨别的声音对一说话者是显著不同的，因而应该被归于两个相异的音位，这样做就足够了：去找一个话语，它在所说的一个声音替换成另

一个声音之前得到说话者的同意，而在其后使得他持异议。故而设置一语言的那些音位是一项相当直截的经验企划，我们假定在那语法学家进入时它已经完成。

于是，那语法学家的问题是，哪些音位串属于该语言？就是说，属于该语言的是哪些在该共同体中作为正规说法曾被说出或者可能被说出的串？该语法学家的任务就是形式地划定所有这样的音位串的类。何谓形式地？这是指停留在一个关于有穷的音位串的纯数学理论中。更明白地说，那是指不说任何不能用一个专门的词汇来说的事物，在那个词汇中，除了通常的逻辑小品词和任何想要的来自纯数学的辅助工具，只有那些音位的名称以及意指音位的毗连的一个符号。

单纯地列出那些串就已经是形式的了，可是那不能行，因为那些想要的串，虽然长度都是有穷的，其数目却是无穷的。因此该语法学家就求助于递归：他开列一部**词典**(lexicon)，或者说一个语词表，连同各种语法**构造**，或者说各种从成分表达式导至复合表达式的步骤。他的任务是如此设计他的词典和他的构造以至划定那个所想望的类：所有能在正规的说法中说出的那些音位串的类。可由该词典连续使用那些构造得到的那些音位串，应该全都能够出现在正规的说法中；反之，每个能够出现在正规说法中的串，都应该可由该词典借助那些构造得到(或者至少应该是作为整体可由该词典借助那些构造得到的一个音位串的一个片段)。

在我们依照那些有关的构造来分析一个复杂的表达式时，我们得到某个具有倒过来的树的形状的、像个家谱的东西。那个复杂的表达式在顶部。它下面，在下一层的是那些“直接成分”——有一两个或更
17 多，该复杂的表达式就是由它们通过一次应用某一构造得到的。在各个这样的成分下面的是它们各自的直接成分，如此下去。该树的各个枝子都往下终结于一个语词。

乔姆斯基已争辩说，英语语法不能完满地归纳为唯独这样的构造树，我们还需要语法转换。某些复合表达式最好通过在不同的构造树之间来回地进行来加以分析，而转换提供了这种横向运动。即使按这些放宽了的条件，语法仍然忠实于它的形式地划界的目的，因为为一特殊的语法所需要的各个转换都能形式地列示。不过，转换对我们的目

的来说可以忽略。对它们的需要并没有扩展到为逻辑目的设计的人工记号记法,而下面几页之后我们专注的将正是属于这样的记法的语法。

§2 范畴

作为列示那些构造的一种帮助,词典中的词被分类,分属各语法**范畴**。因为,我们需要能够这样来列示一项构造,即说出要把什么运算施行于任何一个属于如此这般的范畴的表达式;或许是说出要把什么运算施行于任何一对表达式,其一属于这个范畴另一属于那个范畴。既然那些通过构造得到的复合表达式要能用作进一步构造下的成分,我们还必须说出各个构造其结果进入哪个范畴。

故而,一项构造是按这样的路数列示的:取任何分别属于如此这般的范畴的表达式,把它们按如此这般一种特别的方式联结起来,其结果将属于如此这般一个范畴。通常,联结那些成分的不同方式将以插入一个不同的小品词为标志,例子有'或者(或,or)','加(plus)','并且(与,and)','但是(but)'。还存在一些构造,它们施行于单个成分,而不是联结两个或更多成分;有一项这样的构造是否定,它在于把小品词'不(并非,not)'加在该成分之前。

构造用来给范畴增加复杂的成员,而范畴开始于字词表。一项构造甚至会开辟一个新范畴,后者没有简单的成员,例如,语句的类。那些构造,一旦列示出来,就能反反复复地应用,无穷无尽地增大那几个范畴。

那些范畴都是我们用来称呼各种品词的东西,虽然它们不需要保存传统的分割线。我们的范畴之一可以是诸单称词项的范畴。另一个可以是诸系词的范畴。另一个可以是不及物动词的范畴。另一个可以是形容词的范畴。我们的构造之一可以是把'不'应用于系词得到一复杂系词的构造。另一项可以是把系词加在形容词之前得到一复杂的不及物动词如'是会死的'、'不是会死的'的构造。另一项可以是连接一单称词项与一不及物动词得到一语句如'汤姆是会死的'、'汤姆不是会死的'的构造。另一项可以是用一个'或者'连接两个语句得到一个语句如'汤姆是会死的或者汤姆不是会死的'(Tom is mortal or Tom is not mortal)的构造。是以,语法如此间接地通过词典、范畴和构造告诉 18

我们的，并不是说刚才最后那个语句是真的，而只是说它是英语的。①

以范畴之名抬高什么样的类依赖于我们准备列示什么样的构造，以及范畴的什么样的区别将有助于列示那些构造。无论如何，既是这样使用范畴，我们就能预知一范畴的两个成员将趋于语法上可互换的。就是说，如果你在该语言的一个地道的语句中用一个成员替代另一个成员，你可能把该语句从真的变成假的，但是你不能把它变成不合语法的、无意义可言的话。借用吉奇复兴的、经院哲学家的说法，一范畴的那些成员是保（持）和谐地（salva congruitate）可互换的。这种情境暗示了语法范畴的一种可以立即一般地应用于语言的理论定义：一表达式的范畴是所有与它保和谐地可互换的表达式的类。这一范畴概念是胡塞尔提出来的。

看起来，任何语句在用'drive'替代'lane'②时仍然合乎语法；可是相反的替换却把'I shall drive（我将驾车）'降为胡说。故而保和谐地可替换性不是对称的。语法学家已经想出如下区别来装扮这类不对称性：他们按'drive'成立时'lane'能成立还是不能成立，把'drive'处理成两语词之一，一个是名词，一个是动词。可是，如果我们坚定地把语词当作一串音位，这样的区别是行不通的。直截的回答则是，既然它们的保和谐的可互换性是不完全的，那么就是'drive'在一个范畴中而'lane'在另一个范畴中。到此为止，都还可以。

可是，这个准则对进一步的挤压就穷于应付了。坚定地把'lane'当作一串音位，对'lane'碰巧在'plane'③中的出现，我们又该说什么呢？在这样的碰巧的出现也算数时，没有别的词是与'lane'保和谐地可互换的。如此定义的那些范畴每个差不多都结束于单独一个词。我们能修改那个定义，把那些相互替换限制在该词（不像'lane'在
19 'plane'中那样，而是）作为一语法构造的成分露面的地方吗？不能，那

① 所说语句原来自然是"英语的"（English），现在已译成汉语的，不过我们不想改动了。——译者注

② 在英语中，drive兼为名词与动词，有道路、驾驶等意义，而lane通常只用作名词，有窄小通道等意义，因此才有随后的说法。说"通常"是因为《韦伯斯特国际大辞典》第三版中有把它释为动词的义项，意为形成巷道与划为几股道。——译者注

③ 具有平面、水平、平的等意义的英语单词。——译者注

样我们就陷入一种循环;构造概念依赖于范畴概念,因而不能用来定义范畴。

§3 内在性与超越性

理论上并不需要任何可一般地应用于语言的、语法范畴的定义。为了表明其原因,当下最好来对比一下两类语言学概念:如同我所称呼的,**内在的**概念与**超越的**概念。一概念,当它是对一特殊语言定义的,就是内在的;当它是一般地对语言而言的,就是超越的。

譬如说,我们会喜欢这样做一般地都有意义:在知道某特殊语言之前询问一给定音位串是否属于那语言。我们会喜欢能够说,对**任何**给定的语言而言,语法学家的任务是形式地划分出属于该语言的那些音位串。这样陈述他的任务要求一个**超越的**合语法性概念,一个超越的、一音位串与其所属语言的关系的概念。超越的概念本身并不标榜形式性;比较理想的是,使用可事先应用于任何未明示的语言的、行为性的措辞来表白它。我们已经看到关于它的一种含糊的说法:一音位串属于一给定的共同体的语言,如果它能在该共同体中作为正规的说法说出。不久我将以一种更苛求的路数回到这个概念。

其对立面**内在的**概念的一个极端的例子是德语语法中的 *der*-词概念。这是一类语词,它们具有要求随后的形容词实行所谓'弱屈折变化'的特性。对于别的,还没有明示的某种语言,纳闷它的 *der*-词会成为什么样的,那是愚蠢的。我们形式地、其实是通过枚举来列示德语中的 *der* 词的类,这是作为形式地划定属于德语的全部音位串的类这一主要任务的天生索然无味的辅助。弱屈折变化概念也是内在的;我们通过枚举列示德语中的弱屈折变化,而且,如果我们竟然将术语'弱屈折变化'转用于另一语言,那么我们这样做只是依靠某种感觉到的、无须加以利用的家族相似。该术语的两种使用之间的关系与同名关系差不多。

如果已经由某个称心的超越的合语法性概念出发,我们要着手简单地借助胡塞尔式的保和谐地可替换性,来定义一语法范畴之概念,那么那个一语法范畴之概念就同样是超越的。不过,我们看到,有理由恐怕如此定义的范畴会证明是过于狭窄而没有用。而怎么说这里也没有 *20*

必要强加超越性。在制定一特殊语言的语法时,我们形式地划定属于该语言的音位串的类;而为了为此目的提供一项递归,我们形式地列示某些有用的类和某些构造。如果我们把这些类叫做语法范畴,我们不过是全都给它们贴上标签,以便进行我们的特殊语言中的语法事务;而如果关于另一语言的语法我们使用相同的说法,这只是无须加以利用的家族相似的问题。鉴于这一点,纳闷某个陌生的语言的语法范畴会成为什么样的,那是毫无意义的;那个概念是内在的,就像*der*-词概念那样。

一构造之概念可以同样如此看成是内在的。说起来,一语词,或者更专门些说,一**词素**之概念,也如此。词素有时不经意地被定义为一最短的意义单位;而这个定义实际上将使词素概念成为超越的,如果它竟然有意义的话。可是,除了整个语句或许还有较长的单位外,音位串依据什么准则才能算做有意义的呢?或者是,如果词素基于它只是对一语句的意义有所贡献而被称为有意义的,那么为什么对单独的各个音位不能同样这么说呢?意义概念是太混乱了以至无法促成一个词素的定义。再说,也不需要任何属于超越的种类的定义。在一个音位串中,在哪里划分语词段或词素段,不过是语法学家在递归地划定属于那特殊语言的所有音位串的类时,如何做到完全简单而方便的问题。那不过是这样一个问题:哪些可以较经济地开初列为积木块,而哪些可以较经济地作为短复合物等待构造。

于是,类似地**词典**是个内在的概念,因为词典简单地包括那些指派给诸范畴的语词或词素。某些语词不是如此被指派的,而倒是被安排作为构造本身的主要部分,如同上述的'不'(not)与'或'(or)。

§4 语法学家之目标再考

现在,语句概念又怎么样呢?它是超越的吗?一般的,说一音位串对一给定的共同体的语言而言是语句,这是什么意思呢?按照一种大
21 度的解释,这可以认为是指,该音位串不仅属于该语言(即在正规说法中说出的),而且能在正常的、非强迫的静默之间说出。这一语句概念其实是超越的。不过它不是语法学家的任务所需要的。作为划定合语法的音位串——能够正规地出现在该给定语言中的音位串——的类的

一种辅助,语法学家往往列示一个由所谓的语句组成的所谓的语法范畴,而这种列示将是形式的和内在的;在对一种语言如此命名的范畴与对另一种语言如此命名的范畴之间,除了并未加以利用的家族相似外,别无所需。很独特,如此命名的范畴将显露在形式语法的倒数第二步;然后,作为最后一步,合语法的串的类将等同于诸语句串的所有片段的类。一个超越的概念,合语法性,正好就此在顶部准备停当,使得语法学家能够说他正在寻求什么。

形式性对超越的合语法性概念并不切题。而清晰和明了却很切题。我们的试探性的塑述"一个能出现在正规的说法中的音位串"又怎么样呢?它诉之于说话的倾向,不同于实际行为,不过我并不为此遗憾。这里,如同在任何科学中,要耐得谈论倾向。行为是倾向的迹象;倾向是一种假设的内在状态,帮助引起行为。这样的内在状态越来越被理解为神经学进程。然而,谈说"能出现在正规的说法中"的什么,则是讨厌地含混。这种含混不是要归咎于这样的倾向性的说法;较之'能',它更多地在于'正规的',或者是它们的组合。其困难为哲学家们如下的胡言乱语的例子所显明:罗素的"四倍状态痛饮拖延",卡尔纳普的"那石头在思考维也纳"。我们有些人可能把这些语句看成假的而不是无意义的,可是,甚至那些称它们为无意义的人都倾向于称它们是合语法的。那么,它们是要被说成能够出现在正规的说法中吗?我们开始怀疑,相关意义上的正规性概念依赖于合语法性概念,而不是支持它。

事实上,语法学家利用了超越的合语法性概念的含混,修整该概念以至便利他的形式划界。他如此地塑造他的递归法,以至真正抓住他在该共同体中实际听到的一切;于是,那些就像罗素和卡尔纳普的例子那样的额外的东西得以进入,只是因为要排除它们就须把所说的递归 22
复杂化。

因此,借助一个称心的超越的合语法性概念作出的、关于那语法学家的目的的陈述不是想有就有的。那语法学家的目的倒是部分地通过他在达到它的过程来厘定的。或者,不说谜语似的话,他的目的不外如此:用一种合理简单和自然的办法,形式地划定音位串的一个类,其中将实际上包括所有被观察到的话语,同时尽其实际可能地多地排除将从不会听到的东西。他甚至不会**完全**容纳所有他确实观察到的那些话语，他的形式划界的简单性之考虑说服他丢弃少量的、被当作不经心的和错误的话语。关于语法学家的笼统的目标的这一适中的陈述，大概是我用超越的方式所能做的最好的了；而且，看来没有比被观察到的话语这个概念更值得注意的超越的概念了。

§5 逻辑语法

不再进一步探究语法学家的任务的一个理论定义，我们现在转而较细致地考虑在一更有限的范围内的语法分析：应用于符号逻辑的记号记法。多亏它们的人为性，这些记号记法容有一种喜人的简单的语法。词法和构造是足够的，无求于转换。而且，语法范畴能够严格地根据保和谐地可互换性来划定；不再有歧义这种复杂情形，也不再有像'lane'在'plane'中那样的碰巧的出现。

极突出地在现代逻辑理论中露面的、人为形式的记号记法有一种基于下述范畴的语法。有一个一目谓词或不及物动词的范畴；还有一个二目谓词或及物动词的范畴；或许还有一个三目谓词的范畴；如此等等。除了这些谓词范畴之外，还有一个关于变元'x'，'y'，'z'，'x''，'y''，'z''，'x'''，等等的无穷的范畴。应用于'x'构成'x''以及应用于'x''构成'x'''的重音符号，不是表示关系，而只是用来增补变元的储备。

一语言的词典是一有穷集，为那语法学家计，把它呈现为一个序列。我们可以想象出如此呈现的那些谓词。至于无穷的变元范畴，我们必须把它看成从一有穷的词典出发通过一构造之迭代而生成的。该词典中的变元只是字母'x'，'y'和'z'，而那个构造则是**加重音符号**，一次应用一个重音符号。是以，变元'x''是语法上合成的。

23 该语法的其余部分由进一步的语法构造组成。其中之一是一目谓词之**云谓**（predication）。它在于把这样一个谓词，就说是动词'行走'（walks）吧，与一个变元连接起来，形成一个语句：'x行走'。其结果是个**原子(的)**语句，意思是不含有从属语句。由于其中有变元，它还是个**开**语句。它**对**该变元的某些值，即那些在行走的人，是真的，对其他的值是假的，而它本身则既不真也不假；这就是开语句的禀性。

另一构造是二目谓词的云谓。它在于把这样一个谓词，比方说及物动词'爱'与两个变元连接起来，又一次形成一个原子开语句：'x 爱 y'。还或许存在三目谓词的云谓，如此等等。所有这些云谓构造都是把谓词与一个或更多个变元连接起来，产生一个新范畴即语句范畴的成员。它不过是复合表达式的范畴；因为，所说的语句，即使在是原子的时，都是由一个谓词与一个或更多个变元复合成的。

下剩的构造都是从语句得语句的构造。一项这样的构造是**否定**，它是在一语句前加符号'～'或'并非'形成一个语句。再一项是**合取**(conjunction)，用该词的逻辑意义。它是用小品词'并且'，或者是符号记法中的一个圆点，把两个语句连接起来，产生一个复合语句。

最后，存在第三个施于语句的构造，那就是**存在量化**。它应用于一个开语句与一个变元产生一个语句。该变元，比方说字母'x'，被像'$\exists x$'这样放在一个所谓的量词中，而这个量词则像'$\exists x$ (x 行走)'这样放在该开语句之前。所得到的语句说的是有某物在行走。

这全部，就是我要呈现的逻辑语法。它只缺少谓词表。这个表可以包含一目谓词'行走'，'是白的'，二目谓词'爱'，'<'，'重于'，'可被……整除'，如此等等。逻辑学家没有兴趣来完成该词典，因为它对该语言的结构是无关痛痒的。

§6 多余的设置

我省略掉的似乎不只是谓词的词典，而还有某些性质上属于逻辑的构造。其中之一是**析取**(alternation)，一项用小品词'或者'连接两个语句来形成一个复合语句的构造。这一构造在实践中是有用的，但在理论上是多余的。每个逻辑学生都知道如何只用否定与合取来诠释它。 24
设想在字母'p'和'q'所在之处是任何成分语句，我们可以把'p 或者 q'诠释为'$\sim(\sim p . \sim q)$'。

另一项逻辑性质的、重要的构造是(生成)**条件句**(conditional)。这一构造通过应用小品词'如果，那么'('if')，从两个成分语句产生一个复合语句：'如果 p，那么 q'('if p,q')。这一熟知的构造之意义并不总是清楚的。'如果芙劳拉比爱咪漂亮，那么芙劳拉就确实漂亮'；'如果芙劳拉比爱咪漂亮，那么爱咪就确实不标致’。通常，一个条件句的主旨是不确定的，除非参照某个更广阔的语脉的目的。条件句也有它清楚和自足的用法，而这些用法所做的贡献也能由否定、合取和存在量化来提供。例如，‘如果一个动物有心脏，那么它就有肾脏’可以合适地诠释如下：

$$\sim\exists x\ (x\text{ 是动物}.\ x\text{ 有心脏}.\ \sim(x\text{ 有肾脏}))。$$

条件句‘如果 p，那么 q’的目的常常可以简单地用否定与合取达到：$\sim(p.\ \sim q)$，所谓的**实质条件句**。

与条件句一起，存在着**双条件句**（biconditional），借助多音节的小品词‘当且仅当’（‘if and only if’）形成。它没有添什么问题，因为它可以用合取与条件句来表达：‘如果 p，那么 q. 如果 q，那么 p’。特别是，这样**实质双条件句**就变成‘$\sim(p.\ \sim q).\ \sim(q.\ \sim p)$’，我遵循习惯把它简写为‘$p\leftrightarrow q$’。①

否定、合取、析取以及实质条件句和双条件句的真值，显然是由其成分语句的真值决定的。因此，这些构造以及其他分享这一特性的构造，被称为**真值函数**。所有的真值函数都能诠释成只用否定与合取来说，这是为人熟知和容易证明的。

请细心注意模式字母‘p’和‘q’在上面说明中的作用。它们不属于**对象语言**——我们刚才靠它们帮助正在加以说明的语言。它们图解式地用来标志被设想为对象语言语句所处的位置。类似的，模式记号记法‘Fx’可以方便地图解式地用来标志一个语句的位置，而当时我们想直接关注的是变元‘x’作为一个**自由的**或未量化的变元在那里的出现。
25 是以，我们用模式化办法把存在量化的形式描画为‘$\exists x\ Fx$’。模式字母‘F’，像‘p’和‘q’那样，是在对象语言之外的。

我已经说明，为什么要把析取、条件句和双条件句从我们的构造表中去掉。一项相似的说明适用于**全称量化**：$\forall x\ Fx$。在‘Fx’位置上的那个开语句为每个对象 x 所满足，这就是‘$\forall x\ Fx$’的主旨。全称量化

① 在原书第一版中等值符号用的是‘≡’。修订版中此处改为‘↔’，但是后来却二者混用，或者说，有的改了有的没改。我们在译文中统一改用‘↔’。——译者注

在逻辑实践中是引人注目的，而在理论上是多余的，因为‘$\forall x\ Fx$’显然等于‘$\sim\exists x \sim Fx$’。

我已经省去的另一种边饰，是容许遍历不同种类对象的、不同范畴的变元。这又一次只是方便的问题，而断然是多余的。代替容许遍历对象的某个新种类的、一种新式样的变元‘α’，‘β’，等等，我们可以只是让那些老的变元无差别地遍历老的和新的对象，然后采用一个谓词‘K’在想要的时候标示新对象。于是，代替特别式样的量化‘$\exists\alpha\ F\alpha$’，我们可以用老的式样写成‘$\exists x\ (Kx.\ Fx)$’。

§7　名称与函子

被省去的边饰中主要的是**名称**。由于下述理由，这又只是方便的问题，而断然是多余的。考虑一下作为名称的‘a’以及作为任一含有它的语句的‘Fa’。很清楚，‘Fa’等值于‘$\exists x\ (a=x.\ Fx)$’。从这一考虑我们看到，‘a’，除非在语脉‘$a=$’中，是从不需要出现的。而我们同样可以总是把‘$a=$’当成一个简单的谓词‘A’，从而丢弃该名称 a。是以，‘Fa’让位于‘$\exists x\ (Ax.\ Fx)$’，其中的谓词‘A’唯独对对象 a 成立。

可能有人反对说，这种诠释法从我们这里剥夺去该名称已经提供的一项关于唯一性的保证。那理解为，该名称只适用于一个对象，而谓词‘A’没有假定这样的条件。不过，我们并没有因此失去什么，因为在我们希求时，我们总能用如下另外的语句约定，‘A’对一个而且仅只一个事物成立：

$$\exists x\ Ax, \qquad \sim\exists x\ \exists y\ (Ax.\ Ay.\ \sim(x=y))。$$

（等同号‘$=$’在这里将或者算做那些简单的谓词之一，或者用它们来诠释。）

不带名称的记法仍然谈论 a 和其他对象，因为它们都是量化变元的值。一个对象仍然还可以被唯一地列示，办法是提出某个唯有那个对象满足的开（于单独一个变元的）语句。对对象 a 来说，‘Ax’就是这样一个语句。高兴的话，借助一个简写约定，该名称甚至能作为方便的冗赘被恢复。这个约定将简单的是我们刚才消去名称的那个程序之反 26
转。每一个含有名称‘a’的云谓，就说‘Fa’吧，将被解释成量化式

'$\exists x\ (Ax.\ Fx)$'的一种简写。其实这多少是罗素的单称摹状词理论背后的思想。

在保留名称的、冗赘的系统中,存在两个单称词项范畴:变元与名称。所说的范畴算做两个,是因为名称不能处于量词中。上述以'drive'和'lane'为例说明的不对称性乃再现于这一人为的处置:你可以保和谐地用一个变元替换一个名称,反之则不总能行。

带有名称,如同带有全称量词和额外的真值函数记号那样,是方便的。在实践中,我们使用它们全体,而且还更多:还存在**函子**。一个一目函子,例如'之(的)平方'与'之父亲',附加于一个单称词项,产生一个单称词项。一个二目函子,例如'+',连接两个单称词项,产生一个单称词项。相应地对三目的及更多目的函子也都如此。函子又只是方便的冗赘;它们全都可以去掉而让位于适当的谓词,其办法是我们去掉名称的办法之扩充。

函子生成复杂的单称词项。它们与名称归属于单一的范畴——不同于变元的单称词项的范畴。复杂的单称词项可以含有变元,而使变元本身区别于所有这些其他的单称词项者,就是它能在量词中出现。

我们一直在考虑的这种形式的人工语言,可以遵从塔尔斯基,称之为**标准的**。这个术语既被用于那些不容纳名称、复杂的单称词项、函子以及不久前指出的那些次要的设置的语言,也被用于那些容纳它们的语言。那些前者,那些简洁质朴的标准语言,彼此只在谓词词汇上不同。它们分享变元、云谓、否定、合取与存在量化。

§8 实义词、小品词与名称

范畴与构造的语法范型,向来在语言学中带来两类词汇的区分:实义词(lexicon)与小品词。这不是一种新的区分。它已经长期统辖日语正字法,后者使用一种特别的日语假名(音节表)表示小品词(用另一种假名表示欧洲外来语词),而保留汉字用于实义词。其区别在于:划
27 归诸范畴的语词属于实义词,而那些并非如此归类而只是当成特殊的构造之部分的语词或记号都是小品词。是以,在我们的逻辑记号记法中,一个小品词是记号'~',前置它就构成否定构造;另一个是圆点,中置它就构成合取构造;另一个是重音符号,应用它就构成变元生成构

造；另一个是量化构造之记号‘∃’；其他的则是括号，用于量化构造，有时还为分群起见用于否定和合取。

实义词与小品词之间的区分在西方比在东方更有来历。它等同于经院哲学关于自用(categorematic)词与辅随(syncategorematic)词的区分。这一点，即使在其术语学上，也追溯到古代。[①] 存在着与三段论逻辑中直言命题的联系，直言(categorical)命题中的词项都是自用的。

术语学如今似乎出奇地合适，给出语法范畴的现代概念；因为，自用的表达式都是范畴(category)之成员。不过，语法范畴、实义词与构造之理论并没有如此回溯源头。‘自用的’的定义当时往往是某种像‘其本身有含义的’这样的有缺陷的东西。而我们的实义词概念，或者是归入语法范畴的东西的概念，则还似乎捕捉到其风貌。

属于实义词自然并不意味着是一名称。如果碰巧有个经院哲学家或现代哲学家想把自用词与辅随词之间的区别等同于名称与其他语词之间的区别，那么很容易看出为什么他会如此：他先前已经走了把谓词理解为属性这一步。术语学可能这样改变，以至一个想要否认谓词是名称的哲学家，末了通过称它们为辅随词而做到了。

老术语‘自用的’与‘辅随的’都是我将放在一边的古董。不过我必须反复重申前面说的一点，它着实与我们当下的事务有关：属于实义词并不意味着是一名称。认谓词为实义的并不意味着认谓词为名称，因而设置属性以便谓词成为其名称。借以辨别出名称的是，它能在云谓中和谐地处于一变元的地位，而且在被用来作为例子表示真的全称量化式时将产生真的结果。谓词不是名称；谓词是云谓的另外的参加者。 28
谓词和单称词项都是云谓所要连接的。

我否认谓词是名称而不必否认存在着像属性这样的东西。那是另外一个问题。我们可以容有属性，把它们算做作为我们的量化变元的值的那些对象的全域。我们还可以给它们命名，如果允许我们的语言中有名称的话，不过这些名称将不是谓词。它们将是单称词项，可以替

① 参看 Norman Kretzmann，“Syncategorematic”，*The Encyclopedia of Philosophy*(New York：Macmillan，1967)，VII，373。

换变元；抽象的单称词项例如‘白’（性，whiteness）或‘行走’（行为，walking），并不是像‘是白的’（is white）或‘在行走’（walks）这样的谓词。

存在一些人，他们把所谓的谓词变元用在谓词的位置上以及量词中，写出像‘$\exists F\, Fx$’这样的东西。这些变元的值是属性；我们被告知，可替换变元的常元是谓词；因而谓词兼任属性的名称。我的抱怨是，存在与指称的问题由于未能标明区别而被忽视。谓词不管是否有属性要去指称，在所有的语句中都是需要的，而仿（dummy）谓词‘F’为了阐述的目的一般也是需要的，无须认为它是一个取属性为值的可量化的变元。如果我们还打算对属性施以量化以及指称它们，那么通过为此目的使用可认出的变元和有特色的名称，以及不将它们与谓词混淆，就能做到清楚明白。

§9 实义词的标准

我已两次说过，实义词与小品词之间的区别，不是名称与其他语词之间的区别。现在让我们回过头来更仔细地考察它，看它究竟是什么。我们怎么来决定把哪些语词选归范畴，因而存之于词典，而把哪些语词作为小品词并入构造中呢？考虑如同我们的逻辑语法中的那样的否定句‘$\sim$(x 行走)’。我已把‘x’和‘行走’归入词典，而认为‘$\sim$’只是一个附随于否定构造的小品词。整个语句是通过否定从成分语句‘x 行走’构造出来的，而后者则是通过云谓从实义词‘x’和‘行走’构造出来的。为什么不另行把‘行走’当成与‘$\sim$’同等的小品词呢？这将意味着跳过任一一般的云谓构造，伴随否定构造，另行承认一个行走构造。鉴于这一点，‘x 行走’是从单称实义词‘x’通过行走构造得到的，而‘$\sim$(x 行走)’则是从‘x 行走’通过否定构造得到的。为什么不呢？要不，走别的岔道，为什么不把‘$\sim$’与‘x’和‘行走’一起当成实义词呢？这将意味
29 着承认一种构造，把它应用于实义词‘$\sim$’和一语句‘x 行走’，产生一语句‘$\sim$(x 行走)’。或者，我们可以承认一个三目的构造，可直接从三个实义词‘$\sim$’、‘x’和‘行走’导至‘$\sim$(x 行走)’。

在语法理论的这些供选者中做选择取决于下述这类考虑。通过反复进行构造，复杂的表达式无止境地增加；而我们必须有可无穷扩张的

范畴来得到它们。现在,把一语词归之于词典的一个理由是,它得以由于与这些大范畴之一中的其他表达式保和谐地可互换而进入该范畴。那么,不得进入那些大范畴的语词又如何呢?每个这样的语词都是在一个真的差不多仅有它自己的类中;极少数的语词是与它保和谐地可互换的。代替列出一个可应用于这样一个语词以及如果有的话少数别的语词的构造,我们简单地把该语词算做该构造的一个不可或缺的部分。这就是小品词的性状。

首先来看三个变元‘x’,‘y’,‘z’。它们是在词典中,因为变元构成一个范畴,其数无穷。如果我们能凑合着使用那三个变元‘x’,‘y’,‘z’,排除它们的无尽头地加重音符号的后随,那么我们就会去掉作为一个范畴的变元,把变元从实义词的地位降到小品词的地位。因而,代替原本是一个一目谓词的云谓的构造,我们将承认三个构造:附随‘x’,‘y’和‘z’。代替原本是一个二目谓词的云谓的构造,我们将承认九个构造:附随‘xx’,‘xy’,…,以及‘zz’。代替存在量化,我们将承认三个构造:前置‘$\exists x$’,‘$\exists y$’和‘$\exists z$’。

我不曾说哪些特殊的谓词——无论‘行走’,‘是红的’,‘重于’,‘可被……整除’,等等——将要出现在所说的语言中;因为这一点对于该语言的逻辑结构是无关紧要的。其实,这种故意的不确定,以及其数并非无穷,正是把谓词算做实义词而不是小品词的主要理由。因为,请注意,我一直没有承认任何产生谓词的构造。谓词表预定是有穷的和固定的,只是对各种所注视的特殊的语言是不同的。对各种这样的语言,连同所列出的它的谓词,我们可以把谓词降到小品词的地位,并且对应于每个谓词都承认一个特别的构造——如同我们不久前对‘行走’所盘算的。

谓词供应上的不确定,并不是把谓词算做实义词的仅有的理由。 30
人们还可以希望为某种将生成无穷多的复杂谓词的、产生谓词的构造保留通道。

值得说明的是,如果一个人选择容许产生谓词的构造并且充分利用它们,他甚至能制定某些这样的构造去担当量词和变元本身的任务。存在半打这样的构造,它们联合起来就将使我们能够一并去掉变元和量词。那些构造之一,是一谓词的否定;另一个是主动—被动转换,把二目谓词'爱'转换成'被……爱';还有另外四个。[1] 不过,这是标准的逻辑语法的一种激烈的别择。

§10 时间,事件,副词

我们的标准的逻辑语法,显然没有为如此统治欧洲语言的**时态**之复杂性所动。逻辑语法,就像现代物理学,可以这样来得到最好的安排,即把时间处理成与空间维并列的一个维坐标;换句话说,把日期处理成不过是相当于地点的另一种规定性(determinable)。于是动词可以看成无时态的。时间谓词,如同二目谓词'早于',在词典中属于只相当于地点或颜色或其他任何什么的谓词。在缺乏带时态的动词之下,我们可以想望包含在一语句中的任何时间细节,都可以用与我们可能加进地点或颜色的细节相同的办法明白地加进去。

是以,物体永远被想象为四维的整体,向上下、东西、南北、先前今后延伸。一个正在缩小的物体被看成向着今后渐细;一个正在长大的物体则是向着先前渐细。

我们可以更一般地和大度地将一个**物理对象**简单地想象成时空的某个部分的、无论如何生无定时和成分混杂的整个四维物质内容。于是,如果这样一个物理对象碰巧内部相当坚实凝聚,可是只是多少轻微地和无常规地与它的时空环境结合,那么我们就倾向于称它为物体。其他的物理对象可以更自然地说成是过程、事情、事件。还有另外一些则招不到有特色的雅号。

这种事物的四维观是对相对论物理学的一项帮助;由于解决了时态,它还是语法的一种简化;而这两种刻画都冲淡了它对逻辑的重要
31 性。想想这该有多别扭:没有某种这样的观点,而来了解应用一谓词于不再存在的某物之意义;或者是来了解施量化于从未在任一时间共存的诸对象、并把这样的对象聚集成集合之意义。

我曾着重指出我们的质朴狭小的标准语法潜在地包括多少东西。它的缺乏时态,甚至它的缺乏名称以及所有复杂的单称词项,都无损于它的充分。可我依然不能宣称,它对认知性谈论的所有目的都是充分

---

[1] 参看我的 *Methods of Logic*, 4th ed. (Cambridge: Harvard, 1982), §45。

的，亦即在一种只包含这些构造和变元以及一个有穷的谓词词典的语言中，什么都能说。

举例说，存在着戴维森提出的副词问题。如果所有的谓词都得是简单的，就不能有可对谓词作状语修饰以形成新谓词的规定。我们可以因此而放宽我们的语法，承认某些补充的、产生谓词的构造，能够生成其数无穷的复杂谓词。任何固定和有穷数量的副词都能这样来调理，每一个都成为一个标志各别的产生谓词的构造的小品词。不过还另有需求：副词本身——状语短语——显然是需要的，而且其量无止境，其复杂性没有限制。为此目的，就要求有副词的语法范畴，还有把副词连接于谓词的构造。看来这样一种发展将是我们的标准的逻辑语法的真正的而不只是样式上的扩张。

要不，我们还能希望用别的办法达到所有这些状语上的目的？或许，如果我们只是往词典中增加某些作灵巧理解的新谓词，同时往量化变元的值域中增加某个有特别帮助的新的对象域，我们就能无须打破我们的标准语法的束缚达到所有那些状语目的。戴维森利用这种可能性，把**事件**(events)看成那个有用的新的对象域。他或许可以把'x(在某个或另一个时间)快速地行走'分析成'$\exists y$ (y 是 x 的一次行走，y 是快速的)'。麻烦的副词'快速地'在这里已经让位于一个无害的谓词'是快速的'。一目谓词'行走'，或者最好是在某个时间行走的二目谓词，已经让位于一个不同的二目谓词，而它把行走这一事件关联到那个行走者。'y'的相干值是事件。

不过，还不清楚的是，我们在这里能不能凑合着使用本节先前在物理对象的条目下指出的、那种弱的和纯净意义上的事件。如此理解，没有两个事件具有相同的时空范围。如果需要某种别的意义上的事件，我们将不得不面对如何使它们各具个性的问题。毕竟，正是个性化之不足，使我们在第一章中变得反对谈命题的。 32

§11 态度与模态

无论这一有趣的尝试结果会如何，还存在对我们的标准语法的充分性的其他的挑战。我们必须设法处理那些**命题态度**的难缠的熟语——'认为……'(thinks that)、'相信……'(believes that)、'希望……'(wishes that)、'力求……'(strives that)及其他。① 它们使语句成为不同于真值函数和量化的一些构造的构成成分。

存在几种组织这些题材的办法。一种办法是承认一项构造,从一个语句通过前置小品词'that'而建立一个名称。这意味着恢复名称作为一个语法范畴。它还提出'that'子句是哪种东西的名称的问题:难道是在第一章中那么受冷遇的命题?它还提出必须将二目谓词范畴再加以划分的问题,因为它们中有些('认为'、'相信'、'希望'、'力求')能应用于'that'子句,而其他的('吃'、'＞')则不能。不过,这很容易解决,只需把'x 吃 that p'和'$x>$that p'形式的语句看成不足道地假的而不是无意义的。顺便说说,人们在后面这个权宜之计中,看到本章中先前关于'四倍状态痛饮拖延'和'那石头在思考维也纳'所评论的东西的例解;亦即,一个可以怎样广义地看待合语法性来得到语法的简化的例解。通过把'x 吃 that p'算做合语法的,我们凑合着使用一个二目谓词范畴而不是两个。

于是,这就是处理命题态度的语法的一种办法:承认一项构造,从一语句通过前置小品词'that'建立一个单称词项。现在,一个显见的第二种办法是另行承认一项构造,从一个二目谓词与一语句通过中置小品词'that'建立一个一目谓词。这一办法具有不涉及命题名称的好处。不过,它并没有免除命题本身,或者是会假定为命题态度的对象的随便什么东西;因为,在把'相信'之类当作二目谓词的同时,它仍然容许'x 相信 y'之类。

一个第三种办法是把'believes that'之类处理为构成一个新的实义词范畴,**态度词**(attitudinatives),然后承认一项构造,通过毗连一态度词'believes that'与一语句(比如说)'Darwin erred(达尔文错了)',建立像'believes that Darwin erred(相信达尔文错了)'这样的一目谓
33 词。这样分析,'认为'、'相信'等等不能与'吃'和'＞'相提并论;它们根本不是谓词。这样分析,不再需求命题态度的对象。不过,有了个代价:人们不再能用可量化的'y'说'x 相信 y'之类。人们不再能说存在

① 像'认为'(thinks)等这类所谓命题态度词后面必须跟着个句子即子句(或称分句),英语语法一般地要求在这类词与那子句之间须有'that'相连。因此,也就有下面"'that'子句"等等之说。——译者注

x 相信的某物。

除了命题态度熟语，还存在**模态**熟语：'必然地'、'可能地'。它们又一次使语句成为不同于真值函数和量化的一些构造之成分。为调理它们，我们可以承认一项必然性构造，从一语句通过前置小品词'必然地'形成一语句。至于'可能地'，它可以简单地看成标志着三项相继的一目构造的三个小品词的毗连：'并非必然地并非'(not necessarily not)。

命题态度熟语和模态熟语，从逻辑和哲学观点看，二者都是出名地不清楚。它们之需要澄清已在第一章中论及，而它比在那里指出的还更不堪。在这样的语脉中，麻烦起于用一个真的等同陈述的一边代换另一边。语句：

汤姆认为图利写了《大艺术》

可以是真的，而用'西塞罗'代换'图利'后却变成假的了，尽管西塞罗＝图利。接着就产生在这样的地方使用一个中立的量化变元的和谐性的问题：

汤姆认为 x 写了《大艺术》。

如果这个开语句将必须对一个人 x 而言是真的或假的，而这依赖于我们用他的哪个名称来指称他，那么我们就会问，作为一个开的和可量化的语句，它到底有没有意义。

在开语句及其量化的解释上的这一麻烦，既困扰命题态度熟语又困扰模态语脉。另一方面，对所有这些熟语，如果我们从不深入其内部施行量化，那么它们就沦为相当空洞的笑柄。挽救这种境况的努力，将会使我们要不陷于考虑本质与偶性之类的模糊的区分，要不陷入精心制作进一步的、我避免在这里详述的语法装置。

我们应该是有理由坚持，科学的任何部分之塑述都是不确定的，只要它依旧用命题态度和模态熟语叙述。而较之宣称我们的标准的逻辑语法对于科学是足够的语法，宣称这一点要审慎些。模态曾参与其事 34
的那些好的用法，或许能用更清楚的和已经知道的办法来支应；而命题态度熟语则具有一些它们不容易被取代的用法。让我们务必努力求得更清楚的、足以服务那些目的的设计；不过眼下我们无法保证，那些新的设计，一旦找到了，将适应我们正称之为标准的那个语法。

第三章 真 假

§1 真与满足

35 逻辑学家和语法学家在惯常谈论语句上是相像的。不过我们也看到其区别。逻辑学家谈到语句，只是把它们作为一种手段，借以沿着他不能通过施量化于对象加以清除的一个维度来达到一般性。为真这谓词于是保持着它与他兴趣所在的世界的接触。

在逻辑学家与语法学家之间，较之共同关心语句，还存在更紧密的关联。特别拿第二章中为逻辑制作的那种人工语法来说。这样一种语法与逻辑的干系在于，逻辑从语句是如何合乎语法地构成的之观点，来探究真值条件。逻辑在语法之树上寻找真。

特别是，真值函数逻辑通过否定与合取两种构造来寻找真，从成分句的真值决定复合句的真值。仰仗反复进行，所有的真值函数都隐含地得到这种处理。

如果逻辑通过语法构造探索真值条件，而且真值函数都在这些构造之中，那么真值函数就是有保障的。反过来，如果逻辑预定主要关心的是通过那些语法构造来探索真值条件，那么逻辑学家所设计的一种人工语法就注定在它的诸构造中赋予真值函数以极重要的地位。我们逻辑学家有倾向性地称之为标准的那种语法，是一种除了易于探索真
36 值条件别无他图设计出来的语法。而这是一个很好的图谋。

我们选择了一种标准的语法，简单句都是通过云谓得到的，而其他语句都是从这些简单句通过否定、合取和存在量化生成的。在这一语法中，云谓总是在于连接谓词与变元而不是名称。因此所有的简单句都是开语句，就像‘x 行走’和‘$x>y$’；它们都有自由变元。从而，它们既不真又不假；它们只是为一定的事物或事物对或事物三元组等等所满足。开语句‘x 行走’为各个行走者、别无其他所满足。开语句

‘$x>y$’为各个下降的数对、别无其他对子所满足。

是以，已经处于所说的树的底部时，逻辑对真值条件的探求遇到一种复杂情况。否定之相关的逻辑特点不只在于，否定能从假的闭语句造成一个真的，从真的造成一个假的。我们必须加上，一个含有一个变元的开语句之否定，只被不满足那个语句的那些事物所满足；还有，一个含有两个变元的开语句之否定，只被不满足那个语句的那些事物对所满足；以及诸如此类。

我已经谈起对子来。所需要的对子都是**有序的**对子；就是说，只要 $x \neq y$，我们就必须区别对子$\langle x,y\rangle$与$\langle y,x\rangle$。因为，我们不得不说对子$\langle 3,5\rangle$满足‘$x<y$’，而$\langle 5,3\rangle$不然。有序对的定律是，如果$\langle x,y\rangle=\langle z,w\rangle$则 $x=z$ 且 $y=w$。有序对的此外的那些性质都没有关系。如果一个人想要决定有序对正好是哪些对象，他可以相当任意地决定，只需服从上述定律。是以，我们可以做出集合$\{x,1\}$，其成员是 x 和数 1，再做出集合$\{y,2\}$，然后把$\langle x,y\rangle$定义为其成员是这两个集合的集合。不过，如果 x 或 y 本身是 1 或 2，那就发生混淆。因此，让我们不是从$\{x,1\}$而是从$\{\{x\},1\}$出发，其中的$\{x\}$是其唯独的成员是 x 的集合；因为，即使 x 是一个数，$\{x\}$也大抵不是。于是，$\langle r,y\rangle$可以定义为其两个成员是$\{\{x\},1\}$和$\{\{y\},2\}$的集合。

在如此诠释有序对时，我们并没有假定在正在讨论的标准语言——**对象语言**——中，变元的值包含集合，也没有假定它们包含任何意义上的有序对。我提出的对有序对的使用，整个是在**元语言**——我们用来描述和讨论对象语言的、普通的没有形式化的语言——中进行的。在我说对子$\langle 3,5\rangle$满足语句‘$x<y$’时，我当时是假定语句‘$x<y$’ 37
属于对象语言，同时，对象语言的对象域包含数 3 和 5；可是我并不需要假定这个对象域包含它们的对子$\langle 3,5\rangle$。该对子属于我们对对象语言的研究的工具，而这就够了。

含三个自由变元的开语句的满足需要有序三元组$\langle x,y,z\rangle$，如此等等。我们可以把$\langle x,y,z\rangle$定义为其三个成员是$\{\{x\},1\}$，$\{\{y\},2\}$和$\{\{z\},3\}$的集合。$\langle x,y,z,w\rangle$的情形类似，往下依此类推。还有，位列第一，我们把**单元组**$\langle x\rangle$理解为其唯独的成员是$\{\{x\},1\}$的集合。如果没有数被解释为含一个成员的集合，此方案就避免了混淆。事实上 1

常被解释为$\{0\}$；不过可以表明，单独这个例外仍然不会导致混淆。

$\langle x,y\rangle$的广为使用的一个较简单的版本是$\{\{x\},\{x,y\}\}$。更长的序列可以通过迭代来定义：$\langle x,y,z\rangle$定义为$\langle\langle x,y\rangle,z\rangle$，然后$\langle x,y,z,w\rangle$定义为$\langle\langle x,y\rangle,z,w\rangle$，如此等等。不过戴维·米勒曾向我表明，如果我们像我将要做的那样，容许在同一语脉中有不同长度的序列，那么这种方法会导致长度上的歧义。

§2　为序列所满足

让我们把单元组、对子、三元组，诸如此类统称为**序列**。这个术语将使我们能用一种较简明、更一般的方式来谈论语句的满足，免得我们需要分开考虑变元的各个不同的数目。我们可以说一个序列满足一个语句，如果在我们取该序列的第一个事物作为变元'x'的值，取该序列的第二个事物作为变元'y'的值，如此等等，按字母表次序——'x'，'y'，'z'，'x''，等等——为那些变元对号取值的时候，该语句成为真的。

我们来看开语句'x征服了(conquered)y'。(严格说，不去用时态使我们的逻辑语法复杂化，我们应该把谓词'conquered'看成无时态地意指'conquereth at some time(在某个时候征服)'。)这个开语句为对子$\langle$恺撒，高卢$\rangle$所满足；因为，'x'与'y'是字母表上第一与第二个变元，而恺撒与高卢是该对子中第一与第二个事物，而且恺撒征服了高卢。

这种塑述法允许所说序列的长度超过所说语句中变元的数目。序列中对应于不出现的变元的事物都简单地不起作用。举例说，语句'x征服了y'为$\langle$恺撒，高卢，$a\rangle$所满足，无论a是什么；只是该序列的前两个位置与'x征服了y'有关系。

38 再者，与这个约定一起，很自然的，任一语句如果它对其自由变元的所有的值都是真的，从而为所有的序列所满足，那么就简单地把它说成是**真的**。是以，$x=x$就算做真的。这一约定将使我们在随后的诸页中避免某些冗长乏味的条款。还有，让我们称一个语句是**假的**，如果它对所有的值都假。

在一个序列太短不敷一语句所有变元之需时，就发生一个技术问题。最方便的解决办法是：在一个序列具有少于i个的位置时，规定它

的第 i 个元素等同于它的最后那个元素——看来这能再三再四地重复。[①] 是以，语句'$x \leqq y$'为简单地说成是1的序列⟨1⟩所满足；因为，它为⟨1,1⟩所满足。此外，鉴于倒数第二段所说的，它为⟨1,1,y⟩所满足，无论对 y 作何选择。

我们的乃至禁止名称和函子的标准语法之简朴，就我们关注的不是使用一语言而是谈论它而言，是一种便利。使用时，有名称和函子是方便的。简朴将只流行于对象语言，我们正在谈论其语句'x 行走'，'$x<y$'，'x 征服了 y'，等等。在谈论这些简朴的语句，以及什么序列满足它们时，我们自由地使用我们自己的、适宜地不那么简朴的日常语言；因此有像'恺撒'和'高卢'这样的名称，以及像'⟨恺撒，高卢⟩'这样的复合单称词项。

即使是对象语言的语句，也并不都有自由变元。那些简单语句都有，像'恺撒征服了高卢'这样的闭简单句不能算。可是，存在着复合的闭语句，例如'$\exists x\ \exists y$ (x 征服了 y)'。因此，询问什么样的序列可以被说成满足了一个闭语句，仍然是适宜的；而其回答是容易的。正如一序列中除第一和第二个外所有的事物都与'x 征服了 y'不相干，一序列中的所有事物都与一个没有自由变元的语句不相干。是以，一个闭语句，简单地视其是真的还是假的而定，或者为每个序列所满足，或者不被任何序列满足。

多亏我们在半页之前采取的那个约定，最后这项注记事实上既适用于闭语句，也适用于开语句。每个序列都满足每个真语句而不满足假的。其实，用满足来定义真是很容易的：**为所有的序列所满足**。满足是着手工作的概念。

我们即将转入的这项工作，除了少数细节，源于塔尔斯基。它将由于我们新的序列设置和我们相伴随的约定，而变得容易些。现在回头 39
看真值函数，我们能断然地说，一序列满足一给定语句的否定，当且仅当它不满足该给定语句。相似的，一序列满足一个合取，当且仅当它同时满足那两个语句。我们能够说这些事而不用问那些序列有多长，也不用问那些语句有多少自由变元，如果确实有的话。

---

① 这里我要感谢乔治·布洛斯和詹姆士·A·托马斯。

人们感觉到，诉之于变元的字母表次序，存在某种人为的和任意的东西。因而在开语句‘x 征服了 y’与‘y 征服了 z’之间创立了一种看似无故的区别；〈恺撒，高卢〉满足其一而不满足另一。我们或许最好不是诉之于字母表次序而是诉之于语句中初次出现的次序？这样的话，〈恺撒，高卢〉就无差别地满足‘x 征服了 y’与‘y 征服了 z’了。

合取式影响着这个问题的答案。按照我们的字母表办法，〈恺撒，高卢，布鲁图〉满足‘x 征服了 y’与‘z 杀死了 x’两者，因此还满足它们的合取‘x 征服了 y. z 杀死了 x’；故而一切顺当。按照另一种办法，〈恺撒，高卢〉将满足‘x 征服了 y’；〈布鲁图，恺撒〉将满足‘z 杀死了 x’；而只有靠一条关于合取的相当复杂的规则才能把我们从这些素材导至所想望的结论，即〈恺撒，高卢，布鲁图〉满足‘x 征服了 y. z 杀死了 x’。是以，正是字母表次序帮助我们与跨合取的诸变元配上对。‘x 征服了 y’与‘y 征服了 z’之间的区别终究不是没来由的，如果你想到它们在与某个像‘z 杀死了 x’这样的另外的子句构成的合取中的处境是多么地不同的话。

我们得到一个关于否定与合取相对于它们的组成部分的满足条件的、紧致的陈述。否定只为其成分句不被满足的那些序列所满足，而合取则只为其成分句双双得以满足的那些序列所满足。现在，剩下的构造，存在量化，又如何呢？一个存在量化由某个语句，前置一个其变元是字母表上比方说第 i 个变元的存在量词组成。于是，这个量化式为一给定的序列所满足，当且仅当其成分句为某个与给定的序列除了或许在第 i 个位置上不同外全都相同的序列所满足。

以‘$\exists y$ (x 征服了 y)’为例。它为一给定的序列所满足，当且仅当‘x 征服了 y’为一个与给定的序列除了或许在第二个位置上不同外全
40 都相同的序列所满足。是以，‘$\exists y$ (x 征服了 y)’，如所想望的，为每个其第一个事物是恺撒的序列所满足；我们之所以得到这个结果，是因为‘x 征服了 y’为每个其第一和第二个事物是恺撒和高卢的序列所满足。

请注意我们前不久为过长的序列所做的设计是怎样在这里显现的。‘$\exists y$ (x 征服了 y)’为恺撒，亦即〈恺撒〉所满足，而且为〈恺撒〉的每个延伸序列所满足；而‘x 征服了 y’则为〈恺撒，高卢〉的每个延伸所满足。

§3 塔尔斯基的真之定义

解释一个表达式的一种合理的办法,就是说出哪些条件使得它的各种语脉成真。因此人们总想把上述满足条件看成是解释否定、合取和存在量化的。不过,这种看法是站不住脚的,它陷于恶性循环。所给出的关于否定、合取和量化的满足条件,都预先假定了对它们要解释的那些记号本身或者意思相同的其他东西的一种理解。一个否定式被解释为,它为一个序列所满足,当且仅当其成分句**不**(not)被那个序列满足;一个合取式为那个序列所满足,当且仅当它的一个成分句**与**(and)另一个成分句都被那个序列满足;而一个存在量化式为一个序列所满足,当且仅当其成分句被**某个**(some)恰当地相似的序列满足。如果在解释否定、合取和存在量化的过程中,我们准备这样来利用'不(并非)'、'与(并且)'和'某个(有的)',那么为什么不更直接地进行,只提出这些词作为直接的翻译呢?

那三个满足条件所由来的塔尔斯基,则相反地来看它们的用途;不是用来解释否定、合取和量化,那会站不住的,而是用来为定义满足本身出力,因而派生地为真之定义(definition of truth①)作贡献。一开始,让我们往后退,来定义简单句或云谓的满足。这里我们将对应于对象语言的每个谓词都有一个定义,说来如下。

由'行走'伴以字母表上第 i 个变元组成的语句为一个序列所满足,当且仅当该序列中的第 i 个事物行走。

由'征服了'前后伴以字母表上第 i 个和第 j 个变元组成的语句为一个序列所满足,当且仅当该序列中的第 i 个事物征服了第 j 个事物。

对于假定它们数目有穷而且是列出清单的其他每个谓词,也都类似。就这样,人们被告知,就对象语言中的任一云谓而言,说它为一个给定的事物序列所满足,究竟是什么意思。人们被告知,这自然须得以 41
人们懂得那些谓词本身为条件;因为,请注意'行走'和'征服了'是怎样得以再次使用于前两段的说明部分的。

语句可以在复杂度上分出等级。云谓具有复杂度 0;具复杂度 n 的语句的否定和存在量化具有复杂度 $n+1$;而合取将具有复杂度 $n+1$,

① 也可以而且已经被人们译为"真理(的)定义"。——译者注

如果其成分句之一有复杂度 n，同时另一个的复杂度小于或等于 n。于是，人们刚才被告知的是：一个序列满足一个具复杂度 0 的语句，那是什么意思。然后，一旦人们知道一个序列满足一个具有给定的复杂度的语句是什么意思，则否定、合取和存在量化的满足条件就告诉人们，一个序列满足一个具有下一较高复杂度的语句又是什么意思。这样，一步一步的，人们终于得知，一个序列满足具有任何预定的复杂度的语句乃是什么意思。对各个 n，复杂度 n 需要如此的 n 步。

这个方案，为对象语言的所有语句，提供了一个满足之定义，而它是**递归的或归纳的**。从简单的实例出发，逐渐扩展，一个实例一个实例地显示那些去说一个序列满足一个语句的环境。让我们用模式来重述这个归纳定义。让我们称字母表上第 i 个变元为 var(i)。令任一序列 x 中的第 i 个事物为 x_i。于是，如果我们把'A'认作对象语言的一目谓词之一，满足之归纳定义开始如下：

(1) 对所有的 i 与 x：x 满足'A'随之以 var(i)，当且仅当 Ax_i。

对词典中的每个一目谓词都存在这样一个子句。类似的，对每个二目谓词，比方说'B'，有：

(2) 对所有的 i,j 与 x：x 满足'A'随之以 var(i)与 var(j)，当且仅当 Ax_ix_j。

在对词典中的每个谓词都做出这样一条规定之后，该递归定义结束如下。

(3) 对所有的序列 x 与语句 y：x 满足 y 的否定，当且仅当 x 不满足 y。

42 (4) 对所有的序列 x 与语句 y 和 y'：x 满足 y 与 y'的合取，当且仅当 x 满足 y 并且 x 满足 y'。

(5) 对所有的 x,y 与 i：x 满足 y 关于 var(i)的存在量化，当且仅当 y 被某个使得对所有的 $j\neq i$ 都有 $x_j=x'_j$ 的序列 x'所满足。

合到一起，此归纳定义告诉我们，什么是一个序列满足对象语言的一个语句。附带地它还提供了一个真之定义，既然如同前不久指出的，真不过意指被所有的序列所满足。

定义分成两个等级。最好的情况，定义使我们能消去和免除定义出的表达式。有的定义通过当即明示一个替代的表达式来做到这一点。例如，'5'定义为'4+1'，或者，全称量词'$\forall x$'定义为'$\sim\exists x\sim$'。有的定义则通过表明怎样诠释含定义出的表达式的语脉来做到这一点。例如析取的小品词'或者'，就是通过把它的所有的、形如'p 或者 q'的直接语脉都解释成'$\sim(\sim p.\sim q)$'来定义它的。这个定义没有提供小品词'或者'本身的直接替代者，可是它仍然能用来在那个小品词可能出现之处把它消去。这两种定义称为**直接的**定义，并且构成高等级的。

另一方面，低等级的定义并不消去什么。它依然完全确定定义出的表达式的用法。我们关于满足的归纳定义就属于这一类。**它只是决定哪些序列满足各个语句**，而它并没有表明怎样消去带变元'x'和'y'的'x 满足 y'。

借助来自集合论的某种有分量的装备，我们可以把一个等级的定义提升到另一个等级。接受集合论的谋略，我们可以直接地和可消去地定义'满足'。其推论说来如下。

我们可以把**关系**看成有序对的集合。满足关系就是使得 x 满足 y 的所有对子$\langle x,y\rangle$的集合。现在，归纳定义(1)—(5)确实只解决哪些对子$\langle x,y\rangle$属于满足关系；对此，请注意刚才的黑体字的语句。如果引用一个变元'z'，我们修改(1)—(5)，把其中的'满足'都改写为'对……具有关系 z'，那么经如此修改的(1)—(5)这些规定就使得 z 成为满足关系。如果我们把经如此修改的(1)—(5)简写为'SRz'，那么'SRz'事实上说的是'z 是满足关系'。现在我们终于有了'x 满足 y'的一个 43
直接定义。我们可以把'x 对 y 具有 z'写成'$\langle x,y\rangle\in z$'，然后把'x 满足 y'翻译成：

(6) $\exists z\,(\mathrm{SR}z.\ \langle x,y\rangle\in z)$。

§4 对象语言中的悖论

我们已经获得'x 满足 y'的一个直接定义，(6)。在塑述它时，我们并没有限于只使用在这种满足关系与之相关的对象语言内可用的手段。让我们下面就来考虑在对象语言本身之内重新构造这个定义的可能性。如果我们把集合论的谓词'$\in$'归入对象语言的词典中，那么(6)

中除了有点麻烦的子句‘SRz’外，全都能顺利地转入对象语言。甚至复合词项‘$\langle x,y\rangle$’也能通过我不拟驻足的语境定义消解掉。结果，(6)只展开为‘$\in$’、变元、真值函数、量化以及‘SRz’。那些必需的步骤可由各种逻辑和集合论的教科书明白了解。

那么‘SRz’又怎么样呢？它所需要的只是去掉了‘满足’(它已到处让位于‘$\in z$’)的(1)—(5)所需要的。注视(1)—(5)，我们看到我们将需要的不只是使用而且还是谈及各种简单和复合的表达式：谓词、变元、否定、合取、量词；我们还将需要谈论序列和数，用数字来列示变元，以及用数字来列示序列中的位置。现在，对序列和数的谈论，可以被降解到集合论——最后再次降解到‘$\in$’、变元、真值函数和量词。(5)中所使用的等同号，情形相似。至于对表达式的谈论，它可以被降解到同样这些元素，加上一个用于细述的、适中的、特殊谓词的词典。这些谓词之一是一个三目的毗连谓词‘C’：‘Cxyz’意指 x，y 和 z 都是记号串，而 x 由 y 随之以 z 构成。其他的都是一目谓词，它们每一个都辨明一单个符号；例如，‘Ax’可以是意指 x 是重音符号，‘Lx’可以是意指 x 是左括号，以及诸如此类。略去感兴趣的读者可在别处①得到的一大堆细节，我将简单地报告，‘SRz’归约到这个适中的谓词词典——‘$\in$’，‘C’，‘A’，‘L’，以及其余的——连同变元、真值函数和量化。

堪称奇事，我想说明，借助哥德尔的一条妙计，我们甚至能把这个
44 谓词词典归约到单独的‘$\in$’。该妙计在于让正整数去代表记号和记号串。为简易起见，假定我们的字母表中的记号其数不超过九个。我们可以任意地让它们等同于从1到9这些数，然后让每个记号串等同于相应的数字串所表达的数。我们能够就这样迂回地完成全部用算术词语表述谓词‘C’，‘A’，‘L’等等的工作；而算术又浓缩到‘$\in$’、变元、真值函数和量化。

无论有没有最后这项改进，我们都能把‘SRz’送进带有其标准语法和一个可列示的谓词词典的对象语言。这样，通过(6)，‘x 满足 y’就得以翻译成对象语言。

① 例如，在我的《数理逻辑》(*Mathematical Logic*)最后一章中。不过请注意，本节和前两节中的思想除了细节都是塔尔斯基的。

这个消息听着让人高兴，可是不久我们就将找到理由为它烦心。考虑通常称为他谓悖论的格雷林悖论。它可以被说成从来关系到含单独一个变元的开语句。各种各样的事物都能满足这些语句。语句也满足它们中的某些。它们中的某些又满足它们自己。开语句‘x是短的’是个短句子，因而满足它自己。开语句‘x满足某些语句’满足某些语句，因而满足它自己。还有许多开语句不能满足它们自己。例子：‘x是长的’；‘x是德语的’；‘无物满足x’。现在来看开语句‘x不满足它自己’。很清楚，如果它满足它自己则它不满足它自己，反之亦然。

这表明，‘x不满足它自己’必须不得进入对象语言。因为，该对象语言在它表述谓词时已经具有那样的机制，可用来列示它自己的任何记号串，作为供它的变元指称的对象。如果这些记号串之一是‘x不满足它自己’，或者不如说是它的完全用基本记号表示的展开式，那么，通过就取那个记号串作为‘x’所要指称的对象，我们就会得到矛盾。

可是我们刚才还断言，‘x满足y’能翻译成对象语言，成为一个直白的开语句。于是，‘$\sim$(x满足x)’，或者‘x不满足它自己’，就同样是可翻译的。于是我们就明显地陷入矛盾。

§5 在集合论中的解决

它的解决在于集合论。由(1)－(5)表示的归纳定义完全正确，而且自然是除了正在加以归纳定义的新词项——动词‘满足’外，全都能翻译成对象语言。因此，我们从(1)－(5)通过去掉那个动词并补充‘z’所得到的‘SRz’，就完全能翻译成对象语言。而且，‘SRz’的确需要z，45
以至作为它的成员的对子都恰好是那些使得x满足y的对子$\langle x,y\rangle$。迄此一帆风顺。可是，**存在**着满足这个要求的集合z吗？如果是的，那么(6)就能起到它定义‘x满足y’的作用；如果不，那么(6)就简单地对所有的x和y都是假的。而通过归谬法，其答案事实上是否定的；不存在这样的集合z，要不我们就会归于格雷林的矛盾。

存在着哪些集合这个一般的问题，已经长期地和人所共知地得不到解决。一个开语句被说成决定一个集合，如果该语句对该集合的所有的而且只是那些成员成立。认为只要我们给出了该语句我们就列示了该集合，这是常识；这就使人认为，每个开语句都决定一个集合。可是，集合论中的悖论，特别是罗素悖论，却告诉我们其实不然；语句'$\sim(x\in x)$'不能决定什么集合。如果竟然存在这样一个集合，那么，它必须是它自己的成员，当且仅当它必须不是它自己的成员。

于是，集合论者不得不试着弄清楚，哪些开语句还能认为是决定集合的。不同的选择给出不同的集合论，有的比其他的强。在我们把'$\in$'赋予我们的对象语言的词典时，我们让与它同行的集合论有多强这个问题悬而未决。而我们现在可以肯定的是：与对象语言的其余部分相一致，它不能是含有一个使得 SRz 的集合 z 的集合论。

塔尔斯基的工作就这样打造了一个新的连环，连接着以格雷林悖论为最好的例子的、所谓的语义悖论，与以罗素悖论为最好的例子的集合论悖论。无论如何，我们已经为格雷林悖论所迫，拒绝了一个假定的集合 z。而应该注意的是，这种拒绝是一种在下述方面弱于罗素悖论的悖论：它所拒绝的那个 z，并不是一个宣称由可在对象语言中表达的任一开语句决定的集合。它其实是宣称为所有使得 x 满足 y 的对子 $\langle x,y\rangle$ 的集合，因而其实是宣称为由开语句'x 满足 y'决定的。可是这不是对象语言中的语句。如同格雷林悖论已经告诉我们的，它是不可翻译的外来语言。

我们仍然可以接受'x 满足 y'作为元语言中的语句，而且在那个层面上我们甚至可以承认它决定一个集合 z。按这些条件，(6)仍然可以承认为定义了'x 满足 y'；不过是在那对象语言的元语言中定义了它。该元语言能容忍一个强于那对象语言所能容忍的集合论；它能容忍一个使得 SRz 的集合 z。

46 应该提到的是，一种语言对它的满足谓词的抗拒不是绝对的。如果不像我们已经考虑的那样，一种语言在导致矛盾所需要的辅助设置上是弱的，那么它就能不受惩罚地含有它自身的满足谓词和为真谓词。①

① 有个例子见 John R. Myhill, "A complete theory of natual, rational, and real numbers," *Journal of Symbolic Logic*, 15(1950), 185-196。

第四章　逻辑真理

§1　从结构上说

我们对真这个概念的研究转变成对满足概念的研究。真是满足的极限情形，就像闭语句是开语句的极限情形。为了塑述闭语句的真之概念，我们必须经由开语句的满足归纳地攀升。其理由是，甚至闭语句也是由开的成分句组成的。正是这种洞察把塔尔斯基引导到他精心制作的真之定义，以及我们正在研究的满足之定义。 47

否定、合取和存在量化的满足条件，在满足之归纳定义中起着中心的作用。而这些条件，且不说定义什么东西，就是简单地因其提供了一个关于否定、合取和存在量化的逻辑演算的基础，也是值得注意的。这些条件决定了，对各个复合句，给定关于原子句的同样的信息，正好哪些序列满足它。

这种决定不是从若干序列中挑出它本身。就是说，你能知道一个序列满足哪些原子句，可还是无法决定它是否满足某一个复合句。你能知道一个序列⟨a,b⟩满足哪些原子句，可是无法决定它是否满足某一个量化式'$\exists z\ Fxyz$'。因为。这是⟨a,b,w⟩是否至少对一个事物 w 满足'$Fxyz$'的问题；而这个问题超出所有关于⟨a,b⟩的原子信息。关于⟨a,b⟩的较高层次的信息依赖于关于超过⟨a,b⟩本身的简单信息。可是所有较高层次的信息却是相对于简单信息的无论多么难弄的无穷全体来确定的。总之，已知哪些序列满足那些简单句，就能确定任一复合句被哪些序列满足。 48

这些决定环节都是逻辑的事。对逻辑来说，不是要确定哪些序列满足那些简单句，而倒是，取决于这样的信息，来确定哪些复合句将是真的，或者哪些序列满足它们。同样地逻辑还倒过来探究这些联系：已知一复合句是真的，或者已知什么满足它，去确定对那些简单句有哪些选择等待决定。间接地通过这些向上和向下的依赖关系,还存在一个复合句与另一个复合句之间的横向相互依赖关系要探究。

一种熟知的这类联系是**逻辑(上)蕴涵**。一个闭语句逻辑蕴涵另一个闭语句,如果假定前者是真的,这两语句的结构就保证后者是真的。在这里,关键性的限制是,没有援用就外加语句的真假而论的、支持性的补充假定或信息。逻辑蕴涵完全决定于真值函数、量词和变元是如何堆积的。一句话,它完全决定于我们可以称之为那两语句的逻辑结构的东西。

逻辑蕴涵同样适用于开语句。一个开语句逻辑蕴涵另一个开语句,如果只有满足后者的序列才满足前者——再一次假定,这为那两语句本身的逻辑结构所保证,没有补充以其他信息。逻辑蕴涵是一族紧密相关的概念之一。另一个是**逻辑(上)不相容**。诸闭语句是逻辑不相容的,如果它们的逻辑结构阻止它们同时真。诸开语句是逻辑不相容的,如果它们的逻辑结构阻止它们同时为哪个序列所满足。

该概念家族中的其他成员是**逻辑(上)真**(logical truth)和**逻辑(上)假**(logical falsity)。一个逻辑上真(或假)的语句(logically true (or false) sentense)是一个其真(或假)为它的逻辑结构所保证的语句。

顺便说说,第三章早先部分采用的一个约定简化了我们的叙述;那就是约定,把对其诸自由变元的所有的值都真的开语句称为真的。在本章中,这类简化是堪称重要的。

49 我们可以方便地使这族概念隶属于它们中的一个,逻辑真这个概念。它胜过蕴涵的是,它只涉及单个而不是一对语句。其他的概念可以由逻辑真得出如下。一个语句是逻辑上假的,仅当它的否定是逻辑上真的。两个或更多语句是逻辑上不相容的,仅当它们的合取是逻辑上假的。最后,一个语句逻辑蕴涵另一个,如果前者与后者的否定逻辑上不相容。要不,并不打住,我们可以加上等值:相互蕴涵[①]的语句是**逻辑(上)等值的**。

多亏所说的约定,在刚才所有这一堆塑述中,我们一直能省掉开语

① 这里应该严格地说成“相互逻辑蕴涵”。——译者注

句与闭语句的区分。

我们上面把逻辑真理(logical truth①)定义为它之真为其逻辑结构所保证的语句。然而,为了避免一种可能有的误解,最好这样来把事情说得更明白些:一个语句是逻辑上真的,如果所有共享它的逻辑结构的语句都是真的。不过,在这一点上必须注意一个微妙的区别:有可能,一个语句具有另一个的全部逻辑结构,可是反之不然。举例说,语句

(1) $\sim\exists x$ (x 漂流 . $\sim$(x 漂流))

具有

(2) $\sim\exists x$ (x 漂流 . x 燃烧)

的全部逻辑结构。而它具有的还稍多一点:与(2)不同,它足以成为逻辑上真的。所有具有(1)的全部逻辑结构的语句都是真的;而那就是(1)之为逻辑真理之所在。并不是所有具有(2)的逻辑结构的语句都是真的;(1)是,但(2)本身不是。

§2 从代换上说

我曾说明,在这个阶段,所谓一语句的逻辑结构,我所指的是,它在真值函数、量词和变元方面的组成。由此可见,在我们已采取的标准语法之下,逻辑结构与谓词就是存在于一语句中的全部。只要把一语句中的谓词都代之以模式字母‘F’,‘G’,等等,你就已经描绘出它的逻辑结构。

这暗示了定义逻辑真理的另一种较简单的方式:一个语句是逻辑上真的,如果它在其谓词的一切改变之下都保持是真的。不过,在这一点上必须注意另一个比先前由(1)和(2)显示的那一个更微妙的区别。它 50
取决于我们有多宽松地理解“其谓词的改变”。按照一种不那么宽松的理解,这将只是指谓词代换谓词。这一意义下的、谓词的改变能把语句

(3) $\exists x$ (x 漂流 . x 燃烧)

① 这明显的是指逻辑上真的语句,可以就译为“逻辑真语句”。出于某些考虑,现在先这样译。本译文中的“真理”几乎全都可以读为“真语句”。此外,如同我们一开始就指出的,视上下文而定,truth 还有别的意义和译法。——译者注

变成

(4) ∃x (x 漂流. x 溶解),

但不能变成

(5) ∃x (x 漂流. ~(x 漂流))。

在定义逻辑真理时我们自然想要那种更宽松的理解;我们想要把(5)算做分享(3)的逻辑结构。这里切题的不是用谓词代换谓词,而是用语句('~(x 漂流)','x 溶解')代换简单句('x 燃烧')。

于是,一个**逻辑真理**可以定义为**这样一个语句:在我们用语句代换它的简单句时,从它只得到真语句**。是以,既然在(3)中用复合句'~(x 漂流)'代换简单句'x 燃烧'产生一个假语句,即(5),(3)就不是逻辑上真的。另一方面,(1)是逻辑上真的,因为任何时候,把(1)中的'x 漂流'代换成无论多么复杂的语句,其结果都仍然是真的。

有时逻辑真理的这个定义分两个阶段给出,以**有效的逻辑模式**概念作为中介。逻辑模式就是一页前曾触及的那种仿语句。它就像一个语句,只是在谓词的位置上它具有的是模式字母'F','G',等等。换句话说,它是从像'Fxy','Fzx','Gz',等等这样的简单句模式,用量词和真值函数构造出来的。(人们可能还容许模式字母'p','q',等等;不过现阶段还是不提它们较为简单。)一个逻辑模式是**有效的**,如果从它出发通过用语句代换简单句模式而得到的每个语句都是真的。最后,**逻辑真理**就是如此从一个有效的逻辑模式得到的真语句。逻辑真理的这种分两步的定义,与前一段那个黑体字的、一步的定义等于一回
51 事。两步的版本其存在理由只是,有效的模式这个概念还有别的用处。由于它们游离于题材,模式是表达逻辑定律和证明的、自然的媒介。

那个一步的定义说的是用语句代换简单语句;两步的定义则说的是用语句代换简单模式。对这两者,代换自然都必须是统一的。如果语句

~(x 漂流. x 比 y 致密)

是我们正要用来代换简单句'$x>y$'(或者简单模式'Fxy')的,那么我们就必须还用

~(z 漂流．z 比 x 致密)

来代换‘$z>x$’(或者‘Fzx’)。这个要求的充分塑述相当琐细，我就不多谈它了。可以在逻辑教科书中找到。①

§3 从模型上说

关于有效性，我却有更多得多的东西要说。现在放在我们面前的、有效性的定义涉及代换；一个模式是有效的，如果在其中做代换只产生真语句。有个大不相同的有效性定义，一个用到集合论的定义，也值得了解。我们可以借助于两个预备概念来极好地理解它。一个，如同我即将称呼它的，是逻辑模式的**集合论的模拟**这个概念。这是从该模式用下述办法形成的一定的、集合论的开语句。我们把‘Fx’，‘Fy’，‘Gx’，等等改读成‘$x\in\alpha$’，‘$y\in\alpha$’，‘$x\in\beta$’，等等，从而援用变元‘α’，‘β’，等等，其值须是集合。我们借助有序对来处理二目谓词字母，例如把‘Hxy’改读成‘$\langle x,y\rangle\in\gamma$’。三目的及更多目的谓词字母的情形相类似。举例说，逻辑模式‘$\exists x\ (Fx.\ Gx)$’有开语句‘$\exists x\ (x\in\alpha.\ x\in\beta)$’作为它的集合论模拟。这个语句谈论集合，并招徕量词‘$\forall\alpha$’，‘$\exists\beta$’，‘$\forall\beta$’，而模式字母‘F’和‘G’只是冒充谓词，根本不是取值的变元。模式是虚的，描绘了某些语句的逻辑形式；另一方面，它的集合论模拟则是具有那个逻辑形式的实际语句之一。它是一个开语句，为某些集合序列、别无其他所满足。 52

将在有效性的新定义中露面的、所说的第二个概念，是**模型**的概念。一模式的一个模型是一个集合序列：对应于该模式中的每个模式谓词字母，都有一个集合，而且，作为该序列开头那个集合，有一个非空的集合 U，起着全域或者变元‘x’，‘y’，等等的值域的作用。该模型中对应于该模式的一目谓词字母的集合是 U 的成员的一个集合；对应于二目谓词字母的集合是 U 的成员之对子的一个集合；依此类推。一个模型被说成满足一个模式，如果，简短地说，它满足该模式的集合论模拟。更充分地说：该模型满足该模式，如果在我们把 U 列示为变元

① Quine, *Methods of Logic*, 4th ed. (Cambridge: Harvard, 1982), §§26－28, and *Elementary Logic*, rev. ed. (Cambridge: Harvard, 1966), §§40－42。

'x','y',等等的值域,并且把该模型的其他那些集合分别指派给集合变元'α','β',等等的时候,该模式的集合论模拟成为真的。

举例说,一个模型(U,α,β)满足逻辑模式'$\exists x\ (Fx.\ Gx)$',如果有$\exists x\ (x\in\alpha.\ x\in\beta)$;因而,如果该模型中的那两个集合相交的话。该模型满足'$\sim\exists x\ (Fx.\ \sim Gx)$',如果其中一个集合是另一个的子集。

现在,有效性的那个新定义就是:一个模式是有效的,如果它被它的所有模型满足。最后,逻辑真理就如前所说乃是:任何可以在一个有效的模式中进行代换而得到的语句。

新老有效性定义之间的显著的区别是,在老的谈到语句的所有代换的地方,新的谈的是集合的所有指派。我们下面就来评价这个区别。

一个附带的区别是U的可变性;老的定义假定了一种经充分解释的对象语言,其变元的值域没有选择余地。至于U须不空的规定,严格说它是为了技术上方便,没有什么关于必然存在之哲学信条。它的方便来自数0的一个特性。存在一个容易的证明,如果一个模式为较大全域中的所有模型所满足,那么它也就为较小全域中的所有模型所满足,只是有时要除掉那个空的全域;因此,我们将空全域撇在一边,以便不致冻结许多否则是有效的和有价值的模式。关于空全域,并没有什么神秘之处;它的逻辑另行处理,而且其实是琐事一桩。①

53 现在让我们来仔细考虑其主要的差别:集合的指派与语句的代换之间的差别。如果每个开语句都决定一个集合而且每个集合都被一个语句决定,那么这个差别就会消解了;将集合指派给谓词字母与用语句代换简单模式,就会变成一回事。可是,事实上既存在着集合短缺,又存在着语句短缺;既不是每个开语句都决定一个集合,又不是每个集合都被一个语句决定。

这些相互的短缺,被精巧地以罗素的和格雷林的那两个悖论为例说明了。鉴于罗素悖论,我们知道对象语言中有一个开语句,即'$\sim(x\in x)$',不决定什么集合。鉴于格雷林悖论,我们知道有一个集合是无法由对象语言的语句决定的;那就是,对象语言中所有不满足它们自身的那些语句的集合。如果一个语句决定了这个集合,那个语句就

---

① 例如,参看*Methods of Logic*,p.117。

将是'~(x 满足 x)'或者是与它等值者;而格雷林悖论表明在对象语言中这样的语句都是不允许的。

§4 代换的充分性

集合与语句之间的这一对孪生的不一致,会引导我们料想那两个有效性定义之间也将不一致。可是,相反的,两个值得称道的定理向我们保证,只要我们的对象语言合理地丰富,丰富到对初等数论是足够的,那么无论所说的集合短缺还是语句短缺,都与有效性的定义没有关系。在这样一种语言中,在所有的语句代换之下都成为真的的任何模式,都也将为所有的模型所满足;反之亦然。

对象语言须丰富到对初等数论是足够的这一要求,是个适中的要求。初等数论只包括关于正整数,用加、乘、等同、真值函数和量化所能说的东西;并没有集合。为我们的标准语法起见,加、乘二函子自然将与等同一起被吸收进适当的谓词中(参看第二章)。

在这样一种语言中,在所有的语句代换之下都真的那些模式,都正好为所有的模型所满足;这是能够证明的值得称道的事实。更明白地说,我们所得到的是这样两条定理:

(Ⅰ) 如果一个模式在所有代以初等数论语句的代换之下都成为真的,那么它就为每个模型所满足。

(Ⅱ) 如果一个模式为每个模型所满足,那么它就在所有的语句代换之下成为真的。 54

(Ⅰ)的根源是在1915年。当时莱奥坡德·勒文海姆论证道,**每个被任何一个模型满足的模式都被某个模型⟨$U,\alpha,\beta,\gamma,\cdots$⟩满足,其中的 U 限制于正整数**。希尔伯特和贝尔奈斯随后加强了这个结果,规定集合 $\alpha,\beta,\gamma,\cdots$ 中的每一个都是由初等数论的一个语句决定的。① 是以,

(A) 如果一个模式得以被一个模型满足,那么它就在以初等数论语句替代其简单模式的某个代换之下变成真的。

我们自然必须假定,在做这些代换时,那些量化变元都被理解为把正整

① 参看 *Methods of Logic*,§33。

数算进它们的值中。而对它们取其他事物作为此外的值，也是可以的；这很容易表明。①

我们可以从(A)推出(Ⅰ)如下。(A)根据换质位律等于说，如果一个模式在所有用初等数论语句的代换之下都是假的，那么它就不被任何模型满足。而如果代替谈论一模式我们谈论它的否定，那么在这种说法中‘假’就变成‘真’而‘不被任何模型满足’就变成‘被所有模型满足’；这样我们就有了(Ⅰ)。②

(Ⅱ)的背景是量化逻辑的演绎完全性定理。它追溯到斯柯伦、艾尔布朗和哥德尔(1928—1930)，说来如下③：

(B) 如果一个模式被每个模型满足，那么它就能被证明。

这里的‘证明’一词可以看成是指逻辑教科书中所出现的某种证明方法说的；完全性定理(B)可以对每种各式各样的这等方法来建立。而且，有的那些方法是明显正确的：明显到只生成在所有代换之下成为真的的模式。就把这样的方法取为(B)中暗指的那种证明方法，我们乃推出(Ⅱ)。

在(Ⅰ)和(Ⅱ)中，我们看到了很好的理由，去归向我们首先考虑的
55 那个有效性定义，那就是，在用语句代换简单的成分模式之下真。这意味着归向我们当时考虑的逻辑真理定义。通过有效的模式不绕弯子地说，那就是：一个语句是**逻辑上真的**，如果**用语句代换它的简单的组成模式，由它只得到真语句**。定理(Ⅰ)和(Ⅱ)向我们保证，只要对象语言对初等数论的适中表达不显得太弱，这个逻辑真理定义就与用模型来说的那个供选的定义相一致。在不利的情形下，我们也能将任何不一致就像归咎于逻辑真理定义那样归咎于语言太弱。

§5 节省集合

归向这个基于代换的定义而不提及模型论，其明显的哲学上的好处是我们在本体论上有所节省。有语句就足够了，甚至是对象语言的

① 参看 *Methods of Logic*, p. 117。

② 戴维·马金森曾指出，如果该模式含有自由的‘x’，‘y’，等等，我们就必须让这个论证稍复杂一点。

③ 参看 *Methods of Logic*，§32。

语句,而无须可列示和不可列示的集合的全域。

其实,在逻辑真理定义之外的事务中,继续存在着勉强同意集合论的某些本体论超额负担的理由。正是在集合论中为数学筹建了一个一般的系统的基础。不过,数学的一些部分与其他部分相比,要求较少量的集合论资源,而追踪这种区别不失为好计谋。这样,在发生修正理论的情况时,我们就能够偏向那些要求较少的理论。因此,我们什么时候找到一种削减某种特殊的发展之本体论代价,我们就已经前进了一步。这在数学之外也同样成立,它特别对逻辑真理定义成立。

定理(A)和(B)以及它们的系(Ⅰ)和(Ⅱ)依然是模型论的、不借助于语词'有效的'或短语'逻辑上真的'的、值得称道的定理。更特别的,(Ⅰ)和(Ⅱ)都是这样的模型论定理:它们向我们保证,为了充分地谈论有效性(validity)和逻辑真,我们并不需要提及模型论。(Ⅰ)和(Ⅱ)向我们保证,我们能够通过只谈到语句代换来定义有效性和逻辑真。

这样说仍然会是不确切的:说什么退到基于代换的、有效性和逻辑真之定义,我们就是完全独立于集合论来表现有效性和逻辑真之概念了。就是在谈论语句和代换时,我们仍然可能不得不谈到集合;因为,一个语句除了是它的殊例的集合外又是什么呢?

情况还要糟;殊例的集合还将不够。一个碰巧注定绝不会被写出或说出的语句,作为一个殊例集合,就会是空集。任何两个这样的语句将算做等同的。是以,诸语句除非终于被写出或说出的那些,都将简单地在任何有用的意义上不存在。另一方面,任何熟悉定理(A)如何证 56
明的人都将知道,对(A)中谈到其代换的那些语句,能够不存在这样的限制。按这样的条件,(A)将不再是真的,(Ⅰ)也将如此,从而,我们之退到基于代换的、有效性和逻辑真之定义,其判正则将成泡影。(A)毋宁依赖于有穷记号串的一种经典的、无穷的理论。什么时候 x 与 y 是不同的串,那么 x 随之以 z 与 y 随之以 z 都必须算做不同的串,即使绝不被写出或说出。

一种满足这一要求的办法是,不把一个记号串当成一个殊例集而是当成其记号的、数学意义上的一个序列;一个在第三章中的意义上的序列。该记号串的、作为组成成分的记号或音位个体,仍然可以当成它们的殊例的集合,因为我们能担保这样的殊例的存在。如此理解,记号串必定在(A)所要求的无限制的供应之中。不过,在求助于如此没有长度限制的有穷序列时,我们已经进一步动用集合论了。

追随哥德尔(参看第三章),我们可以另行直截让记号和记号串等同于正整数。初等数论如同有穷序列理论,事实上仍然等价于一定份额的集合论,不过在两种情形下那都是一个适中的部分:有穷集合理论。无论如何,在我们接受(Ⅰ)作为我们之退到基于代换的、有效性和逻辑真之定义的判正的时候,我们已经承诺容许初等数论甚至进入我们的对象语言。于是,看待那种退避的方式就是:它除了适中的一部分集合论外独立于一切地提出有效性和逻辑真之概念;独立于较高阶段的集合论。

§6 从证明上说

可是我们一定不要无视另一个也在这些基于代换的定义中露面的、很重要的概念;那就是,真之概念。这些定义把有效性和逻辑真解释成在一切代换下之真。真语句的一般概念,就像满足概念,是如此值得注意的一个概念,它甚至超出对象语言的界限。

这种对真之概念的依赖并不是为退到基于代换的、有效性和逻辑真之定义而付出的代价。从模型上说的定义同样诉之于真,或者满足。故而,这种依赖不是重新考虑我们在这两对定义之间作选择的理由。
57 不过,它是考察独立于真与满足概念的一种第三对定义的一个理由。

这两个新定义的关键是那完全性定理,上述(B)。我们可以简单地描述构成那些完全的证明程序之一的步骤,然后把有效的模式定义为能用这样的步骤来证明的模式。于是,我们就能像前面那样来派生地定义逻辑真理:定义为可以通过在一个有效的模式中代换简单模式得到的语句。实际上那些完全的证明方法有的并不需要模式,而倒是能直接应用于会成为在模式中进行代换的结果的那些语句。[①] 这样一种方法可用来直接从其他逻辑上真的语句生成逻辑上真的语句。如果我们选择了这些证明程序之一,我们就能跳过模式和有效性;我们可以简单地把逻辑真理定义为用这些证明规则产生的任何语句。

---

① 有一种这样的方法是"主方法",参看 *Methods of Logic*, §30。

任何这样的借助一种证明程序来定义有效性或逻辑真的建议，容易招来抗议的吵嚷。所抗议的是，可用选定的证明程序来证明这一性质是天生没有趣味的；它只是从所说的完全性定理引出它的趣味，该定理使它等于在一种先有的天生有趣的意义上的逻辑真。所抗议的还有，如此定义逻辑真，我们就将对那重要的完全性定理本身釜底抽薪，剥夺它的内容。

其实与这些事都不相干。像在(B)中塑述的完全性定理，独立于我们如何定义逻辑真，因为它没有点名提到逻辑真。它的重要性有一部分在于它表明，我们**能够**只是通过描述一种证明程序来定义逻辑真，而不会失去曾首先使逻辑真对我们来说饶有兴味的任何特性。

在一个概念——逻辑真或者随便什么——很不相像的诸塑述之间建立等价关系的那些定理，自然是那重要的部分。我们选择哪个塑述作为终归属于正式的定义并不那么重要。可是，甚至在这种如何说法的事情上，也存在好不好的选择。两个定义中比较初等的那个，具有关系到一个较广范围的附随研究的好处。

不过，应该说，坚持这种定义逻辑真的初等方法的那一部分，有着一个特别的原因：证明程序之选择的任意性。人们觉得，在他的定义任意到那个程度时，他已失去逻辑真的精髓。这一定义方式究竟有多初 58
等呢？它描述证明规则，因而谈论记号串。在这一点上，它相当于诉之于语句代换的定义；事实上它在初等数论的层面上运行。不过，它保持在那个层面上，而其他的定义还求助于真之概念。这是重大的区别。

§7 从语法上说

我们已经看到几种定义逻辑真理的方式。它们都是外延上等价的：它们全都宣布同样的那些语句是逻辑上真的(假定对象语言在谓词上合理丰富)。它们在其工具上显著不同，可是它们全都取决于结构——就对对象语言是局部的、三项语法构造即否定、合取、量化而论——的相同。一个逻辑真理定义可以这样来措辞，或者明白地提到这些构造，或者通过谈论对简单语句或简单模式的代换间接地暗指它们；其差别是无足轻重的，两种表现方式是相互关联相互补充的。

于是就浮现出另一个更抽象地定义逻辑真理的想法，现在不是明确地诉之于现身在我们特殊的对象语言中的否定、合取和量化，而是诉之于人们的对象语言可能含有的无论什么语法构造。按照这种观点，逻辑真理就是这样的语句，其语法结构使得所有带有那种结构的语句都是真的。

语句在它们可以通过实词代换相互转换的时候，具有相同的语法结构。于是，我们新的逻辑真之定义也可以这样来说：**逻辑真就是不会通过代换实词而变成假的之真**。在我们把它的实词元素代换为任何属于同一范畴的其他的记号串时，所得到的语句是真的。

我们自己的对象语言的词典只由谓词和三个未加重音符号的变元'x'，'y'，'z'组成。因此，应用到这里，上述建议的效用就是，只要一个语句在所有以谓词代谓词、以变元代未加重音符号的变元的代换之下保持为真的，它就是逻辑上真的。

奇怪地特别规定只对未加重音符号的变元加以代换，并不阻止事实上用'y''''代换'x'''，因为，我们可以通过用'y''代换'x'''中开头的'x'得到那个结果。我们这里关心的不是某个错综的逻辑种类的代
59 换，而是在我们所述的构造之内的、纯属语法的代换；而加重音符号是诸构造之一。是以，变元的这种实词秉性在逻辑真理定义中只有这样的作用：它不考虑减少重音符号的代换。这确实无足轻重。因为确实，如果一个语句能通过某种的确减少重音符号的易字而变成假的，那么它就能够通过另一种并不减少重音符号的易字同样变成假的。

可是如同哈曼已指出的，变元还引起另一个问题①：在我们用某个变元代换一个老变元的所有出现时，真正所谓的语法结构并不总得到保持，因而二者都不是逻辑真理。这个困难会由于要求代换须理解为**保守的**而被遇到；那就是，用来代换的变元或其他实词元素都必须对该语脉来说是新的。这没有必要地限制了对谓词的代换，不过我想其情形还不至于改变逻辑真理的划界。哈曼的一个有趣的供选的建议是，我们通过改变第29页上的、实词的标准，把变元重新归类为小品词而不是实词。"代替考虑范畴的无穷性与范畴的不确定性二者，人们可以凑合着只考虑不确定性。"

① Gilbert Harman, Review in *Metaphilosophy*, 1971.

我们从实词代换上来说的逻辑真理定义，还面临另一个更严重的困难：与用语句代换简单语句相对比，它只诉之于用谓词代换谓词。我们在本章的早先部分已经看到，那种着眼于语句的门径可以如何导致一个较强较狭的逻辑真理概念，阻断某些如果只要求谓词的代换就会溜掉的情形。甚至能表明，只要我们的谓词的储备是有穷的，从谓词代换上来说的版本将不可避免地太弱。① 于是，很自然的补救办法是利用我们的谓词范畴的不确定性：不仅容许用某个想象的表中的谓词代换，而且还容许用可以添加的任何谓词代换。经如此调整，于是那个抽象的版本看来如下：**一个逻辑真理是一个语句，甚至在对实词资源加以补充的情况下，它也不会由于对实词的代换而变成假的。**

就所关注的是我们的对象语言而言，我们相当不错的是，归向已经在先前诸页中达到的逻辑真理定义中的一个或另一个。那个新的较抽象的提议有其价值之处，是在考虑到其他语言。在这方面，像刚才那 60
样，我们不错的是注意到，只要谓词词典不是太狭窄，早先那些定义是与这个较抽象的定义一致的。

该定义依然不是超越的。它取决于语法构造概念，或者用互补的说法说，取决于实词概念。我们没有站得住的超越的构造或实词概念，而只有相互或多或少类似的内在的概念的一个松散关联的家族（参看第二章）。事实上，同一种语言——要不就说同一个无穷的语句集——自然能从不同的起始词典通过不同的构造生成。我们提出的逻辑真之抽象概念不仅依赖于语言，还依赖于我们如何归纳出它的语法。

然而，该提议的确在一般性上提供了受欢迎的裨益，此外还提供了逻辑与语法之间的值得注意的联系。把一种语言的哪些语句算做逻辑上真的，决定于按照这种理论，我们什么时候解决了关于语言的两个事情：它的语法与它的为真谓词。用力学的行话说，逻辑是语法与真假这个两分力的合力。

① 这是马克·L·威尔森向我指出的。

第五章　逻辑的领域

§1　等同之亲近者

61 我们已经概述的各种逻辑真理定义牵涉到改变复合句的简单构成成分，或者是对复合句的外层结构加以模式化和再应用。它们全都依据语法结构而定。

可是，整个这种对待逻辑真理的态度受到等同谓词‘=’的威胁。等同理论的真理例如‘$x=x$’，又如‘$\exists y\ (x=y)$’或‘$\sim(x=y.\ \sim(y=x))$’，在所思考的那些逻辑真理定义之下都没有资格成为逻辑真理，因为，用其他谓词代换其中的‘=’，它们都可能成为假的。

我们是不是应该接受真理‘$x=x$’及其同类都不是逻辑真理这个结论，从而把等同看成是超出逻辑的呢？我们是不是应该把谓词‘=’，与‘>’和‘$\in$’一起，视为不宜属于逻辑而适合属于超出逻辑的数学呢？从一个方面看，这个结论是适当的。在第一章快结束时我曾谈到逻辑通则的典型的隐晦性；那就是把我们驱至语义攀升的东西。如果另一方面我们把‘=’或任何其他谓词算做纯逻辑用语，那么我们就须承认某些逻辑通则终究可以在对象语言中通过直接的量化来表达，例如‘$\forall x\ (x=x)$’。这似乎是不幸的。以可以如此在对象语言中用量化表达的通则为一方，以要求语义攀升的通则为另一方，二者之间的对比，标志着一个显著的和诱人的地点，可在那里为在其他科学与逻辑之间划界。

62 可是，相反地也存在理由宁愿把等同理论算做逻辑。等同理论与逻辑跟它与数学相比似乎更紧密相邻的一个方面，是它的完全性。完全的证明程序不仅可用于量化理论（参看第四章中的(B)），而且可用于连在一起的量化理论和等同理论。哥德尔曾表明，公理

(1)$x=x$

与公理模式

(2)$\sim(x=y.Fx.\sim Fy)$,

在加上用于量化理论的完全的证明程序时,就提供出用于量化与等同的、完全的证明程序。[①] 相反,初等数论则在哥德尔的更著名的定理(1931)中被表明,是不容有完全的证明程序的。[②]

等同理论似乎更像逻辑而不是数学的另一个方面,是它的普遍性:它对所有的对象一视同仁。任何理论实际上都同样能用遍历每个事物的一般变元来塑述,可是与例如数论或集合论相关的、变元的仅有的值,都还是数和集合;而等同理论却不懂得什么偏爱。

后面这个特性暗示,等同理论就像量化理论那样,是特别基本的。这一点还为下述事实所暗示:一旦只列示了一种语言的那些真值函数记法、变元和开语句,我们就已经搞定了,足以知道什么算做对那种语言适合的等同定义。其自由变元是'x'和'y'的一个开语句将充当'$x=y$',当且仅当对所有的对象 x 和 y 以及施于'Fx'和'Fy'的一切代换,它满足(1)和(2)。容易看出的是这些条件不容许任何自由余地;任何两个满足这些条件的、等同的定义都将在所有它们的、等同的属性上重合。因为,让我们把这样两个版本的等同描绘为'$x=_1y$'与'$x=_2y$'。于是,据(2),$\sim(x=_1y.Fx.\sim Fy)$在对'Fx'和'Fy'的一切代换之下成立。因此,

$$\sim(x=_1y.x=_2x.\sim(x=_2y))。$$

可是,据(1),$x=_2x$。因此,$\sim(x=_1y.\sim(x=_2y))$。类似的, 63
有$\sim(x=_2y.\sim(x=_1y))$。总而言之,$(x=_1y.\leftrightarrow.x=_2y)$。

§2 等同之归约

等同理论之亲近逻辑还被在如下值得一提的情况中看到。在其语

① 参看 Jean van Heijenoort, ed., *From Frege to Gödel* (Cambridge: Harvard, 1967), p. 589 (Theorem VII)。

② 参看 *Methods of Logic*, §34。

法属于我们已称之为标准的那个种类的任何语言中，无须另行假定，一个等同谓词就事实上到手了。虽然我们不能单纯用真值函数和量化来定义等同，我们却能在那些其中应用真值函数和量词的系统中定义它，或者是一个合用的摹本。

定义的方法可从下述例子明了。考虑一种标准的语言，其谓词词典由一个一目谓词‘A’、两个二目谓词‘B’和‘C’以及一个三目谓词‘D’组成。于是我们把‘$x=y$’定义为下式的简写：

$$(3)\ Ax \leftrightarrow Ay.\ \forall z\,(Bzx \leftrightarrow Bzy.\ Bxz \leftrightarrow Byz.\ Czx \leftrightarrow Czy.\ Cxz \leftrightarrow Cyz.\ \forall z'\,(Dzz'x \leftrightarrow Dzz'y.\ Dzxz' \leftrightarrow Dzyz'.\ Dxzz' \leftrightarrow Dyzz'))。$$

请注意其方案：穷尽诸组合。按照这个定义，‘$x=y$’告诉我们的是，对象 x 与 y 是不能由那四个谓词分辨的；即使处于它们与任何其他对象 z 和 z' 的关系中，只要这些关系是用简单语句表达的，它们就也是彼此不可分辨的。现在可以表明，在(3)成立时，对象 x 与 y 将是不能由可以在该语言中措辞的任何无论是不是简单的语句来分辨的。

可能发生这样的情况：打算作为量化变元的值的那些对象，一个与另一个不是完全能由那四个谓词来分辨的。在发生这种情况时，(3)就不再能定义真正的等同。而且，这种失效仍然是不能从该语言之内看出来的；从那个观点看，(3)实际上就是等同。容易看出，在‘=’用(3)来定义时，公理(1)，‘$x=x$’，纯粹是量化和真值函数逻辑的真理。可以进一步表明，(2)则变成量化理论的一个有效的模式。①

这种定义或模拟等同的方法依赖于谓词词典的有穷性，因为(3)的
64 对无穷多谓词而言的类似者绝不会有尽头。甚至在有无穷多个谓词的场合，我们通常也能定义等同，但是不总如此。② 怎么说，无穷多个谓词的情形也自然是对我们的标准语法的一种背离；它要求某个另外的、生成复合谓词的语法构造，因为词典只能是有穷的。

我感到，结果是，等同理论较之其数学邻居，更强烈地亲近其逻辑

① 其证明遵循 *Mathematical Logic*，§18 中的路线。

② 参看我的 *Set Theory and Its Logic*(Cambridge：Harvard，1963，1969)，p. 15。

邻居。它隶属逻辑。可我们还是已经把它看成对我们的从结构上设想的逻辑真理定义的一种威胁。这让我们如何是好呢?

够奇怪的,就是最强烈地以为要把等同理论算做逻辑的那种考虑,即以(3)为例说明的等同的可定义性,造成了和解。如果我们不是把'='计入我们的对象语言的词典算做一个简单谓词,而是把所有等式理解为只是类似(3)那样的复合句的缩写,那么所有的关于等同的定律就都变成纯属量化理论的那种逻辑真理,亦即前一章中那个或那些意义上的逻辑真理的缩写。逻辑真之结构观得以维持。

在像通常所做的那样,脱离任何特殊的对象语言和特殊的谓词词典来研究等同理论时,就可以把它看成模式的。在真值函数和量词的逻辑中已经流行模式风格;我们用模式谓词字母来表示一种未明示的语言的那些未明示的谓词,以及可从它们构成的复合开语句。按照同样的精神,记法'$x=y$'本身可以从模式上看成表示那样的复合句:那些未明示的谓词会通过在(3)中类型化的构造使它发生。

§3 集合论

我们现在从等同理论转到集合论。它属于逻辑吗?我们的结论将是不。

属于谓词'$\in$'在集合论中是独特的,就像'='在等同逻辑中那样。被当成孤立于其他题材的、纯集合论的语言,可以看成是一种在第二章中间部分说的那个意义上的标准语言,只是以'$\in$'作为其词典中仅有的谓词。故而它的词典只包含'$\in$','x','y'和'z',而它的诸构造是云谓、否定、合取、存在量化以及给变元加重音符号。

如同第二章后面部分提出的,作为另一种选择,我们可以把唯一的谓词降格为一个小品词的身份。这意味着词典中只列有'x','y'和 65
'z',而那些构造现在则是否定、合取、存在量化、加重音符号,以及代替云谓的一个属于构造。这个构造应用于两个变元,通过在它们之间插入小品词'$\in$'而产生一个语句。无论我们用第一还是第二种方式陈述它的语法,集合论的语言都依然相同。我将偏向第一种,因为它与我们更一般的关于标准语言的谈论相一致。

除了'$\in$',集合论中另一个特别的记法,是抽象之记法'$\{x: Fx\}$'

或'$\hat{x}Fx$'，它借助决定一集合的一个开语句，给出该集合的名称。然而，这是可以通过诠释含有它的语句来消去的。例如，一个这样的含有它的语句是'$\{x: Fx\} \in y$'。换个说法，我们可以说，对某个事实上是集合$\{x: Fx\}$的 z，$z \in y$；而说 z 是$\{x: Fx\}$则是片刻之功：$\forall x\ (x \in z. \leftrightarrow Fx)$。故而，词项'$\{x: Fx\}$'的语脉'$\{x: Fx\} \in y$'被诠释如下：

$$\exists z\ (z \in y.\ \forall x\ (x \in z. \leftrightarrow Fx))。$$

词项'$\{x: Fx\}$'的其他直接语脉的情形类似。一旦已经在所有想要的语脉中如此解释了诸抽象之词项，我们就能把集合论的许多其他熟知的记号记法阐释为抽象之词项的缩写：于是补集 $\bar{y}$ 是$\{x: \sim(x \in y)\}$，交集 $y \cap z$ 是$\{x: x \in y.\ x \in z\}$，并集 $y \cup z$ 是$\{x: x \in y$或$x \in z\}$，空集 Λ 是$\{x: \sim(x = x)\}$，单元集$\{y\}$是$\{x: x = y\}$，而集合$\{y, z\}$是$\{y\} \cup \{z\}$。

第三章近末尾处曾指出，集合论有许多种，其区别不仅在塑述上而且在内容上：关于什么样的集合被说成是存在的。在这些变体中，偶然地会提出这样的集合论，到头来它不能整个地翻译成以'$\in$'作为仅有的谓词的标准形式。不过，通常这个基础就足够了，而在我们相比之下不能选择在其他记号记法的基础上定义出'$\in$'和逻辑符号的时候，我们就谨慎地固守着它。其好处是标准化，因而可以了无牵挂地在各种集合论系统彼此之间作比较。

现代逻辑的先驱者们把集合论看成逻辑，例如弗雷格、皮亚诺，他们的各个追随者，特别是怀特海和罗素。弗雷格、怀特海和罗素坚持把
66 数学归约为逻辑；弗雷格在 1884 年宣称已经用这种办法证明了，与康德的主张相反，算术真理是分析的。可是，能够达成这种归约的逻辑是包含了集合论的逻辑。

§4 披着羊皮的集合论

这种把集合论看成是逻辑的倾向，早先和晚近都依附于过高估计属于关系与云谓之间的相似性。一个居间的概念，属性的归属，巧妙隐喻并加强了这种关联的幻象。

在量化逻辑的清白无辜的'Fx'中，模式字母'F'代表一个谓词。或者更明白地说，组合'Fx'代表一个在'x'处未定的开语句；是不是该

语句一方面有‘x’另一方面有个孤立的谓词，这无关紧要。重要的是，在写‘F’和‘Fx’时我们只是在从模式上模拟语句及其部分；我们既没**指称**谓词或其他符号串，也没有指称属性或集合。可是有些逻辑学家采取相反的路线，把‘F’理解成属性变元，把‘Fx’理解成‘x 有 F’。有人是喜爱属性，故意这样做的；其他人则是被一种混淆不清引诱进去的。

这种混淆开始是作为一种符号与对象的混淆；一种在提及一个符号与使用它之间的混淆。我们的搞乱了的逻辑学家不是坚定地把‘F’看成**代表**一个未明示的谓词，而是有一半时间把它看成给一个未明示的谓词**命名**。故而‘F’获得名词身份，使他能够把‘Fx’读成‘x 有 F’而并不刺伤他的语法之耳。既然到这个地步，他就能称 F 为属性而圆满了他的混淆。这使他的用法适应那种睁着眼信奉属性的、虽未被搞乱却奢侈挥霍的逻辑学家之用法。

那位奢侈挥霍的逻辑学家可以等同于弗雷格。那位搞乱了的逻辑学家则可以说是罗素，尽管他有伟大的贡献。

量词‘$\exists F$’和‘$\forall F$’处于问题的中心。我已经在第二章中间往后，多少对这种量化表示遗憾。我想现在值得更详细地阐发我的反对意见。

首先来考虑某些普通的量化式：‘$\exists x$（x 行走）’，‘$\forall x$（x 行走）’，‘$\exists x$（x 是素数）’。量词后面的开语句表明，‘x’处于一个名称可以处于的位置，例如一个行走者的名称或者一个素数的名称。那些量化式并不意指名称在行走或者是素数；被说成在行走或者是素数的，是可以**用**那些位置上的名称命名的事物。于是，把谓词字母‘F’放在一个量词中，就是突然把谓词位置当成名称位置，因而把谓词当成某种东西的 67
名称。量词‘$\exists F$’或‘$\forall F$’说的不是有的或所有谓词如何如何，而是有的或所有用谓词命名的那种东西如何如何。领悟这一点可还量化‘F’的逻辑学家，可能会说这些东西都是属性；对他来说，属性是‘F’的值，‘F’所遍历的事物。另一方面，更糊涂的逻辑学家可能会说，这些东西，‘F’的那些值，都是谓词。他失之于不了解用模式**模拟的**谓词与量化地谈**及**谓词——且不说谈及属性——之间的区别。

甚至这里的第一种逻辑学家的路线也是要惋惜的。我曾在第一章中极力主张命题是不可取的；那对属性同样适用。属性之于谓词，或开语句，犹如命题之于闭语句。在它们都不足以个体化这点上属性与命题相像。集合据**外延定律**而得以很好地个体化，该定律把其成员相同的诸集合视为等同；而这条定律对属性不成立，除非‘属性’这个词被误用而‘集合’会更适用些。只对同样的事物成立的诸开语句绝不会决定两个集合，但是可以决定两个属性。为属性相同所进一步需要的，是开语句在某种意义上的同义；而在第一章中我们已经绝望，无法使这种同义性具有令人满意的意义。

有的逻辑学家，就是为了这个缘故，把‘F’的那些值看成集合。可是我对把谓词字母用作量化变元感到痛心，甚至在其值是集合时。谓词以属性作为它们的“内涵”或意义（或者说如果存在着属性就会如此），同时它们以集合作为它们的外延；可是它们不是二者中任何一个的名称。因此有资格量化的变元不属于谓词位置，它们属于名称位置。

换个方式来谈，即使是承认属性的人也不应该把‘Fx’读成‘x具有F’，从而使‘F’处于名称位置；毋宁让他写成‘x具有y’，要不，如果他宁愿属性要有单另的变元，就写成‘x具有ζ’。同样的，如果有人想要容许集合作为可量化变元的值，那么就让他写成‘$x \in y$’；要不，如果他宁愿集合要有单另的变元，就写成‘$x \in \alpha$’。让他明白地转到我在第四章中称之为集合论的模拟的什么。谓词字母‘F’，如同语句字母‘p’，根本不是取值的变元，而只是取代换的模式字母。

任何人如果认为属性是比集合更适宜的假定，那么他就会容纳施
68 于属性的量化，然后引进施于集合的量化，或者通过一定的语境定义的模式引进一个合理的摹本。罗素采取了这条路线。那个定义的要点只在于保证外延定律对集合成立而不要求它对属性成立；因为，这条定律是这两个领域之间仅有的区别。可是为什么罗素觉得属性是比集合更适宜的假定呢？这倒是一个例子，弄不清初等逻辑以其对谓词的无辜的描摹究竟在哪里失足谈论起属性。采自弗雷格的‘命题函数’一语掩盖了该混乱；罗素有时用它指称谓词，有时用它指称属性。作为一种结果，有的人曾认为是罗素严格地从逻辑起点推导出了集合论，从而总地推导出了数学。

希尔伯特的追随者们已经继续量化谓词字母，得到他们称之为高阶谓词演算的东西。这些变元的值其实都是集合；而这种呈现集合论

的方式给它以与逻辑虚伪的相似面貌。人们易于感到,并没有对普通的量化逻辑做什么突兀的增补;只不过增加了某些支配已经现身的谓词字母的量词。为了明白这条路线怎么会是虚伪的,我们来考虑假设'$\exists y\, \forall x\, (x \in y. \leftrightarrow Fx)$'。它承认有一个由一充当'$Fx$'的开语句决定的集合$\{x: Fx\}$。这是集合论的中心假设,而且是为避免悖论必须加以这样那样的限制的假设。这个假设本身落于所谓的高阶谓词演算的视线之外。我们得到'$\exists G\, \forall x\, (Gx \leftrightarrow Fx)$',它显然可从真正的逻辑琐事'$\forall x\, (Fx \leftrightarrow Fx)$'通过初等的逻辑推论推出。只要'$x$'和'$G$'的值域保持不相干,就没有出现悖论的实际危险,不过,仍然有可观的一小部分集合论已经溜掉未予传达。

§5 披着狼皮的逻辑

我们看到,集合论者在本体论上超载,有时会假装成逻辑,逃避公众注意。而我们还必须公平地认识到一种对立的、趋于过度认领的倾向:在狭义的逻辑本来已经足够之处,在名义上谈论集合或属性的倾向。这种倾向甚至在日常谈话中也是明显的,它在其中服务于简化交叉指涉。为了省得重复一个除某个专名外别无变化的语句,人们会说"这同样适用于艾森豪威尔"。如果它使人想起来问"同样的什么?"那么就可能回答"同样的属性"。要不,在人们所指的不过是一个天生的水手绝不会面对风暴畏缩沮丧之时,可能会说那是一个天生的水手绝 69
不会面对风暴畏缩沮丧的特点或属性或性质。这些对属性的表面的引述,并没有作为对象来利用属性,而且容易解释掉。

类似的,有的以集合论的名义所做的事完全是在初等逻辑领域之中。这特别对他们称之为"新数学"中的集合论的东西成立。并、交和补的布尔代数不过是以另一种记法,做了量化逻辑中只使用一元谓词字母的那个部分所能做的事。布尔代数的变元都是不量化的,可以理解为模式的、一元谓词字母。

不过,也要为硬是这样假装诉之于集合说几句。我们能够这样在某个限度内无须在本体论上负担花费而享受集合的本体论的便利;我们能在本体论的结算来到时,通过语境定义,把假扮的集合作为只是一种说话方式解释掉。这样一种努力能成功到什么程度——我们能在什么程度上在这种免费的条件下得到集合之利益——我们就能在那个程度上减弱集合的本体论的实用情形。实际上我们不能如此成功地表明这样的本体论最终是多余的;可是我们能表明,它对可能原本认为需要它的某些目的是多余的,而对其他的目的,我们或许能表明,能有一个比人们可能原本认为的要较逊一筹的、集合的本体论就足够了。

那个关键的定义,以定义'$y \in \{x: Fx\}$'这个组合的形式,从语境上同时定义出成员关系和抽象。我们在几页前指出的语境定义的方法,会把这个组合解释成

(4) $\exists z\ (y \in z\,.\ \forall x\ (x \in z\,. \leftrightarrow Fx))$

的缩写,而且这在规矩的集合论中会是完全正确的;可是由于两个原因,它对我们新的进行模拟的计划没有用。首先,如果在我们的模拟的背后,我们是想主张事实上不存在集合,那么肯定一集合 z 存在的(4),就对 y 的所有选择以及对充当'Fx'的所有语句都成为假的。如此定义的'$y \in \{x: Fx\}$'将不分青红皂白全是假的,因而是没有用的。其次,公式(4)已经用到谓词'$\in$',而我们却是想基于一种缺乏集合论的设置的对象语言,来模拟那套设置。

因此,我们需要'$y \in \{x: Fx\}$'这个组合的另外一个定义。不用去
70 远处找,'Fy'就行了。我们简单同意,对各个对象 y 和各个代替'Fy'的开语句,随意地写'$y \in \{x: Fx\}$'来代替'Fy'。①

我们还是想要有组合'$y \in \{x: Fx\}$'的一个语境定义,可是这个愿望仍然没有得到满足。这就是我们的模拟的局限。我们借助组合'$y \in \{x: Fx\}$'只能做我们所能做的。

§6 虚拟理论的范围

我们马上就可以着手把熟知的记号'$\{z\}$','$\{z, z'\}$'和'Λ'定义为'$\{x: x = z\}$','$\{x: x = z$ 或 $x = z'\}$'和'$\{x: \sim(x = x)\}$';还有全集'V',则定义为'$\{x: x = x\}$'。不过当然,这些定义只是提供了处于'$\in$'之后

---

① 撇开这里的不谈,这个约定需要一定的技术上的改进。参看我的 *Set Theory and Its Logic*, pp. 16f。

的记号'$\{z\}$','$\{z, z'\}$','Λ'和'V'。为了易于进一步阐释这种模拟,让我们采用字母'α','β',等等作为表示**抽象**之位置的,也就是'$\{x: Fx\}$'形式的词项的模式字母。既是模式的,这些字母都不是可量化的变元。现在我们接着来说集合的布尔代数的诸记号的显然的定义:

'$\bar{\alpha}$'定义为'$\{x: \sim(x \in \alpha)\}$',
'$\alpha \cap \beta$'定义为'$\{x: x \in \alpha.\ x \in \beta\}$',
'$\alpha \cup \beta$'定义为'$\{x: x \in \alpha$ 或 $x \in \beta\}$',
'$\alpha \subseteq \beta$'定义为'$\sim \exists x\ (x \in \alpha.\ \sim(x \in \beta))$'。

在这些定义底下,我们想象有某种带有其谓词词典的、标准的对象语言。在我刚才的关于'$\{z\}$','$\{z, z'\}$','Λ'和'V'的定义中利用等号时,我想象'$x = y$'已经借助对象语言中的谓词,以在本章早先的(3)中举例说明的那种方式定义了的。现在,如此定义的'='只是定义来用于变元之间的,而不是用于抽象之间的(或者'α'与'β'之间的)。不过,与此无关,我们能容易地定义抽象之间的'='。既然抽象之所有出现都归约为在'$\in$'之后的出现,那么导至(3)的这同一想法就自动提交'$\forall x\ (x \in \alpha. \leftrightarrow. x \in \beta)$'作为'$\alpha = \beta$'的定义。等价的,如果我们利用不久前所定义的包含记号'$\subseteq$','$\alpha = \beta$'就成为'$\alpha \subseteq \beta.\ \beta \subseteq \alpha$'。等式'$\{x: Fx\} = \{x: Gx\}$'浓缩成'$\forall x\ (Fx \leftrightarrow Gx)$'。

到了稍微谈谈'集合'与'类'这一对术语的时候了。几十年来它们都是可以互换的,直到这种术语上的冗余被很好地用来标志一个技术上的区别。有的集合论通过宣布某些集合不能是任何东西的成员来避免悖论。由此'集合'一词被留给较狭窄的意义:身为成员的类。其他那些,我称之为**终极**类。对没有终极类的集合论来说,'集合'与'类'继续是可互换的。 71

现在我们的把'$y \in \{x: Fx\}$'定为'Fy'的定义,给予我们的不是像终极类那般的集合的模拟;因为,它没有为处于'$\in$'左边的抽象表达式'$\{x: Fx\}$'之需作准备。由于这个缘故,我称这种模拟为**虚拟的类理论**,或者虚拟类的理论;不是集合的理论。不过仍然要注意,该程序只是从事模拟;它没有提供真正的类。因为,即使是一个终极类$\{x: Fx\}$,如果它真的是假定的而不只是模拟的,那么就该被假定为量化变元的一个值。我们应该能够说$\exists z\ (z=\{x: Fx\})$;我们还应该能够把任何'$\forall z\, Gz$'形式的概括应用于'$\{x: Fx\}$'以至推出$G\{x: Fx\}$。我们的定义没能让这样的行动有道理。

假设对象语言真的到处都不谈类;'$\in$'就不在它的词典中,而在它的论域中就只有个体,没有类。于是,加于对象语言之上的虚拟的类理论,就具有模拟个体的类的效用。它模拟它们到一个限度,只差不对它们施行量化。可是,它根本不模拟类的类,集合的类。因此,特别是,它突然止步于有序对。从而,在集合论中调理关系的通常方式,即把关系调理成对子的类,是力所不及的。

不过,我们可以通过一个平行于我们的'$y \in \{x: Fx\}$'的定义之定义来模拟关系。我们可以从语境上定义一个关系的抽象之记号'$\{xx': Fxx'\}$',旨在为使得Fxx'的各个x与各个x'之间的关系命名。我们是从'负有'(bear)的角度来定义'$\{xx': Fxx'\}$'的;那就是,我们说出,说y对y'负有'$\{xx': Fxx'\}$'何所指;自然,那就是Fyy'。可以在这个基础上开发出一种远比虚拟的类理论繁复的、虚拟的关系理论。①

有许多东西是我们能从真正的集合论派生出来,而不能从对类和关系的这些浅薄的模拟派生出来的。不过,如果与上面倒数第二段中的假设相反,我们让对象语言在其词典中有一个'$\in$',同时在它的论域
72 中备有适量的真实的类,那么我们就仍然能通过外加虚拟理论获得真实类之虚拟的类和关系,从而得到少许附加的用处。

我们在本章先前部分看到,逻辑与集合论之间的界限能变得非常不清楚。为了举出那同样意思的另外的证据,我才要在这几页中概述虚拟的类和关系理论。不过我并不是借以暗示,那个界限是一个不重要的或者模糊的界限,我认为它是重要的和值得澄清的。

虚拟的类和关系理论其实是逻辑,加以伪装的逻辑。可是一旦我们容纳'$\in$'作为一个真正的谓词,容纳类作为可量化变元的值,我们就在从事于一种独立的数学理论。我们就超出完全证明程序的范围,处于一个甚至有互相竞争的学说的领域。逻辑真之从结构上谈的诸版本

① 关于对虚拟的类和关系理论的一种扩展的处理,以及对 R. M. Martin 和其他人早先工作的参考,请参看我的 *Set Theory and Its Logic*,§§2—3。

把真正的集合论排除出逻辑疆域,这并不是它们的缺点。

§7 模拟类的量化

对集合论的身份的兴趣已经把我们吸引到对对象的模拟的研究。模拟的集合论是逻辑;真实的集合论并不是。然而,对象的模拟还撇开这个问题而有其趣味,还对集合论之外的领域有其趣味。让我们再稍加跟进。

在我们不施模拟率直地打理集合论时,我们同时打理词汇和本体论二者。我们让‘$\in$’进入我们的词典,同时让类进入我们的变元的值域。另一方面,在我们用一个虚拟的理论模拟集合论时,我们用语境定义来模拟附加的实词‘$\in$’。在本体论那边,我们的模拟是更微弱的;我们采用暗示为变元的、模式的类字母,可是我们并不量化它们。

于是会浮现念头,通过模拟施于被模拟出的对象的量化,来改进这种模仿。我们能用这种办法获得的、超出所说虚拟理论所已经提供的、任何进一步的集合论的实力,都会是另外的哲学廉价品。那些语境定义仍会把整个记号记法辩解为只是一种说话方式,是想要消就可以消去的。

存在着各种实际上能够从语境上定义的有限制的量化。假定在我们的对象语言的词典中的一元谓词其数只有一百个:‘P_0’,‘P_1’,…,‘P_{99}’。如同前不久强调的,这些都不是名称。它们的位置都不是给予量化变元的位置。还有,我们能特地为那些位置,用语境定义引进一种新样式的量化变元,比方说‘α’,‘β’,等等。因为,取任一无论多么 73
复杂的、在一处或多处含有比方说‘P_0’的语句。把该语句描绘为‘——P_0——’。现在我们就能把新的存在量化式‘$\exists\alpha$ (——α——)’解释成一个一百项的析取

$$—— P_0 —— \text{ 或 } —— P_1 —— \text{ 或} \cdots \text{或 } —— P_{99} ——$$

的缩写。相应的,‘$\forall\alpha$ (——α——)’是一个一百项的合取的缩写。用这个办法,纯属一种说话方式,那一百个谓词就各自变成一个新的虚构的对象的名称,新的量化变元‘α’的一个冒充的值。我们可以为充当‘——P_0——’的语句的各个选择以及各个替代‘α’的变元,采用这种

缩写约定。谓词终于变成了名称；不过，只属于一种说话方式，是要随意愿解释掉的。

这样就增加了一百个虚构的新对象，如果有两个谓词被取为同一新对象的名称，数目就还会少些。不过后一选择是被排除了的，除非一开始那两个谓词就是外延相同的：只对同样的事物成立。因为，只要存在某事物 x 使得 $P_i x$ 且 $\sim P_j x$，我们就不会要那两个谓词作为'α'的同一个值的名称；我们不会同时要 αx 和 $\sim\alpha x$。

即使在那一百个谓词中存在着同外延者，我们还仍然能硬要有足足一百个全不相同、各自以那些谓词为名的虚构的对象吗？当然，不能再多了；我们不会想让一个谓词歧义地身为两个对象的名称。可是为什么不能是足足一百个，让同外延的谓词作为不同对象的名称呢？这个问题让人回想起不久前指出过的一项区分：把谓词看成是用来给属性还是给类命名这两者之间的区别。我们想要这些重新用那一百个谓词来命名的新的对象，是属性呢，还是类呢？

那自然只是一个如何定义我们新的等同'$P_i=P_j$'或'$\alpha=\beta$'的问题。普通的'$x=y$'可以假定已经仍然按(3)的样式定义了；而在以它们新的、名称的面貌出现的谓词之间的'＝'，其定义则是另一种办法。大抵它将在于把'$P_i=P_j$'解释成某个含有这两个谓词的长语句 S_{ij} 的缩写；除了对 i 和 j，对每两个谓词，那个语句都将是同样的；特别是，S_{ii} 将成为真的。如果承认这些，那么我们的问题（'同外延的谓词可以作为不同对象的名称吗？'）就得到一个否定的回答，说来如下。

74 我们假定，我们的对象语言具有那标准的语法（第二章）。而任何这样的语言都是**外延性的**；就是说，同外延的谓词都是保真地可互换的。[①] 该语言中的任一真语句都不会在将其中一个谓词的一个出现代之以一个同外延的谓词后变成假的。因此，假定'P_i'与'P_j'是同外延的，那么既然 S_{ii} 是真的，S_{ij} 就将是真的。简言之，'$P_i=P_j$'将对同外延的'P_i'与'P_j'成立。这样，用那些谓词命名的那些虚构的对象其行为就如同类而不是属性。

这种模拟之不足道在于它的有穷性：只有一百个或更少的虚构的

① 其证明大体上还是 *Mathematical Logic* §18 中那样。

类。这就是为什么我们在定义‘$\exists\alpha$’和‘$\forall\alpha$’时能利用析取和合取的缘故。通过把那些定义复杂化，我们可以作为变元的另外的假冒的值，容纳所有那些能从这一百个或更少的类通过布尔交、并与补或其他各种运算得到的类；而其理由是它们的数目仍然还将是有穷的。不过，让我们不要止步于它们。相反，让我们转向一个不同的可是更不足道的、从语境上定义出的施于虚构的对象的量化的例子。

§8 其他模拟的量化

语句都不是名称。它们的位置不是量化变元的位置。借助语境定义我们还是能很容易地特地为那些位置，引进一种新式样的量化变元，比如说‘p’，‘q’，等等。因为，取一复合句，并且用字母‘p’代替它的一个闭的组成语句。让我们把其结果描绘为‘——p——’。我们要这样来定义新的量化式‘$\forall p$ (——p——)’，使得它将成为真的，断然地当且仅当表达式‘——p——’在所有用闭语句对字母‘p’的代换之下都成为真的。为了了解如何塑述这样一个定义，让我们再次反思我们的对象语言的外延性质。这对闭语句而言所意指的，简单的是，所有真的闭语句在所有的语脉中都是保真地可互换的，而且所有假的也如此。由此可见，表达式‘——p——’仅只需要在对‘p’的**两种**代换，即某个真语句和某个假语句的代换之下变成真的，它就将在对‘p’的**所有的**代换之下变成真的。因此，我们可以把量化式‘$\forall p$ (——p——)’简单地定义为合取：

$$——\exists x\ P_0 x——\ .\ ——\sim\exists x\ P_0 x——,$$

其中的闭语句‘$\exists x\ P_0 x$’是任意采取的。我们可以以平行的样式来定义存在量化式‘$\exists p$ (——p——)’： 75

$$——\exists x\ P_0 x—— \text{ 或 } ——\sim\exists x\ P_0 x——。$$

用这个办法，纯属一种说话方式，那些闭语句就都各自变成一个新的虚构的对象的名称，那个新的量化变元的一个假冒的值。这些对象可以被等同于那两真值；真是它们之一的名称，假是另一个名称。要追溯到弗雷格的、认为语句是真值的名称的观念，就这样被重新认定为一种可消去的说话方式。

为了下一个更重要的例子，作为出发点，假定一种初等数论的对象语言。它有真值函数和量词的记号，而且我们还假定它有等同谓词以及加法和乘法算子（虽然严格说，对于标准语法，如同在第二章中说明的，这些都会归约到其他谓词）的记号。其变元的值都是正整数。不过，我们可以借助语境定义为比率引进分数记号‘x/y’，说来如下：

‘$x=y/z$’和‘$y/z=x$’定义为‘$y=x\cdot z$’，

‘$x/y=z/w$’定义为‘$x\cdot w=y\cdot z$’，

‘$x+y/z$’和‘$y/z+x$’定义为‘$(x\cdot z+y)/z$’，

‘$x/y+z/w$’定义为‘$(x\cdot w+y\cdot z)/(y\cdot w)$’，

‘$x\cdot(y/z)$’和‘$(y/z)\cdot x$’定义为‘$(x\cdot y)/z$’，

‘$(x/y)\cdot(z/w)$’定义为‘$(x\cdot z)/(y\cdot w)$’。

请注意，右边的解释都是用整数算术的术语表达的，要不就是能借助居间的定义归约到那些术语。

不难看出，任何谈到比率的或比率与整数混合的和与积的等式，都能按照上述语境定义一步步地加以诠释，直到最后它只谈到整数的和与积。这样我们就有了可以称为虚拟的比率理论的东西；而至此并没有施于比率的量化。不过，现在要进一步得到一种从语境上定义出的、施于比率的量化，是很容易的。说某事对所有（或有的）比率成立，只不
76 过是说，对所有（或有的）整数 x 和 y，它对 x/y 成立。我们就这样除了说话方式无须增加任何东西而从初等的正整数理论进到完全初等的正比率理论。比率纯粹作为虚构的新的数进来了，然而是带有充分的量化的实力进来的。

不像我们前面两个关于施于虚构的新对象的量化之语境定义的例子，这一个提供了施于无穷多对象的量化。不过，使它成为可能的，仍然是一种相对意义上的有穷性：各个无穷多的新对象 x/y，都由有穷多个其实是两个老对象决定。

在人们反思到还有可能用我不在这里详述的方法，不求助于新定义的量化而在初等数论中重新解释初等比率理论的时候，人们在初等

数论领域的这种免费的扩张中获得的欣喜就要打折扣了。这种情况是富于特征性的。施于模拟出的对象的模拟的量化，其语境定义一般是一种无成果的再创造。

§9 增补

第四章中最后那个逻辑真理定义曾有一种吸引人的一般性。它在应用于所关注的那种对象语言时与其他的定义相重合，而它在应用于具有不同于标准语法的语言时也有有趣的意义。它把一个语句算做逻辑上真的，如果分享它的语法结构的所有语句都是真的。现在让我们看看在标准语法以某种看似必需的方式加以增补时，这种展宽的逻辑真之概念会怎么样。

在第二章后面部分，我们的标准语法的充分性已经因副词之故有了疑问。我们曾考虑增加一个由副词组成的语法范畴，还增加一个语法构造，它取一谓词和一副词作为成分而产生一个复合谓词。故而语句

(5) $\sim\exists x$ (x 快速地行走. $\sim$(x 行走)),

或者'快速地行走也都是行走'，将在全凭语法结构认定逻辑真理的那个较宽的定义之下够资格是逻辑真的，虽说在限于专注于真值函数和量化的那个定义之下不如此。这个例子使那较宽的定义大为增光。

为包括像(5)那样的实例，将需要增补那些使得对逻辑的形式研究容易些的模式。某种单另式样的字母将被采用作为副词的模式字母，而且将采用一种记法把副词与谓词连接起来。要设计出会生成新种类的有效模式——其中有一个描画(5)的结构的模式——的证明程序。 77

新增的副词范畴可以包含由另外的语法构造复合成的复杂副词。可以有一个从谓词生成副词——例如从'(是)快速的'生成'快速地'——的构造。于是全凭语法结构认定逻辑真理的那个较宽的定义还将补充另外的逻辑真理，或许全都该有像(5)所曾该有的名号。随之而来的是模式记号和证明程序的增补。

如果我们能了解我们用戴维森等人的某种迂回的方案，在标准语

法的界限内做副词的事的办法,那么为副词增补的整个这一套逻辑设置就变成多余的了。在其消去时态上,四维的观点已经奉献了可以相比的好处;我们因而得以免除一种关于时态的逻辑的无谓的累赘。归约到标准语法就是归约到标准逻辑,那种我们如此深知熟悉、精巧有效的关于真值函数和量化的逻辑。当我们把一个理论诠释成标准形式,我们就事实上在给我们的标准的逻辑计算机编制程序,来处理该理论的逻辑课题。

彼德·吉奇曾拿另一个看似增补的逻辑分支引我注意:比较级的逻辑。人们的第一个念头就是,给一个一元谓词附加后缀'er'产生一个服从下列逻辑定律的二元谓词①:

(6) $\sim \exists x\, F_{er}xx$,

(7) $\sim \exists x\, \exists y\, \exists z\, (F_{er}xy.\, F_{er}yz.\, \sim F_{er}xz)$。

可是,存在一个语义难题。谓词是抵制比较级后缀的,除非它一开始就是系统地含糊的或隐晦的,只有用比较级才得以明确。举例说,二元谓词'大于'(is bigger than)和'重于'(is heavier than)是完全没有什么不妥的,可是什么是简单地大(big)或重(heavy)呢?在一个逻辑上编排良好的语言中,'大于'将充当一个简单的二元谓词,然后那原级的'是大的'(is big),如用得到的话,将被诠释为'大于'随之以援引某个对象,而该对象是作为适合当下目的的一个极小标准被选定的。这样,
78 后缀'er'将不是被看成标志着一种构造的小品词,而只是被看成出现在一定的简单的二元谓词中的一个音节,而且碰巧保留给满足反自反性和传递性条件(6)和(7)的谓词。

最高级,作为原则上是多余的东西,并没有提出单另的问题。'$F_{est}x$'可以诠释为:

$$\exists y\, F_{er}xy.\, \sim \exists y\, F_{er}yx。$$

在第二章后面部分曾有过某些关于命题态度和模态的熟语的令人灰心的谈论。我们注意到,这些熟语使语句成为不同于真值函数和量化的构造之组成成分。一个结果是外延定律垮台;同外延的谓词不再

① 这里的说法以及后面关于最高级的说法都是着眼于英语而言的。——译者注

是可互换的。这种垮台并没有荒诞之处，不过它很可能使逻辑理论复杂化。在第二章后面部分指出的一个更严重的威胁是，甚至一等式如'西塞罗＝图利'中的两词项的可互换性也失效。这种失效违反等同的意义本身，除非它发生在那些名称不只用来指称它们的对象的场合。严格说只要我们省去名称，那种失效自然不会以这种形式出现；不过，如同在第二章后面部分提示的，它采取与变元有关的更微妙的形式。

在那些页中，我们止步于可能由这样的、等同和变元的问题唤起的那些特别的语法设置。然而，我们坚持较宽阔的路线，确实对比了三种编制命题态度的语法的办法。一种办法是认可一项从语句得出名称的构造；一种办法是认可一项从二元谓词和语句得出一元谓词的构造；还有一种办法是认可一项从态度词和语句得出一元谓词的构造。这三种选择中的每一种，在我们的展宽了的逻辑真之概念之下，将唤起逻辑的模式记号记法的一种特别的增补。

此刻再提提一项第四种可设想的编制命题态度的语法的办法，是有教益的。既然所需要的态度词词汇不大，我们可以摈弃那个实词范畴，而把各个态度词处理成标志一个特别的构造的小品词：总是取一语句作为其成分而奉献一个一元谓词的构造。其中之一该是那相信构造，奉献'believes(相信) that p'形式的谓词；另一个该是那希望构造；
如此等等。按照这种方法，'believes that'和'wishes(希望) that'将得 79
以与它们的质朴的先驱'～'，'.'，'$\exists x$'并肩，位列最终的那些逻辑模式。

这样一种结果不知怎么似乎并不相宜。逻辑上，态度词'believes that'和'wishes that'要算做纯逻辑的小品词似乎太花哨了。不过在语法方面，人们同样感到那些态度词要算做语法小品词也太花哨了；它们属于词典。这些直觉，在其模糊含混方面，是相匹敌的。我在这里看到对我们援引语法结构所做的关于逻辑真理定义的又一项支持。

让我们把这奇怪的第四种编制命题态度的语法的办法放到一边。还剩下其他三种。无论选择哪一种，其结果都是对语法的一种相当重大的增补，附带对逻辑的一种出奇贫乏的增补。是的，我们得到新的模式：或许是含有像'Fx(that p)'这样的子句的模式，其中'F'代表某个像'believes'那样的二元谓词。可是我们能把什么样的这种模式指定为有效的呢？在这一点上，模态是更富于成果的。从中，我们得到有效的模式'$\sim$($\sim p$. 必然 p)'。我们还从每个有效的模式例如'p 或$\sim p$'，通过应用'必然'(necessarily)得到另一个有效的模式例如'必然(p 或$\sim p$)'。

如果命题态度熟语的某些负担哪一天能由一种更清楚的概念工具去掉，那么就可以证明有一个意外的收获是，出现某些适应于该主题的定律。自然会有一项结果，而且是令人高兴的结果，那就是，那些需求可以由巧妙地装填词典和本体论来满足，无须超出标准语法的界限。在这种情形下，所出现的那些定律将不算做逻辑。

停留在标准语法的界限内的回报是巨大的。有前不久说到的外延定律。更一般地说，有真值函数和量化之逻辑的有效和优雅。有它的完全性(第四章中的(B))，这在第六章中还有更多的要谈。有第四章中所有那些逻辑真理定义的令人印象深刻的一致；只要我们坚持标准语法并允许我们自己有一个相当健全的词汇，它们全都证明是划定了同一个语句类。这里有着一种协调一致，暗示我们抓住了某种坚实而意味深长的东西。

第六章　异常逻辑

§1　逻辑的改变，主题的改变

前一章我们讨论了逻辑的界限。我们考虑了，在我们所接受的科学全体之内，我们可以最好称之为逻辑，与我们可以最好称之为别的什么，这二者之间的界限落在哪里。我们还考虑了在如此定界的稳固的区域之外的、一定的补充的发展，那是我们会包括在逻辑名下的，如果我们终究会容许它们进入我们的全部科学的话。我们不曾考虑任何对该稳固的区域本身的侵犯。这就是我们下一个论题：对那正统的真值函数的或量化的逻辑的、可能的废弃，以支持某种异常逻辑。 80

正统逻辑的系统其本身是多种多样的。它们之间的区别不至于造成异常逻辑。它是被诸计算机或证明程序作不同的阐释和不同的修护的同一种逻辑。不管用哪种说法来划定逻辑真理的全体，你就已经用那种说法列示了该逻辑。人们选择这些真理中的哪些指定为公理，他们设计什么样的规则来从那些公理生成其余的逻辑真理，这都是无关紧要的。他们是真的选择公理学式样，还是选择其他某种证明程序，还是什么证明程序都不用，同样是无关紧要的。另一方面，现在要考虑的那类异常，是属于更富实质性的一类。它不只是生成逻辑真理类的方法的改变，而且是那个类本身的一种改变。它也不只是被称为逻辑真理的与被称为超逻辑真理的这二者之间界限划定的一种改变。它毋宁 81
根本是一个直截明白地拒绝我们的逻辑的一部分、认为其不真的问题。

看起来，这样一种关于逻辑中的异常情形的观念表面上是荒谬的。如果纯净的逻辑都不是决定性的，那还有哪个是呢？哪个更高的审判庭能废弃真值函数的或量化的逻辑呢？

假定有人提出一种非正统的逻辑，其中所有那些直到如今都被当作支配析取的定律，都被弄成转而去支配合取，反之亦然。很清楚，我们会把他的反常只看成是记法上和语音上的。由于一些弄不清的原因(如果有的话),他耽于把'或者'改写成'并且',把'并且'改写成'或者'。我们会通过翻译他的反常的方言来把我们的正统的逻辑推介给他,或强加给他。

我们这样做会是错误的吗?他真的会是正如我们所做的,在他使用'并且'时指的和想的都是真正的合取,在他使用'或者'时指的和想的都是真正的析取,而只是在关于合取和析取定律的逻辑学说观点上与我们的意见不同吗?很清楚,这是胡扯。除了其声音和记号以及人们据以使用那些声音和记号的定律,合取和析取不存在下剩的本质。

现在转向一阕通俗的狂想曲,如果有人竟拒绝不矛盾律因而偶尔承认一个语句与其否定都是真的,那又怎么样呢?人们听到的一种回答是,这会破坏全部科学。任何'$p.\sim p$'形式的合取都逻辑蕴涵每个随便什么语句,因此承认一语句及其否定都真将连累我们承认每个语句都是真的,从而丧失整个真与假之间的区别。

在对这个回答的回答中,人们听说,或许可以做出阻碍这种从不一致不管青红皂白地推导出所有语句的、补偿性的调整,来防止这样一种全面的琐屑化。所暗示的是,或许我们能如此装备我们新的逻辑,以至它将隔离它的诸矛盾,同时包含它们。

我关于这种对话的观点是,两派都不知道他们在谈什么。他们以为他们在谈否定、'$\sim$'、'并非';可是,在他们拿来把'$p.\sim p$'形式的某些合取看成真的,同时不再把这样的语句看成蕴涵所有其他语句的时候,该记号无疑不再能被认为是否定。很清楚,异常逻辑学者在这里陷入困境:在他试图否定该学说时,他只是改变了主题。

§2 翻译中的逻辑

82 现在来看尝试依靠可观察的行为来理解某个未知的语言、较少异想天开的情形。如果一个土著准备赞同某个复合句却不赞同其中的一个组成部分,这是不把该构造理解为合取的一个理由。如果一个土著准备赞同一个组成部分却不赞同那个复合句,这是不把该构造理解为析取的一个理由。我们通过对他的语言做相适应的翻译,把我们的正统的逻辑推介给他,或者强加给他。我们把该逻辑嵌进我们的翻译手册中。这里也并不存在辩解的缘由。我们必须把翻译建立在某类证据的基础上,还有什么更好的做法吗?

如此嵌进翻译中并不是逻辑独有的特性。如果该土著不准备在下雨时赞同某一定的语句,那么同样我们有理由不把那个语句翻译成'正在下雨'。很自然,该土著之没有准备赞同某一定的语句,给我们以理由,不把该语句理解为在说什么当时对该土著来说应当明显为真的事情。在我们试图基于可观察的环境中的口语行为来译释一种语言时,这类资讯全都是必须引以为据的。

与其他系统的科学部门相比,逻辑还是更充分地被嵌进翻译中。其区别在于明显性的程度。准备阐发这一点,我必须着重指出,我是在一种普通的行为的意义上、不带认识论陪音地使用'明显'一词的。当我称'1+1=2'对一个共同体是明显的时,我只是指——这差不多足够了——每个人都不管由于什么原因而毫不踌躇地赞同它;而当我称'正在下雨'在特殊的环境中是明显的时,我是指每个人在那些特殊的环境中都将赞同它。

在理解一种陌生的语言时,我们应该做的是使那些明显的语句转变成真的、最好还是明显的英语语句;这是我们一直在关注的一点。现在这个准则——'抓住明显的'——怎么说也在真值上足以解决我们的**某些**语句的翻译问题,那些语句只存在于知识或论述的差不多每个小分支中;因为某些那种语句是相当有把握被认定为完全明显的(像'1+1=2')或者是在特殊环境中明显的(像'正在下雨')。在这同时,正是知识或论述的差不多每个小分支,将包含另外的语句,它们都不是明显的,都不是如此通过翻译保证为真的。

可是在这一点上逻辑是特别的:每个逻辑真理都是实际地或潜在
地明显的。那就是说,它们每一个都或者本身是明显的,或者能够从明
显的真理通过一系列单个明显的步骤达到的。这样说实际上不过是重 83
复第四章中的某些论述:量化和等同逻辑容有完全证明程序,而且其中
有的是纯粹从显而易见为真的语句通过显而易见保真的步骤来生成语
句的程序。

故而,在一种消极的意义上,逻辑真理是在翻译之下有保证的。'抓住明显的'这个准则禁止任何会把外族人表现为与我们的逻辑相矛

盾(或许不算复合句中的可改正的混乱)的翻译手册。关于这一保证的消极的东西是,它不确保所有我们的逻辑上真的语句都转变成那种外语的真话;它们中有的可能根本就抗拒翻译。

§3 排中律

要求在异常逻辑标题下考察的一个要点与排中律有关。在某些地方有争议的这一定律可以作各种描绘:

(1) 每个闭语句都是真的或假的,

(2) 每个闭语句或其否定是真的,

(3) 每个闭语句都是真的或者不是真的。

我们也可以通过把假解释为其否定之真来精简那些成分。这就把(1)归约为(2)。至于(3),它看着比(2)要求更少。它不像(2),甚至在我们把'闭语句'改成'开语句'或'问题'或'命令'时,甚至在我们把'真的'改成'简短的'或'悦耳的'时,无论肯定得多么少,都继续成立。(3)的形式是'$\forall x$ (如果 Fx 则 Gx 或 $\sim Gx$)',其有效性来自'p 或 $\sim p$'的有效性。还有,称'p 或 $\sim p$'有效是什么意思?简单的是,用任何闭语句替代'p',它都成为真的。可是,看起来,这毕竟实际上就等于(2),故而(2)与(3)之间力量上的区别是虚幻的。从模式上说,排中律简单就是'p 或 $\sim p$'。

刚才这番琐屑的琢磨很好地作为例子说明了,试图在逻辑真理的领域内辨别某种意义上的等值者是无意义的。如同第四章中那样的逻辑等值无区别地成立于所有逻辑真理之间。

根据几页前的推理,谁否定排中律,就是改变主题。这并不是说,他这样做是错误的。他拒斥排中律,其实是抛弃了经典的否定,要不也许是析取,再就是二者都抛弃了;而他可能有他的道理。

84 经典的否定和析取在其中湮灭的一种设置是多值逻辑。这类逻辑多少是由 C. S. 皮尔士在19世纪研发的,后来又独立地为乌卡谢维奇所研发。它与真值函数逻辑相似,只是它取代真和假而承认三个或更多个所谓的真值。这些研究的动机原本主要是抽象数学性质的:追求类比和推广。以这种精神研究,多值逻辑只是类比地说起来是逻辑;它是未曾解释的理论,抽象代数。

不过有时候三值逻辑被想象成一种改进了的逻辑。它的三个值称为真、假和某种居间的东西。有一项被称为否定的构造使所谓的真成为假,假成为真,而居间者成为居间者。这么说,排中律就显然失效。不过,甚至在把这种异常逻辑尊为真正的逻辑之际,我们也必须记住,术语'真的'、'假的'和'否定'只是根据部分的类比而从我们的逻辑转移到其中的。就此而论,该定律之失效是名义上的。

按各种不同的类比来设计术语,排中律还能在这里被从名义上救出来吗?看来不行。把那些新的真值称为 1,2,3。其实我们可以把 2 和 3 合并置于共同的名衔'假的'之下,从而仍然把各个闭语句算做'真的'或'假的'。或者,如果更好地我们继续通过把假解释为否定之真来精简术语,所说的提议就成为:值 1 是真,而否定是从值 2 和 3 导至 1 同时从 1 导至 2 或 3。可是,如果否定要完全成为一个真值函数,我们就必须修正我们的想法:它必须从 1 总是导至 2 或者总是导至 3。然而,那样一来我们就丧失双重否定律。因为,比如说否定总是从 1 导至 2;那么双重否定就从 3 导至 1 再到 2 而不是回到 3。这样我们就只是通过丧失双重否定来在名义上救出排中律。尝试了我们所想做的,三值逻辑原来乃是忠实于形式的:它是对经典的真假二分法或者经典的否定的拒斥。

很难勇敢地面对对任何如此基本的东西的拒斥。如果任何人怀疑经典的否定之有意义,我们总想卫护说,任何给定的闭语句的否定都是这样解释的:它是真的当且仅当那个给定的语句不是真的。我们会觉得,这是通过提供意义,实际上是保证任何闭语句或其否定为真的一种意义,来回应对无意义的指责。可是,我们这里的卫护是乞题的;让我们公平地看待持异议者。在把否定解释为它是真的当且仅当那给定的 85
语句不是真的之时,我们使用了持异议者正予拒斥的那同一个经典的'并非'。

§4 关于二分法的争论

于是,让我们承认那种反常者能够并无不一致地挑战我们的经典的真假二分法。可是他何以该这样做呢?多少年来,从坏的到比较好的，已经列出若干理由。最坏的一个是，事物并不只是黑的和白的；存在着等级。很难相信这会被看成算做反对经典的否定；而有这种意思的不负责任的文献是能够援引出来的。

倒数第二个最坏的是混淆知识与真理。在我们知道乃至相信为真的与我们知道或相信为假的那些语句之间，确实存在一个广大的居间的语句领域；可是我们仍然能够主张，那些居间的语句每一个都或者不为我们所知是真的，或者不为我们所知是假的。或许其麻烦部分在于混淆了(a)知道某事是真的或假的与(b)知道某事是真的或知道它是假的。

抵制二分法的一个比较值得看重的理由与集合论和语义学的悖论有关。例如再来看罗素的怪异的类$\{x: \sim(x \in x)\}$，以及说这个类是它自身的成员的那个语句。其提议是，我们允许这个以及类似的语句具有那中间的真值。于是，这些语句与它们自身的否定的、一度是那样恼人的等值就能泰然地接受——眼下的否定自然是三值逻辑的、经过改造的那个否定。

这个提议出自波西瓦(1939)。这样就不存在内里的混淆，不过这个方案仍然不符合我的看法。它与我称之为极小损伤原则的一项普遍正确的策略背道而驰。真值函数和量化的逻辑是远离悖论的，顺便提一句，它还是明晰、优雅和有效的典范。悖论只伴随集合论和语义学显现。那么，让我们努力在集合论和语义学之内来解决它们吧，不要糟蹋比较纯净的地界。

下一个对排中律的挑战来自物理学：量子力学中海森伯格的怪异的测不准原理。某些量是不能同时被测准的，而这种不可能性不只是人类有弱点的问题，而且是物理定律的问题。在这些情境下保留一种调理那些空问题的逻辑设置，是白费和误导的。故而伯克霍夫和冯·诺伊曼在1936年提出真值函数逻辑的一种减弱的替代品。它缺
86 少经典的否定，同时也就缺少排中律。它不是一种多值逻辑；它在结构上根本不是真值函数的。为同一目的，罗塞的和德思特奇斯的供选的提议则的确使用三值逻辑。

大多数量子力学理论家都忽视这些改造。乔治·马基曾用到过伯克霍夫和冯·诺伊曼的逻辑。可是波普尔后来争辩道，这种逻辑不能

完成打算让它做的事。

不管这个事例有什么技术上的长处,我要再次引用极小损伤原则作为一种制止性的因素。我多少把物理学的要求置于集合论的要求之上,因为我只是在它对我们的整个自然科学的贡献中看到数学存在的正当理由。那是一个离观察材料远近的问题;物理学较之集合论离得不那么远。而无论怎样,都让我们不要低估异常逻辑的代价。特别是在那新逻辑连多值的真值函数逻辑都不是时,在简单性上存在严重的损失。而且在熟悉程度上还存在更严重的损失。再考虑一下一页左右之前在企图卫护经典的否定时乞题的那种情形。这只是开始以例说明在一异常逻辑内必须思考的那种障碍。其代价或许并不是十分高的,不过回报最好要好些。

一页之前,作为提出对排中律的倒数第二坏的异议,我们曾注意到对真理与知识的一种混淆。现在,来自量子力学的眼下的异议让我们多少想起这个,虽说现在没有那种混淆。它是一种对可容许的问题过分超过可能的回答之异议。在其他的事情都相等的情况下,这样的异议是正确的;不过我们必须针对它带来的简单性上的收获来权衡这种超过。确实,科学家们容许许多不是以一种独特的方式与任何可能的观察相连的语句,承认它们是重要的。他容许它们以便成就该理论而且使它更简单,正如算术家容许无理数以便成就算术而且简化计算;还正如语法学家容许像卡尔纳普的"那石头在思考维也纳"和罗素的"四倍状态痛饮拖延"这样的语句以便成就和简化语法。在其他的事情都相等的情况下,愈少臃肿愈好;不过在人们开始考虑把逻辑复杂化来给量子力学减肥时,我能够相信其他的事情远不是相等的。那臃肿必定曾经可喜地服务于它成就一个顺当的理论的目的,与其加以删削不如给予宽容。

§5 直觉主义

大大广为人知的对排中律的反对,并不是由于量子力学而造成的那种。它毋宁是数学家 L. E. J. 布劳威尔在**直觉主义**名下所带来的那种。这里的动机再次是缩小可接受的问题超过可能的回答的额度。举例说,直觉主义者反对,在暗示如何决定其成分句中哪一个为真的证据 87

过于间接时,来肯定一个析取。

我们曾经把对排中律'p 或 $\sim p$'的拒斥描述成主要是对经典的否定的拒斥。我现在对于直觉主义,则已是瞄准析取来谈。其实这种区分是不真实的;一旦你弄乱了逻辑算子的相互关系,就可以说你已经修改了一切。怎么说,直觉主义者的否定就其本身说也是反常的:双重否定律垮台。

让我们记住,否定和析取的名称和记法,只是靠一项粗略的和多少任意的类比转移进一种异常逻辑,比如直觉主义的逻辑。回到第二章中的一项区别,否定和析取都是内在的而不是超越的。直觉主义者不应被看成,在某些固定的逻辑算子即否定和析取的那些真的定律方面,与我们有争执。他毋宁应该被看成是反对我们的否定和析取,认为是不科学的观念,而且提出一定的别的、他自己的、多少类似的观念。

直觉主义的逻辑缺乏我们的逻辑之熟悉、方便、简单和美妙。就像伯克霍夫和冯·诺伊曼的逻辑,直觉主义的逻辑甚至缺乏多值的真值函数逻辑的明了。为它的语句联结词指定了一类直观的意义,同时求助像'拒绝'和'推导来自'(follow from)这样的词语来解释;可是,这些解释在人们试图尊重说出一个语句与谈论它之间的区别时,就变得模糊不清了。人们还确实绕过这些解释直接走向海丁的直觉主义逻辑的公理化,从而用语言教师称为直接的方法而不是用翻译的方法来学习该逻辑。

直觉主义在历史上比哥德尔关于数论不可能有完全的证明程序的证明要早。然而,哥德尔的这一伟大的结果增加了直觉主义的抗议的力量。当问题是数学的而回答是数学上不可能的之时,可容许的问题之超过可能的回答,似乎是特别可悲的。

直觉主义是**构造主义**的一个学派。更一般的,数学中的构造主义
88 不能容忍那样的方法,不表明如何去找到一个就肯定某种事物存在。这不是构造主义的明确的定义;不存在那样的定义,或者说不存在那唯一的一个。我的含糊的'找到'一词可以在是数的情形下意指'计算',在是几何图形或集合的情形下指某种意义上的'构造'。现在,在某种这样的意义下的构造主义,是适宜的和可取的。依从构造主义的限制,有助于增强对我们着手在那些限制内完成的东西的理解。而且,集合

论悖论是构造主义的一个附加的诱因;因为,我们在它的限制内完成的东西,相当清楚地免除了那种在外面徘徊的矛盾的威胁。甚至容忍和使用非构造的方法的数学家们也都承认,为一条已经非构造地证明了的定理找到一个构造性的证明,是前进了一步。

不过,人们可以实行甚至鼓吹一种很可观的程度上的构造主义,而并不采用直觉主义逻辑。魏尔的构造性集合论差不多与布劳威尔的直觉主义一样老,它使用的是正统逻辑;它只是在它的集合存在公理上走向构造主义的。按此门径,构造主义的疑虑能够与经典逻辑的方便和美妙相调和。

到现在为止我一直驻足于对二值的真值函数逻辑的背离。然而,逻辑中的背离还扩展到量词。如同从我刚才对构造主义的含糊的刻画预期到的,一个直觉主义意义上的存在量化式,为了使它为真,要求知道有一种办法,能计算出或者以某种方式构造出一个佐证的实例。就此而论,它不同于我们曾经称之为量化式的东西。

存在量化与析取之间,以及全称量化与合取之间的紧密联系是熟知的和明显的。一个存在量化式相当于它的诸佐证的单称语句的析取式——或者说,如果适用于量化变元的那些值其数有穷而且每一个都有名称的话,它就会相当于那个析取式。全称量化式与合取式也类似。注意,说起来,存在量化和析取的直觉主义的类似物是成双成对地忠实于形式的。因为,如同不久前提到的,一个直觉主义的析取式,仅当存在一种在它的成分句中找到一个成立者的办法,才能成立。

任何逻辑,如果它不打算戛然中止,就必须以某种方式接纳量化。文献中不仅包含量化的直觉主义逻辑的研发,而且包含量化的多值逻 89
辑和量化的模态逻辑以及某种范围内的量化的命题态度逻辑的研发。如同在第二章末尾以及再次在第五章末尾提示的,这引起关于最后两类逻辑中的量化之意义的麻烦问题。

关于量化逻辑中的异常这个问题与本体论有关——与何物存在的问题有关。就一个标准形式的给定的理论说,存在的全是而且只是量化变元打算在那个理论中取作值的那些对象。这几乎是无可争议的,既然'$\forall x$'和'$\exists x$'被解释为'每个对象 x 都使得'和'存在一个对象 x 使得'这些话。有些语言可能没有明白的、相当于我们关于存在的词语

‘存在’(there is)的对等者,也没有我们的量词的对等者;不过确实没有使这两者分离的东西。

因之量化理论中的异常带有某种哲学意味,本体论的意味。它们能影响何物算做为存在的。直觉主义的异常量化(如果‘量化’对它来说还是合适的词的话)带给它一种异常的存在观念(如果‘存在’对它来说还是合适的词的话)。在他说他承认只存在着某些对象时,我们甚至不可以同意他承认存在着的正是那些对象(更不用说他这样做会是正确的)。只是相对于他的语言到我们的语言(不必是我们的逻辑,而要是我们的、包括了逻辑的语言)的某种翻译,**我们**才能大胆地说他真正承认何物存在(**我们的**意义上的‘存在’(there to be))。

§6 分岔量词

在本章的下剩部分,我将关注附加在经典的真值函数逻辑上的异常的量化。为了了解这些背离之一的动机,让我们简短地来反思一下量词束。‘$\forall x\ \exists y$’这一对量词说的是,对 x 的各个选择,都能选出某物 y 来满足所加的条件。对 x 的不同的选择,会要求对 y 作不同的选择;一般地 y 的选择依赖于 x 的选择。可是,现在来考虑一种更复杂的情形,它关系到某个施于 x, y, z 和 w 的、我们可以描绘为 $Fxyzw$ 的条件。假定我们想说,对各个 x 都存在一个 y,同时对各个 z 都存在一个 w 使得 $Fxyzw$。我们想要 y 的选择只依赖于 x,而 w 的选择只依赖于 z。可是,如果我们写成:

(1) $\forall x\ \exists y\ \forall z\ \exists w\ Fxyzw$,

那么我们就把 w 的选择表示成还依赖于 x;如果我们改而写成:

90 (2) $\forall z\ \exists w\ \forall x \exists y\ Fxyzw$,

那么我们就又把 y 的选择表示成还依赖于 z。作为一种避免这些不想要的依赖关系的办法,浮现出分岔的记法:

(3) $\begin{matrix}\forall x\ \exists y\\ \forall z\ \exists w\end{matrix}\ Fxyzw$。

可以证明,(1)与(2)不是逻辑等值的;而现在(3)则是个第三者,与二者都不等值。承认(3)以及其他分岔量化式,是像第五章最后部分所指出的增补那样的、一种补充性的逻辑异常。不过这种增补不像那些增补,是如此引人注目地接续着它加以增补的东西。

如果我们对函数施以量化,我们就能从(3)回到直线如下:

(4) $\exists f\ \exists g\ \forall x\ \forall z\ Fx(fx)z(gz)$。

可是这里我们肯定了一定种类的抽象对象——函数的存在。我们离开逻辑攀升到一种函数的数学,它能归约到集合论但不能归约到纯逻辑。

这个例子清楚地反映出对量化逻辑的任何加强与本体论的联系。(3)的作用是,一定的抽象对象即函数的贡献不用承认这些函数是对象就被获得。分岔的公式(3)起着数学公式(4)的作用,虽说(3)中的变元不要求函数作为值。

人们可能认为,要求我们攀升到数学公式(4)是经典的量化的一个缺点。人们可能认为这是不公正的:责备只是为了使他的变元'y'独立于'z'而作此攀升的某个人假定了抽象对象。这样认为的人们就将采用分岔的记法(3),以便不承认这些抽象对象。

可是另一方面,也存在着理由,而且是更好的理由,感到我们先前的排除了(3)的量化概念,并不是不可靠的那么狭窄。相反,它决定了一个完整的具有醒目而重要的界限的、随我们怎么称呼的逻辑理论领域。这些界限的醒目性的一种显现,说来如下。其未加增补的形式下的量化逻辑容有有效性的完全证明程序(第四章中的(B))。它还容有不协调性的完全证明程序;因为,要证明一个模式是不协调的,我们只需证明它的否定是有效的。现在,从克莱格、亨金等人的发现显示的、 91
值得一提的一个事实是,只要你照(3)的样子分岔,你就进入一个地带,不能同时容有有效性和不协调性的完全证明程序。①

这自然不是说,对量化之经典的记法的每一种放宽都会妨碍完全性。例如,只增加有穷多个有效的或不协调的公式的一种放宽,就会没有这样的结果。例(3)的特别的意义倒在于猜想,排除了(3),我们的经

① 参看我的"Existence and quantification," *Ontological Relativity and Other Essays* (New York:Columbia Univ.,1969)。

典的量化逻辑就是不可靠地有局限的。对证明程序的完全性的种种考虑,已经服务于,通过表明(3)是一种比它貌似的更粗暴的背离,来反对这种猜想。

第四章中种种逻辑真理定义的难得的同时出现已经提示我们,按经典方式划定的量化逻辑是个坚固的重要的统一体。我们目前对分岔量化的反思进一步肯定了这个印象。于是,我将继续把逻辑与数学之间的分界线画在经典的量化逻辑的边沿上。这也是我要用来评估一个理论的本体论的要求的那个量化概念。这样,特别的,我不是把(3)看成是与(1)和(2)同等的,而要把(3)看成一个其本体论内容很好地表明于(4)的数学公式。

§7 代换性的量化

前不久我们反思了存在量化与析取之间的联系。如果全部的对象都有名称而且其数有穷,存在量化自然可以代以析取而省去,可以看成只是一种缩写。另一方面,如果那些对象其数无穷,那么这种展开就需要无穷长的析取。在第四章中间部分,我们曾达到一种在数学的意义上把表达式看成有穷序列的观点;而进一步跨到无穷序列也绝不是鲁莽的。不过,援用无穷表达式,那分明将是对所有的语法著作和大多数逻辑著作包括本书的背离。一无穷论域之上的存在量化不是能代以我们的析取的记法——有穷的析取而省去的。

92 可是只要全部对象都有名称,一无穷论域之上的存在量化即使不可消去,仍然容有一种吸引人的语义解释或真值条件。该量化式是真的当且仅当它的至少一个实例——通过去掉那个量词并把那个变元换成一个名称得到的——是真的。

所有关于存在量化的这些事,在作必要的修改之下同样对全称量化成立。只要所有的对象都有名称,一个全称量化式是真的当且仅当它的所有实例都是真的。

我们的在其最严格的意义上的标准的逻辑语法不容有名称(第二章)。名称可以用语境定义来模拟;这就是为什么我们能在我们最严格的标准语法中无须名称来行事的缘故。不过,既然量化已经是语境定义中所需要的,这种提供名称的办法不是与量化的这些语义解释很合得来。因此，在当前的讨论的场合，我们最好还是就广义的、容有名称的标准逻辑语法来考虑。

量化的这些基于把变元代换为名称的真值条件，已经为鲁斯·马库斯等人所喜爱。它们可与已经见于第三章的(5)中的、塔尔斯基的真值条件相比，对照起来显得很奇怪。它们的确分享了已经在第三章中间部分说明的那类迂回性：存在量化式是真的，如果**某个**实例是真的；而全称量化式是真的，如果**每个**实例都是真的。可是其重大的差异是，第三章的(5)只说到变元的值，而并没有乞援于名称。为此，(5)在复杂性上付出了代价。

到此为止，并没有异常；只有那同一量化的不同的刻画，设若每个事物都有名称的话。不过这里必须指出，最后这一条是个很受限制的条件，即使是做了我们临时的、容许名称的新准备：在一个富足的论域中，存在的事物比能用哪怕其数无穷的名称命名者还要多。因为，让我们再次回想一下第四章中指出的、集合与开语句之间的、孪生的不一致之一。我们看到，某些集合不是由任何语句决定的。而这些集合将缺乏名称；因为，如果一个集合具有一个名称，比如说‘α’，那么该集合就由语句‘$x \in \alpha$’决定。

切合这同一需要的一个更惯常的论证，引用了集合论的一条经典的定理，它说的是无理数不能全部被指派以不同的整数。相反，全部名
称能够被指派以不同的整数，例如按哥德尔的办法。由此可得，无理数 93
不能全都被指派以不同的名称。

我们在第四章中看到，只要对象语言其词汇足够丰富，逻辑真理之代换性定义就成为与逻辑真理之模型论定义外延相同。我们现在看到，对量化成立的是一种相对立的情况：量化的代换性刻画并不与从对象上说或者从变元的值上说的刻画外延相同，如果我们假定了一个富足的论域的话。一个存在量化式能够在作代换性诠释时成为假的，而在作对象性诠释时成为真的，原因是存在着合意种类的但却没有名称的对象。一个全称量化式能够在作对象性诠释时成为假的，而在作代换性诠释时成为真的，原因是存在着相反的但却没有名称的对象。而在一个富足的论域中，无论如何慷慨地命名都不能阻止存在无名称的对象。如果论域是富足的，代换性的量化就是异常的。

§8 它的力量

刚才关注的异常在于撇开一定的对象，即那些没有名称的对象，不予考虑。然而代换性的量化还能以一种相对立的方式成为异常的：被代换的那些表达式会无法命名。我们为代换性量化所塑述的真值条件专门说到名称的代换，可是它会就像对名称范畴那样适用于任何其他语法范畴。如果该范畴是有穷的，那么那些量化就自然再次是可以代以析取和合取消去的。我们已经在第五章较后部分看到一个正好是关于这一点的例子，说的是关于变元'α'，'β'等等的可消去的量化，共有一百个一元谓词。有趣的是，现在要关注的是那独特的可消去的量化的一种扩展，具有一种独特的不可消去的代换性的量化的形式。它依靠虚拟的类理论(第五章)，它用来代换它的变元'α'，'β'等等的那些名称，都是该虚拟理论的那些从语境上定义出的抽象。如果所得到的施于模拟的类的量化被看成欢庆的原因，那么让我遗憾地提醒你，这些量词并不仅仅是说话方式问题。它们得到很好的解释，但是它们并不是可消去地定义的。而且，因为虚拟类抽象和相应的变元只能来到'$\in$'的后面，所提供的类其领域对任何堪称重要的数学都是不充分的基础。

94 在某种新的独特的量化是通过定义引进的因而是可消去的时，它自然没有向我们承诺，真的承认任何对象作为那些变元的值。它是带有模拟的本体论承诺的、模拟的量化。我们的真正的承诺倒是归于标准语言中的、支持语境定义的那些虚假的侧面的、真实的量词。请注意语法是标准的这一规定的重要性。如果除了真值函数和量词外还容许模态或其他构造，那么它们就以不能与可以通过扩大论域得到的东西等量齐观的方式，增加那些理论的力量或内容；就是说，除非相对于该整体的某种到标准语法的翻译，是不能等量齐观的。

另一方面，代换性的量化既不是可消去的模拟，也不是真正的对象性的量化(自然，除非所有的事物都有名称)。于是，它不是一种得以与零本体论、空全域同处的办法；它毋宁是我们用来谈论存在之物和变元的值的语言之外的一种非标准的特别表现方式。如果人们确实仍然偶尔纳闷，以这种非标准的特别表现方式呈现给他们的某种理论其充分的论域会是什么样的，那么对他们来说要做的事就是寻找该理论的这种或那种看来合理的诠释，把它诠释成对量化作对象性理解的一种标准的形式。于是他们就能评估这一理论的论域——虽说各种可能的翻译很可能要求不同的论域。如此翻译代换性的量化的一种并不富于想象力的办法，是把它翻译成一种我们用来谈论指号串、毗连、代换和真假的元语言——那种在第三章的中间部分曾接触到的语言。像哥德尔所做的那样，把那些指号串等同于数，我们就终止于以正整数作为论域。

第七章　逻辑真理的根基

§1　一种似是而非的理论

95 见于第四章末尾的、我的最一般的逻辑真理定义基于两样东西：语法与真假，前者是纯语言的事，后者不是。一语句是逻辑真的，如果所有具有那种语法结构的语句都是真的。

换句话说，人们总想说，一语句是逻辑真的，如果它纯粹凭它的语法结构而为真的。我避免这样来说，因为它暗示，是语言使得逻辑真理成为真的——纯粹是语言，与世界的本性毫不相干。我称之为语言学的逻辑真理理论的这种学说，是卡尔纳普所赞同的学说。不过我认为它不像看起来那么有道理。

诚然，语法结构是语言上的；可词典也是。词典用于谈论世界；而语法结构也是。逻辑真理如实地在所有的实词代换之下都保持为真，被公认并不依赖于反映在实词差异中的、世界的那些特征；可是它就不会依赖世界的其他的特征，我们的语言反映在它的语法结构而不是它的词典中的那些特征吗？抗辩说，语法是随语言之不同而异的，那是不得要领的，因为词典就是如此。或许逻辑真理之为真要归因于现实的某些特性，它们一种样子是为我们语言的语法所反映，另一种样子是为另一语言的词典所反映，第三种样子是为一第三种语言的、相联手的语法和词典所反映。

我们可以从第二章撤回关于语法与词典之间的区别本身是内在的
96 之说法，容许甚至在同一种语言的分析中作若干种供选的调整。当这种区别变动时，逻辑真理与其他真理之间的区别随之变动。这样，逻辑真理的界定就基于描述语法学家的突发念头。现在，人们就会犹豫，让一个语句在纯粹凭语言为真与部分地凭世界的本性为真之间游移不定，就看那个语法学家选择两个可容许的办法中的哪一个来描述我们的已经存在的语言了。要不,或许人们能如此来把握这一点:通过把所有那些在该语言的任何不同的可容许的语法描述之下都成为逻辑真的语句,算做纯粹凭语言为真(一词以蔽之,算做**分析的**)。可是,是给我们的唠叨刹车的时候了。在我们称一个语句是分析的,或者纯粹凭语言为真时,我们试图达到什么?

在我们问这个问题时,我们的焦点就变了。我们的焦点转移到短语'凭……而真'(true by vertue of)上。给定一定的情况和某一真语句,我们可望怎样来表明该语句凭那些情况而是真的?如果我们能表明该语句为描述那些情况的语句所逻辑蕴涵,还能有更多要问的吗?可是任何语句都逻辑蕴涵逻辑真理。于是,不足道的,逻辑真理都凭任何你乐于提名的情况——语言,世界,任何事物——而是真的。

逻辑是现实的诸最广泛的特性的概要,抑或只不过是语言约定的结果呢?所有头脑健全的人都必定在逻辑上一致,还是每种语言各有其逻辑呢?它们是相共鸣的问题。它们似乎反响到逻辑哲学的最深层。很清楚,这两个问题密切和谐;它们差不多是单一问题的两种形式。刚才,两个问题或两种形式中的前者已经证明是不正确的;或者完全正确,但无所谓。至于后一问题或形式,它早在第六章中就被证明是空虚的。我们看到,两种文化之逻辑将大不了是不可公度的,而绝不会相冲突,因为冲突就简单地会令人不相信我们的翻译。我们曾指出,这同样的看法甚至适用于我们的语言共同体内的逻辑歧异:我们将把它的歧异看作一种方言的区别。

逻辑之如此系于翻译,表面上明显有利于语言学的逻辑真理理论。可我们发现那种理论空无内容。当我们想起为什么逻辑与翻译不可分,这一对情况就不再令人困惑。其理由只在于逻辑是明显的;潜在地明显的。我极力主张,说逻辑系于翻译,较之说别的明显的真理——例 97
如在下雨时所说的'正在下雨'——系于翻译,并没有更深的含义。在称逻辑真理是明显的或潜在地明显的时,我不是在说明它们为什么是真的或者我们是如何获悉它们的。我的要点只是说在逻辑与翻译的不可分性中不存在**附加的**意味。明显性,无论它的原因是什么,都已经会造成那种不可分性。人们想从那种不可分性推出一种语言学的逻辑真理理论,而不是从单单明显性这个事实来推出它;这是个错误。

我们一直在刚才这些页中检视的那两种溃败,在形式和实际上都极相像。(1)逻辑凭语言而是真的,只是如同它空泛地凭任何和每个事物而是真的。(2)逻辑与翻译不可分,只是如同任何明显的事物与翻译不可分。

使人把逻辑看成特别是语言问题的另外一种情况,已经在第一章之末和第二章之初指出了:间接概括的情况。它促使我们谈论语句,因而谈论语言。存在一些人,他们则意在使逻辑脱离语言,曾经在该词的非语言学的意义上插进命题来。他们的让逻辑脱离语言的动机较之他们的破烂的权宜之计更受到称赞。甚至他们的动机也并不那么受称赞,因为,如同在那些页中强调的,为真这谓词已经出现,而且积极干着使逻辑脱离语言的事。为真谓词服务于在间接概括中去除引语这一极重要的目的。逻辑理论尽管严重依赖于谈到语言,却已经是重世界而不是重语言的了;是为真谓词使它如此的。

我们已经注意到逻辑与语言的紧密联系。存在着借语义攀升来间接概括这种事。在区分逻辑真理与其他真理中有着语法结构的作用。在翻译中有着对逻辑的关注。我们还曾注意到这样的倾向,想象在逻辑与语言之间有一种比我们正确理解的还要紧密的联系;那就是,语言学的逻辑真理学说,逻辑是分析的这一观念。

§2 一种站不住的二元论

在一种更一般的层面,我们还可以指出三种情况,即使人们把语言学的逻辑真理理论放在一边,它们也至少促使人们料想逻辑具有与自然科学不同的根基。这些情况之一是逻辑真理的非常的明显性或潜在的明显性。我们看到这一情况会怎样错误地促成一种语言学的逻辑真
98 理理论;可是,即使在没有犯那个错误时,该情况也是把逻辑明显地与其他科学分开。第二种情况是缺乏特别的主题:逻辑不偏爱词典的特别的部分,同时它对变元值的这个那个子域也不偏爱任何一个。第三种情况是逻辑使用的普遍性。它是所有科学包括数学的婢女。

就这三点来比较数学与逻辑,是很有趣的。数学,甚至初等数论,肯定不全是潜在明显的;它甚至不容有完全的证明程序。数学的可观部分是潜在明显的。其他的大部分是可以从不明显的开头通过各自明

显的步骤达到的；可是我们必须记住，那些大多是逻辑的步骤。就此而论，较之逻辑作为数学的婢女的、极端的效力，首要的不大会是数学与逻辑类似。

再者，第二点，数学是居间的。数学不像逻辑，有它偏爱的词典，而且有它特别相关的变元值。尽管完全如此，但数学像逻辑那样一视同仁地对待自然科学。因为，数学的特别的术语和特别的对象多半倾向于对自然科学的这个那个分支无所偏爱。

最后，第三点，作为多才多艺的助手，数学是值得赞赏的。它是所有自然科学在某种程度上的婢女，而且是许多自然科学在很大程度上的婢女。我们可以冒着破坏其形象的危险来说，对把逻辑和数学与其他科学区别开有很大效力的，是它们在这方面的不加区分。

由于逻辑和数学的后面两个特点——它们与所有科学相关以及它们无所偏向——习惯上在它们与那些自然科学之间画上一条显著的分界线。那些自然科学被看成垄断了整个信息；逻辑和数学只是用来加工它。这样说是很令人瞩目的，但是强调这一点超过隐喻的地步就有麻烦了。什么样的清楚的信息概念才适合这个说明呢？早在第一章我们就思考了两个令人敬畏的信息概念，一个是宇宙论的，一个是认识论的。一个是微观物理状态的配置，而另一个是感觉元素的配置。如果科学的各个语句都能被指派以它的各别的那份、这两种之一意义上的信息，那么关于分析性的学说就会得到支持：分析语句将包含逻辑和数学的真理，而且将由于它们缺乏信息而区别于自然的真理。然而，其神话所在是在于对加于语句的信息的任何这种一般的调理的观念。 99

一旦在一边是自然科学、另一边是逻辑和数学这二者之间如此显著地画了分界线，有一个结果是，全部感觉证据变得都归于自然科学。逻辑和数学被看成是不为它所动的。它们被允许服务于自然科学，但是反过来不存在逻辑或数学由于这些服务的成功而得到任何证实的思想。把一边是自然科学、另一边是逻辑和数学分隔开的帘幕是一种单行屏。

并不是说逻辑或数学的真理由于这样缺乏公认的经验支持而变得可疑了。相反，人们是太宽容了。人们把这些领域看成同样是不接受经验拒斥的。我惋惜的不是对逻辑和数学缺乏公正，而是划分。

人们倾向忘记某些理论会离任何间接地有关的观察证据有多远，而仍然归为物理学。一小部分物理学理论能够通过使用数学达成，然而只要它保留一个混合的词典，它就将仍然被归为物理学。任何这样一小部分物理学贡献给其余物理理论之融洽的、因而间接地和最终地贡献给观察材料之组织的东西，都将提高它自己的、作为它之为真之间接经验证据的荣耀。可是，涤除了所有物理学词汇的数学和逻辑的成分，却不称作物理学。这种成分通过作为一个理论物理学语脉的部分来运作，从而与观察所具有的无论什么依稀的关联，都被看成只是该语脉的得到承认的物理部分的经验证据。

其错误来自过分响应诸科学之间的术语学界限。人们不是把经验证据看成整个锁结着的、包含数学和逻辑作为必要部分的科学系统的证据，而是，只就他们称为理论物理学的东西与他们称为数学的东西之间的界面而言，把那种证据当成渗透进该系统。

于是，毫不奇怪，他们到处为数学真理以及逻辑真理搜索某种不同的根基。这里是诸科学之最稳固者，并不是少许经验证据就能认可它们的。我们已在前些页评论和叹惜过的其他原因，将已经促使那些哲
100 学家持一种语言学的逻辑真理理论。在那关口后面同时发现数学和逻辑，他们对二者都采取那种语言学的理论。

§3 逻辑的地位

实际上存在某些人，他们相反地已经极力主张，算术直接为观察所支持。你往围栏里放进七只兔子，又加上五只，于是一时其总数是十二。在我主张数学与自然科学之间有类似之处时，我不是意指这个。'7+5'中的那个'+'不应该是指对象在空间上集聚，更不用说任何通过时间计算兔子之稳定性。如果某个时刻在某个区域有七只兔子，同时在某个区域有五只兔子，而这两个区域并不相交，那么那个时刻就在由那两个区域组成的、很可能并不连续的那个区域中有十二只兔子。这是由于'7+5=12'而能够就兔子来说的大多数情形。

我所主张的那种类似，毋宁是一种与自然科学的最一般的和系统的、离观察最远的方面的类似。数学和逻辑只是以间接的方式为观察所支持，那就是，自然科学的那些方面为观察所支持；也就是说，它们是

参加进一个组织起来的整体，而后者远在它的经验边缘上，与观察相符。我打算倡言，逻辑和数学的经验特性不超过理论物理学的非经验特性；那毋宁是我正在主张的、它们的类似，以及一种渐进主义学说。

我们曾在第六章中间部分，在改变逻辑以帮助量子力学的提议中看到一个适当的事例。该提议的功效或许是可疑的，可是刚才关切的是，这样的提议已经做出。逻辑并不比量子力学或相对论较难容许修正。其各自的目标，用牛顿的话说，是一个尽可能顺畅和简单的、很好地适应周遭的观察的世界体系。如果难得提出如此深切以至触及逻辑的修正，那么就有了一个清楚的足够的理由来支持极小损伤原则（第六章）。该原则足以说明系于逻辑和数学的真理的那种必然性的气派。

对于语言学的逻辑真理理论，大可一谈的是：我们在学习语言中学习逻辑。不过这种情况并没有把逻辑与一般会被称为经验性的、广布的常识性知识区分开。不存在清楚的办法来把我们的知识划分成一部分只在于知晓语言，而另一部分超乎其外。很明显，那种极偶然事实语句之真，部分地依赖语言；在我们的语言中音节'杀死'的使用能一直都 101
是使得'布鲁图杀死恺撒'成为假的。可是在那些纯粹由于语言而为真的语句，或者说分析语句，与那些只是部分地由于语言而为真的语句，二者之间的界限是那种似乎终于摇摆不定和逐渐消融的界限。

卡尔纳普在他的语言学的逻辑真理理论中已把语言表示成类比于一个形式演绎系统：存在着**形成**规则和**变形**规则。形成规则给出语法和词典。它们是一形式演绎系统的那些列示该系统的记号记法的规则——那些列示丘奇所称谓的合式公式的规则的类似物。变形规则给出逻辑真理（还有数学真理，实际上是一般的分析真理）。它们是一形式演绎系统的公理和推论规则的类似物。故而对卡尔纳普来说，语法与逻辑有同等资格；一种语言有它的语法和它的逻辑。

卡尔纳普看到，语言与形式演绎系统的类似只不过是一种类似，并且承认无论变形规则还是形成规则都并不明晰地存在于那些像土著说话者那样学一种语言的人的头脑中。可是，尽管我强调语法与逻辑之间的密切联系，我的主张是，这种类比往好里说是毫无助益的。

我们最好是抛弃这种类比，改而想想一个孩子是如何实际习得他的语言，以及所有随之习得的那些无论哪种真理或信念的。如此习得的真理或信念并不限于逻辑真理，也不限于数学真理，甚至也不限于分析真理，如果我们为最后这个术语假定了某种意义的话。该想起的是，在这些真理和信念中，逻辑真理只是由如下事实被区别出来：所有具有同样语法结构的其他语句也都是真的。

从这种观点看，逻辑真理的各种突出的特点就都一块儿来了。开始，先考虑语法在语言中的地位。任何据说已经学会一种语言（是那种语言而不是相关的方言）的人都将已学会它的语法。知道该语言的那些人，根据他们的兴趣和教育，在词汇上，就是说在他们关于词典所知道的东西上，会有所不同；可是他们具有共同的语法。无论谁背离了该语法，就要或者被归为还没有掌握该语言的外族人，或者被归为其方言不同的土著。所有使用该语言的人都使用相同的语法构造，无论主题
102 是什么，也无论应用到词典的哪一部分。因此，系乎语法而非词典的逻辑真理，将属于所有说话者都最可能同意的那些真理（如果我们不顾纯粹由复杂性引起混乱的例子的话）。因为，只是词典，不是语法，记录了一个个说话者背景上的不同；而逻辑真理在所有的实词代换之下保持真。很自然，接受这些真理的习惯将与语法习惯同时被获知。因此很自然的，逻辑真理，或者那些简单的逻辑真理，就不待说了；每个人被问起来都将毫不踌躇地赞同它们。逻辑真理将被认证为明显的——在我正在其上使用这个词的那种行为性的意义上——或者是潜在明显的。

逻辑真理第二个突出的特点，已在我们在概括它们时依仗语义攀升的倾向中看到。这再一次为逻辑真理在实词代换之下的不变性所说明。仅有的可以在对象语言内用量化来处理的、因而无须语义攀升的那种概括，是保持谓词固定的概括，以及只施于主词变元的值的概括。如果我们也要改变谓词，如同我们必须对逻辑理论做的那样，那么其门径就是语义攀升。

第三个突出的特点是逻辑的普遍适用性，它一视同仁地参与所有的科学。这又一次为逻辑真理在实词代换之下的不变性所说明。词典是各自迎合特别的口味和兴趣的东西。语法和逻辑是核心设施，适合所有来者。

进 修 读 物

Chapter 1 *Meaning and Truth* 103

Quine, W. V., *Ontological Relativity and Other Essays*, essays 1, 3, and 6. New York: Columbia University Press, 1969.

——, *Word and Object*, chaps. Ⅰ and Ⅱ. Cambridge, Mass.: M. I. T. Press, 1960.

Chapter 2 *Grammar*

Chomsky, Noam, *Syntactic Structures*. The Hague: Mouton, 1957.

Davidson, Donald, "The logical form of action sentences," in *The Logic of Action and Preference*, ed. Nicholas Rescher. Pittsburgh: University Press, 1967.

Føllesdal, Dagfinn, "Knowledge, identity, and existence," *Theoria*, 33 (1967), 1–27.

Hiż, Henry, "The intuitions of grammatical categories," *Methodos*, 12 (1960), 311–319.

Quine, W. V., *Elementary Logic*, rev. ed. Cambridge, Mass.: Harvard University Press, 1966.

——, *From a Logical Point of View*, 2nd ed., essays Ⅲ and Ⅷ. Cambridge, Mass.: Harvard University Press, 1961.

——, *Methods of Logic*, 4th ed. Cambridge, Mass.: Harvard University Press, 1982.

——, *Selected Logic Papers*, paper XXⅢ. New York: Random House,

1966.

——, *Word and Object*, chaps. V and VI.

Chapter 3 *Truth*

Quine, W. V., *Mathematical Logic*, rev. ed., sec. 6 and chap. VII. Cambridge, Mass.: Harvard University Press, 1951.

104 ——, *Set Theory and Its Logic*, rev. ed., chaps. I – IV. Cambridge, Mass.: Harvard University Press, 1969.

Tarski, Alfred, "The concept of truth in formalized languages," in *Logic, Semantics, Metamathematics*, pp. 152 – 278. Oxford: Clarendon Press, 1956. This is a translation of the German version of 1936.

Chapter 4 *Logical Truth*

Quine, W. V., *Selected Logic Papers*, papers II and XIX.

Van Heijenoort, Jean, ed., *From Frege to Gödel*, pp. 508 – 524, 578 – 616. Cambridge, Mass.: Harvard University Press, 1967.

Chapter 5 *The Scope of Logic*

Feys, Robert, *Modal Logic*. Paris: Gauthier-Villars, 1965.

Martin, Richard M., "A homogeneous system for formal logic," *Journal of symbolic Logic*, *8* (1943), 1 – 23.

Quine, W. V., *Set Theory and Its Logic*, chap, XI.

Chapter 6 *Deviant Logics*

Birkhoff, Garrett, and John von Neumann, "The logic of quantum mechanics," *Annals of Mathematics*; *37* (1936), 823 – 843.

Heyting, Arend, *Intuitionism*. Amsterdam: North-Holland, 1956.

Marcus, Ruth B., "Modalities and intensional languages," *Synthese*, *13* (1961), 303 – 322.

Popper, Karl R., "Birkhoff and von Neumann's interpretation of quantum mechanics," *Nature*, *219* (1968), 682–685.

Quine, W. V., *Ontological Relativity*, essay 4.

Rosser, J. Barkley, and Atwell R. Turquette, *Many-Valued Logics*. Amsterdam: North-Holland, 1952.

Van Heijenoort, Jean, ed., *From Frege to Gödel*, pp. 446–463.

Weyl, Hermann, *Das Kontinuum* (1918). New York: Chelsea, 1960.

Chapter 7 *The Ground of Logical Truth*

Carnap, Rudolf, *Philosophy and Logical Syntax*. London: Routledge & Kegan Paul, 1935.

Quine, W. V., *From a Logical Point of View*, essay Ⅱ.

——, *The Ways of Paradox and Other Essays*, enlarged ed., essay 12. Cambridge, Mass.: Harvard University Press, 1976.

White, Morton, "The analytic and the synthetic: an untenable dualism," in *John Dewey: Philosopher of Science and Freedom*, ed. S. Hook. New York: Dial, 1950.

索 引

105

A

B

C

D

E

F

G

H

I

K

L

M

N

108

O

P

Q

R

S

T

U

V

W

Set Theory and Its Logic(Revised Edition)
By Willard Van Orman Quine
Copyright © 1963 and 1969 by the President
and Fellows of Harvard College
Published by arrangement with Harvard University Press
Simplified Chinese translation copyright © 2006
By China Renmin University Press
ALL RIGHTS RESERVED

本书中文简体字版由 Harvard University Press 授权中国人民大学出版社在中国境内独家出版发行。未经许可,不得翻印。

Philosophy of Logic/2e
Copyright © 1970,1986 by W. V. O. Quine
Published by arrangement with Harvard University Press
Simplified Chinese translation copyright © 2006
By China Renmin University Press
ALL RIGHTS RESERVED

本书中文简体字版由 Harvard University Press 授权中国人民大学出版社在中国境内独家出版发行。未经许可,不得翻印。

图书在版编目（CIP）数据

蒯因著作集. 第3卷/涂纪亮，陈波主编.
北京：中国人民大学出版社，2007
ISBN 978-7-300-07788-8

Ⅰ. 蒯…
Ⅱ. ①涂…②陈…
Ⅲ. 蒯因，W. V. O. -文集
Ⅳ. B712. 59-53

中国版本图书馆 CIP 数据核字（2007）第 156303 号

蒯因著作集　第3卷
涂纪亮　陈　波　主编

出版发行	中国人民大学出版社		
社　　址	北京中关村大街31号	邮政编码	100080
电　　话	010－62511242（总编室）		010－62511398（质管部）
	010－82501766（邮购部）		010－62514148（门市部）
	010－62515195（发行公司）		010－62515275（盗版举报）
网　　址	http://www.crup.com.cn		
	http://www.ttrnet.com(人大教研网)		
经　　销	新华书店		
印　　刷	北京华联印刷有限公司		
规　　格	150 mm×230 mm　16开本	版　　次	2007年1月第1版
印　　张	31.25 插页2	印　　次	2007年1月第1次印刷
字　　数	457 000	定　　价	398.00元（共6卷）
		本卷定价	66.00元

版权所有　侵权必究　　印装差错　负责调换